III

メルロ＝ポンティ哲学者事典 第三巻

歴史の発見
実存と弁証法
「外部」の哲学者たち

LES PHILOSOPHES CÉLÈBRES
sous la direction de Maurice Merleau-Ponty

〔編著〕モーリス・メルロ＝ポンティ
〔監訳〕加賀野井秀一＋伊藤泰雄＋本郷均＋加國尚志

白水社

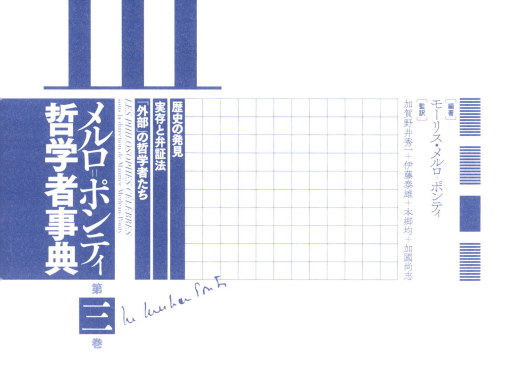

メルロ゠ポンティ哲学者事典　第三巻

――歴史の発見・実存と弁証法・「外部」の哲学者たち

LES PHILOSOPHES CÉLÈBRES
sous la direction de Maurice Merleau-Ponty

はじめに

本書は、モーリス・メルロ＝ポンティの総監修のもと、一九五六年にパリのリュシアン・マズノ社から刊行された『著名な哲学者たち（*Les Philosophes célèbres*）』の全訳を基礎として、それを今日的な視点から増補するとともに、わが国の読者のニーズに応えられるよう考慮して作成されたものです。

実存主義、現象学、構造主義、さらにはポスト構造主義といった思想潮流のなかで、常に注目され続けてきたメルロ＝ポンティが、当時のフランス思想界を担うメンバーを糾合し、哲学の全歴史を包括しながら、個々の哲学者たちを生き生きと蘇らせようとする稀有な企画がそこにはありました。

とはいえ、哲学の全歴史を包括することなどできるのか？　哲学者たちを現代に蘇生させるとはどういうことなのか？　すぐさま、数々の問いが生じてくることになるでしょう。メルロ＝ポンティはこうした問いにも配慮して、各章の冒頭に付した彼自身の総論で、それらを見事に論じてまいります。

そのようなメルロ＝ポンティの巨視的なとらえ方を背景に、彼のもとに参集したメンバーは、各自の得意分野ばかりではなく、思いもかけぬような領域の哲学者たちさえ取り上げ、かなり自由なスタイルでその姿を描き出していくのです。ベルクソンを論じる若き日のジル・ドゥルーズ、モンテーニュを論じるジャン・スタロバンスキー、ヘラクレイトスやパルメニデスを論じるジャン・ボーフレ、等々……。執筆者はフランスのみにとどまらず、そこには、オックスフォードのギルバート・ライル、ハイデルベルクのカール・レーヴィット、さらにはニューヨークのハロルド・ローゼンバーグまでが名を連ねています。

この書は、まさしく編纂された当時（一九五〇年代）の熱気あふれるフランス思想界の状況を髣髴させてくれることでしょう。ただし、それだけでは、わが国の読者にとって、その後の現代哲学の流れは途絶えてしまいます。私たちは考慮のあげく、メルロ＝ポンティの精神を生かしながら、現代日本の代表的研究者の方々に、その後の哲学動向と「著名な哲学者たち」を描き出していただくべく別巻（「現代の哲学」）を作成しました。

こうして本書の日本語版は、以下の四巻から構成されることになったのです。

第一巻——東洋と哲学
　哲学の創始者たち
　キリスト教と哲学

第二巻——大いなる合理主義
　主観性の発見

第三巻——歴史の発見
　実存と弁証法
　「外部」の哲学者たち

別巻——現代の哲学
年表・総索引

このような過程を経ながら、本書は、メルロ＝ポンティの精神を継承しつつ、現代なお、哲学事典としても、哲学史事典としても、はたまた哲学者列伝としても読んでいただけるような、わが国における希有な出版物になったと自負しております。

訳者の皆さんには、現代的視点からの増補をお願いするとともに、フランス語的レトリックや哲学的専門性に拘泥しすぎぬよう、また、日本の読者にとってすっきりとした訳文になるようご配慮願いました。

座右の「友」としていただければ幸いです。

監訳者を代表して　加賀野井　秀一

本書の構成と執筆者

〔構成〕

❖本書は、*LES PHILOSOPHES CÉLÈBRES*(Éditions d'art Lucien Mazenod, 1956)を三分冊で邦訳し、日本語版オリジナルの別巻で補完する『メルロ＝ポンティ哲学者事典』の第三巻(歴史の発見・実存と弁証法・「外部」の哲学者たち)である。

❖まず、『メルロ＝ポンティ哲学者事典』各巻の**サブタイトル**のとおり包括する「各章」ごとに、モーリス・メルロ＝ポンティによる《**総論**》が最初に提示される。

❖次に、時代・場所・学派・主義・傾向などを**キーワード**とする「見出し」ごとに、著名な哲学者たちの「列伝項目」の紹介が続いて、《**哲学史要覧**》の体裁となる(二段組み)。

❖また、哲学史という流れのなかでもとりわけ**エポックメイキング**と思われる「哲学の巨人たち」については、くわしく紹介すべく《**肖像**》が描き出され、思潮のなかに挿入されて論じられている(《哲学史要覧》における列伝項目からの参照先にもなっている)。

❖なお、日本語版の刊行にあたっては、情報を**アップデート**すべく、原著刊行後の研究成果をもとに翻訳者・監訳者による訳註や《**補記**》を付している(刊行年や生没年を改訂すべき箇所は補完している)。

❖そして、「各章のトビラ裏」には、列伝項目の**オリエンテーション**として、ページ番号・分類区分とともに代表的な哲学者たちの《**顔触れ**》を紹介している。

＊哲学者の立項名は「姓、名」の順で、《哲学史要覧》は一般的呼称、《肖像》はフル表記とする(欧文表記はファミリーネームを大文字で示している)。

［執筆者］

❖「列伝項目」末尾の［略号表記］は執筆者を示す（原著にならって無記名の箇所もあり、J. L.とP. J.は不明）。登場ページは索引末尾で一覧できる。

A. S.……Axel Stern（アクセル・スターン）
G. B.……Gaston Bachelard（ガストン・バシュラール）
G. G.……Georges Gusdorf（ジョルジュ・ギュスドルフ）
G. L. R.……Georges Le Roy（ジョルジュ・ル・ロワ）
H. D.……Hubert Damisch（ユベール・ダミッシュ）
H. Du.……Henry Duméry（アンリ・デュメリ）
J. G.……Jacques Garelli（ジャック・ガレリ）
J. V.……Jules Vuillemin（ジュール・ヴュイユマン）
J.-B. P.……Jean-Bertrand Pontalis（ジャン＝ベルトラン・ポンタリス）
M. C.……Maurice Clavelin（モーリス・クラヴラン）
M. M.-P.……Maurice Merleau-Ponty（モーリス・メルロ＝ポンティ）
O. L.……Olivier Lacombe（オリヴィエ・ラコンブ）
P. A.-B.……Paul Arbousse-Bastide（ポール・アルブース＝バスティード）
P. G.……Paul Ginestier（ポール・ジネスティエ）
P. H.……Pierre Hassner（ピエール・アスネール）
Y. B.……Yvon Belaval（イヴォン・ベラヴァル）

❖《肖像》の執筆者は目次にて一覧できる（それぞれの論考の末尾の署名に付された所属や肩書きは原著刊行当時のもの）。

＊本書の翻訳分担は巻末の訳者略歴にて併記。

学派に属さない人々 381

哲学史家 394

〔凡例〕

＊哲学者の立項名は「姓、名」の順で、併置するアルファベットと数字は欧文表記と生没年を示す。

＊原則として、原文における« »は引用を示すときに鉤括弧「 」で、大文字で始まる語は山括弧〈 〉で表わす。
また、イタリック体は傍点で強調する。

＊亀甲括弧〔 〕は、人名表記の揺れや書誌情報の挿入、訳者による補足説明を表わす。

＊原註は○印で、訳註は＊や★印で表わし、註本文はそれぞれの項目末尾に収録する。

装丁——小沼宏之

VI
歴史の発見

ヴィーコ

023
［十八世紀］

ノヴァーリス

052
［十九世紀］

ヘルダーリン

053
［十九世紀］

フンボルト

055
［十九世紀］

フォイエルバッハ

114
［十九世紀］

エンゲルス

116
［十九世紀］

シュティルナー

119
［十九世紀］

プルードン

122
［十九世紀］

「主観性の発見」〔第二巻所収〕で論じたように、哲学でいう《発見》はいつも同時に《発明》である。哲学者たちが歴史という概念を作ったとき、いわゆる《自覚》が生じたわけだが、それは、もともと存在した事実にただ気づいたということではなく、ある形態化が生じたのだ。たしかに、かつて誰かが歴史について語ったことがなかったら、人類は歴史を体験していないはずだ……。しかしある時、ある歴史の文脈のなかで、人は歴史について語り始めた。歴史はすでに現実として働いており、そのなかで、ある日、歴史についての意識が現われた。歴史は無から生じたわけではない。マルクスが言うように、歴史は歴史自身の産物から生じた産物である。真理もまた、歴史におとらず、事物のなかで完全にできあがっているわけではなく、われわれが真理を認識するときに、「過去にさかのぼる運動」によって、われわれの認識に先立つものとして与えられる。現実とは、われわれが現実についてもつ認識の、原因であり結果なのだ。現実と認識が織りなすこの循環は歴史そのものの定義であり、その循環に自分を合わせるのは哲学者のほうなのだ。

あらゆる社会で人間は、自分たちより前に別の人間がいたということを知っていて、その人たちがやったことも、多かれ少なかれ、知っている。彼らが歴史を意識して生活し考えはじめるとき、なにか新しい対象を彼らが認識するというわけではなく、時間の新しい構造（他者との新しい関係、意味と真理についての新しい考え方）が確立されるのである。たしかに、古代ギリシア人の場合、彼らが自分たち以前に存在した何世代もの厚みを垣間見たり、彼らの後にやがて生まれる別の世界を、たとえぼんやりとした形でも、垣間見たという形跡を、ギリシア文学のなかに見出すことはできない。永遠やかつて存在したことのない可能的世界という考え、そして、現に存在するこの世界をこれまたさまざまに変容する可能性という考えは、われわれにはおなじみのものだが、古代ギリシア人にはほとんど出てこない。彼らは今存在しているものにしか関心がないらしい。彼らは自分たちの錯乱や厭世観を、神話のなかに抑圧してしまったかのようだ。例えば、ギリシア神話に登場するクロノスは、自分の子供たちをむさぼり食ってしまった。つまり、世界の中心に一つの力があり、この力はたしかに存在を与えるのだが、それはあとで存在を除去するためにすぎないのだ。

これに対して哲学者たちの時間は、存在を破壊する力であるが、それは存在を再び創造するための力にほかならない。それは存在のきらめきであり、存在に存在を付加し、不動のものに自分を似せるために最善を尽くす、途切れることのない推力である。おそらくプラトンの『パルメニデス』に、瞬間が時間を引き裂いていることを示す文章がいくつかあるだろうが、これを除けば、哲学者たちは時間が出発点だとは考えていない。時間は、創造するというより、むしろ自然の循環のように再創造するのだ。時間において、別れることは「戻ること」である。

しかし、おそらく《歴史の人間たち》は、他の人間たち以上に、未来について考えているというわけではない。そういうことではなく、歴史の時間には新しいところがあって、それは、われわれの行なうことが、ひとつの領野を開き、基礎を与え、制度化し、採り上げなおし、先取りするという特性である。かつて存在したものと、今存在するものと、これから存在するであろうものとが、ひそかに共鳴し合い、互いに交流するのだ。時間はわれわれより以前から到来する自然の推力ではもはやない。過去を理解しようと努める場合でさえ、これから何かをするという感じがその努力の内部に染みわたっている。目覚めたときの身体が、《行動》に復帰しようとして、一つの対象をめぐってふたたび結集するのと同様に、最古の時間が、時間の行方(われわれの内で時間がこの先どうなってゆくのか)に参加するために、召集されるのだ。われわれの現在ですら、ひとつの企てなのだ。われわれがなにを考えようと、われわれの創意、計画が、未来へと侵食し、未来を再起動することをあらかじめ見込んでいる。われわれの創意や計画は、歴史のただなかでしか機能せず、よく言われるように、歴史に「制約されている」のであって、われわれの知らないうちに、歴史という環境に人間を住み込ませているのである。

こうした時間構造の変化を、われわれはできるだけ苦労せずに理解し、われわれになじみの既成観念には手をつけずにすませようとする。そこで、われわれは歴史を理解するに当たって、歴史というものは第一の自然に重ねられた第二の自然なのだと考えようとする。その結果、進歩は善にそなわった運命であると考えたり、あるいはもっと単純に、人間の創意工夫は人間の生命と直接かつ不可避的に両立できるようになっていると信じたりするが、そういう既成観念は、自然がわれわれ人間の永続性に気を配ってくれていると想定するのと同じく、一つの力が歴史の変化を監視してくれていると勝手に想定してしまっている。歴史の論理という考えは、そんな既成観念と比べものにならないくらいずっと洗練されているが、もしそれが、現在存在するものはかつて存在したものに内在しているとか、われわれの未来はわれわれの現在に内在しているとか、といった仕方で歴史を考えてしまうならば、やはり同じ先入見にとらわれてしまう。例えば、植物が種を宿しているように、古代世界はそれ自身のなかに資本主義を宿していると考えたり、過去を現在の単なる下絵と見なしたり、また、歴史以前にすでに歴史は避けがたく迫っていたと考え、ついには、その避けがたい歴史自体が、歴史の終わりや成就を告げているのだなどと考えるようになると、歴史の時間は自然の時間という既成観念のもとに引き戻されてしまう。しかし、歴史は自然ではない。だからこそ、歴史を第二の自然として扱うわけにはゆかないのだ。自然の因果性や目的性の代わりに、それとは別の次元に属する因果性や目的性をもってきて、自然の因果性や目的性を否定しさるというような仕方で、歴史が確立されるわけではない。歴史は、自然の因果性と目的性にむしろ巧みに取り入って、自然の因果性と目的性が歴史の言葉をおもわず口にしてしまうように仕向け、計略に掛けて、自然の因果性と目的性が自分で自分に背を向けてしまうようにしてしまうのだ。それゆえ、歴史は本質的に「絶対的歴史」ではない、つまり、時間の諸次元が互いに折り重なり、互いが互いの内に身を潜めている、内在の場ではない。古代ギリシア人は、あるがままに存在した。つまり、彼らは自分の存在からまったく何も取り出さないでいられた、または、自分の存在から取り出されるもの以外のものを取り出さないでいられた。古代ギリシア人からわれわれへといたる発展の論理が考え出され、かつ存在したのは、西洋があるタイプの社会を創造したからでしかない。つまり、経済という場の観念、したがって古代ギリシアを《資本主義以前》の社会と見なす観念、を可能にした物質的かつ知的な諸条件を、創造したからでしかない。回想というものは、あらかじめ与えられた因果性と目的性の痕跡をあとからたどり返すわけではない。だから、資本主義以前の社会が資本主義の完全現実態(完成した状態)を自分の内にあらかじめ持っていたかのように考えて、資本主義以前の社会が資本主義を生んだなどと言ってはならない。言わなければならないのは、資本主義以前の社会は自分で潰れたのであり、それによって他の社会に空き地を残したのだということ、たとえ以前のシステムがもはや不可能であったとしても、だからといって新しいシステムが必然的だったということにはならないということ、である。それだけだ。同じように、たしかに、今後復活することはありえないとわれわれの時代が考え、あらかじめ排除していることはいくつかあるにしても、だからといって、われわれの時代があらかじめ自分の未来を自分の内に携えているわけではない。いつの日か、歴史のなかで、《社会主義以前》という名でよばれる時期がおそらく現われるだろう。もしそうなるとしても、それは、社会主義が創設されるからであり、あらかじめ資本主義のなかに隠されていた社会主義が、出番を待っていたからではない。それに、そういうことが起きるさまざまな道筋と展開は、十九世紀の資本主義を分析することによって予見されたものになるとは限らないであろう。おそらくこの未来は、われわれのシステムのいくつかの箇所ですでに始まっているのだが、そういう箇所にわれわれが注意を払っていないだけなのだ。しかしもしわれわれが、未来を前にして、現在にその決定的な形をとらせることになるものを見抜こうとして、もっと自由に現在を眺めるならば、われわれはすでにそれらの箇所を突き止めることができるはずであろう。

歴史という概念は、反形而上学の道具として使われる場合を別にすれば、哲学が獲得した重要な概念を代表するものである。この概念は、形而上学に取って代わるどころか、反対に、形而上学の根本問題をはっきりさせる。かつて生まれ、やがて死んでゆくこの真理とは何か。自分に先行する意味に対して、また未来に対しても、自分を閉ざすことができず、自分に先行する意味をとらえなおすこの意味とは何か。同時と連続のなかで、人間同士が互いに関心を寄せ合うようにさせているこの親和性とはなにか。それは、動物が互いに関心を寄せ合うのとは違う。動物の場合は、互いに似ているか、互いに補完しあうという理由で、関心を寄せ合うのだが、人間の親和性は、相違と敵対の関係において生ずるのであり、自然の単調さにおいてではなく、歴史の混乱において生ずるのである。たしかに歴史の発見というものが存在するが、それは事物や力や運命の発見ではない。それは問いの発見であり、言うならば、不安の発見である。

モーリス・メルロ＝ポンティ

十八世紀

ヴィーコ、ジャンバッティスタ

❖Giambattista VICO　1668-1744

長いあいだ日の目を見なかったが、このナポリの法学者の著作は、近代歴史哲学の先駆者のものである。『諸国民の自然本性についての新しい学の諸原理』（一七二五）の著者は、デカルトの対抗者をもって任じており、デカルトは明晰判明な観念を数学や物理学の領域とはまったく異なる領域に適用してしまったと非難した。というのも、われわれが数学と物理学を理解できるのは、われわれが数や図形をつくったからであって、自然をつくったからではないのである。ヴィーコは、デカルト的合理主義が一掃（タブラ・ラサに）してしまったいくつかの不明瞭な概念を復権させようとつとめ、過去の歴史のなかに、より正確に言えば、言語によって保持された残存物のなかに、理性の助けなしに人類の誕生と進化とをつかさどる原初的で自発的な知恵を再発見したかったのである。ヴィーコの意図は、文献学と哲学とを調和させることだった。つまり彼は、言語と語源についてのいささか空想的な思弁にもとづいて、諸国民の歴史が関わる理念的な法を定式化することを目指していたのである。異なった国民に由来する文書を比較すれば、諸国民それぞれにおける発展の法の特徴が示されるはずである。すなわち、ベーコンが帰納法を自然の諸事実に適用したのと同じように、市民的な事実や政治的な事実に適用された帰納法が、ヴィーコの歴史的方法の基盤をなすのである。まさにこのことによって、彼は偉大な先駆者としての姿を現わす。もはや諸々の社会の誕生は、ホッブズやロックにとってのように、理性的人間の良識ある努力が成し遂げる合理的諸問題の解決ではない。そうではなく、これはある発展の所産なのであって、理性はそのなかでゆっくりと出現するにすぎない。この発展は円環的発展であって、そこで示されるのは、自分自身の上で回転し続ける時間と、同じ諸々の循環（corsi e ricorsi）に従った各国民の歴史である。神々の時代、英雄の時代、人間の時代、これらのそれぞれには、神権政治による統治、貴族政治による統治、人間による統治が対応しており、その継起は、想像からの、もしくは盲目的な必然性からの理性への移行を示している。ローマ帝国によって実現した過程はこのようなもので、この帝国は異民族の侵略とともに滅びなければならなかった。これは完璧な発展であって、その諸段階は、ヴィーコに従えば、どの国民の歴史においても見出されるべきであり、諸国民はそれぞれ同じ歴史を繰り返すのである。いずれにせよ、こうした過去への配慮、より正確に言えば、懐疑と反省とに先立つ時期への配慮が、ヴィーコを、当時の遅れてきたルネサンス人のように見せると同時に、今日では、現代哲学者のようにも見せている。文献学的な脱線と、事物の永遠秩序についてのプラトン的探究の背後で、ヴィーコの理論は、詩的な知恵から哲学的な知恵への変貌の、寓話的だが体系的で一貫した物語として提示される。ベネデット・クローチェが、ヴィーコとヘーゲルとの密接な親近性を指摘したのは周知のとおりだが、ヴィーコは、そのイデオロギー的かつ社会的な発展の三分節リズムの構想によって、オーギュスト・コント（彼はヴィーコを賞賛した）の登場をも予告していたのである。 [P.H.]

ルソー、ジャン＝ジャック 1712-1778

❖Jean-Jacques ROUSSEAU

＊『メルロ＝ポンティ哲学者事典』第二巻《肖像》参照。

コンドルセ（侯爵）、マリー・ジャン・アントワーヌ・ニコラ・ド・カリタ 1743-1794

❖Marie Jean Antoine Nicolas de CARITAT marquis de CONDORCET

　リブモンに生まれ、ブール・ラ・レーヌで死ぬ。テュルゴとともに、合理主義者であり、進歩についての理論家である。数学の教育を受け、当時の哲学的党派の考え方と情熱とを擁護した。立憲議会（一七八九年）から立法議会（一七九一年）に至るまで、彼は政治生活を送り、一七九三年には憲法草案のための序文を準備する。その序文はジロンド派の思想から影響を受けたものだった。山岳派は、ジロンド派に対するのと同様、彼を告発する。妻の献身のおかげで、彼は長らく捜査を免れるが、逮捕され、獄中で服毒自殺する。彼はヴォルテールの説く歴史の非連続性や種の不変説に反対している。すなわち、永続的な人間本性には、静態的ではないが統一的な歴史の視点が対応するのだ。人間諸科学においても、精密科学においても、唯一の主題はただひとつの宇宙という主題である。普遍性は、それゆえ合法性のうちにある。というのも、「よい法とは、命題が万人にとって真であるように、万人にとってよいものでなければならない」からである。

　進歩とは、歴史についての省察でもなければ、歴史それ自体に固有なものでもない。進歩は科学的本質に属し、宗教的教義という狭量さに対立する。それゆえコンドルセの思想は二面性をもつ。彼の関心事は、かつてしばしばなされたような、神学的精神の及ぼす悪行に対する批判（オーギュスト・コントによって繰り返された批判）ばかりではなく、さらには、次のような科学的認識が増大するメカニズムの分析でもあるということだ。つまり、もし仮に構造変化なき認識の加算しかなかったならば、進歩はなかったであろう、ということである。また、科学的思考に固有の無限性は、算術から代数学へ、有理数から無理数へ、といった継起的諸方法の統一化と一般化にある、ということでもある。無際限の進歩は、精神的事実の調査における組み合わせ計算の導入とともに、精神科学にも浸透する。コンドルセは一七六六年に『微分計算についての試論』、一七八二年に『黒人奴隷についての考察』、一七九四年に『人間精神進歩の歴史』を出版した。

〔P.H.〕

ヴォルネー（伯爵）、コンスタンタン＝フランソワ・ド・シャスブフ 1757-1820

❖Constantin-François de CHASSEBŒUF, comte de VOLNEY

クラオンに生まれ、パリで死ぬ。『廃墟あるいは諸帝国の革命についての省察』（一七九一）、『諸言語の哲学的研究論』（一八一九）の著者。

＊若くしてエジプト、シリアに渡り見聞を広め、フランス革命時には第三身分の代表者となり、言語研究においては独自のアルファベットを作成しようとした。

十九世紀

メーストル、ジョゼフ・ド 1753-1821

❖Joseph de MAISTRE

『フランスについての考察』（一七九六）、『政治組織その他の人間的制度を生み出す原理についての試論』（一八一〇）、『教皇論』（一八二〇）、『ザンクト＝ペテルブルグ夜話』（一八二一）、『外交書簡』の著者。

メーストルはフランス革命による騒乱の目撃者であると同時に犠牲者でもあり、騒乱が引き起こした過激な行為に深く動揺していた。彼が革命から受けた影響は、ボナルドが受けたものとよく似ている。ボナルドの学説は十八世紀の社会政治哲学に対抗して形成されており、その理性によるアプリオリ主義に対し、また、社会を構築し作り直すという主張に対し、さらには、人民至上主義への支持に対し、激しく戦いを挑むものであった。もっとも、このボナルドの思想とメーストルの思想の間には二つの違いがある。まず、ボナルドにはフランス教会独立主義《ガリカニスム》が色濃いのに対し、強固な教皇権至上主義者《ユルトラモンタン》メーストルの伝統主義は、宗教と君主制の復権に加えて、教皇権の復権を前提としている。彼にとって教皇権は、絶対無謬であったのだ。他方、メーストルは、モンテスキューの影響、つまり各国民の「一般意志」に諸制度を適用する際『法の精神』が行なった考察の影響に対して、ボナルドよりも敏感であり、政治構造の相対性と階層の多様性について、より強い自覚を表明している。しかし、こうした違いを別にすれば、メーストルの秩序の学説はボナルドの学説と同じ方法にもとづいており、同じ政治的影響をともなっている。それは実験的な歴史的方法であり、その方法は他のすべての方法を締め出して、有効な学問と政治的技法を構成しなければならない。メーストルは、十八世紀の政治哲学における理論理性の脆弱さを告発することによって、歴史的諸現実が真理の唯一の源泉であることを示そうとする。「歴史とは実験的な政治である、言い換えれば、唯一よいものである」。そして、政治における歴史的方法の唯一の結果を盾として、メーストルは自然状態論と社会契約論に反対している。社会とは人間の意志から生まれる結びつきではなく、「共通中心への凝集」である。ここでの共通中心とは、自然的進化の結実たる権威者である。ルソーの生まれながらに善《よ》い人間の理論に、メーストルは原罪によって堕落した人間のキリスト教的観念を対置する。「人間はその本質の一部分において悪く生まれる」ゆえに、敵対関係が生じ、統治が必要となるのである。つまりホッブズと同様、メーストルは人間同士の闘争状態が存在すると考える。しかし、権威というものが人間本性の避けられない帰結であるなら、闘争状態は精神的世界の大いなる法の結果である。闘争もまた、その諸原因とその道徳的諸帰結において神的性格をもつからである。したがって、十八世紀に告げられた永遠平和にメーストルが対置するのは、罪ある人間性の根本悪に結びついた自然的必然性についてのきわめて鋭い自覚である。ともあれ「神による現世統治」の学説であるメーストルの神秘的理論は、権力への人間的な限界を認めている。すなわち、権威が人々の合意にもとづいているとしても、それは人民が超自然的な意志に手段として服従すべく合意するのと同じにすぎない。したがって、いかなる統治形態であれ適法である(「どんな政府もよい」)のは、社会と同様に自然的進化に由来する国家的現実性の擁護者である権力が、強固で安定しているという条件においてである。すなわち、社会は人間たちに言葉を与える媒介者であるが、人間の名で、まったき権威をもって語るのは〈国家〉である。書かれた憲法や革命的企てに対してなされる告訴はここに由来する。したがって「政府を再編する技法は、政府を転覆し、理想主義的な諸理論にもとづいてそれを作り直すことではまったくない」。

ここから秩序の学説が由来する。秩序は設立された諸制度の唯一の支えである。「革命を起こすのは迷妄であるが、しかし迷妄は革命よりも無限によい価値がある」。結局のところ、そこから生じるのは、神権政治の体系である。それは、専制が行なわれるような場合、権威者に対する服従の誓約から人々を解放するという権力を、絶対無謬の権威者である教皇に譲渡すべきだと考えるものなのだ。神に由来する権力の保持者である教皇は、権威者たちの間に秩序を保証しなければならない。権威者たちは無秩序から免れて伝統と制度を維持する使命をもつからである。メーストルの学説は、歴史、伝統、神的権威の絶対的価値を復権しようと主張することによって、十八世紀の革命的イデオロギーに対するまさしく対立軸として現われている。実験的方法、個人主義の批判、社会の回復、伝統への尊敬と国民への愛着といったメーストルの主題の多くは、シャルル・モーラスの政治思想に深く影響を与えたに違いない。 [P.H.]

ボナルド（子爵）、ルイ・ガブリエル・アンブロワーズ

❖Louis Gabriel Ambroise, vicomte de BONALD 1754-1840

『政治的・宗教的権力の理論』（一七九六）、『理性の光のみによって最近考察された原始的法制』、『道徳認識の第一対象についての哲学的探究』の著者。

十八世紀の哲学を、これ以上の非妥協性と独断論《ドグマティスム》＝教条論とで非難した者はいない。ボナルドがモンテスキューとルソーに対して示す厳格さに匹敵するのは、フランス革命に対する彼の憎しみだけである。彼は亡命貴族として、革命の被害を蒙らなければならなかった。革新と無秩序への嫌悪、さらにはデカルト的合理主義と教会改革運動に由来する個人主義への嫌悪を抱き、論争的な激しい精神によって活気づけられたボナルドの伝統主義的学説は、秩序の社会学の原型である。確かにボナルドは、彼が執拗に反論する哲学者たちの言語を自分のものとして取り入れている。しかし彼は、その言語にあまりにも根本的に異なった意義を与えるので、彼の思想全体は自然権論および社会契約論とは正反対のものとして姿を見せる。ボナルドにとって人間は、本性上は悪く、社会によって善くなるものであり、ルソーは、生まれたままの状態と自然状態とを混同してしまっていることになる。生まれたままの状態とは原始状態であり、弱さと不完全の状態である。それに対して自然状態は文明化された状態であり、達成された状態、力にあふれる状態なのだ。それゆえ、自然的な人間とは社会的な人間のことになる。諸々の政体が自然的なのは、それらが自然の要求に応えているからではもはやなく、それらが神の業《わざ》であるからだ。法が立法者を前提とするように、自然は神の業を前提としている。また、契約というのは空想の産物である。というのも人間は、さかのぼれるかぎりの昔から、つねに権威に従っていたからである。ましてや、諸制度は契約に起因することはない。諸制度の形式を規制するためには、前もって権力が存在しなければならないのだ。さらに、法が一般意志の表現であるというのも、不条理な

考えである。ルソーにとっては、一般意志は全体意志と同一になる。それは個々の意志の総和であり、個々の意志が多様なものであることが、全体意志を一般理性から区別する。これとは逆に、〈社会〉は個人に対し超越的なひとつの現実性として認められなければならない。また、権力は分割不可能でなければならず、それにはどんな異論もおよばない（この表現はモンテスキューに向けられている）。歴史の経験は、真に主権者であるような人民は決して存在しなかったことを証明しているのである。こうしてボナルドは、社会を構成する事実として、〈契約〉を〈権力〉に置き換える。それは、あらゆる社会以前に存在し、根源的に神に起因する権力のことなのだ。したがって、社会状態の条件そのものになるのは、宗教である。こうした神学的な社会哲学において、意識と個人は、社会の利益のために、秩序と伝統の名において疎外される。言葉についての理論はボナルドの学説の基礎をなす。すなわち、言語は、真理が社会のなかに伝えられる手段、個人意識にとっては最も原始的で最も外的な手段である。それは神からの贈与であり、その必然的な起源は次の点で証明される。すなわち、いかなる社会もそれなしには存在しえなかったであろうということ、また、人間よりも前から、人間の外にあるような、人間が存在するために「必要なもの」を、人間が発明するのはおかしいということである。歴史の証言に忠実な社会実在論であるが、それがそのまったき意味を得るのは、社会は開示された諸真理への伝達手段として役立つものだからこそここに出現しているのだ、ということにおいてである。ボナルドのこの学説は、宗教の名において、合理主義と伝統主義との不可能な結びつきを引き起こそうと努めている。つまりこの学説は、そんな結びつきを予見していると思い込んでいるのだが、それは外側からおぼろげに見ているだけであり、ボナルド自身の用語に従えば「明証の権威を権威の明証に置き換えること」であらざるをえない。こうした独断論の極限がまさに、いわゆる哲学的精神の告発に至るのである。ボナルドは、「社会を統治し人間を指導するための宗教の利点」を掲げ、哲学的精神を非難する。例えば彼はデカルト的懐疑を非難し、そのなかに革命的混乱の原因を見ている。彼によれば、それによってフランスが荒れ果ててしまったというのである。「哲学者である人民は「探求する」人民であろうが、人民が危険を冒してでも行なうべきなのは、知ることであって、探求することではない」。

［P.H.］

コンスタン・ド・ルベック、バンジャマン

❖Benjamin CONSTANT DE REBECQUE　1767-1830

ローザンヌに生まれ、パリで死ぬ。一七九五年頃にサルム館の立憲サークルの精神を体現して出版された彼の小冊子類は、一八二九年に『文学・政治論集』というタイトルでまとめられた。

彼の著作『源泉、諸形態、発展において考察された宗教』は、十九世紀初頭に刊行されている。

『日記』のなかで彼は述べている。「私のなかには二人の人物がいて、互いを見張っている。痛みの痙攣的なこの動きが過ぎ去るにちがいないのはよくわかっているのだが」。次に『アドルフ』のなかではこう言う。「彼女はおそらくわが人生における激しい喜びであった。しかし彼女はもはや目的ではなかった、彼女は絆になったのだ」。この同じ人物は一八二九年にも書いている。「あらゆる権力にはそれなりに決まった限界が引かれるだろう。なぜなら諸権力は手段でしかなく、権利の維持と実行が目的なのだから」。このような人間は、ひとを怖れさせ、ひとを魅惑し、敬意を引き起こすものである。彼は本を書こうとし、それが彼のごく若いころからの目標となる。十九歳のとき、彼は多神教の歴史を書きはじめ、宗教についての考察に着手する。それはとどまることもなく、終点に至ることもなかった。彼によれば、宗教の諸形態は、物神崇拝から有神論まで、三つの状態を経るという。オーギュスト・コントはこの発展法則を正確に繰り返すことになるだろう。しかしこの法則は、宗教的諸形態に適用されるものであり、宗教的感情に適用されるものでは少しもない。宗教的感情はコンスタンにおいて深いものであって、彼はレカミエ夫人にむなしく恋焦がれているときでさえ、神秘家のクリュドネール夫人のもとに通わないではいられなかった。

彼を喜ばせ、苦しめた女性たちを引き合いに出さなければ、コンスタンを十分に理解したことにならないだろう。スイスからイギリスへ、イギリスからドイツへと行ったり来たりした早熟な子どもの青春時代の終焉は、プラトニックで文学的なシャリエール夫人である。スタール夫人は、彼をドイツの情熱と認識（ゲーテ、シラー、ヴィーラント）へと導く。二度の結婚と、負け続ける賭け事への熱中。無分別で冷淡なレカミエ夫人に対する耐え難くぎこちない一八か月の恋情。しかしまた、次のような一貫性のなさそのもののなかで、この男の深い自由主義が顔を出そうとしてもいる。彼はナポレオンに反対し、次に味方し、王政復古の賛同者になる。彼が立法議会で責任を負うのは、まず議員義務の意志においてであり、次いで国民議会議員としてであり、最後に国務諮問会議の議長としてである。なるほど、ひとを魅惑する男だ。彼はその明晰さによって、その絶望――それは、彼の感傷のなかで差し迫ったことには決して至らない――によって、近代的である。疲れを知らず妥協しない自由主義、闘いつつある自由主義の偉大さを、それが十九世紀に実在していた姿のままに、彼のなかに認めるべきである。

バランシュ、ピエール＝シモン

❖Pierre-Simon BALLANCHE　1776-1847

レカミエ夫人の支持者で、〔夫人が身を寄せた〕修道院（アベイ＝オ＝

ボワ）に熱心に通い、神秘主義的な傾向の数冊の本を出版した。『アンティゴネ』（一八四九）、『社会制度試論』（一八一八）。これらのなかで、彼は〈歴史〉に宗教的な意味を与えている。

サン＝シモン、アンリ・ド　1760-1825

❖Henri de SAINT-SIMON

天才のひらめきと、経験にも研究にも歴然と現われた人生の大混乱とが、これほどにもないまぜになった思想家はめったにいない。彼のどの思想にも後継者がいる。彼は一七六〇年に生まれ、〔フランス革命の起こった〕一七八九年には二十九歳、一八〇三年に最初の著作が出たときには四十三歳。一八二五年に六十五歳で死んだ。その二年前には自殺し損なって物議をかもしている。ピカルディ地方出身のパリ市民、アンリ＝クロード・ド・ルーヴロア・ド・サン＝シモン伯爵は、『回想録』の著者〔サン＝シモン公爵〕で名高い家門の出である。彼は、さらに威光のある父祖として、シャルルマーニュをも引き合いに出した。シャルルマーニュは躊躇なく彼の夢に現われ、彼に哲学的栄光を約束した。生まれたときから軍隊に就くように決められていたアンリ・ド・サン＝シモンは、アメリカ〔独立〕戦争に参加した。一七八八年、メジエールの連隊長だった彼は、軍隊工兵学校でモンジュの授業に出席する。軍隊は好きでなかったので辞め、オランダで、次いでスペインで、自分の関心事に時間を割いた。

一七八九年、封建制度に反対の立場をとり、自分の称号を捨て、公式にクロード＝アンリ・ボノムと名乗ることを選択する。この名字の謙虚さ〔ボノム（bonhomme）はお人よしの意味もある〕にもかかわらず、彼はザクセンの外交官である友人レーデルン伯爵の財産を使って、国有地を買いあさる。彼は「大産業施設を組織し、科学学校を創設するために資産が欲しいのだ」と説明していたのである。だが、そんな彼を恐怖政治は容赦しなかった。一七九三年十二月に捕えられ、サント＝ペラジー監獄から死刑台の一歩手前であるリュクサンブール監獄へと移送された。ようやくテルミドール九日のしばらく後に解放され、ピカルディー地方に戻り、さまざまな活動を再開する。一七九五年にはカードゲーム「サンキュロット」をつくった。シャバネ通りにホテルを借り、一七九四年から一七九七年まで贅沢に暮らす。彼はラグランジュ、モンジュ、ポアソンといった学者たちを招き入れる。実業家から「物理－政治」哲学者への転身だ。レーデルンとの仲たがいによって、出費を抑えるよう強いられる。理工科学校《ポリテクニーク》の近くに身を落ち着け、教授たちと友情で結ばれるが、やがて医科大学の近くに移住する。彼の新しい友人はガル、ビシャ、ブランヴィル、ビュルダン博士となった。一八〇一年八月、彼は三年後には離婚しようという約束をかわし、アレクサンドリーヌ＝ソフィ・グリ・ド・シャングランと実験的に結婚する。そして、その約束を忠実に守り、協議離婚した。彼はコペに赴きスタール夫人と出会う。スイスから『同時代人に宛てたジュネーブの一住民の手紙』(一八〇三)を書き、そのなかで学者たちが統治すべきだと提案する。ドイツとイギリスとを旅行し、ついでフランスに戻り、そこで破産した。数か月、モン＝ド＝ピエテの筆耕の職で我慢しなければならなくなる。ついに、古い召使の一人で「真の友人」ディアールを見つけ、彼に扶養される。サン＝シモンはこの保護者の出費により、『十九世紀科学研究序説』(一八〇七および一八〇八)、『国立経度局への手紙』(一八〇八)、『新百科全書素描』(一八一〇)を出版する。一八一〇年のディアールの死によって、物質的援助がなくなり、家族からの援助金によってかろうじて生き延びる。一八一四年、若い秘書オーギュスタン・ティエリを雇う。師匠と弟子の二重署名の下で、一八一四年に『ヨーロッパの再編成』が刊行される。財界人と「産業人(industriels)」(サン＝シモンの言葉)とのグループのおかげで、以下のようなさまざまな論集が不定期に刊行されるようになる。『産業』(一八一六-一八)、『政治』(一八一九)、『組織者』(一八一八-二〇)、『産業人の教理問答』(一八二三-二四)。やがてA・ティエリがサン＝シモンと絶交。A・コントが一八一七年にその跡を継ぐが、彼もまた一八二四年に絶交することとなり、「シモン翁」には災難と絶望とがおとずれる。ようやく新たな弟子オランド・ロドリーグの寛容な友情によって、晩年は穏やかなものになった。サン＝シモンの最後の著作『新キリスト教』は、彼の死と同年に刊行された(一八二五年)。H・ド・サン＝シモンはサン＝シモン主義を知ることなく世を去った。サン＝シモン主義は、彼の弟子、オランド・ロドリーグ、バザール、アンファンタンらの手で生み出されたものであり、『サン＝シモンの学説総覧』の名で知られる彼らの最初の学説上の成果は、一八二八年に出ている。浪費家と幻視者の家系から出て、サン＝シモンは未来を懐胎させた。波乱に満ちた未来予測の目録は尽きていないし、数多くの大陸にその痕跡が隠れている。

[P.A.-B.]

ビュシェ、フィリップ

❖Philippe BUCHEZ 1796-1865

モンターニュ＝ラ＝プティットに生まれ、ロデーズで死ぬ。新カトリック学校(Ecole néo-catholique)の創設者。著作において、サン＝シモン主義と、ボナルドやラムネーの伝統主義との総合を試みた。『歴史科学、あるいは人類発展の科学序説』(一八三三)、『カトリシズムおよび進歩の観点から見た哲学総論』(一八三九)。

ルルー、ピエール

❖Pierre LEROUX 1797-1871

ベルシーに生まれ、パリで死ぬ。サン＝シモン派グループに入会。主な著作は、『人類について、その原理と未来について』(一八四〇)、『新百科全書』(ジャン・レノとの共著、一八三八-四一)、

『民主的社会的な政体の計画』（一八四八）。

＊社会主義（socialisme）という用語の発案者としても知られる。

レノ、ジャン

❖Jean REYNAUD 1806-1863

リヨン生まれ。コルシカで技師として働き、サン＝シモン主義に帰依する。一八三〇年パリに戻り、同地で死ぬ。ピエール・ルルーとともに『新百科全書』（一八三八－四一）を刊行し、一八五四年には『大地と天空』を出版した。

フーリエ、シャルル

❖Charles FOURIER 1772-1837

ファランステール（生活共同体）の生みの親であり、「結合された魅力的な産業」の発明者、フランソワ＝マリー＝シャルル・フーリエは、才能豊かで高い理想を抱いていた。それによれば、彼の「普遍調和」の理論こそが「二十世紀にわたる政治的愚劣さ」を打ち砕くと断言されていたのである。だがそれでもなお、彼は自分が「無学（illitéré）」であることを認めていた。ただし、この無学という特性には長所もあり、おそらくはそれによって、彼の嫌悪する「文明」という文化的烙印から守られてきたことも自覚していたのである。コントも同様の利点をプロレタリアの内に見出していた。フーリエは、ブザンソンの毛織物商人の家庭に生まれ、地元の中等学校《コレージュ》でありきたりの学業を終えた後、商売の世界に入らなければならなかった。彼は会計係になり、仲買人になり、「商戦指揮官」になり、リヨンで植民地商品を扱う食料品屋になる。彼は「商人の狡猾さに寄与」しなければならないことに憤慨した。一七九九年に、価格を維持する目的で貯蔵していた大量の傷んだ米を横流ししたことを自分のせいにされた、と語っている。一八〇三年と一八〇四年、『リヨン新報』に数篇の論文を発表した。そのうちのひとつはすでに「普遍調和」に言及している。彼の最初の大著『四運動および一般的運命についての理論』は一八〇八年に刊行された。一八一五年、姉たちの家に身を寄せ、自由に仕事ができるようになる。一八二二年、『家族的共同体論』（ブザンソンとパリ）が公刊される。弟子たちは（第二版のさいに改題し）それに『普遍的統一論』という題をつけた。一八二九年に新著『産業世界、あるいは情念系列に配分され結合された魅力的な産業方法の発明』が公刊される。これらの仕事が大衆を動かすことはなかった。しかしながら賛美者と友人との小さなグループがフーリエ学派をなし、一八三二年、その機関紙『ファランステール』をつくった。一八三五～三六年にフーリエは最後の著書『分断され、不快で、虚偽に満ちた産業と、その解毒剤としての、自然な、結合された、魅力的な、真実の、四倍の生産物を与える産業』を刊行する。彼は一八三七年にパリで死んだ。

彼の著作は哲学者のものとは言いがたい。それには均衡、情報、構成、弁証法的厳密さがないのである。しかしフーリエに欠けているものよりもなお、好意的な読者がそこに発見するもののほうが深刻だ。それは、珍妙さに対する憂慮すべき嗜好、度を越えた空想的結合への変わらぬ傾向、まぎれもなく躁病に起因すると思われるあまたの強迫観念である。多くの人が遺伝的異常と見なすこうした奇癖にもかかわらず、フーリエは十九世紀の「社会改革者」のなかで最も重要な位置を占めている。彼は「文明」の名で、「産業」の害悪を預言的な辛辣さをもって告発した。産業は人々に奉仕するはずであったのに、人々の欲求や感情とは無縁になってしまっているというのである。社会は人間のために組織されるべきであって、人間に反して組織されるべきではない。フーリエにおける「文明」への非難は、しばしばマルクスの「資本主義」への非難を想起させる。人間を奴隷化するような「文明」を乗り越える唯一の手段は「協同《アソシアシオン》」であり、これは利害関心と感情との調和法である。「情念」は抑圧されてはならない。それは人間秩序の最も力強い原動力をなしている。フーリエの学説は「ユートピア的社会主義」特有の形式のように見なされるかもしれない。しかしながらフーリエは、サン＝シモン主義者たちのように〈教会〉を創設したのではない。ヴィクトール・コンシデランとともに「ソシエテール（sociétaire）」学派が広げ発展させようと努めた実践的な思想を、ともかく彼はその原理において投げ放ったのである。経済学者シャルル・ジッドはフーリエのなかに、まさしく「協同組合主義（coopérativisme）」の才能あふれる先駆者を見出している。別の次元では、情動的・性的な解放の開拓者として、彼をフロイトに近づけて考える人々もいる。彼を「自発性」――心理劇《サイコドラマ》の布教者J・L・モレーノが好んで用いる言葉――による救済の最初の預言者のひとりと見なすことは、もしかすると不当ではないかもしれない。

[P.A.B.]

コンシデラン、ヴィクトール

❖Victor CONSIDÉRANT 1808-1893

フーリエ主義の布教者であり、フーリエ主義の諸原理を「ファランステール」の不幸な試みのなかに適用しようと試みた。サラン（ジュラ地方）生まれ、パリで死ぬ。著書は、『社会的運命』（一八三四－三八）、『ソシエテール学派宣言』（一八四一）、『社会主義の諸原理』（一八四七）。

ラムネー、フェリシテ・ド

❖Félicité de LAMENNAIS 1782-1854

サン＝マロ生まれ。一八一七～二三年に『宗教に関する無関心についての試論』、一八三四年に『一信者の言葉』、一八四一～四六年に『哲学の素描』を出版した。

彼は、平穏なままにカトリックでいることが困難な時代に属している。彼のカトリシズムは、宗教的水準においても政治的水準においても、闘争のカトリシズムである。一八三〇年にラコルデール、ジェルベ、モンタランベールとともに創刊した雑誌『未来』は、カトリシズムに自由主義を導入している。この雑誌は一八三二年にローマ教皇庁によって糾弾されたが、それでもなお、ラコルデールは国民議会の左翼に席を占め、ラムネーは「民主主義者」にとどまった。ラムネーは、「ふたたび出現した最大のプロテスタンティズム」をつくったと非難されるほどにまで伝統主義の意味を拡大することによって、ガリカニスム〔フランス教会独立強化主義〕のような正統教義を脅かしている。なぜプロテスタンティズムなのか？　それはおそらく、「カトリックの信仰と人間理性は同じ土台の上にある……したがって、カトリックであるか、さもなくばあらゆる理性を放棄するかしなければならない」からである。だが、この〔信仰と理性の〕並存主義は、一方の確実性を他方の確実性によって打ち立てることを可能にする。これがすなわち、共通信条の確実性であり、確実性の基準である共通感覚それ自体である。このようにして、宗教はもはや特権的な啓示にも人類の不変の信仰にも依存しない。そして、提起されたこのような学説を、宗教的政治的な影響から守らなければならない。それがすなわち、一方では崇拝の強制によって、他方では政治的奴隷化によって弱体化していたキリスト教的精神の、再生である。この再生は二重の解放であり、教会の神的本質と枢機卿への必然的な服従を説くことに腐心するローマによる糾弾を招く。この宗教的な再生は、社会的政治的な再生でもある。当時これらは二つの不可分な秩序であった。「人類の全未来は、人類による神の将来的構想に依存する」。それゆえ、コントが実証主義的革命を望むことになるように、ラムネーは宗教的意識の改革を望んでいる。これは、神的な三位一体の構想を基盤とする革命であり、その像は完全なる創造にある。

ベンサム、ジェレミー

❖**BENTHAM, Jérémie**　**1748-1832**

ロンドン生まれ。イギリス自由主義的急進主義――その最高の体現者はスチュアート・ミルとコブデン――の始祖であり、「功利主義」という理論の名づけ親でもある。その最も一般的な解釈は、快楽と苦しみの数値化にもとづいている。実際、法律の教育を受けたベンサムは、立法と道徳に功利的原理を適用する必要を感じていた。功利性とは改革の原理であり、それは『ウェストミンスター・レヴュー』〔一八二四〕を介してイギリス急進社会党が要求する諸改革である。

J＝J・ルソーが、統治の正当性の基礎を根源的な社会契約という虚構に探し求めていたとき、ベンサムはこの統治原理を基礎づける現実性を探していた。それは、自然的なものと規範的なもの、個人生活と社会生活とを関係づける事実である。その事実がひとたびとらえられ理解されれば、それは、あらゆる悪の起源にある対立を乗り越えることを可能にするだろう。自然的事実であるのは、行動の唯一の動機としての快楽と苦しみである。規範的事実であるのは、善悪の法則である。この二つの事実の結びつきは〈打算的な理性〉によって働く。この理性の任務は大きく、ある規則から帰結する快楽と苦痛とを吟味した後に、その規則に反すべきか従うべきかを決定することにある。強度、持続性、確実性、近接性、多産性、範囲、純粋性という要因によって、期待される快楽を「数量化する」ことが可能になる。これが快楽の質の数量化である。それは立法と同様、道徳も数学型の科学になることを期待させる。「制裁」の概念を導入することによって、立法や刑法は、自己本位的な利害計算のなかに入る。すなわち、制裁は他のすべての自己本位的な要因と同じ名目で、決定要因となるのである。これによって二つの秩序の〈統一〉が実現される。必ずしも同一的でない多様な個別的関心を技巧によって同一化するのは、政治的には重要である。それが普遍的な選挙を媒介とした立法の任務である。ベンサムは以下の書を著わしている。『道徳および立法の原理序説』(一七八九)、『パノプティコン』(一八〇二)、『報償の理論』(一八二五)、『刑罰の理論』(一八三〇)。

＊その後ベンサムは、ミシェル・フーコーの取り上げ直しにより、とりわけパノプティコン(一望監視体制)の考案者として知られるようになった。

マルサス、トマス＝ロバート

❖Thomas-Robert MALTHUS　1766-1834

ルーカリに生まれ、バースにて没す。一七九八年、『人口の原理についての試論(人口論)』を刊行。『過去から現在まで人間の幸福に及ぼしてきたさまざまな影響についての概観』(一八〇三)、および、『応用政治経済学概論(経済学原理)』(一八二〇)の著者でもある。

マルサスは経済学者であり、その思想は経済学的なものであるが、功利主義やスコットランド学派の哲学的関心を共有している。功利主義の創始者ベンサムはマルサスと同時代人であり、一八二四年から一八三二年にかけて真の政党を作る運動の中心にいたこと、また、自然主義者のゴドウィンが、シェリーとともに、実行力はないが名の知れた反政府主義者になったということを、忘れられてはならない。

マルサスの関心は、明瞭な計算を使って自然法則の権威を基礎づけ、博愛的理想主義に反対することである。博愛的理想主義をとるなら、ヒューマニズム全体が、必然的に(つまり、計算が明瞭に示すように)破壊されてしまうだろう。マルサスの法則は単純なしかたで言い表わされる。人口の増加は幾何級数的に進行するが、他方、同時に、食糧の生産高は算術級数的にしか増加しない。この不均衡により、必然的にそして自然的に、人間の幸福が無限に増加することは許されない、というものである。均衡状態に達する手段として、人口の増加を妨げる自然的手段が存在してはいる。それは、戦争、飢饉、貧困、悪徳、移住といった、抑圧的手段と、予防的手段である。しかしこの自然的手段では効果を上げられない。というのも、「救貧法」のせいで人口増加が助長されてしまうのに、食糧生産のほうは増大されえないからである。政治的には、マルサスは共産主義に反対する。共産主義は人口過剰をもたらし、世界的な貧困へと向かわせるものである。さらに、彼は革命にも反対している。革命の結末は必然的に抑圧と専制政治である。「制限する道徳」という言葉でマルサスが考えたのは、健康で役に立つ人間を生んだり育てたりすることができない人たちに自制してもらうことであった。

リカード、デイヴィッド

❖David RICARDO 1772-1823

この経済学者はロンドンに生まれ、十四歳にして実業に携わった。彼は相次いで、証券仲買人、投機家になり、二十五歳には大資産家となった。彼は『穀物の低価格が資本の利潤におよぼす影響についての試論』（一八一五）、とりわけ、『政治経済学および課税の原理』（一八一七）、さらに、マルサス、セー、マカーロクとの手紙、『マルサスの『原理』についてのノート』を出版した。本質的に行動的で実証的であり、完全に経済学者であるリカードは、形而上学的問題や道徳的問題を自らに課すことはなかった。この演繹的な理論家は、自分の経済体系を社会の枠組みに組み込むが、この社会の枠組み自体を問題視することはなかった。アダム・スミスの信奉者である彼は、その自然法則への信仰、および、その自由主義を受け入れ、発展させた。彼は自由主義を国際貿易に適用した。しかし、彼は、表面的には最も学術的な主張をしているように見えても、自分では気づかないしかたで革命的な帰結を導いてしまっている類の経済学者ではおそらくない。彼は経済に関する真に体系的で演繹的な最初の理論家であり、あらゆる経済活動が、細分化されたいくつかの変数の働きに依存すると考えた最初の理論家である。しかし、その体系は、神慮にもとづいておのずから成立する秩序の調和を明らかにするのではなく、還元しえない対立関係や矛盾（例えば、使用価値と交換価値の矛盾、交換価値の労働価値への還元、財の価値はその生産費用によって決定されること）をいたるところで表面化させている。また、自然賃金（これは労働者とその家族が生存するために最低限必要な程度に定められている）の理論、賃金とは逆方向に変化する利潤の理論、最後にとりわけ、逓減地代の理論を明らかにした。この逓減地代によって、地主が所有している土地のみを換金した場合の収入は、地主のほうで何もしなくとも、新たな土地が開拓されるのに応じて必然的に増大し、食糧の価格は消費者に負担をかけて自ずと上がることになる。社会は地主、資本家、労働者の三階級に別れている。それらの利益は対立しあっており、対立は次第に大きくなっていく。リカードによれば、結論は「レッセフェール(放っておけ)」、つまり自由放任主義である。あらゆる干渉は悪化させるだけである。ところが、イギリスにおける農地社会主義者は、逓減地代の理論の内に、地主に対する自分たちの闘争の根拠を見るようになる。とりわけ、マルクスはリカードの経済学の内に、現代社会の経済関係についての科学的表現を見出すことになる。マルクスにとってその科学的表現は、変革を求められている矛盾した世界を想起させるものであった。こうしてリカードにおいて論理的矛盾であったものが、マルクスにおいては弁証法的矛盾となった。『資本論』が出たとき、ラッサールはマルクスを、「経済学者になったヘーゲル、社会主義者になったリカード」と呼んで、敬意を表した。

[P.H.]

コールリッジ、サミュエル＝テイラー

❖Samuel-Taylor COLERIDGE　1772-1834

強烈な個性を持っていた。その個性に由来する支離滅裂さが災いし、あまり影響力を発揮しなかった。フランス革命の共鳴者から、王党派、次いで、政府派に転じた。詩人(『老水夫』)であり、ワーズワースの友人(共著『抒情民謡集』)であり、翻訳者、カントとフィヒテの読者、アヘン常用者であり、シラーの代で最も機知に富んでいる」と形容されるほど話の上手な人物であった。コールリッジは、カーライルと同じく、功利主義や理性の無味乾燥な諸概念、あらゆる形而上学を入念に除き去った諸概念を攻撃した。また、これもカーライルと同じく、彼はドイツ思想に呼応して哲学を行なったが、ドイツ思想は「無分別な形而上学」だと見なすイギリス人もいた。しかし、彼はプラトンとプロティノスから直接に着想を得て、理性と悟性とを区別した。実在(すなわち精神)に到達するにあたって、直接的に諸原理を与えることができるのは理性だけである。悟性は体系化する能力ではあるが、自分が体系づけるものの要素に達することはできない。これに対して、理性は単純な能力ではない。理性は、物の啓示の光に関する生きた同時代の感情と切り離せないものであり、「実践理性」と呼ばれる。この実践理性は、カントにおけるような実践的な使用における理性なのではなく、物に関する最も高く、最も深い理性の形式なのである。物は理性によってその本質が啓示される。『方法論』(一八一八)、『反省の助け』(一八二五)、『探究精神の告白』(一八四〇)において、コールリッジは功利主義や機械論の無味乾燥さを攻撃しただけでなく、聖書の「魔術的」示現によって権威づけられ、霊感や啓示を

与えられた妄想も攻撃した。とはいえ、直観的で反‐演繹的な理性の復権は、カーライルほど極端ではない。たしかにロマン主義的反動ではあるが、その反動は、プラトン主義のゆえに、ある意味では伝統的な哲学の形式に支配され、抑制がきいている。

　コールリッジの政治的立場は、ある種のプラトン主義に近い。彼は制度の価値を強調する。この制度は、その源泉に見出される知解可能性によって妥当性が確認される。コールリッジの政治思想が制度の検討を中心としているのは、ヘーゲルからトクヴィルまでの十九世紀を反映している。

ミル、ジェームズ

❖James MILL　1773-1836

　ノースウォーター・ブリッジに生まれ、キングストンにて没す。『経済学原理』（一八二一）の著者。『人間精神諸現象の分析』（一八二九）において、協同組合主義の原理を説いた。

＊『自由論』で有名なジョン・スチュアート・ミルの父である。

カーライル、トマス

❖Thomas CARLYLE　1795-1881

　エクルフェカンに生まれ、ロンドンにて没す。ゲーテの『ヴィルヘルム・マイスターの修業時代』の翻訳（一八二四）のほか、著作として、『衣服哲学』（一八三三‐三四）、『英雄と英雄崇拝』（一八四〇）、『現代パンフレット』（一八五〇）、『フリードリヒ二世の歴史』（一八五八‐六五）がある。

　カーライルは、コールリッジと同じく（もちろんカーライルのほうは、非常に大きな影響力を発揮している）、リカードとベンサムの「計算理性」や、スコットランド学派の分析的な諸著作の無味乾燥さに対する反動と見なされる。彼は明らかにドイツ思想から影響を受けており、フィヒテ哲学を賛美し、『衣服哲学』の着想をそこから得ている。その哲学は体系というよりもひとつの態度であり、その批判は学説の検討というよりも、知的で否定好きで疑り深い態度にたいする叱責である。「ロマン主義的」反動は、おそらく功利主義という主流に揺さぶりをかけるために、比喩に富み、文字以前の存在に触れるような語彙を使用する。例えば、世界は「可能な諸世界のうちで最も奇妙な世界」、「神秘の聖堂」であり、時間は「存在の神秘的な流れ」のイメージを伴っている、と語られる。哲学的方法は順序にそった言説ではなく、それによって実践理性が「まったく体系的な群と領域」を包括するような直観である。人間精神の自然な歩みは、直観に与えられるものを疑うのではなく、なかば無意識的な生命の欲求に駆られて、直観されるものと密着する。生命の欲求、漠然とした本能、これは彼の政治理論の基礎に属しているように思われる。霊感を得た英雄とただの大衆という二種類の人間がいるのであって、この二元論によって、自由主義と同様に民主主義も非難される。大衆には規律への服従を。英雄は、創造者、形成者、規範者であり、「われわれに新たなものをもたらす、神秘的無限の根底から遣わされた使者」である。ベルクソンが再発見した「英雄」という観念は、こうした意味ではない。苦痛の理論に関しては、この理論は復讐という本能的反応によって苦痛を基礎づけている。そこでもまた、本能こそが態度を基礎づけている。

シェリング、フリードリヒ・ヴィルヘルム・ヨーゼフ・フォン

❖Friedrich Wilhelm Joseph von SCHELLING 1775-1854

フリードリヒ・ヴィルヘルム・ヨーゼフ・フォン・シェリングは一七七五年、ヴュルテンベルクのレオンベルクに生まれた。彼は古典と神学の教育を受け、古代の言語――ヘブライ語とアラビア語――を学んだ。一七九〇年に、彼はテュービンゲン神学校でヘーゲルの学友であった。一七九六年にゲーテと知り合い、まもなくゲーテは彼にイエナ大学の教授職を提供した。こうして、シェリングは、教授としてフィヒテと名声をわかちあったのである。

一八〇三年、彼はヴュルツブルクで教え、その後その地の大学での職を辞した。ミュンヘン芸術アカデミー長となった後、エアランゲンに引きこもり、そこで彼は積極哲学を仕上げていった。

一八二五年、ヴィルヘルム一世がその首都に大学を創設し、そこにシェリングを招聘した。シェリングは神話と啓示の哲学を教えて成功を収めた。

一八四一年、シェリングはヘーゲル哲学の及ぼす悪しき影響を抑えるべく、ベルリンに召還された。彼はこのうえなく公的に認められた哲学者であって、いわばプロシアのヴィクトール・クザンというところであった。彼はスイスのラガーツで、栄誉と祝福につつまれて亡くなった。

シェリングの初期著作は、フィヒテの哲学に含まれていないようなものは何もそなえていないように見える。それらの著作とは『哲学の原理としての自我について、あるいは人間の知識における無制約者について』(一七九五)、『独断論と批判主義についての哲学書簡』と『知識学における観念論の解明の試み』(一七九七―九八)である。常識や通俗的な哲学は自我を一つの物と見なし、客観的必然性の法則に従属させてしまう。それに対して、超越論的哲学は自我に固有なものがあることを自覚する。客観が(自我の)産出物でしかなく、われわれの主観的活動はこの産出物に自らを反映し、そこに自らを隠してしまうのだとしたら、われわれが客観について持つ意識は、われわれの自由こそが最初の確実性であることを前提するのである。

したがって、自我の活動性は経験の可能性の条件である。「限定は、それによって何ものかが一つの客観となる行為へと帰着する。限定されることは、客観へと変様されることに帰着する。したがって、何ものもそれ自体では客観として定立されない。言いかえ

❖ Friedrich Wilhelm Joseph von SCHELLING

るなら、無制約的客観などというものは矛盾しているのである。実際、客観へと変様されず、また変様されえないものこそが無制約的なのである。したがってわれわれは、われわれが解決すると主張する問題を次のように正確に言い表わすことができる。客観としては決して思惟されえないものを見出すこと、である」。

この何ものか、それが自我、あるいは実践的自由である。フィヒテの知識学が示したように、その純粋な活動性によって定義されるこの絶対的自我は、私が認識することのできる実在などではない。それは、私が何であるかではなく、何であるべきかを示すのである。道徳哲学はおのずと観念論的であり、理論哲学は、原理からしてあらゆる経験を免れているこの無制約者を理解することはできない。シェリングは、フィヒテとともに実践理性の優位を主張するのである。彼は、われわれの理性は認識ではなく行為を目的とする、と繰り返し述べている。

しかし、この観点からは、自由から自然へ、無制約者から制約されたものへ、自我から客観へ移りゆくことを可能にするものは何もない。義務による純粋活動性は事物において実現されることはなく、自由は自らを制限するために、自らを意識するためにだけ事物を定立するにすぎない。自然はたえず打ち砕かれ破壊されねばならない。自然は存在であり、自由は無である。

一七九七年ごろから調子が変わってくる。シェリングはフィヒテの説に対して、自分自身の説を主張するようになるのである。その変化は、すでに『哲学的文献についての総説』(一七九七 - 九八)において顕著であり、自然に関するさまざまな著作において明確になってくる。

それらの著作とは、『自然哲学の構想』(一七九七)、『自然哲学体系の第一草案』(一七九九)、『自然哲学体系草案の序文』(一七九九)である。シェリングの最初の変身は一八〇〇年の、明晰で均整のとれた主著『超越論的観念論の体系』においてついに実現する。

彼は芸術家のような哲学者である。一つの主題はまず周縁部で素描され、それから重要なものとなる。自然と芸術は、たしかに道徳哲学的な観念論においては、自由と自然の出会いを象徴するのに役立っている。しかし、道徳的自律性は、芸術作品の自律性とともに生きた有機体の自律性をも従属させていた。有機体と芸術作品の自律性は道徳的自律性を実現することなく、ただわれわれの悟性とは異なる創造者の悟性に対して、それが実現されることをわれわれが想像することのできる方法を提供していただけだったのである。

シェリングは、この付随的な構想を彼の思想の中心的な主題にしてゆく。彼はかつて自由の哲学者だった。今や彼は自然哲学者になるのである。もはや知的直観は、ただ自我を産出する意識と客観という形式のもとでの自我の像とを自我にもたらすだけではない。客観は無制約者の活動に貫かれたものとして見出されるのである。客観は、自由のとらえがたい運動を受動的に反映することをやめる。客観は自然そのもののうちに自由を出現させるのであり、そして本当にそれが可能であるのは、客観が自由の忠実な似姿である産出力を身につけることによってのみである。

　生物学の方法がその対象を類と種における類似と差異によって分類している以上、このような自然哲学の方法は、生物学の方法とは混同されえないだろう。分類は限定された産物を把握するだけであるのに、知的直観は自然を無制約者として、あらゆる限定された形態の背後で休むことなく働く無限の構成的原理として探究するのである。

「単なる産出物（所産的自然）である自然に関しては、われわれはそれを客観と名づける。経験が関わるのはこの自然のみである。しかし産出性（能産的自然）である自然は、主体としての自然という名に値する。理論が関わるのはこの自然のみである。客観は決して無制約者ではないのだから、自然のうちに絶対的に非客体的な何ものかが定立されなくてはならず、そしてこの何ものかこそが、自然の根源的産出性なのである。通俗的な直観においては、それは産出物のうちに消えてしまう。反対に、哲学的直観においては、産出物のほうこそ産出性のうちに消えてしまうのである。」

　このような手段によって、新しい自然哲学は自我と客観の対立――この対立はフィヒテ的な道徳哲学的伝統から受けつがれていた――を再び問題にする。道徳的な自我があらゆる実在とは疎遠なままで、単なる義務の観念に還元されてしまっていたのに対して、シェリングが類や種のさらに下に想定する主体的で産出的な自然は、真に受肉した自然であり、それは世界における実在であるものなのである。

　この自然の無限の力動性を表わすために、シェリングはカントから現実性のカテゴリーを借りている。感覚の可能的対象であるものは現実的であり、したがって、一定の度、あるいは強度を受容することができる。しかし『哲学に負量を導入する試み』以来、カントは、制限あるいは度は、ただ諸事物のなかでより劣る存在に由来しうるだけではなく、相互に限定しあう二つの相反する実在の対立を必要とする、として楽観主義者たちに反対していた。力学においては、規定された対象あるいは現象が存在するためには、引力と斥力という、相反する二つの力がたがいに制限しあわねばならない。道徳においては、義務がわれわれの本性に対抗し、命法の形でわれわれの良心に対して姿を現わすということを説明するためには、自由の起源に根源悪が想定されねばならない。

すでに一七九二年から、シェリングが彼の博士論文で、負量に関するこうした問題に取り組んでいたのは注目すべきことである。その論文は『悪の起源に関する最古の哲学を解説するための批判的試み』と題されている。

さて、通俗的な直観は静止した対象をとらえるが、知的直観は客観的現象がそこから生まれてくる諸々の力の相克を見出す。引力と斥力の対立は、主体的自然の無限の自我と客観におけるその必然的な自己限定の間の緊張関係が投影される最初のイメージである。しかし、この対立は、もし根源的なこれら二つの力の量的関係が感覚の質的度合のうちに表現されていなければ、単に形式的な対立にとどまるであろう。シェリングは、感受性と磁気、刺戟と電気、産出的傾向と化学の水準で、主体的自然に固有の相克についての徹底した考察を記述している。シェリングにとって、物質がそこに反映される生命と、反省が自らを定立する道徳は、哲学的意識に対して絶対者の力動的な構成を啓示するのである。

ここで、シェリングとカントの相違が生じる。カントにとって、諸力の相克は物理的対象の認識を可能にする一つの条件にすぎない。この条件がなければ、ニュートン的世界は解体してしまうことだろう。反対に、シェリングにとって、この同じ相克は無制約者の力動性を啓示するのである。『純粋理性批判』は、哲学的反省をニュートン力学の対象と方法へと導いた。しかし、『超越論的観念論の体系』は、ゲーテにならって、自然へと、芸術の礼賛へと向かうのである。

「芸術は哲学者にとって最上の審級である。というのも、それは哲学者に、いわば聖なるもののなかの聖なるものを開いてくれるからであり、そこでは唯一の炎のなかで永遠かつ始元的に統一されて、自然と歴史のなかで分離されているすべてのものが、また思考と同じく生活行為において分散しているすべてのものが、燃え上がっているのである。自然哲学者が人為的に獲得する理念は、芸術にとっては始元的で自然的なものである。われわれが自然と名づけるものは、秘密に満ちた、奇跡のごとき書物が内に秘めている一つの詩なのである。しかしながら、もしその謎が明らかにされえたならば、自然は、見事に描かれた、そして己れを逃れつつ己れを探す精神のオデッセイをわれわれに物語ってくれることだろう」とシェリングは言っている。

自然哲学はおのずと芸術哲学へと導かれる。美的創造は、生命の自発的産出を自覚的に反映しているのである。おそらくは、カントもまたこの二つの問題を結びつけてはいた。しかし、シェリングにおいて、美的直観は哲学のオルガノンにして最高の方法である。それは存在を啓示するのである。

『判断力批判』でカントは、生物学と芸術批評が観念的に使用している道具立てを分析している。生物学は生物を種と類に分類する。芸術批評はわれわれの諸能力の自由な戯れから帰結する関心なき快をひき起こす。それとは反対に、シェリングは、生物を孤立させて分析すると主張する生物学の方法を拒絶する。生命を認識すること、それは各々の有機体をすべての存在者に共通のエラン・ヴィタールの統一性に連れ戻す〈主体的〉過程を理解することである。同様にして、芸術は、解放によって喜びを与えることではなくて、理論的認識の限界を捨て去り、人間に絶対者への接近を可能にすることをその職務とするのである。

このような哲学は、無差別の、あるいは同一性の哲学である。自然の有機体と芸術作品はわれわれを逆説的な実在に直面させる。おそらく自然の有機体と芸術作品は、今、ここに存在し、芸術批評も生物学的分類もそれらに本性的にそなわった限界内でそれらを研究するであろう。しかし哲学者はこれらの限界の背後に自然と芸術の真の本性を見てとるのである。哲学者は各々の有機体のうちに生命全体の推力を直観し、各々の傑作のうちに——批評は作品の本性を損ないながらそれを小銭に換金するだけだが——唯一の絶対者を直観するのである。

自然についてであれ、芸術についてであれ、シェリングの方法は、われわれが知覚しているがままの事物を、それらの事物の存在根拠であり、それらの事物が受肉していると見なされる絶対者に置き換えるのである。カントは哲学をまず批判として構想していた。シェリングは、批判を啓示としてのみ理解するのである。

「というのも、事物をあるがままにそれ自体として考察すること、つまり事物が無限であり、絶対的同一性そのものであるものとして考察することが哲学の本性であるからである。真の哲学は、絶対的同一性(無限)がそれ自身から離れることがありえないこと、そして存在するかぎりでの存在するものはこの無限性そのものであることを証明することに成り立つ。」

この汎神論はスピノザの哲学にきわめて近いものである。スピノザと同じく、シェリングの汎神論は個体を——スピノザはそれを有限様態と呼んでいる——自然の無限性のうちへと溶解させるのである。諸々の学問——力学、生物学、芸術批評——はこれらの個体に到達するだけであるかぎり、それらは仮象と想像の世界に属している。事物の背後に神を見てとらねばならない。われわれの感覚器官や計算に対して、事物を見えなくしているヴェールの背後に、それらの事物を創造することについての諸原理と諸理念、諸原型を見出さなくてはならないのである。

したがって、神学が哲学の真理である。一八〇二年の対話篇『ブルーノあるいは事物の神的にして自然的な原理について』では、シェリングは、ロマン主義者たちが理解していたようなしかたで芸術家と哲学者の対比を取り上げ直し、発展させている。芸術家においては無意識的な霊感と神託を語らせる狂気、哲学者においては常軌を逸した美への反省と寺院のペディメントに刻まれた教訓についての省察、これら二つの方法は、ときには啓示として、ときには知として、ときには客観として、ときには主観として、一つの同じ事柄なのである。「芸術家は、神的なものを認識していないかぎりは、必然的に秘技を授けられた人というよりも世俗の人のように見えてしまう。しかし、たとえ彼が神的なものを認識しないとしても、それでも彼は神的なものを本来実行しており、それと知ることなしに、彼は神的なものを理解する人たちに、最も隠された神秘を啓示するのである」。芸術的認識は一般に公開されており、哲学的認識は秘教的である。どちらも神秘的なものの言語なのである。

有機的自然と芸術についての考察の後、シェリングが同一哲学の方法から宗教と神話の研究に向かったのは当然であった。たとえば、一八〇四年の著作『哲学と宗教』は宗教と神話を対象としている。自然と芸術は寓意によって語る。つまり哲学的な秘教伝授は、そこで各々の事物が独立してその意味を他の事物から受け取っているような自然的言語の外観を破壊し、第二の解釈を打ち立てるのである。この第二の解釈にとっては、有限性の諸様態などは、唯一の神的無限性のために消え去ってしまうのである。

そこでは哲学は、意識化された神話に他ならない。われわれの眼とわれわれの精神が空間と時間に属する対象にとらわれ、そして普遍的な孤独にとらわれているとき、哲学はわれわれの眼と精神を、無限への本来的なまなざしと注意に連れ戻すのである。哲学は讃美と祈禱を復興するのである。

シェリングの影響は、今日ではとりわけ神話学に顕著なものである。大部分の神話は、それらがもつ本来の意味とわれわれの間に幕を張る合理的な形式のもとでわれわれに伝えられており、神話学者はこの幕をひきはがさねばならない。ちょうど、シェリングによれば、哲学者が知覚の外観の背後に無限性を見出さねばならないように。

しかし、これら二つの方法の類比は的確なものである。実際、儀式や神秘的な物語を、それらとは縁もゆかりもなく後から付け加えられただけの道徳的な意味や合理的な意味に置きかえずに、どうして荒唐無稽に陥ることを免れえようか。レッシングやヘルダーのような啓蒙主義者たちは、これらの空想的な物語の乱立に、おのれを探し求める理性の苦しみに満ちた到来を読みとるだけだった。しかし問題は、神話がその神話とは別の形で演じられ、表現されうるものかどうか、神話の意味は、分別のついた理性の年代になって見出されるものなのか、あるいは幼年期に見出されるものなのかを知ることである。

シェリングは神話的言語のうちにある何か特殊なものに、きわめて強い感情を抱いていた。彼の同一哲学はすでにその発見を準備していたのである。儀式や神話は、外的な象徴系が住みついていた何らかの実在などではない。心と身体は一つであり、哲学は知的直観によって、これらの異なるアスペクトがそこで統一性のうちに基礎づけられる原理、主観と客観が区別されず、精神が自然と区別されない無差別の領域を見てとらねばならないのである。

歪曲された断片的証拠を通じて、諸々の神話を統括している原型を探究すること、無意識が素描し、崇拝がそれを演じているのに、あらゆる合理主義的解釈がこの無差別の領域を放棄してしまったために見失ってしまった意味を感じられるようにすること、つまり、近代人の心にとって、古代の神秘への入信を反復すること、こうしたことはたとえばユングやケレーニイの学派が要求するものである。

しかし、より一般的には、シェリングの哲学は、近代人たちが他の方法で見出した二つの新しい観念を潜在的に含んでいたのである。その第一のものは、無意識と意識の間の同一性という観念である。空想による明らかに筋の通らない連想、生活や芸術や宗教において哲学者の理性を逃れるすべてのもの、古代の哲学が拒絶していたすべてのもの、こうしたものはすべて、真の哲学が明らかにするべき隠された意味をもっている。ノヴァーリスとロマン主義的詩情の夜は、シェリングにおいてその理論的表現を見出すのである。しかし、精神分析は、今日、この夢の世界を体系的に探究することしかしていない。通俗的な見解は、明らかにされたこの夢の世界の内容に固執している。知的直観とそっくりの精神分析の解釈によっては原始的で隠されていた内容は復元されなかったのだから、この夢の世界は、知られざるままにとどまってしまう。無意味は意味になり、有限は無限を表現する。これが詩的な超現実性の教えである。

第二に、自然と精神の同一性によって、シェリングは最初の実存主義者の一人となった。諸々の意味のなかに、彼は、分析的に構成された諸要素から組み合わせることなどできないような全体性を把握する。「植物や動物の身体を解剖する解剖学者は、直接に植物や動物の組織を見ていると思っている。しかし実際は、彼が植物や(動物の)身体と名づける特殊な物体を見つめているだけである。植物のなかに植物を、器官のなかに器官を見ることができるのは、一言で言うなら概念や差異における無差別を見ることができるのは、知的直観によってのみである」。したがって、現実に存在するのは反射の複合などではない。行動は一つの全体を形成し、実験室での分析はそれを歪曲してしまうので、行動の有機的な構造はそれに固有の研究を要求するのである。

ただし、仮にシェリングが神話学や無意識や身体について与えたさまざまな示唆によって現代的であるとはいっても、それは、シェリング自身の思想のなかで密接に彼と結びついていたある主題を除いて、という条件によってのみである。

実際、シェリングにおいては、神話、意識と無意識の無差別、自然と精神の同一性は、絶対者に到達するための手段として用いられる。哲学者は客観科学とは異なる方法を与えるだけではなくて、知的直観によって、事物を神のまなざしに見られてあるとおりに再創造しなくてはならないのである。

シェリングの哲学に内在的なこの神学こそ、今日のわれわれにとってきわめて縁遠く思われるものである。この神学は枯れ枝であり、その枯死は樹木全体に広がったのである。というのも、知的直観が各々の事物をその無限の原理に連れ戻すなら、この事物を他のすべての事物からどのようにして区別するのだろうか?

シェリングは、空間と時間が存在者の識別とそれらの有限性の原理であるという観念をカントから受けついでいる。それ自体では存在者は一つであり、絶対者であり、無限である。しかしその場合、それらの単独性はどうなるのだろうか。

ヘーゲルはこの同一哲学を「すべての牛が黒い夜」だ、とからかった。そして、こうした難問を天才的に予感して、シェリングはすでに彼の最初の著作で根源悪をすべての個体化の原理として取り上げていたのである。同様に、カントから世界の形成過程の起源、諸力の根源的な対立という観念を借りて、彼は特殊なものの地位を定義しようと試みてもいた。

しかし同一性の神学的原理は個体が浮かび上がることをたえず抑圧したのである。もし絶対者がその外部のいかなる実在をも排除してしまう一者であるなら、この一者から悪、対立、死が生じたことになる。そこから、自然、芸術、神話も生じたことになる。何ものも、演繹によって仮象の多様なきらめきを導くことも、それらに現実の影を負わせることも、できないからである。

ヘーゲルによる批判は、シェリングを神学への批判に導くこともありえただろう。ある意味では、シェリングは『ミュンヘンでの哲学史講義』でそれを行なっている。そこで彼は彼の哲学とヘーゲルの哲学の相違を表明しているのである。シェリングは、単なる可能性から現実存在を演繹し、概念の世界を実体化し、経験を概念から演繹する、と主張しているとしてヘーゲルを批判する。本質から実存へ、可能性から現実性へと移行させるものは何もないのである。しかしながら、批判哲学に戻ったり、神学から離れたりするかわりに、シェリングは、いわば絶対者の神学に現実的なものの神学を付け加えることで、現実存在する世界を説明するほうを選ぶのである。もし個体の多数性が必然的に絶対者から〈流出〉しえないのならば、それはまったく非合理的な独自の原理によって、純粋で根源的で理解不可能な事実によって、つまり自由によって定立されねばならない。

シェリングの後期哲学は、一八〇九年の『人間的自由の本質』で表明されているように、この問題の解明に全面的に取り組んでいる。創造者と被造物の関係はどのようなものなのか。もし自由が絶対者から独立で、存在者の複数性とその不完全性が、その複数性と不完全性にもかかわらず現実の原理に対して自由を要求するとしたら、自由の本質とは何であるのか。いかにして、神の外でさえ、転落と堕罪は何ものかを定立することができるのか。つまり、自然と恩寵の一致とは何であるのか。

存在論的証明への批判は、哲学の原理としての有限な理性への回帰を期待させた。しかし実際には、理性と現実を同一視するヘーゲルの形而上学的合理主義に対して、シェリングはやはりそれに劣らず形而上学的な非合理主義を対立させたのであって、この非合理主義にとっては、いかなる客観的精神も、分割された絶対者を自身と融和させることはできず、そこでは善と悪あるいは存在と自由という二つの対立する原理は永遠の抗争にゆだねられるのである。

したがって結局のところシェリングの後期哲学は神学の重みの下に未来の豊かな主題を押し殺してしまっており、それは彼の後期哲学が神話、意識と無意識に関して抑制してしまっている主題なのである。

雄弁な熱狂、ロマン主義的表現、神秘的予見力、こうしたものがこの抑圧の一連の形態である。まず献身的で戦闘的な意志が一つの自然の幻影を自ら作り出すが、それは意志が自らを称賛するために立てるだけのものである。これがシェリングのフィヒテ的な時期である。つづいて、この同じ自然は変身し、ノヴァーリスの追想、メスマーの学者の夢、ユルシュル・ミルエの人情劇を反映している。これが同一性と無差別の時期である。最後に自然はもはや意志も平静も体現しはしない。シェリングの後期哲学は神秘主義の修辞学のようなものである。カントを超えて、それはスウェーデンボルク、シレジウス、ベーメに回帰するのである。

絶対者のこれらの三つのデスマスク——征服、魂の静寂、信従——の下で、それでも新しい思想が生きようとしており、シェリングの偉大さは、結末へと達することのない試論のうちに、失敗のなかに、彼の意に反して彼に住みついていた構想のなかに存在しているのである。

シェリングは栄誉に浴して亡くなった。国家は一人の唱道者を失い、教会は一人の説教者を失ったのだった。

彼の想像上の墓碑銘は次のようなものだろう。哲学者シェリング、神学に殉ず。

〔ジュール・ヴュイユマン〕

補記

ここに訳出されたジュール・ヴュイユマンによるシェリング哲学の解説は、原著『著名な哲学者たち』が編纂された一九五〇年代フランスでのシェリング哲学受容の状況を反映しており、現在から見ると、いささか問題なしとは言えないので、こうした点について、補足をしておきたい。ちなみにヴュイユマンは、一九二〇年生まれで、急逝したメルロ＝ポンティの後任として一九六二年にコレージュ・ド・フランス教授に就任した哲学者であり、構造分析的手法に基づく哲学史研究と数理哲学の研究で知られる。彼はある時期フィヒテ哲学の研究を行なっており、その途上でゲルーのフィヒテ研究から大きな影響を受けたとされている。ヴュイユマンの生涯と業績については、小林道夫「ヴュイユマン／グランジェ」（『哲学の歴史12』鷲田清一責任編集、中央公論新社、二〇〇八）を参照されたい。

一九五〇年代フランスでのシェリング哲学の受容はまだまだ不十分で、研究書としてウラジミール・ジャンケレヴィッチの博士論文『シェリング後期哲学における意識のオデッセイ』があるくらいで、大学でもほとんど研究対象とされていなかったようだ。またガブリエル・マルセルは、修士論文でシェリングを扱い、その後、「シェリングは実存哲学の先駆者だったのか？」と題する論文を『形而上学・道徳雑誌』に一九五七年に掲載し、後に『シェリングとコールリッジ』を刊行している。フランスでは、一九三〇年代にアレクサンドル・コジェーヴの『精神現象学』講義をきっかけとして、イポリット、サルトル、バタイユらがヘーゲルを積極的に援用するなど、一種のヘーゲル哲学ルネサンスがあったが、そこではシェリングはまったく顧みられず、ヘーゲルの先行者でフィヒテの後継者という位置づけに甘んじてきたようだ。

一九五〇年代には、上述のマルセルらによる「キリスト教的実存主義」の先駆者としてのシェリングという評価と、二元論批判の文脈でシェリング自然哲学を評価するメルロ＝ポンティ（彼は一九五六〜五七年の講義「自然の概念」でシェリングを取り上げている）の解釈が登場してくる。

フランスにおけるこのようなシェリング哲学受容の文脈で見るなら、ここでのヴュイユマンの解説はシェリング初期同一哲学期の自然哲学と芸術哲学を正当に評価している点に特徴があると言える。それは、一九五〇年代のフランスにおけるシェリング哲学評価としては際立ったものであるだろう。しかし、彼は、シェリングの後期積極哲学（『神話の哲学』や『啓示の哲学』）については、一者の内に個を抹消してしまう神学としてしか見ていない。これはシェリング同一哲学における個体性や単独性の問題を見落としてしまう解釈であり、また『哲学と宗教』や『人間的自由の本質』における「悪」の問題などを見落としてしまっている解釈である。

またヴュイユマンは、シェリングを神学に殉じた人物のように描いているが、これは正しくない。シェリングは最晩年にあってもキリスト教神学と哲学を区別していたのであって、ヴュイユマンの解説は、積極哲学期のシェリング思想を正当に評価しているとは言いがたい。

その後、フランスでは、一九七〇年にクザヴィエ・ティリエットによる大著『シェリング　生成する哲学』が刊行され、シェリング哲学が全体的に評価されるようになり、さらにその後、ジャン＝フランソワ・クルティーヌやジャン＝フランソワ・マルケ、マルク・リシールらによる研究書などが登場するようになる。シェリングの後期哲学の評価について、ヴュイユマンが執筆した一九五〇年代のフランスではまだ十分な見通しが立てられていなかったと言うことができよう。読者の皆さんには、ヴュイユマンの解説を執筆時のフランスにおける研究状況も念頭に置きながら、それ自体一つの歴史的ドキュメントとして読んでいただきたい。

なお、シェリング哲学の研究は本国ドイツでも進展しており、『歴史的批判全集』が現在刊行中である。また『講義録』や『日記』『往復書簡集』も刊行されている。日本でも『シェリング著作集』（燈影舎）が刊行されている。近年のシェリング研究の現状を知りたい読者には、H・J・ザントキューラー著『シェリング哲学　入門と研究の手引き』（松山壽一監訳、昭和堂、二〇〇六）をご参照いただきたい。

〔翻訳・補記＝加國尚志〕

ノヴァーリス（本名ハルデンベルク）、フリードリヒ・フォン

❖Friedrich von NOVALIS（HARDENBERG） 1772-1802

「書物を書く術はまだ発明されていない。しかし、いままさに発明されようとしている」、ノヴァーリスは『花粉』を締めくくるにあたってこう記している。この断片集は新たな文学形式を「探る測量器」であるとされ、その文学は、人生という散文を詩という魔法の力で、否定せんとするものである。指摘されるように、この神秘化によって、中世的な性格をもった——したがって、まったく反動的な——駄作『キリスト教世界あるいはヨーロッパ』ができあがったのは理の当然である。シュレーゲルはこの駄作の出版を拒んだ。しかし、ドイツロマン派のなかでも最も偉大な思索の歩みを、このように単純化してしまうことはできない。この思索の歩みの目的——その歴史的意味がどんなものであったとしても——は、そもそも、本来的に哲学的な要求に応えることである。この思索の歩みの形式、つまり、その弁証法的表現のほうが、神秘体験の（結局のところ伝統的な）内容——『夜の讃歌』と『サイスの弟子たち』が、その表現である——よりも、われわれにとってずっと重要な意味をもっている。「文化の至上目的は、超越論的自我を我がものとし、自分自身の自我になるところにあるのでなければならない」。天才のためにある仕事とは、それを成就することによって新たな歴史、つまり、「真の歴史」が始まるような仕事のことを言うが、それは、「地平のすべてを満たして臨在する無限を夢見る」ことである。絶対的自我へと接近していくこと、夜の最も暗い点へと接近していくことは、外界へと回帰すること——「感官によって知覚しうる、そして機械仕掛けとなった想像力」——に通じている。だから、外界への鍵はわれわれに渡されている。その後、ノヴァーリスは少しばかりフィヒテの絶対的観念論から離れるが、この回り道は同じ根源的直観へと送り返す。「内奥へと向かう神秘的な道」をよじ登ろうとする努力は、あらゆる反省に先立って、人間を世界に結びつける秘密の絆の発見に価値を見出すのである。一七九九年以来、もっぱら詩と宗教に自らを捧げるために、ノヴァーリスがその哲学的で科学的な思弁を放棄したのは、おそらく、そこに哲学を乗り越える方法を発見したと信じたからである。あたかも哲学——この哲学のおかげで、ノヴァーリスは、自我へと還帰することは原初の根源へと還帰することだということを発見した——が、ノヴァーリスのうちで自らの破壊に努めているかのようである。自我の創造物——「天空」そのもの——は、魔術の効果によって自我から離れていく。哲学はこの魔術的効果を意識化することに失敗する。「魔術的言語」を用い、自然を語ることによって自然を伝えようとする詩が熱望するのは、まさにこの魔術的効果なのである。詩人ノヴァーリスの望みは、その声の力のみによって、かつて自分が最初の作品で人間をそこへと誘い込んだ〈自然〉を「道徳的

に陶冶する」努力を補うことである。 〔H.D.〕

ヘルダーリン、フリードリヒ

❖Friedrich HÖLDERLIN 1770-1843

ヘルダーリンは、テュービンゲン大学神学校で、ヘーゲルやシェリングの同級生であった。彼らとともにヘルダーリンは自由の樹を植えてそのまわりで踊った。最初の著作——『ヒュペーリオン』——は、革命に対する若々しい熱狂のあかしをとどめている。しばらくの間、彼は革命のうちに自然と文化の和解の可能性、ギリシアだけがその範例を与えたそれらの統一の可能性を見出せると信じていた。この希望を、ヘルダーリンは——テルミドールのクーデタの後であっても——捨て去りはしなかった。彼は詩が哲学の仕事を成し遂げることを期待していた。「最終的には、精神は一切のものとわれわれを和解させるのである」。こうした点では、青年ヘルダーリンの作品はヘーゲルの努力と合致している。「われわれが切り離されるとしたら、あらゆるものとの、われわれ自身との、より神的な和解において、より親密に生きるために統一される場合のみである」。しかしながら、もし彼がヘレニズムの詩人、つまり、神の内奥としての自然を謳う詩人(賛歌『あたかも祭の日のような』を参照)でしかなかったのだとしたら、ハイデガーがその著作で言いえたこと、すなわち、自然は、反省的思考が明らかにしようと苦心しているものに対して、詩的表現を与えてくれるのだ、ということがほとんど理解不能になるだろう。かつてソフィストたちは、自分たちの教えを詩人たちの注釈にもとづいて説いていた。ソクラテスはそうしたソフィストたちを軽蔑していたが、われわれはそのような軽蔑から遠く隔たっている。しかし、ヘルダーリンは——こう言っておかなければならないが——他の詩人と同じような詩人でもなければ、詩的遊戯に浸り、確信に満ちた幸福な状態に身をゆだねるような人物でもない。彼は「詩人のなかの詩人」なのである。ヘルダーリンの著作を貫いて、詩は自分自身について、自分自身の根源——これは言語の根源でもある——について自問している。「詩的なしかたでこそ、人間はこの大地に住まうのだ」。詩人の声は、神の現存や諸事物の近さを顕現する。詩人の声が人間を根拠づける。「声はわれわれに、見なれない者に、目覚めた者に届く。声が人間を形作るのである」(『ドナウ川の源流で』)。見なれない者……、目覚めた者……。ヘルダーリンは根源の魅惑を感じ取ったが、同時に、詩人がしなければならないことも感じ取った。すなわち、詩人は、神が人間から顔をそむけたのと同じように、神から顔をそむけなければならないのであり、この分離を、この本質的な空虚を、神との交流の場にしなければならないのである。詩人は媒介者であり、詩が不可能に思える苦悩の時ですら、とどまり続けるものを創設する。「詩人たちは単独者であるように思われるが、常に予感し、見抜いている」。詩の言葉は未来を開き、新たな歴史の条件や、人間と人間、人間と神々との、真の対話の条件を明確にする言葉そのものである。〔H.D.〕

シュレーゲル、フリードリヒ・フォン

❖Friedrich von SCHLEGEL 1772-1824

ゲオルグ・ルカーチは、「ロマン主義が自分の正体を自覚するにいたる転換期」が、どのようなしかたで「フリードリヒ・フォン・シュレーゲルの思想発展に反映されている」のかを示している。青年フリードリヒとその兄は、当初は〈啓蒙主義〉と深い関係をもち、ゲーテとシラーのグループに属していたが、かなり早い段階で自分たちの師のもとを去った。フランス革命の紆余曲折が彼らの未来を決定した。一七九八年に彼らは『アテネウム』誌を立ち上げた。これは一切の規範――社会的な規範であれ、美学的な規範であれ――から解放された個人主義を崇拝するために捧げられた雑誌（シュレーゲルの小説『ルツィンデ』一七九九を参照）であり、生まれつつあったロマン主義の機関紙になった。哲学と批評は、詩において合流する。詩は、説明にとどまるものではなく、世界や生の形を与えるものである。詩は、あらゆる領域を溶解し、あらゆる障壁を破壊し、「詩を生きたものに、社会的なものにし、人生や社会を詩的なものにする」ことを目指す、「進歩主義者の普遍的哲学」である。しかし、創造的主観性、すなわち「天才」が、ブルジョワ社会の散文的で平凡な性格と戦うその努力は、単なる神秘主義ではなく、〈批評〉でもある。批評がもちいる手口は反語法（アイロニー、皮肉）であり、反語法は、「あらゆるものを乗り越え、あらゆる制約を克服する」。この反語法のおかげで、詩は神秘的になるのだ。シュレーゲルは非常に窮屈で、耐えがたい立場にあったと言えるだろう。一八〇八年頃、シュレーゲルはカトリックに改宗し、ついにはメッテルニヒに文筆家の魂を売り渡してしまったのである。改宗の時期、彼はパリに向かい、サンスクリット語とインド哲学を学んだ。彼はこの研究に夢中になり、そこに新たなルネサンスを可能にする源泉を見た（『インド人の言語と叡知について』一八〇八）。彼は同時代の大部分の言語学者と同じく、サンスクリット語とヨーロッパ諸言語の類似性に驚いている。そこに彼は文法構造の親縁性のしるしを見た。そうしたことから、諸言語を「接辞」言語と「屈折」言語に分類した。シュレーゲルが「比較文法」という語を用いたとしても、比較文法の領域で彼が研究を展開したことはほとんどない。とはいえ、彼は諸言語の研究に「形式」という概念を導入したり、言語活動を有機的全体性と定義したりすることによって、言語学の発展に大きな影響を及ぼした。諸言語の多様性は、有機的全体としての言語活動が多様化した結果にすぎないのであり、言語活動の本質に属するものではない。諸言語の〈全体〉を通じてしか、言語学者は言語活動の本質に達

しえない。ここには、精神の生活における言語活動の役割というフンボルトの考え方や、主観と客観、特殊と普遍の対立を乗り越えるためにフンボルトがもちいた「形式」という概念の用法が予告されている。

［H.D.］

シュライエルマッハ、フリードリヒ

❖Friedrich SCHLEIERMACHER　1768-1834

ブレスラウに生まれ、ベルリンで神学を教授した。ベルリンでシュレーゲルやロマン派グループと親交を結び、没した。「近代プロテスタント神学の父」と呼ばれる彼の多くの著作から次のものを挙げておこう。『福音主義教会の原則によるキリスト教信仰』（一八二一）、『独白』（一八〇〇）、『道徳体系概要』（一八三七）。

シェリング、フリードリヒ

❖Friedrich SCHELLING　1775-1854

＊『メルロ＝ポンティ哲学者事典』第三巻《肖像》頁参照。

フンボルト、ヴィルヘルム・フォン

❖Wilhelm von HUMBOLDT　1767-1835

碩学、哲学者にして政治家。言語の研究に没頭するために一八一八年に政界から去ったが、その博識をもってしても研究の完成を見ることはついになかった。言語研究は彼の反省の原動力であった。重要な作品は、彼がカーヴィ語に関する著作のために書いた序文、『人間の諸国語の構造の相違と、観念の発展に及ぼす諸国語の影響について』（一八二〇。一八三六年に公刊）である。フンボルトは言語の問題について最も深い直観をもっていた。それは、彼が、青年期に、芸術的創造にひそむ逆説や生まれつつあるロマン主義に向けていた関心と無関係ではない。フンボルトの著作には美的な趣きがあるために理解するのがむずかしいのだが、しかしそのおかげで、比類のない深さと豊かさがある。実際、彼は言語を哲学的反省の中心そのものにした最初の人々の一人であり、哲学の歩みを妨げる二律背反が弁証法的に解消される場所として、言語を考えた最初の人である。フンボルトは、絶えず更新される言語の奇跡と向き合うことで、合理主義者たちが無視してしまった驚異を再発見した。合理主義者たちは、思考を表現する理想的な道具としての普遍言語の研究に専心している。それは不毛で袋小路に陥った研究である。なぜなら言語は人間の発明ではまったくないし、慣習の成果でもないからであり、精神の最も深い欲求に、思考の本質そのものに応じているものだからである。思考は、言語においてしか、言語によってしか生まれないし、成長もしないのである。また、言語は現実とわれわれの間にある映写幕のようなものでもない。つまり、言語の機能は、与えられた現実を表象したり、獲得し

た真理を表明したりすることではない。言語は多かれ少なかれ、恩恵に満ちたくつろいだ道のようなものである。真理に達しようとするなら、思考はこの道をとらなくてはならない。言語は対象ではなく活動なのである。まさにそのようなものとして、われわれは言語の構造と意味を把握するように努め、研究しなければならない。それぞれの民族には、自分たちなりのしかたで言語の能力を使用する、その民族固有の天才がいる。諸国語の多様性は、世界を見るさまざまな仕方がありうるということをわれわれに考えさせる。それぞれの国語はひとつの構造、ひとつの「内的形式」を示している。この形式は、その国語に内在する世界の見方の特殊性を明らかにし、また、言語の「理想形」に対するその国語の位置づけを可能にする。フンボルトが『文法形式の起源について』（一八二二）というように、「形式」という概念を用いるのは、最も進歩した国語、つまり、精神生活とその進歩を最もよく促進している諸国語の特色を示すためである。それぞれの国語は、言述における語のあらゆる結合を表現する何らかの手段を持っている。というのも、「言語はつねに人間全体に見られるのであって、一部に見られるというわけではない」からである。とはいえ、最も初歩的な国語では、言述がほのめかしているにすぎない結合を、精神がたえず明確化してやらなければならないのに対して、真の文法「形式」を意のままにあやつれる国語（つまり、語尾変化をもつ屈折言語）の場合は、結合関係は国語自体のうちに、つまり、その国語の形式的で有機的な構造に、はっきり表われているのである。それぞれの国語が、自分自身の力で、遂行できるのは何であるのかを、決定しようとするこの努力のうちに、言語を活動性として、精神の生の領域そのものとして、歴史の条件としてとらえようとする、フンボルトの深い意図が見出される。

［H.D.］

クラウゼ、カール・クリスチャン・フリードリヒ

❖Karl Christian Friedrich KRAUSE 1781-1832

アイゼンベルクに生まれ、イエナでフィヒテ、シェリングに教わる。革命の陰謀の巻き添えにあい、ゲッティンゲンの教授職を断念する。ミュンヘンにて没す。数多くの著作があるが、その多くは死後公刊されている。代表的なものは以下のものがある。『歴史学の論理概説』（一八〇三）、『自然権の基礎』（一八〇三）、『数学の哲学体系の基礎』（一八〇四）、『哲学体系』（一八二九）。

バーダー、フランツ＝クサーヴァー・フォン

❖Franz-Xaver von BAACER 1765-1841

ミュンヘンに生まれ、没す。彼の著作は、弟子たちによって一八五一年から一八六〇年にかけて出版された。

シューベルト、ゴットヒルフ＝ハインリッヒ・フォン

❖Gotthilf-Heinrich von SCHUBERT　1780-1860

『哺乳類の自然史』という優れた著作を書いた。しかし、シェリングの神秘主義の深い影響を受けた次のような著作も取り上げるべきである。『自然科学の夜の側面についての見解』（一八〇八）、『心の歴史』（一八三〇）。

ゾルガー、カール・ヴィルヘルム・フェルディナンド

❖Karl Wilhelm Ferdinand SOLGER　1780-1819

シュヴェト（ブランデンブルグ）に生まれ、ベルリンにて没す。『エルヴィン、美と芸術についての四つの対話』（一八一五）、および、『哲学的対話』（一八一七）の著者。

シュテフェンス、ハインリッヒ〔ステフェンス、ヘンリク〕

❖Heinrich〔Henrik〕STEFFENS　1773-1845

スタヴァンゲル（ノルウェー）に生まれ、コペンハーゲン、次いでハレ、ブレスラウ、そして最期の地となったベルリンにて教鞭をとる。『自然諸科学の哲学原理』（一八〇六）、『人間学』（一八二四）、『宗教に関するキリスト教哲学』（一八三九）を著わした。

ヘーゲル、ゲオルク・ヴィルヘルム・フリードリヒ

❖Georg Wilhelm Friedrich HEGEL　1770-1831

ヘーゲルはわかりやすい著者ではない。ただし、そう言ったのは批判のつもりではない。哲学者というものはみなむずかしいのだから。おそらく最もむずかしいのは、デカルトのように明晰に書いたり、プラトンのように偉大な詩の力で書いたりする人々だろう。わたしたちは彼らにまず魅了されてしまうのだが、その奥深さと高みが見えてくるのは後になってからなので、本当に彼らを理解したければ、そこからもう一度、ゆっくりと一歩ずつ、苦労して、その奥深さと高みに挑まなければならないのだ。それとはまったく反対に、これはいつでも断言してよいが、ヘーゲルはその文体の魅力によって読者を誘惑したりしない。信じがたいほどに簡潔で、正確さに気を遣い、他のことには無頓着な彼の文章は、最初の一行目から読者に警戒心を起こさせる。それは、読んでも楽しくない著作、きわめて大きな注意と、きわめて高い精神の緊張とを必要とする著作なのである。

だが、文体から発するこうした警告が、結局のところは理解を助けてくれるのである。読者は、このような著作を急いで読み進めようとは思わないし、あまりに自明に見えるので、ヘーゲルの言うしかじかのテーゼを認めたがらないし、あまりに力強く語りかけてくるので、しかじかの比喩的表現を信用したがらない、というわけである。わたしたちは思考の流れを反省し、検証し、解きほぐそうと努めるだろう。こういったことはすべて、読者にはあまり楽しくないにしても、理解の助けにはなるはずである。しかしここには何かしら皮肉なもの、つまり否定的なものがある。つまりヘーゲルの書き方は、その哲学のむずかしさをめっき加工で隠すかわりに、むずかしさを端的に表わすのだ。それは、複雑なものを単純なものと取り違えて、余計にむずかしくなるのを防いでくれる。しかし、この助けによっても、ヘーゲル哲学の複雑さそのものと、元からあるむずかしさはなくならないのである。

したがって、繰り返しになるが、やはりヘーゲルはむずかしいのである。もしかしたら彼は、もっと不気味で、もっと無愛想かもしれないし、いささか厳格で気むずかしい姿を見せるかもしれない。しかし、だからといって彼は、熱意をもち忍耐力のある読者を受けつけないわけではない。哲学者はみなこの種の読者に語りかけ、一方で読者は、その熱意を獲得し、その忍耐力を保つために骨を折るのである。ヘーゲルの書くものに大して魅力はなく、名文家としての優れた技法がないと彼を非難したとしても、わかってもらえるだろう。だが、彼はたしかに、世間に謎を差し出したり、玄人にしかわからない言い回しを提案したり、無遠慮な

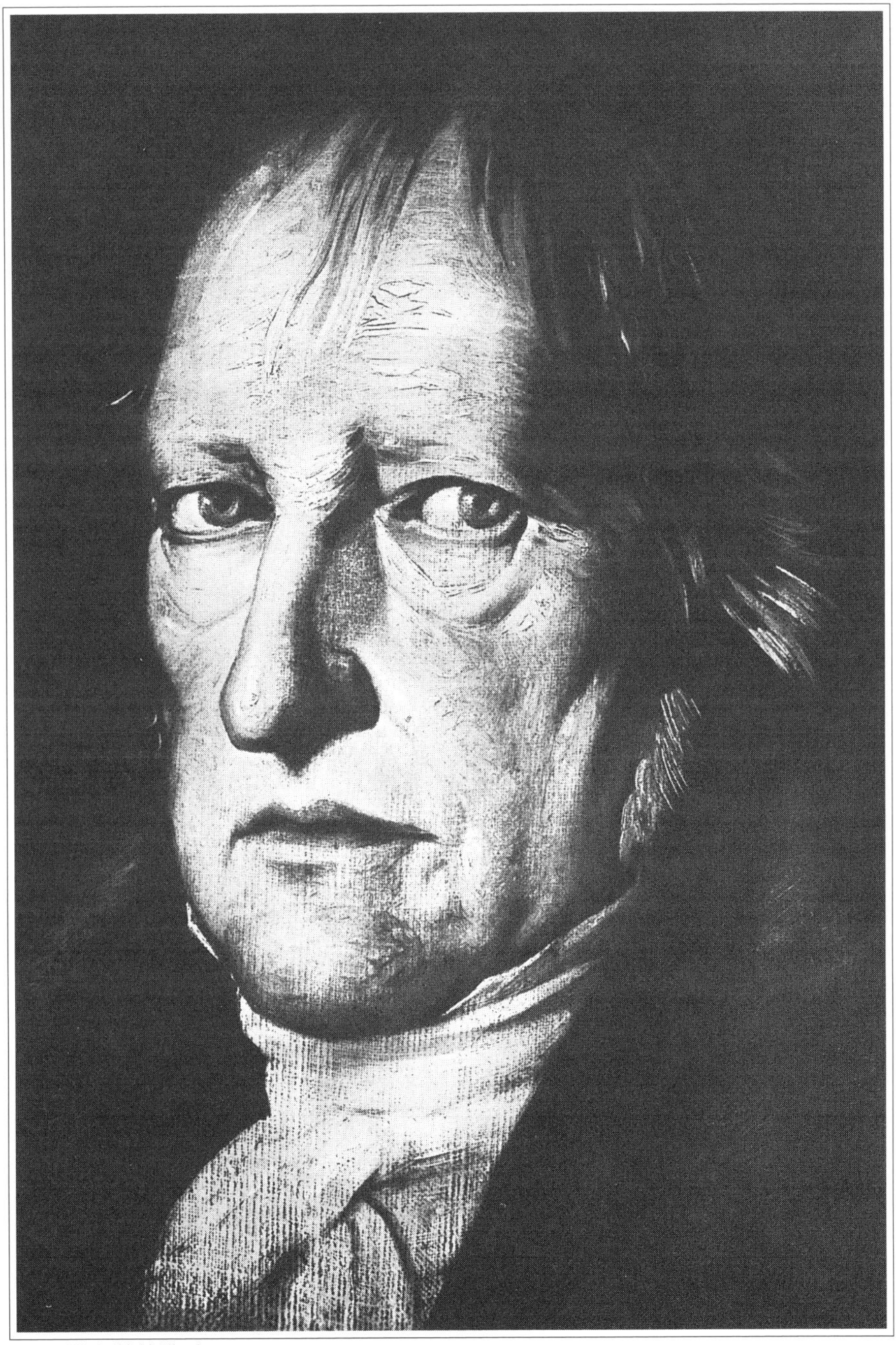
❖ Georg Wilhelm Friedrich Hegel

人や読者の資格をもたない人を追い払うために、奥底や本質を隠したりするような類の人ではないのだ。ヘーゲルにとっては、誰も無遠慮でも無資格でもない。彼にそうした名文家の技法がないのは、まさにすべての人、忍耐力と熱意とを引き換えにしてヘーゲル哲学への入場券を得たいすべての人にとって、近づきやすい存在であろうとした結果なのである。

このことからすれば、彼は、他の偉大な哲学者たちよりも近づきやすい存在であってしかるべきだろう。ところが、専門家や、教養のある目の肥えた読者の判断によれば、彼は少しもとっつきやすくはないのだ――正しい判断である。ヘーゲルは、ただ哲学者であるという理由だけでむずかしい著者なのではない。哲学者のなかでも、よりいっそうむずかしいのである。

このことには二つの理由を割り当てることができる。あまりに軽々しく、ヘーゲルがむずかしい理由は次のことだけだと主張する者もいる。その理由としては、ヘーゲルの思想の詳細がむずかしいのは、明快でなく、不完全で首尾一貫性がないという意味だとか、主要な諸概念が、学問や条件や態度の歴史的進化によって時代遅れになってしまったとか、言葉の意味が変わってしまい、今の時代にヘーゲルを理解すべき者には多大な努力が必要となる、といったことである。しかし、このような非常に現実的な障害物はどこにでもあり、ヘーゲルの場合にだけ特別な事情があることを説明してはくれないだろう。さて、ヘーゲルが哲学者のなかでもいっそうむずかしい理由は、次の二つの見出しでまとめられるように思われる。ひとつは、哲学史に占めるヘーゲルの位置であり、もうひとつは、彼の思想の意図である――しかも、ただちに付け加えておきたいが、その位置はその意図のゆえに独特であり、その意図は、それが歴史上のある特定の時期に出現したがゆえに独特なのである。それでは、こうしたむずかしさから出発して、ヘーゲルの哲学を輪郭づけてみよう。そうすることによって、彼の哲学がいっそう明らかとなり、彼の哲学の意味と、わたしたちにとっての意義とがいっそう明らかになるのは、不可能なことではない。

さらに忠告をひとつしておこう。以下ご覧になるのは、体系の要約や、ヘーゲルとは何かということを二、三行で知りたい人にとって最も便利な、原本のかわりにできるミニチュアサイズの複製品である、などと期待しないでいただきたい。思想の価値は、その細部のなかに、その彫琢の全体のなかにある。究極的な真理や、奥深いものの見方や、絶対的な暴露といったものは不条理か無内容である。別の言い方をすれば、原理というものはその展開のなかで証明されるのであって、最初からなかにあるのはせいぜい約束とプログラムにすぎない。こういうことを最も強調した哲学者こそ、ヘーゲルなのである。この企画がうまくいけば、なぜヘーゲルがわたしたちにとって生き生きとした現実《リアリティ》をなすのかを示したことになる。しかし、わたしたちは、この現実とはいかなるものかを示すつもりはない。この現実はあるがままのものであり、それ自身の諸条件のもとでしか、見物人には見えてこないのである。

今のところヘーゲルの哲学は、数々の偉大な哲学のなかで、最後のものである。したがって彼の哲学は、他のどんな哲学も彼の哲学にとって代わっていないという意味では、最初の現代哲学でもある。最初の近代哲学ということではない。誰が最初の近代哲学者だったのか、たとえばデカルトか、ヒュームか、カントか、ということをめぐってなら、意見がまとまるまでに長いあいだ議論することができるだろう。ヘーゲルは、過ぎ去ってしまったと感じられるような時代には属さないという理由で、たんに近代的なわけではない。彼は現代=同時代の人なのだ。つまり彼の哲学は、依然としてわたしたちの世界について語っている。わたしたちに向けて語っている以上に、わたしたちについて語っているのである。わたしたちがこの哲学に同意を表明するのかどうかはまったく別の問題である。ヘーゲルの哲学は、わたしたちについて我慢ならないことを言うかもしれないが、しかしこの哲学がそんなことを言うのは、わたしたちについてなのであって、他の時代や他の世界の人々についてではないのだ。

そのようなわけで、ヘーゲルの哲学は、歴史の結び目と呼んでもよいものをかたちづくっている。この現象をなすのは彼一人だけではない。たとえばアリストテレスについても、同じくらいの理由で同じように言ってよいだろう。これは、歴史における特異点のことである。すなわち、過去のすべての糸がそのなかで交わり、集められ、取りまとめられ、秩序づけられた後——しばらくの間かそれとも永久にか——そこから糸がまた分かれる、そのような地点のことである。このような地点とそこに位置する偉大なまとめ役は、思想の革命と現実の革命の後に登場している——プラトンと古代都市の終焉の後に、カントとフランス革命の後に。あちこちからの水がひとつの巨大な池のなかに集まり、今度はあらゆる方向に分かれる。湖自体が支流の体系を組織しているので、地理学者が支流図を描くのはむずかしくないだろう。しかし川の流れは、まだ最後まで流路を掘り切っておらず、流れの道行きを探しているところであり、その終着点はわからない。なので、地理学者がその川の流れを製図するように頼まれたら途方に暮れるだろう。一人だけを挙げるにとどめておくが、アリストテレスに関してはおおよそのところ、その体系から生まれた流れがどのあたりにあったのかがわかっている。しかし、ヘーゲルに対してはわかっていない。わたしたちは、その方向が未だ知られない波に運ばれ、波の流れのままに進んでいるのである。

以上のことを比喩なしに言えば、次のようになる。すなわち、ヘーゲルとは何であったのか、彼が何を言わんとしたのか、彼が実際に何を言ったのかということを、わたしたちは今もなお問いつづけているのである。これまで人々は、あらゆる方向から彼を引っ張り出してきた――それによって彼の名声は傷つき、やる気をなくして理解を断念する人もいたほどだった。次のようなことは周知のことだろう。ヘーゲルの名において無神論者である人もいれば、まさにヘーゲルに対してあらゆる神学思想の変革を期待する人もいる。革命的な人もヘーゲルを引き合いに出す。伝統主義の人もリベラルである人も彼の背後に控えている。彼に観念論の最も偉大な代表者を見る人もいれば、彼をあらゆる主観主義の偉大な勝利者だと見なす人もいる。彼を十八世紀人や機械論者や絶対主義者と見なした人もいれば、彼を、神秘的なものの見方に満ちたロマン主義だと非難した人もいる。いわく、ヘーゲルは歴史というレールの背後でもうひとつの〈精神〉の命ずるままに働く「民族精神」の観念に取り付かれ、さらに常軌を逸して普遍的な〈精神〉に取り付かれたというわけだ。ヘーゲルは、ある種の伝統に従えばプロイセン国家の公認哲学者であったはずだが、彼の弟子たちは、当のプロイセン国家によって、民主主義者や扇動者や危険な革命家として不当に迫害された。ヘーゲルがいなければ、典型的プロテスタントであるドイツの保守主義の思想家シュタール〔Friedrich Julius Stahl, 1802-1861〕は生まれていない。マルクスはヘーゲルに負ったものをけっして隠そうとしなかった。国民自由主義者も他の自由主義者も、彼らの議論のひとつ以上をヘーゲルから取り入れた。

こうしたことから、ヘーゲルを理解するのを断念したり、彼の思想がいわゆる体系をなすのを認めない人々もいるが、彼らのほうが正しいと認めるべきだろうか。わたしたちは、彼らのほうが間違っていると考える。だがそれでもやはり、こうしたことには理由がある。というのも、ヘーゲルに対するわたしたちの歴史的状況は必ずと言ってよいほど、手中にある体系がテーゼの辞書や全集、観念や傾向や問題や可能性の百科全書になる、といった程度のものなのだ。彼はこのように誤解される運命から逃れられていない。同時代人でありつづけるかぎり、彼はこの運命から逃れることができないだろう。なぜなら、わたしたちは、彼に対しわたしたちの問いを提起し、そこにわたしたちの問題に対する答えを、わたしたちの困難に対する解決策を探しつづけ、わたしたちの関心に属さないものは無視してしまうからである。こうしたことは当然であって、まさしく事情はそのとおりになっている。偉大な思想家たちは、まさにこういうしかたで、誤解や変形を通じて影響を及ぼすものだからである。

しかし、それが当然だからといって、このような態度が正しいと見なされるわけではない。この態度が正しいのは、みなと同じような生活を営む人を取り扱う手段としてのみである。全員が同じ生活をするなかでは、何が重要なのかは誰もがわかっている。それは祖国であったり、愛や誠実であったり、学問や芸術、社会秩序や政治秩序、人間の尊厳、自然の制御、等々であったりする。しかし、こうしたそれぞれの価値を――あるいは他のいくつもの価値を――考慮して何かを言うことができるとしても、いやむしろ、これらそれぞれの価値を考慮して多くのことを言うことができるがゆえに、こうした「普通の」人間の態度や「日常生活」の態度は、哲学的ではないのだ。哲学者たちは、いつも分裂症の恐怖に取り付かれてきた。このような「普通の」人間がどこにでもいるのはたしかであり、今日でも、現実の諸矛盾と矛盾どうしの闘争を見るや、戦闘放棄して棄権を宣言する人々はたくさんいる。彼らは、思想に統一性を与えるのは夢想にすぎないから、他の全員と同じように行為するほうがよいと言う。こうして、自分にとっての価値を選び、自分にとって唯一の特権的次元に属さないものは重大なものの範囲から追い出してしまう。本質的なものをそうでないものから還元し、説明し、区別し、こうして実証的(positif)になってしまうのだ。この実証学派の知性と批判認識に従うなら、ヘーゲルは、結局は役に立つものを提供できる一種の倉庫番になるか、さもなくば神秘主義者や理解を絶する作家、あるいはほとんどほら吹きになってしまうのである。

このような見方をする人にとっては非常に疑わしく、受け入れがたいことは何かというと、それを一言で表わせば、ヘーゲルは把握すること(comprendre)(全体をとらえて理解すること)を望んでいたのだ、ということである。すなわちヘーゲルは、全体的な現実を、その統一性のうちで把握することを望んでいたのだ。普通の人間は、自分の立場を得ようと全力を傾けることを覚悟してでも、発言・言説(discours)と行動との矛盾を甘受するものである(矛盾に注目するとしても)。しかしヘーゲルから見れば、まさにこの数々の立場の多様性こそが大きな問題をなす、すなわち哲学的問題そのものをなしているのだ。ヘーゲルは哲学者であろうとする。そして彼にとって哲学者であるとは、首尾一貫した説明的で還元的な諸々の言説のなかでもいっそう首尾一貫した言説を組み立てるといったことではなく、真理の統一性のなかで、唯一の現実(la réalité une)を把握することなのである。彼は、万人に耳を傾けたいと思うがゆえに、一人ひとりの前では大義ある裏切り者になってしまうのである。

ここにいたって、ヘーゲルの歴史的なむずかしさと、意図のむずかしさとを関連づけるものが何であるのかがわかる。つまり、ヘーゲルがむずかしい理由は、最後の者(ここで哲学史のことが言われているなら、最後の者は最初の者でもあると付け加えられるだろう)である彼が、把握したかったからである。ただ把握したかっただけであるが、全体を把握したかったのである。実証的な思想家たち——実証主義者《ポジティヴィスト》と呼ばれる人だけとは限らない——が非常に多いのは、彼らがきわめて無意識のうちにヘーゲルを頼りにして、どの道を辿っても必ず理に適うものに行きつくという素朴な信念をたずさえた驚くべき楽観主義を、ヘーゲルから受け継いでいるからだ、というのはありえないことではない。人々はこのように現実と思想との統一性を信頼しているのだが、それを信じるだけで、あらゆる「実証的」な企てにとって究極の前提となるものは決して問題にならないのだ。この究極の前提であるものが、ヘーゲルにとっては最大の問題だったのである。

ヘーゲルは、哲学者のなかで最も体系的であり、最も自覚的に体系的である。このことは次のことを意味する。すなわち、彼にとって、わたしたちが諸々の真理と呼んでいるものはある限定的な射程に属していて、いかなる個々の真理も真理そのものではなく、あらゆる個別的な真理は、個別的であるがゆえに同時に虚偽でもある、ということである。たしかに、揺るぎない真理というものは存在する。例えば、イッソスの戦いが紀元前三三三年に起こったことや、水素の分子量が一であることは疑いようがないだろう。しかし、これらの事実的な諸真理は、それ自体だけでは意味がない。というのも、こうした真理に意味が与えられるのは、歴史学の枠内においてのみ、あるいは自然科学の枠内においてのみだからである——こうした真理が受け取るのはその諸々の概念にすぎないが、この概念が所与を組織し、概念だけが所与を学問にとっての事実にするのである。ところで、それだけが意味と名乗ってよい概念的な諸真理は、たがいに矛盾し合っており、どんな概念も自分だけでは成り立たない。たとえば、存在とは生成における存在である、秩序とは無秩序の秩序である、歴史は時間の彼方にあるものを生み出す、永遠は歴史のなかにしか現われない、理性は感情をもった人間の理性である、というように〔他の矛盾した概念を必要とする〕。どんな概念も、どんな真理も、唯一の真理の、唯一の現実の側面の数々なのである。どんな個々の肯定命題も抽象にすぎず、可能的かつ必然的な見解のひとつにすぎない。だがそれにもかかわらず、そのことを忘れてしまって、すべてが自分の命題に還元されることを要求するやいなや、それらは虚偽となる。真理とは、諸々の真理全体の構造なのであって、諸々の真理を統一し、それらを接触と矛盾とのうちに位置づける、そういった構造である。しかしこの構造は全体性の構造であって、切り離したり持ち去ったりすべきもうひとつの真理ではない。仮に身体であれば、他の諸部分にとってはその組織や機能であったような、ある一部分を切り離すのも容易かもしれないが〔真理の場合はそうではない〕。

ヘーゲルは説明をしたがらない――一方、説明を与えることほど人間の精神にふさわしいものはない。感動すべき率直さで、人々には次のように言えば十分だとヘーゲルは考えた。すなわち、哲学において重要なのは把握することである。学問をもとにして把握するのではなく、学問を把握することと、宗教を、詩を把握することである。すべてをその統一性のうちで、この統一性をもとにして把握することであって、この統一性を、外的な、高次の、より深い視点から把握しようと望むのではけっしてない、と。彼は、理性を把握したいと思い、理性のうちで理性を把握したいと思うのだが、理性が具体的に存在しているとおりに、その諸々の矛盾とともに把握したいのである。ただしここでの矛盾が矛盾であるのは、個々のテーゼのひとつひとつが、自らのテーゼこそこの真理の全体であり、そのなかで現実の各々の側面が与えられ現実そのものと見なされるのだと主張する限りにおいてにすぎない。現実とは諸々の矛盾の統一性である。果実は花の死であるがゆえに花と矛盾するが、しかし果実と花とが一緒になり、その総体のみが生ける有機体を形成するのである。

これが、弁証法(dialectique)と呼ばれるものである。すなわち、自己自身を把握する現実にほかならない弁証法である。これは神秘主義だろうか。よくそのように言われてきたし、これからもずっとそう言われるだろう。実際、そう言いたくなる誘惑は大きい。この弁証法を、一方法や、哲学者がつかむコツ、発明のように見なすならば、それだけで弁証法には、学問の方法や、形式論理学の方法や、節度ある慎重な分析の方法としての価値はないとわかる。しかし、弁証法は方法であるのを望まないし、世界は弁証法の対象ではない。弁証法は、言説において呈示されるとおりの世界それ自体なのである。人間は、言ってみれば世界の他者ではなく、世界を拒むものへの通路を探求すべき異邦人でもなく、自分の目の前に現われるものを写真に収める撮影者でもない。人間は現実の中心にあり、現実のなかにあり、現実に属している。把握したい者である哲学者は、全体の眺望は、まさに複数の眺めからなる全体性に他ならないことを知っている。哲学者はこうした複数の眺望を、それら自身が与えられるとおりに、文字通り真に受けながら、展開するのである。

では哲学者は、こうした眺望を展開するだけなのか。実はそうではない。彼は、こうした複数の眺望を見、それを問い、それが何を意味するのかを尋ねる。そうすることで、たしかに哲学者はこれら複数の眺望よりも一歩先に行くことになる。しかしそれは、これら複数の眺望が自分自身の根底に隠しているもの、すなわちそれらの諸前提を見出すためだろう。自分自身の水準で検討されているかぎり、これら複数の眺望は互いに矛盾している。しかしこれらの矛盾は絶対的ではない。矛盾は哲学の前で消失するわけではない。だが、哲学にとって矛盾は、その根底において一体であるものとして現われるのである。というのも、あらゆる立場はひとつの前提を共有しているからである。すなわち、人間には現実について語ることが与えられているのだ。そのことに不条理と無意味しか気づかない人もいるが、その人は相変わらずそうやってありのままをとらえているつもりでいるのだ。人間の言説において現われるのは、現実である。現実は部分的に、不十分なしかたで示される。しかし、それにもかかわらず現実は現われる。というのも、これらの言説は、現実のなかで生きている人々の言説だからである。彼らはその言説とともに生き、多かれ少なかれその言説に従って生きている。もしもこれらの言説がまったく現実に合致しなかったとすれば、彼らは現実のなかに生きていないことになるだろう。

現実は現われる。現実は人間の言説において（あるいは、思考において、と言ってもよい）現われる。この言説は理性的である。いずれにせよそれが理性的なのは、この言説が現実との絶対的な矛盾のうちにあることはありえない、という意味においてである。そうでなければ、人間は現実のなかに組み込まれなくなるであろう――そうすれば人間は死に、人類は消失するであろう。したがって、現実も理性的である。ただし現実は、人間と同じように理性的なのではない。人間はただ（部分的に）理性的であるだけでなく、さらには自分が理性的であることを知っている。しかし他方、現実が理性的であるのは、現実が思考と言説にとって接近可能であり、思考が、現実の人間の言説である言説を生み出すかぎりにおいてである。現実はある構造をもっている。それは、現実的なものは理性的であり、理性的であるものは現実的である、というものである。このヘーゲルの宣言（『法の哲学』序文）に人々は驚いた。しかし実際、自然は諸々の法則の総体であり、自然の働きは合法則的であり、自然の諸現象は合理的で理性的な記述によって把捉できるのを誰も疑ったことがない、ということを考えてみれば、この驚きそれ自体が驚くべきことなのである。

人間は、存在するものの一部であるがゆえに、存在するものについて語ることができる。すなわち、人間とは存在するものについて言葉で語る者なのである。しかし、現われるもの（すなわち現実）は、ある特別な言説において現われるわけではない。人間は、自然の上や外にあるような純然たる精神のようなものではない。人間は、行動するがゆえに語り、語るがゆえに行動する――結局のところ、否というささやかな一語を自由に使えるがゆえに、人間は行動し思考するのである。人間は自然のなかで存在しているが、鉱物や動物と同じような意味で自然なのではない。というのは、人間は不満をもち、存在するもの（あるがままのもの）に満足せず、その言説のなかで、存在しないものについて語ったり、存在のなかにもたらしたいものについて語ったりするからだ。つまり、〔人間にとっては〕初めに矛盾があるのだ。

ヘーゲルはいつも、矛盾に対して一種の畏敬の念を示していた。彼にとって矛盾とは生命であり、全面的な一致は死である。すなわち、動かず、変化せず、生殖せず、死なない、そういったもののみが自己自身と同一的であり、それは死ぬことができないがゆえに死んでいる。他方、現実は生きている。だからこそ、現実は自己自身において矛盾するのだ。矛盾した現実——ヘーゲルはこのテーゼの重要性を何度も強調した。しかしもしかしたら、彼の思想を理解するのがむずかしい原因は、他のどんな主張にもまして、このテーゼにあるかもしれない。というのも、生きているものが自己自身と矛盾し、決して同一なものにとどまらないということが正しいとすれば、きわめて明白なことに、そのような矛盾は言説の矛盾とは別物だからである。言説の矛盾は、論駁され、選択を強い、論理学者のAと非Aを含む。何よりもまず、このAと非Aの両立は認められないと言わなくてならない。それに対し、矛盾した現実は論駁されない。現実のなかでは、相互に排他的な諸々の可能性の間で選択する必要はない。個別性は個別性と矛盾し、果実は花を否定するけれども、しかし、把握すべき当の現実である〈全体〉は、花と果実とをともに含むのである。現実とは、対立するものとして呈示されるものの統一性なのである。

では、矛盾というこの外見はどこに由来するのだろうか。すなわち、根底における、あるいは絶対者——あらゆる絶対的なものは、それと異なる諸現象と直接対立し、それによって矛盾を激しくするのだから——における対立の一致に帰することのできない矛盾というこの外見は、どこに由来するのだろうか。それとも、この外見〔＝仮象〕(apparence)という語自体が、たんなる仮象とは別物であるはずの「現実」へと目を向けさせると考えれば、仮象という言葉遣いは危険なのだろうか。もしかしたらこの用語を放棄するほうがよいのかもしれない。しかし、放棄したとしても次の問題は残り続ける。すなわち、現実が全体性として、統一性として、しかも全体性かつ諸矛盾の統一性として与えられるのはどのようにしてか、という問題である。

ヘーゲルはこのような形式で問いを提起してはいない。だから、彼のなかに答えを探そうとしても無駄であろう。しかし同等の答えはたしかにあり、それはヘーゲルの諸テーゼに相反するものではない。それどころか、その答えがどこかで定式化されているわけではないが、彼の諸テーゼはいたるところでこの答えを展開し、つねにこの答えを前提としているのだ。その答えとは以下のとおりである。すなわち、そのなかで矛盾が示される人間の言説は、それ自体矛盾から、否定から生まれたのであり、それが思考と行動との源泉だということである。思考不可能な仮説をもとに推論することを許されるなら、次のように言えるだろう。もし仮に人間の言説が現実の一部でなかったとすれば、もし人間が行動するものでないとすれば、現実には矛盾がないことになるだろう、と。

同じことを違うしかたで言い表わしてみよう。もし人間の言説が、未来および過去と呼ばれる、時間のこの二つの次元を言説に導入しなかったとすれば、つまり、もし時間のそれぞれの瞬間においてすべてが完全に点的で閉じた現在のうちにあったとすれば、もし来るべきであるものへの欲望と、かつて存在したものについての記憶とが、人間において現実的でなかったとすれば、現実には矛盾がないことになるだろう。だが、人間がかかわる現実は、とどまる今のなかで、神の視点の不動で永遠なる瞬間のなかで、現われるわけではない。現実は、自分にとって「食べるべきもの」や「逃げるべきもの」、「……すべきもの」といった様態で存在するものしか見えないような、動物の盲目的な視線に対しては浮かび上がってこない。現実は人間に対して呈示される。人間にとって対象は、人間から独立していると同時に人間の行動に従っており、依然としてこれであって未だあれではないようなものである――すなわち人間は、現実のなかに組み込まれ、全体性としての現実に従っているが、しかし現実を、個々の点については拒否する。つまり現実の諸法則を知り、認識しているがゆえに、個々の点のそれぞれについては現実を拒否できると知っているのである。要するに、全体性は人間の言説において示されるのであるが、しかし人間の言説においては、全体性は分割されたありさまでしか示されえないのである。

それゆえ人間は、唯一の全体性にすぐにたどりつくことはできない。人間が唯一の全体性を見出すのは、その行動する言説ないし思考する行動の、一地点から一地点への一歩ずつの歩みを通じてである。そこではいかなる一歩も最後の一歩ではなく、いかなる地点も特別な地点ではない。真理、すなわち存在そのものであり現われた存在であるこの真理は、言説のなかにある。しかし言説は、否定から始まって否定へと続いていくのであり、無矛盾であるのは、言説の全体性、諸矛盾の全体性だけである。人間はそこにたどりつくまで、現実そのものによって、どんな言説からもまた別の言説へと投げ返されることになる。そして存在するものについてなされるどんな比喩も、また別の比喩によって、不十分なものとして現実に対し曝されることになる。あるいは同様にであるが、それだけでは不十分なものとして、最初の比喩と同じくらいよいものとして、同じくらい悪いものとして、曝されることになる。現実は言説のなかで暴露されるのだが、どのような個々の暴露も、それが〈全体が現われるような〉暴露そのものであると主張するなら、虚偽である。それぞれの言説はひとつの言説でしかなく、また別の言説へと目を向けさせるのであり、その別の言説もまた言説そのものではない。

弁証法はそれゆえ、行動する言説と、この言説と行動のなかで現われる現実との間の、この不断の運動にほかならない。弁証法はこうした運動である。それは精神によって構築されたものではない。しかしまさにこの理由のために、それが諸矛盾の矛盾的でない全体性であると知ることで、弁証法は終了する。弁証法はこのことを知ることによって終わるのである。その知は弁証法の産物であって、現実的な歴史の産物であって、その歴史のなかで、人間は行動し、語ってきたのであり、語り行動することによって世界と自己自身とを変化させてきた。言説は、その歴史と現実的な生成のなかで、言説がもはやすべてのものを把握するだけでなく、さらに自己自身を把握するような地点にまで到達したのである。人間はその視線を後ろのほうへ、つまり彼が踏破した道のほうへと向けることができ、世界のなかで行なわれたすべてのことのなかに自己を認識することができる。歴史が理に適ったものであるのは、時間と歴史に先行する大文字の〈理性〉が歴史に意味を書き込んだり吹き込んだりしたからではなく、思考し行動し労働する人間が、彼が現在住んでいる世界を理に適うものにしたからである。人間こそが、把握可能な意味でこの結果以前にあったものに意味を与え、すべてのことが必然的かつ正確に、達成されたゴールへの準備のように見える地点を把握したのである。

したがって歴史とは、否定性であり、言説であり、思考し行動する否定のなかでの意味の実現である。把握するとは、歴史にもとづいて、より厳密に言えば歴史のなかで、生成したものを把握することである。だから哲学とは、まずもって哲学に固有の生成を、哲学に固有の生成存在〔生成されていること〕を把握することである。

哲学とはまずもってこうした把握である。ただし哲学はたんにこうした生成の把握だけにとどまらない。このことは歴史という本来の領域においてすら同様である。というのも、かつて存在したものが意味をもつのはわたしたちが望むものだからにすぎず、過去に光を照らし、過去を編成するのはわたしたちの〔未来への〕投企だからである。おそらく過去と未来とは切り離されない。というのもこの投企は、まだ存在しないものを欲望する投企であり、まだ存在しないものを、存在するものを起点として、言い換えれば、かつて存在したものと、今もなお存在するものを起点として欲望する投企だからである。しかし、哲学がその歴史的な特性のなかで自己を把握したならば、それは哲学が未来を目指すこととしても自己を把捉したということである。すなわち、かつて重要だったものは、そこからわたしたちの未来が可能になり、思考可能になり、理性的になるがゆえに重要だった、ということになる。そうであるなら、歴史の意味というものへの問いを避けることがどうしてできるだろうか。すなわち、まさに最後のものと呼ぶことのできるものであり、わたしたちが実現したいと望み、歴史がすでに十分に実現したのでわたしたちがそれを垣間見ることのできたような、この意味への問いを、避けることがどうしてできるだろうか。

ヘーゲルは、こうした問いを提起しないわけにはいかなかった。しかし、彼の答えは形式的なものに見える。それは、もはや哲学には何も期待せずに、哲学が提供できるものとは別の何かを期待するような人々に対する言い逃れのように見えるだろう。その答えは単純である。それによると、理性の目標は理性の実現であり、自由の目的は自由を現実的なものにすることである、ということになる。ただしここでの自由とは、個人的な感情や意向による勝手気ままではなく、普遍化されたすべての人間、つまり他のすべての人のために要求しないことは自分自身のためにも要求しないようなすべての人間を満足させるような自由である。もしかしたら、こうした答えに人々はがっかりするかもしれない、とわたしたちは言った。しかしそのように感じる人々には、次のように指摘しておきたい。他のどんな答えも、自由で責任ある行動の原理そのものと矛盾するはずだ、と。投げた石がどこに達するかを尋ねることができるように、歴史が必ずどこに帰着するのかを尋ねることに意味があったとする。そうすれば、責任ある行動の可能性そのものが消失し、生ける世界、人間たちの世界としての世界は、ひとつの機構や機械になってしまうだろう。機械は役に立ったり役に立たなかったりするが、役に立つのはただ機械でないものにとってのみである。それに対し、自由にとっての目標は自由そのものしかないのであり、過去の歴史の意味は、まさにこの真理を浮かび上がらせたことにある。それは、あらゆる政治の意味が、可能性および責務としてすでに浮かび出ているものを完全に実現することでしかありえないのと同様にである。世界は未だ、こうであるべきだとすでに知っているものではない。世界は未だ理性的ではない。しかし世界はすでに、その思想が理性的であることを知り、不正義や、自由に対する拒否や、理性的な充足に対する拒否が耐えられなくなったことを知るくらいには、十分に理性的なのである。それは、何らかの法廷がそれを宣告したからではなく、人々の意識が、次のような地点にまで到達したからである。すなわち、意識が正しいと把握するにいたったものが、もし意識に対して拒否されたとしたら、必ずや意識が反乱を起こすにちがいない、という地点である。歴史は閉じておらず、人間の行動は目標と未来を欠いていない。しかし、ひとつの時代は完了している。したがってこれから行動は、その理由をよく心得たうえで、探し求めるものを探し求めることができる。情念——理性はそこから生じる——の盲目的な闘争は終わらない。しかし、闘争を終了させる責任を暴力に負わせることなく、闘争を完了することが可能なのである。

わたしたちは以上で、もしかしたら、もっぱらヘーゲルの歴史哲学だけを強調するという誤りを犯したかもしれない。しかしそうしたのは、歴史そのものに従った結果である。つまり、ヘーゲル哲学の体系のうちで、何よりも歴史哲学という一部分——より厳密には、歴史哲学という一側面——が、歴史によって現在まで保たれてきたのである。とりわけこの歴史という主題については、複数の解釈が対立している。その理由はもちろん、ヘーゲルがその体系の統一性において考えたことがらを、複数の解釈は、ただ——考えられたというより——感じ取られただけの諸公理を出発点として展開しているにすぎないからである。このような同時代の光景を見る者には、これら複数の部分的な眺望——ヘーゲルはそれを抽象と呼んだ——が互いに反駁し合って次々と生まれつづけていて、しかもそれが無意識的に、きわめて不本意なしかたで行なわれているのに気づくだろう。彼はそこから次のような結論を引き出すだろう。すなわち、政治の世界はまだヘーゲルの教えを学んでいない。この教えは政治の世界でこそ確証され、より重要なものになる。要するに、今こそわたしたちひとりひとりが、歴史の究極的な力や人類の宿命を、経験論者たち——彼らは実証的と名づけられるか、現在の本質的な課題を知っているつもりでいる——に委ねることなく、現実とその諸傾向を考えるときであろう、という結論である。

でもやはり、もっぱら歴史と政治だけを強調するのは、あるいは誤りかもしれない。たしかにヘーゲル自身にとってこれは好みの領域だった。しかし好みの領域は他にもあった。彼の〈論理学〉が、今日における彼の歴史哲学と同じくらい注目される日もそう遠くないかもしれない。そのときが来れば、それは、人間の言説——伝統的に思想と呼ばれるもの——が、純然たる対象や外部のようなものとして彼が語るものに対置されることはありえない、ということがあらためて把握されるときだろう。それは、証明できない言説が把捉できない現実に直面することによって、言説の理論である論理学と、存在の理論である存在論との間に根底的な区別ができないという、解決できない困難が認められるときだろう。そのときが来れば、わたしたちは、ヘーゲル自身が行なったように、〈存在〉〈〈存在〉の概念〉から出発し、彼自身の弁証法——この弁証法が示すのは、孤立した概念は、それを把捉し、そのまったき純粋さにおいて手中にしようとしたまさにそのとき、その反対物に変わるということである——のなかでこの概念の展開を追い、この概念から存在‐論理的（onto-logique）な学を引き出すのだろうか。たしかに、その純粋性における〈存在〉は〈無〉であるということについては、ヘーゲルにしっかりと同意せざるをえないだろう。というのも、〈存在〉のために、それを〈存在〉それ自体とは異なるものにするような何らかの諸規定を取っておいたとしても、それは〈存在〉でも純粋でもないだろうから――そして、いかなる規定ももたないものは無だからである。しかし、そこに存在‐論理的な学の必然的な端緒を見ないとしても、彼に同意することはできる。他の諸々の可能性を予想することもできる。だが重要なのは何か。問題は変わらずに残るであろう。そして哲学とは、諸問題についての学である。

いつの日か、自然哲学の再興を見ることにさえなるのだろうか。ヘーゲルの思想のように、自然をその統一性において把握したいと望むような思想の再興を。そのときが来たら、それは、物理学が哲学者の唯一の調査対象ではないことが認められ、物理学を愛好する哲学者や、物理学における素人哲学者に対してよりもむしろ、教養ある物理学者に対して方法論の課題が課せられることが認められるときであろう。それはまた、どんな物理学も、把握可能な自然を前提としており、物理学者が彼の活動にとってのこの究極的な前提について反省する必要はまったくないが、人間の活動としての物理学だけが唯一、自然そのものを語る資格があると主張すれば不条理になることが、確信されるときであろう。もしかしたらそうなるときが来るかもしれない。というのも自然は、学問の助けを借りて自然を自分の労働活動のための素材に変える者に与えられるだけでなく、画家にも、詩人にも、宗教的人間にも、自然を端的に見る人にも、それを美しいもの、差し迫ったもの、心地よいもの、残忍なものと思う人にも、与えられるからである。そのときが来たら、人々はヘーゲルがしたのと同じことを行なうだろうか。ここでの問いは、先ほどと同じくらい重要である。たしかに自然科学は、ヘーゲルが当時では考慮することのできなかった数々の情報をもたらした。しかし自然哲学の構想そのものが理に適うものであるならば、こうした実証的研究の獲得物は、外観において、さまざまな変容を命ずるだろう。ヘーゲルの思想それ自体が、内部と外部の区別や、形式と内容の区別を認めないだけに、それはいっそう深い変容を命ずるだろう。したがって問いは――探究は、と言っておこう――変わらずに残るだろう。

しかしここまでにしておこう。プログラムを展開することや根本的な諸真理を表明することほど、ヘーゲル的な体系の精神に反するものはないだろうから。ただその究極的な詳細さにまで彫琢された思想だけが、真剣に取り上げるに値するのだ。大事なのは可能な体系の原理ではなく、展開された体系である。残り続けるのは、体系の要求であり、把握し、かつ自己を把握するような思考の要求である。

人はヘーゲル主義者〔ヘーゲリアン〕でありうるか。あなたはヘーゲル主義者か。この問いが提起されるのを、あちこちで耳にする。実を言えば、こうした問いに大して意味はない。キリスト教の教義を逐一拒否する人も、依然としてキリスト教徒であるように、ヘーゲルの〔受け入れられたヘーゲルの、あるいは拒否されたヘーゲルの〕影響下にあることがヘーゲル主義であるなら、すべての人がヘーゲル主義者である。ヘーゲルはこの意味で、スコラ主義的な語を用いれば、わたしたちの時代に形相を与えた〔informé〕のである。彼がいなかったら、この時代は今あるようなものではなかっただろう。あるいはまた、ヘーゲル主義であることが師ヘーゲルの言葉ひとつひとつに同意することを意味すべきだとすれば、この意味で自分をヘーゲル主義者だと思う人もいるかもしれない。だが彼らは確実に、自分が付き従いたい師の言う意味ではヘーゲル主義者ではない。なぜなら、ヘーゲル以上に誰も歴史を真剣にとらえたことはないのだから、ヘーゲルに忠実でありつづけたいと望んで一二五年の歴史〔ヘーゲル没後から現在まで〕を否定する者は、それによって彼が崇拝しているつもりの人を否認してしまうからである。

もっとも、わたしたちは反ヘーゲル主義者〔アンチ・ヘーゲリアン〕であってもよい。これは実に容易なことだ。しかし、いずれにせよ、わたしたちが体系について言ってきたことを認めるなら、わたしたちはそのとき同時に反哲学者である。たしかに、ありのままを把握するのを拒否したり、こうしてその人自身の世界把握——この把握を用いてその人は生とその言説のなかで自らを方向づける——を把握するのを拒否したりするのも各人の自由である。しかじかの個別的なものの見方や、好みや、感情的な決定のなかに本質的なものを見て、残りのすべてを虚言や誤謬や罪悪として拒絶するのも各人の自由である。要するに、把握を拒否するだけでなく、把握する意志を拒否することも各人の自由なのである。ある特定の状況下で、こうしたことが理に適うことがありえないわけではない〔もっとも、これが理に適うと示されうるのは、哲学に対してだけである〕。しかし、わたしたちは、そのとき厳密には反ヘーゲル主義者とは言えない。まったく同じように、反プラトン主義者、反アリストテレス主義者、反哲学者なのだ。否応なく人々は、最も深いところで偉大な哲学とヘーゲルとの影響をこうむった世界のなかで生き続けるだろう。

〔エリック・ヴェイユ〔パリ、フランス国立科学センター主任研究員〕〕

ゲオルク・フリードリヒ・ヴィルヘルム・ヘーゲル〔Georg Friedrich Wilhelm HEGEL〕は、一七七〇年にシュトゥットガルトで生まれた。まず生誕地のギムナジウムの生徒だった〔そこで古典的な作家に親しんだ〕ヘーゲルは、一七八八年から五年間、チュービンゲン〔プロテスタント〕大学〔神学院〕で神学と哲学を学んだ。彼はそこでヘルダーリンとシェリングと親しくなった。シェリングとは後にイエナで再会することになる。この学生二人は、新しい観念を吸収し、一七九一年〔一説には一七九三年六月十四日〕、郊外に自由の木を植えにいったとの話がある。彼らの友情は一八〇六年ごろに冷えこんだ。そのときヘーゲルは〔彼らの哲学的構想が互いに遠ざかる方向に進んだので〕、友人〔シェリング〕の「カント的スピノザ主義」に大いに影響を受けたあと、「自然哲学について」、人は「奥深い研究を見ようとしたのだ……表面的な類似の戯れでしかなかったもののなかに」と嘆きはじめた。哲学の「大学修士」と神学の「受験資格者」の学位を取得したあと、ヘーゲルは司祭職を断念し、まず一七九三年から一七九六年までベルンで〔彼が『イエスの生涯』を書いたのはこのときである〕、次に一七九七年から一八〇〇年までフランクフルトで、家庭教師の職を引き受けた。一八〇一年に、彼はシェリングの後を追ってイエナ大学に行き、そこで私講師として、次に一八〇五年に員外教授「助教授」として教え、そこで他の一連の論考とともに、最初の著書『フィヒテとシェリングの哲学体系の差異』を出版する。彼が最初の主著『精神現象学』を書き終えたのも、一八〇六年十月十四日頃〔共和暦における有名な日〔ナポレオンがイエナを占領した〕〕のイエナにおいてである。一八〇七年、ヘーゲルは教職を捨て、一八〇八年までバンベルクで新聞社に編集長としてかかわる。この年、ニュルンベルクでギムナジウムの校長に任命された。彼はこの町で一八一一年にマリー・フォン・トゥーハーと結婚し、主著『大論理学』〔一八一二–一六〕を執筆した。彼は一八一六年にニュルンベルクを離れハイデルベルクに行く。そこで一八一八年まで正教授として教えた。その年以降、彼はベルリンに住み、フィヒテの後任の職〔ベルリン大学正教授〕を提供された。彼は死ぬまでその職に就いた。夏期休暇中は次々に旅行に赴いた。一八二二年にネーデルラントへ、一八二四年にウィーンへ、一八二七年にパリへ旅行した。パリでは以前に〔一八一七年にイエナで、一八二四年十月から一八二五年五月までベルリンで〕親交のあったヴィクトール・クザン〔1792-1867〕のもとで過ごした。クザンはこの哲学者の肖像を書き残している。「彼の相貌はその思想の像であった。その強烈で厳密な、しかし穏やかで心静かな輪郭、ゆっくりと口数少ないが断固とした語り口、穏やかだが決然としたまなざし、すべては彼のうちなる深い反省の印であり、いかなる不確実さもいかなる動揺も免れ、最も絶対的な独断論の平和にいたる、まったく揺るぎのない信念の印であった」。ヘーゲルはコレラの犠牲となり、一八三一年十一月十三日に没した。

〔J.L.〕

補記

エリック・ヴェイユはヘーゲルの「むずかしさ」の要因を二点挙げている。一点目は、「全体的な現実をその統一性のうちで把握する」という、ヘーゲルが意図したことを理解するのがむずかしいこと、二点目は、ヘーゲルを哲学史のなかに正確に位置づけるのがむずかしいということである——ヴェイユによれば、ヘーゲル哲学は「数々の偉大な哲学のなかで最後のもの」であると同時に「最初の現代哲学」であるという特異な位置を占め、アリストテレスらとともに「歴史の結び目」をなす。現代の読者にとってもヘーゲルが「むずかしい」哲学者であることに変わりはない以上、このような視点からのヘーゲル紹介は今なお有益なものであり、その内容に本質的な変更を加える必要はないように思われる。それでも、フランスにおけるヘーゲル受容のあらましを紹介して、当時の時代背景をおさえておくこと、さらに著者エリック・ヴェイユとはどのような人物なのかを念頭に置いておくことは、現代の読者にとって本稿をよりよく理解するのに無駄ではないだろう。この二点について簡単に補足することにしたい。

まず、フランス哲学におけるヘーゲル受容の変遷をたどっておきたい。本書が編纂された一九五〇年代のフランス哲学界は、ベルクソン哲学や新カント派の退潮のあとで、まさに「ヘーゲルの力強い復帰」(ヴァンサン・デコンブ『知の最前線』高橋允昭訳、一三頁、TBSブリタニカ、一九八三)がなされた時代に属する。それまでフランスでは軽視され、受容されてこなかったヘーゲル哲学が、一転して熱狂的に迎え入れられるようになったのである。いうまでもなく、その要因のひとつとして忘れてならないのは、ロシア出身のアレクサンドル・コジェーヴが一九三三〜三九年に高等研究院で行なったヘーゲル『精神現象学』についての講義である(『ヘーゲル読解入門』上妻精・今野雅方訳、国文社、一九八七)。コジェーヴは同書を〈主人と奴隷の弁証法〉として人間学的に読み解き、そこに歴史の終焉というモチーフを読み取った。本書の編者メルロ＝ポンティをはじめ、バタイユ、ラカン、クロソウスキーといった人々がコジェーヴの講義に出席し(受講者名簿には岡本太郎の名前もある)、コジェーヴを介してヘーゲルの影響を強く受けた。彼らが次世代の思想家として活躍することになり、ヘーゲルの影響は哲学だけでなく当時の人文諸科学の全体にくまなく行き渡ってゆくのである。こうしたヘーゲル・ルネサンスのなかで、ヴェイユが言うように「人はヘーゲルに対してどのようにヘーゲル主義者でありうるか。あなたはヘーゲル主義者か」という問いが頻繁に問われた時代のなかで本稿は書かれた。ヘーゲルに対してどのような態度をとるとしても、その哲学は当時大きな存在感をもっていたのである。

しかしその後、一九六〇年代に入るとヘーゲルに対する態度は大きく変化し(「ヘーゲルに対する関係を表示する記号の逆転」(デコンブ、同書、一七頁))、反ヘーゲル主義ないしヘーゲルからの脱却が始まる。フーコーは一九七〇年に、「我々の時代全体が、論理学ないし認識論によって、あるいはマルクスないしニーチェによって、ヘーゲルから逃れようとしている」(『言説の領界』慎改康之訳、河出文庫、二〇一四)と述べている。フーコーによれば、このヘーゲルからの脱却を準備したのは、『精神現象学』の仏訳者としてコジェーヴとならんでフランスでのヘーゲル受容に大きな役割を果たしたジャン・イポリットである。イポリットは著書『論理と存在』(渡辺義雄訳、朝日出版社、一九七五)において、『精神現象学』を『論理学』と結びつけて存在論的な読解を展開した。イポリットが指導したドゥルーズ、フーコー、デリダらの若い世代が一九六〇年代に形成した思考は、総じて反ヘーゲル的な方向性をもっていると言えよう(そのなかで、デリダだけはヘーゲル読解を継続し、『弔鐘』という特異なヘーゲル論を生み出している)。

さらに後の世代の哲学者によるヘーゲル論、ジャン゠リュック・ナンシー『ヘーゲル　否定的なものの不安』(大河内泰樹・西山雄二・村田憲郎訳、現代企画室、二〇〇三)やカトリーヌ・マラブー『ヘーゲルの未来』(西山雄二訳、未來社、二〇〇五)では、ヘーゲルに対して肯定的な新たな視点が投げかけられており、ヘーゲルに対する関係のさらなる変化が読み取れる。またこうした状況と並行して、ヘーゲル研究が着実に進展していることも忘れてはならない。一九六八年から刊行開始された『決定版ヘーゲル大全集』では、講義録のテクスト事情がより詳しく研究され、ヘーゲル自身が書いたものとそうでないものが厳密に判別されるようになった。その結果、合理的な体系家としてのヘーゲル像は弟子たちが作り上げたものであって、ヘーゲル自身の真の姿とはズレがあることが明らかとなるなど、ヘーゲルの実像へといっそう迫る努力が続けられている。

次に、本稿の著者エリック・ヴェイユについても少し解説を付しておこう。先にコジェーヴのヘーゲル講義のことを述べたが、著者エリック・ヴェイユもその聴講者のひとりであった。ヴェイユとコジェーヴは親交関係にあり、講義の時期にコジェーヴはヴェイユ家をよく訪れたようである。ヴェイユはその後もヘーゲル読解に取り組み、今ではコジェーヴやイポリットと並ぶ二十世紀フランスの代表的ヘーゲリアンに数えられている。

彼は一九〇四年ドイツのパルヒム生まれのユダヤ系ドイツ人であり(ドイツ名はErich Weil)、当初はカッシーラーのもとでルネサンスの哲学者ピエトロ・ポンポナッツィの研究に従事していたが、一九三三年のヒトラー政権の誕生を機にドイツを逃れパリに移住し、一九三八年にフランスに帰化した。一九三四年から一九三八年までコジェーヴの講義に出席する。一九四〇年には捕虜となりドイツで五年間を過ごすが、解放後、ジョルジュ・バタイユらとともに『クリティック』誌の創刊と編集に携わり、多くの論考を発表する。一九五〇年に主著『哲学の論理』を公刊した後、『政治哲学』（一九五六）や『道徳哲学』（一九六一）を著わした。他に論文集として『ヘーゲルと国家』『カント的諸問題』などがある（なお本稿「ヘーゲル」は、後に彼の論文集（『試論と講演』第一巻、一九七〇）にも収録されている）。職歴としては、フランス国立科学センターの主任研究員を務めた後、一九五六年から六八年までリール第三大学、六八年から七四年までニース大学にて教授職を歴任した。なお一九七七年の彼の死後、二〇一一年にリール第三大学にエリック・ヴェイユ研究センターが設置され、二〇一二年にはポルトガルのリスボンでヴェイユをめぐる国際シンポジウムが開かれるなど、ヴェイユ研究は近年活性化している。

最後に付け加えるなら、ヴェイユについては、レヴィナスが何度かその名前を挙げたり、デリダがレヴィナス論「暴力と形而上学」で言及したりしているので、むしろその方面で記憶されているかもしれない。デリダの議論では、歴史・理性・言説・暴力といった問題圏のなかでヴェイユが顔を出すのだが、暴力については本稿でも「情念――理性はそこから生じる――の盲目的な闘争は終わらない。しかし、闘争を終了させる責任を暴力に負わせることなく、闘争を完了することが可能なのである」と書かれている。ヴェイユはヘーゲルに即して、歴史とは、人間の行動や思考や言説によって理性的なものが現実化していく過程であると語るが、そのときある言説と他の言説とのあいだに生じる矛盾は、暴力ではなく理性を選びとることによって解消されることになる。こうしたヴェイユの立場が、レヴィナスのそれとは反対のものであることは明らかだろう。レヴィナスは全体化的な歴史こそ暴力の場と断じたからである。しかしデリダが指摘するのは、ヴェイユとレヴィナス両者が共有する前提事項――暴力と言説とを切り離して考えること――が、言説そのものの否定という「最悪の暴力」につながる危険性である。すでにヘント・デ・ヴリース『暴力と証し』（河合孝昭訳、月曜社、二〇〇九）がこのことを論じているが、ヴェイユの哲学はこうした問題をめぐっても注目されるべき位置にあると言えよう。

主要著作

▼『精神現象学』長谷川宏訳、作品社、一九九八／同（上・下）樫山欽四郎訳、平凡社ライブラリー、一九九七／同、牧野紀之訳、未知谷、二〇〇一年／『精

神の現象学』(上・下)、金子武蔵訳、岩波書店、二〇〇二。
▼『大論理学』(上巻の1、上巻の2、中巻、下巻)武市健人訳、岩波書店、二〇〇二。
▼『論理学　哲学の集大成・要綱〈第一部〉』長谷川宏訳、作品社、二〇〇二。
▼『自然哲学　哲学の集大成・要綱〈第二部〉』長谷川宏訳、作品社、二〇〇五。
▼『精神哲学　哲学の集大成・要綱〈第三部〉』長谷川宏訳、作品社、二〇〇六。
▼『法の哲学』藤野渉・赤沢正敏訳、中公クラシックス、二〇〇一。
▼『法哲学講義』長谷川宏訳、作品社、二〇〇〇。
▼『歴史哲学講義』(上・下)長谷川宏訳、岩波文庫、一九九四。
▼『宗教哲学講義』山崎純訳、創文社、二〇〇一。
▼『美学講義』(上・中・下)長谷川宏訳、作品社、一九九五~九六。
▼『哲学史講義』(上・中・下)長谷川宏訳、作品社、一九九二~九三／同(Ⅰ－Ⅳ)河出文庫、二〇一六。

参考文献

▼加藤尚武『ヘーゲル哲学の形成と原理――理念的なものと経験的なものの交差』未來社、一九八〇。
▼金子武蔵『ヘーゲルの精神現象学』ちくま学芸文庫、一九九六。
▼熊野純彦『ヘーゲル――〈他なるもの〉をめぐる思考』筑摩書房、二〇〇二。
▼滝口清栄・合澤清編『ヘーゲル　現代思想の起点』社会評論社、二〇〇八。
▼岡本裕一朗『ヘーゲルと現代思想の臨界――ポストモダンのフクロウたち』ナカニシヤ出版、二〇〇九。

〔翻訳・補記＝亀井大輔〕

コント、イジドール・オーギュスト・マリー・フランソワ・グザヴィエ

❖Isidor Auguste Marie François Xavier COMTE　1798-1857

　彼は自分が醜く、愛されるには値しないと思っていた。理工科学校《エコール・ポリテクニック》在学中、彼のあだ名は、「スガナレル」[★01]だった。彼はきっと、自分の人生で最もつらかった時のことを忘れることはなかっただろう。なにしろその時には、精神錯乱の苦しみで「死んだほうがまだまし」なほどだったのだ。この歴史哲学者は、人類という至上の権威の下で、精神的な主宰者になろうと夢見たものの、現在にも、同時代人にも、まだはっきりと評価の定まっていない未来にも、不満を抱き続けていた。その死（一八五七年）から一世紀になろうとする今でもなお、コントは世に認められていない。コントは、彼がそうではなかったものや、彼がそうならぬよう激しく抵抗したもののせいで、毀誉褒貶の対象となってしまっている。曰く、コントは科学の信奉者だ。学者の追従者、反自由主義・全体主義の先駆け、宗教の侮蔑者、問答無用の教条的無神論者だ。こういった常套句を吹聴する人たちが引き起こした混乱をしずめるためには、次のように言うほかない。コントの著作などわざわざ読むことはない。好奇心で飛びついても、うんざりするほど不毛な文章技巧のせいで、出鼻をくじかれるだけだぞ、と。哲学者たちの画廊[★02]に置かれたコントの胸像は、古色を帯びたものが受けるべき恩恵を受けていない。はっきり言えば、この胸像はもう埃をかぶってしまっている。ヘーゲルの妖しげな魅力――ヘーゲルは、多くの点でコントに近いが、より凝った表現をしている――にあまりに籠絡された今の若者たちからすれば、コントの胸像は魅力に乏しいのだ。にもかかわらず、哲学者のなかには、ほんの一握りではあるが、コントに対して忠誠心をもつ者もいるし、頑なに狂信する者すらいる。こういった状況だから、コントの「関連文書」は注意深く再考されなければならない。ただ煩わしいことに、それを正しく検討するにはそれ相応の時間と忍耐を要する。そして、時間や忍耐という資本を注ぎ込むにしても、ある前提条件を欠かすことができない。それは、人間への共感である。

　この共感は、どんな思想家を理解するにしても大事なものだが、とりわけここで必要とされる。思想家の生涯と作品には密接な関係がある、と言うだけでは不十分である。コントの思想のスタイルそのものが、非常に特殊で際立っているのだ。ここでは、個人史上の出来事が、一般的な意味を付与されて、そのまま体系的概念となる形になっており、体系的概念を類推させる単なる象徴として使われるのではない。意味に満ち溢れた個人的な現実が、合理的言説と同化してしまっていて、意味するもの《シニフィアン》としての言説と

❖ Isidor Auguste Marie François Xavier COMTE

意味されたもの《シニフィエ》としての現実を区別することが難しいくらいである。このような類の思想は非常にまれなため、そのあまりに特殊な哲学に異議を唱えたくもなるだろう。これと同種のものを見つけたければ、さまざまな形の宗教的な省察をその生き生きとした姿でまるごと思い浮かべてみればよい。そこでは、思想家の人生が、ほんのささいなエピソードにいたるまで、その伝道——これ自身、人間学と世界論に統合される——の展開とひとつになっている。コントの思想は思弁的性格を高めていく。その様子は、コントにおいて、人と作品がしだいに同化していくところ、そして、その作品が、普遍的人間性の能動的な面や受動的な面としだいに同化していくところに見てとることができる。普遍的人間——つまり人類(Humanité)——は、コントの思想にとって、範例的な対象であると同時に主体でもある。

こうやって見てくると、人間に対する共感がまず存在しなくてはならず、これが、ひとつの選択肢を正しいものとして要求してくる、という具合になっていると考えられる。コントの人類への同一化は、ばかばかしく取るに足らない自己肥大であって、精神病理学の領分に属していると見なすこともできるし、具体的なものを完全に表現しようとする無謀な試みだと見なすこともできる。

コントと付き合っていくには、まず人間なるものを受け入れることが求められる。そうすると、コントの思想体系は、それが普及するにあたって、与えられるままの姿で人間を受け入れるというしかたで、人間を体系のうちに含まざるをえないことになる。しかし、そうした人間なるものは、時としてやはり邪魔になるということも知っておかなくてはならない。人間なるものに優位が置かれすぎていて、われわれは面くらい、さらには不信の念を抱くかもしれないが、しかし、コントのもつ特異性そのもののおかげで、人間の優位という最大の短所が最大の長所になることが期待できるのである。

そもそも、ここで問題となっている人物は、本当に哲学者なのだろうか。この人騒がせで自由奔放な理工科大学生《ポリテクニシアン》は、フランス革命を終息させ、西洋を再構築するという、同時代の政治問題や社会問題にすべてをささげており、存在の神秘や自然の神秘というものにとらわれたことは一度もなかった。彼は驚くほど形而上学的な不安に浸されることがない。つまり、彼は形而上学的不安の諸問題に没頭しはするが、そうした諸問題の身元を突き止めるまでにはいたらないのである。彼の思弁が集中していく中心、つまり、彼の基本的な立場は、絶対者という亡霊を追いはらい、その偶像を無力化するところにあった。「すべては相対的である。このことだけが絶対的である」と、彼は一八一七年にアンリ・ド・サン゠シモンの『産業』★03に記した。さらに、一八五四年の『実証政治学体系』の「一般的補足」の序文でも繰り返した。相対性——もっとも、もっぱら歴史的な相対性だが——は、彼が最上の統治について論じることを拒否したときに導入したものである。つまり、ここでは認識自体が問題となるような「絶対的な」相対性が言及されているわけではない。この幼稚な、と言って悪ければ、初歩的な原理（相対性）は、真の哲学的思索の歩みを保証し、とりわけそれを支えるのに十分な原理なのだろうか。コントの考察は、あまりにも簡単に何らかの基本的な定式にまとめてしまえる、というような奇妙な不評を被っている。そのような定式への単純化は、異常なほど雄弁で内容の込み入った著作に立ち戻ることによってしか乗り越えることができない。コントの著作を読むとつい要約してしまいたくなるが、コントの著作がそのような要約を本当に受け入れることはないのである。三段階の法則[★04]、諸学問の分類[★05]、実証精神の諸性格、感情の道徳、人類教、これらはすべて、いわば手のひらのなかに掬いとられているようなものである。当然ながら、この手にはすき間があり、たるみがある。ちょっとひと押しされただけで、コント思想の精髄がそこからこぼれてしまう。コントの教育的な言い回しは、教科書的な図式化によくあてはまる。コント離れが起きるのは、大抵の場合、この言い回しのせいである。重要なのはそこから先へと進んでいくことであり、そうするほうがコントにふさわしい。ただし、コントの作品に入り込んでいくと、人間というものに突き当たり、それによって新たに別の疑念が生じるのではあるけれども。

コントを読む、それは彼の履歴を辿ってみることである。その履歴におけるさまざまな重要な時期を、再び生き直してみること、これがそのまま、彼の作品についてよく考えることである。コントは、エロー県[★06]の総括徴税官の息子として、フランス革命という「特別な」時代（一七八九）が終息する直前に生まれた。彼は偉大なものに心惹かれる情熱家、激情家であったが、父親譲りの極端な細心さという一面も持ち合わせていた。コントにあって、この細心さは、驚くべき仕事の能力——これは比類のない記憶力のおかげである——と調和していた。しかし、彼からすれば、父は父として不適格であった。これとは対照的に、生母ロザリー・ボワイエ[★07]のほうは、彼によって褒めたたえられている。これはおそらく、彼女が、自分があまりにも激しい心をもっていると、自分の非を認めていたからであろう。コントは十六歳で理工科大学生となった。彼の気質による騒々しさや、野心によるいらだちが時局とあいまって助長され、人生が活気づくことがなければ、この少年期はたんなる神童の時期でしかなかったであろう。だがその後、忘れがたい騒動が巻き起こる。コント（戸籍上の名は〈イジドール〉）はこの騒動で際立ったはたらきをしたのだが、この騒動の後、理工科学校生はジャコバン主義の疑いで免許を剝奪されてしまった。一八一六年のことであった。生まれ故郷モンペリエへの短い里帰りの後、この理工科学校出身者は、パリに舞い戻ってきた。彼は失業状態に陥っていたが、士官にも技師にも決してなるまいと固く決心していた。順当にいけば、自分は理工科学校の教授になり、その後、学士院会員になると思っていたのである。それまでの間、数学を講義し、政治論考を執筆しようと考えていた。当時、アメリカ議会が理工科学校に準じた学校を創ろうと計画しており、コントはカンプルドン将軍の推薦で、そこの画法幾何学の教師に任用されることを期待していた。一八一七年、コントはH・ド・サン＝シモンに出会った。それは目もくらむような出会いだった。コントはオーギュスタン・ティエリの後任[08]として彼の秘書になった。こうして〈イジドール〉は〈オーギュスト〉になったのである。サン＝シモンは、『産業』、『政治家』[09]、『組織者』[10]、『産業体制論』[11]、『産業者の教理問答』[12]といった出版物を立て続けに世に問い、コントはそれに協力した。そして、一八二二年、サン＝シモンの庇護下においてではあるが、コントは自分の名を冠した書物を出版した。『社会再組織のための科学的作業の趣意書』である。ところが一八二四年四月、コントは、この趣意書の再版をめぐって、サン＝シモンと決別してしまう。彼にとって「シモン翁」はもはや詐欺師でしかなくなってしまった。さらに、この決別の年は、彼の人生の「唯一にして、重大なる過失」の年でもあった。この年の八月に結婚したのである。相手は、パレ・ロワイヤルの回廊で出会った、カロリーヌ・マッサンという非常に親切な娘であった。しかし、彼女が「不適格な妻」であったということは、後年、『遺書』[13]の「秘密の補足」によって無情にも暴かれることになる。

一八二二年の『趣意書』の時点で——これは一八二四年には『プラン』[14]になるが——、コントはすでに自分の著作の構成におおよその見当をつけており、主要な根本理念を薬籠中のものとしていた。この件について、彼は一八一九年九月二十八日に友人ヴァラに対してこう明言している。「僕は二つの領域で仕事をしているし、これからもするだろう。学問と政治だ」。『プラン』は、『実証政治学体系』という壮大な計画の第一巻第一部にすぎない。第二部の草案は、『生産者』[15]（一八二五年十一月および一八二六年三月）に掲載した論文に現われている。これは、その後一八五四年に、コントによって、「科学と科学者に関する哲学的考察」、および、「精神的権力に関する考察」と題されて、『実証政治学体系』（一八五一年から一八五四年にかけて出版された全四巻の第二巻）の「一般的補足」のなかに再録されることになる[16]。一八二六年四月二日、コントは、フォブール・モンマルトル通りの自宅で、博物学者アレクサンドル・ド・フンボルト[17]、経済学者のデュノワイエ[18]や、イポリット・カルノー[19]など、選り抜きの聴衆を前にして、『実証哲学講義』[20]を開いた。講義を開いた一番の理由は経済的なものであった。彼は聴講希望者を募り、そうして〈実証哲学の師〉になったのである。講義は七十二講で構成され、一八二七年三月一日まで続けられるはずだった。しかし、四月十二日の水曜日、聴講者たちが訪れてみると、コント宅の扉が閉ざされていた。コント氏は病気だったのである。それは、苦痛をともなう「脳の偶発性疾患」であった。精神異常に陥ったコントは、エスキロール医師[★21]の診療所に収容された。そして、一八二六年十二月二日、「N.G.」、つまり、完治せず(non guéri)とカルテに記載され、退院した。慎重な臨床医は、自分の患者がサン＝ジャック街に居を移し、一八二九年一月四日に講義を再開したと聞いて非常に驚いたに違いない。そのためか、エスキロール医師は、ブランヴィル[★22]、ポアンソ[★23]、ブルッセ[★24]などとともに講義にも出席している。だが、講義は盛りだくさんで見事なものであり、何事もなく終了した。三度目の公開講義はアテネで行なわれ、一八二九年の十二月九日から始まった。コントは大勢の聴衆を前にしても怯むことはなく、聴衆との接触を失うことは決してなかった。彼の思想は、人前で話されることを必要とする性質のものであったのである。彼は自分の思想が話題にされることを望んでいた。『実証哲学講義』の出版は、一八三〇年に始まり、一八四二年までに六巻を数えた。七月革命の後、コントはプティ・ペール(パリ三区)の区役所のホールで、パリの労働者を対象にして初等天文学に関する無料の公開講義を始めた。彼はこれを一八年もの間きっちりと継続していく。この講義はコントの思想を練り上げるために最も重要なものとなった。パリの労働者たちがそこに押しかけることはなかったが、家具職人のファビアン・マニャン[★25]のような何人かのすぐれた職人たちが、新しい師に惹きつけられた。そして、この師のほうも、彼ら職人によきプロレタリアを見出した。こうして、プロレタリアは、『実証精神論』[★26](一八四四)、次いで『実証主義総論』[★27](一八四八)で非常に重視されるようになった。この二著作は、どちらも天文学講義に直接に由来する。コントには、講義全体に先立って入門編をつくっておく習慣が以前からあった。そこで、それらの講義を『哲学的通俗天文学概論』[★28](一八四四)と題して出版したとき、それに入門編を付加し、さらに同年、その入門編の部分だけを取り出して出版した。これが『実証精神論』である。そして、この哲学入門は、一八四四年から一八四八年にかけて拡大され続け、『実証主義総論』に結実する。『実証主義総論』は、一八四八年の二月革命という「大きな衝撃」の際に急いで出版され、その後、『実証政治学体系』(一八五一－五四)の冒頭に「前置き」というかたちで再録された。また、この頃、コントは『解析幾何学要論』[★29](一八四三)という教科書も執筆している。彼は、一八三二年からは理工科学校の解析と力学の復習教師、一八三七年からは入学試験官の職に就き、教授職の候補者になっていた。当時、彼は教授資格に大きな価値を認めており、自分にそれがそなわっていることを示そうと躍起になっていた。しかし、一八四八年の『実証主義総論』のコントは、もはや一八四四年の『実証精神論』の頃のコントではなくなっていた。彼はその私生活で「比類なき年」(すなわち、クロティルドとの出会いの年)[30]に生じた激変を経験していたのである。『実証哲学講義』(一八四二)を完成させてから、コントは、奔放で扱いづらいパレ・ロワイヤルの仲間とのつきあいをやめない「不適格な妻」とすでに別れていた。そして、一八四四年十月、クロティルド・ド・ヴォー夫人と出会った。彼女はコントの生徒であったマクシミリアン・マリーの姉であった。彼女は三十代手前で、女性の魅力を失っていなかった。彼女の正当な配偶者のアメデ・ド・ヴォーは、結婚四年目のメリュ(オアーズ県)の収税吏であったが、彼の仕事にふさわしくない幾つかの軽率な行動[31]の結果、ベルギーに移り、消息を絶っていた。

一八四五年春、コントは驚きつつ有頂天になって、自分が恋に落ちたことを知った。しかし、一八四六年四月五日、クロティルドは息を引き取ってしまう。「比類なき年」の間、コントはその人生における悲劇を生きていた。当時、彼は四十七歳。哲学者の優しく粘り強い心遣いは、クロティルドの心に触れ、時には彼女の心を揺さぶりもしたが、彼女は友情以上にまで行くことはできないと思い、ついにその旨を彼に伝えた。しかし、コントはひとり騎士きどりになり、のぼせあがってしまった。一八四五年九月六日、コントはクロティルド宛てに次のようにしたためた。「私は昨日から、あなたを私の唯一で真の、たんに未来のというだけでなく、現在の、そして永遠の妻だと思っています」。クロティルドは彼の愛に応えはしなかったが、彼に愛の力を知らしめた。こんなふうに哲学者の心情が揺さぶられていたのと同じ頃、彼の体系全体のほうもぐらついていた。動揺は、プティ・ペールの区役所ホールで行なっていた一八四七年の通俗講義に現われた。一八四八年の『実証主義総論』がその痕跡を留めている。彼の反省には新しい次元が避けられないものとなった。彼にとっての人間というものの意味が、試練を経て豊かになったのである。こうして、宗教的実証主義が誕生した。コントは、一八四二年の『実証哲学講義』の最後の数頁で、新たに八冊の著作を書くと予告していた。数学哲学に関して二冊、実証政治学に関して四冊、そして実証教育学に関する基礎論文と、自然に対する人間の活動に関する体系的な論文である。一八四二年以降は、政治論文に取り組んでいた。四月の悲劇的な結末から六か月後、コントは気丈にもまた仕事をしはじめていた。彼の公開講義のほうは、一八四八年に中断され閉講されていたが、新たな形式で気持ちも新たに、パレ・カルディナル(パレ・ロワイヤルのこと)で再開された。彼はこの講座を一八五四年まで続けている。そしてその間に、『実証政治学体系、または、人類教を創設する社会学概論』[32]という浩瀚な書物を世に問うた。「人間の未来」に関するその最後の巻[33]では、彼の仕事全体を練り直す計画が描かれている。教育的な目的で立てられたこの計画は、「抽象的百科全書と具体的百科全書」という見出しをもち、全体の題名を『主観的総合』といった。その内の第一巻のみ、一八五六年に出版にこぎつけたわけだが[★34]、その内容は実証論理学や数理哲学に関するものであった。続いて、一八五八年と一八五九年には、二巻本の『実証道徳概論』が出るはずであった。第一巻『理論道徳』では、人間本性についての認識に力が注がれ、これに対して、第二巻『実践道徳』では、人間本性の改良、あるいは、普遍的教育が扱われることになっていた。これらの著作が出るまでの「幕間」として、コントは一八五二年に司祭と婦人——もちろんクロティルドのこと——との対話という体裁をとった『実証主義教理問答』[★35]という著作、および『保守主義者に訴える』[★36]（一八五五）という著作を世に問うた。『保守主義者に訴える』は、『実証主義教理問答』を統治者のために補足し、政治の停滞や混乱状況ではなく、正常状態を定着させることを奨励するものであった。一八四七年に宣言された人類教は、リトレ[★37]の心配をよそに、一八四九年に創立された。リトレは『実証哲学講義』に魅了された優れた弟子だが、「不適格な妻」とともに陰謀の疑いをかけられ、統合的実証主義に対する裏切りを認めさせられ、一八五二年に人類教を除名された。一八四六年以降、コントは、人間本性の要である『脳図表』に専念している。一八四八年には「実証主義協会」を設立する。一八四九年には『実証主義暦』を制定する。彼は独特の言い回しを用いて、政治的で道徳的なスローガンを練り上げた。すなわち、〈秩序と進歩、他人のために生きること。原理としては愛、基礎としては秩序、目的としては進歩。白日の下で公明に生きること〉である。一八四四年に試験官の職を、そして、一八五一年には復習教師の職を、「衒学支配階級（pédantocrates）」に奪われてしまったため、コントの生活は、フランス人の弟子や外国人の弟子たちが支払うささやかな援助金で賄われていた。実証哲学の教師は、大司祭を自ら任じていた。彼は秘跡の授与を主宰した。彼は教導し、勧告し、説諭し、破門する。さらには、歴史を予言し、暦によって惑星を再編する。彼は自分の作品を完成させるために、フォントネル[★38]のような長寿を熱望していた。だが、長寿の願いはかなわなかった。一八五七年九月五日、ムッシュー・ル・プランス通り十番地のアパルトマン——このアパルトマンはそれ以降「聖地」となった——でコントは息を引き取った。彼を看取ったのは、忠実な弟子たちと、「すぐれたプロレタリア」である彼の使用人、ソフィー・ブリオーだった。ソフィーは、コントの母ロザリーと、その永遠の妻クロティルドと並んで守護天使の高位に昇任した。

　白日の下で公明に生きること。人生がこれほどまでに作品と結びついている思想家は、ルソー——コントはルソーにあまり好意を抱いていないが——以降、誰もいなかった。コント自身、そのことに気づいていた。一八六〇年に出る予定であった最後の著作は、彼の人生とクロティルドの人生の歴史＝物語《イストワール》になるはずだった。彼の人生では、出来事がおのずから概念になり、彼の思想体系の順序は、その配列の肝心な部分をエピソードの偶然性に負っている。このような人生や体系を前にすると、個人的な気質や出来事にあまりにも依存しているこの思想の価値に対して、いくつもの疑問が浮かんでくる。コントの退院の際にエスキロールが、「完治せず」としたのはもっともで、コントはいまだに完治していなかったのだ。こんな老いらくの恋に落ちた者にどれほどの信頼がおけるだろうか。彼は一八六〇年までにはノートル・ダムで実証主義という福音を説くことになるであろう、などと信じている。こんな人類の大司祭(un Grand-Prêtre de l'Humanité)のたわごとを、まじめに受け取れるだろうか。

　たしかに、コントはある種の特異性から決して解放されることはない。そのような特異性は、おそらくは神経症的気質に起因している。彼はこの自分の気質についてはっきり自覚しており、たぐいまれな意志によって懸命に乗り越えようとしている。つまり、彼の思考の強靭さは、損なわれてはいないのだ。したがって、彼が自分の省察に役立つ教訓をクロティルドと出会った「比類なき年」から導き出しているからといって、彼の省察を信用しなくてよいことにはならない。いつから哲学者は、人生での体験を余計なものとして除外しなければならなくなったのか。コントの思想に一貫性と統一性があるのかを疑問視する人もいる。かろうじて垣間見えるにすぎないクロティルドのうっすらとしたイメージによって、客観的実証主義の厳密さが失われ、合理的有効性が危うくなってしまう。だから、そのようなイメージを切り捨てた実証主義のみが存続に値する。こういったところが、リトレ――博物学者であって、哲学者ではない――の見解であり、彼と同類の者たちの見解である。だが、コント思想の連続性はもはや明らかである。ラヴェッソン[★39]、この真の哲学者は、彼の有名な『十九世紀フランス哲学についての報告』でまさにそのことに気づいていた。さらに、ブートルー[★40]、レヴィ＝ブリュル[★41]、ジルソン[★42]、デルヴォルヴェ[★43]、グイエ[★44]やその他多くの者たちも、それぞれ自分のやり方で、コント思想の連続性を詳細に裏づけている。コントには、彼自身認めているように、「比類なき年」の前後という二つの履歴がある。しかし、だからといって、二つの矛盾した哲学があるわけではない。「主観的なもの」への転回は、人間への還帰に他ならないのである。この人間なるものについては、『実証哲学講義』の「厖大な序論」で、緩慢だが確実な実証的アプローチによって、幾度となく描き直されている。人間への誠実さの要請は、しだいにその必要性を高めていった。人間に関することで自分に無縁なものなど何もないとしたのがテレンティウス[★45]であったのに対し、人間でないものすべてを無縁なものとするのがコントである。人間を排除し、自己目的化した学問は、つまり、視野の狭い専門家や高慢な人、詐欺師の学問は、コントにとって、自己の絶対性に閉じこもり人間を必要としない神同様に、無縁である。これに対して、〈人類（Humanité）〉、あるいは、〈偉大なる存在（Grand-Etre）〉は、「存在・過去・未来・現在の総体であり、普遍的秩序を完全なものにするのに自由に貢献する」。それは、人間に養われている仮の神である。人間の側にある唯一の宗教は、神について責任を負っていると自覚することである。「神学的」神の解任は、「宗教の名のもとで」言い渡される。学問は神学的、形而上学的、実証的段階で終わらず、第四段階、すなわち、宗教的段階が存在するのだ。そして、かつてコントが分類した六つの学問（数学、天文学、物理学、化学、生物学、社会物理学）の他に、第七の学問が存在する。道徳学ないし教育学、つまり、人間本性とその改良のための学問である。人間の使命が示されるのは、心情によってである。「知性に裏切られ」ないようにするには、抽象が「一新」されなければならない。抽象は、人間という具体的なものに、つまり、時間や歴史の内に巻き込まれた個人的なものにつねに関連させられていなければならない。コントには感情の激しさや排他的な一面があったが、彼の実証哲学の足取りは、つねに自由主義的で、反全体主義的である。精神的なものと世俗的なものの徹底的な区別が、十分にそれを示している。諸学問の三段階の法則と、諸学問の分類の法則という相補的な諸法則によって明らかにされる客観的秩序は、主観的秩序にとっての序論でしかない。主観的秩序では、精神が完全に主宰者の役割を引き受けており、そうであることを決してやめない。実証主義は自然哲学ではないし、ましてや唯物論でもない。それは精神の哲学であり、人間の時間に根を下ろした新しい唯心論（néo-spiritualisme）なのである。それゆえ、「聖なる学問」である社会学の優位そのものは、道徳——人間学と教育——、「最後の学問」、人間を止揚する学問によって、支配されているのだ。コントは人間に多くを期待している。そして、人間もまたコントに多くを期待している。マルクスを除けば、彼は他のどんな思想家よりも歴史のなかに入り込み、人々に影響を与えている。ある西側の国旗——ブラジル国旗[★46]——には、コントの第一の政治的スローガンが記されている。一八四八年のスローガン、〈秩序と進歩（Ordre et Progrès）〉である。コントは、少なくともヘーゲルと同じくらいには歴史哲学者である。彼の省察のたったひとつの対象、それは、時代とその水準に巻き込まれた人間、言い換えれば、豊穣で創造的なひとつの時代に巻き込まれた人間である。弁証法は、「そこで主観どうしの接合——単にそれぞれの主観が自分のために供する見世物ではなく、主観どうしの共通の住居であり、彼らの相互交換や相互挿入でもあるような接合——が行なわれる、といった種類の存在のなか」にしかない、と、あるひとは言う。[○01] そうだとすると、コントの言う〈人類（Humanité）〉以上に弁証法の活動領域や中心地となりうる場所があるだろうか。コントの斬新さは唯一つ、思い切って人類に最高の価値を与えたところにある。コントの実証主義は、人間の生成——その栄光と弱さの一切は、教育的配慮の限界と伝道の波及効果のなかにある――に関する弁証法的人間学なのである。

［ポール・アルブース＝バスティード］

原註

○01 M. Merleau-Ponty, *Les aventures de la dialectique*, p.274.『弁証法の冒険』滝浦静雄・木田元・田島節夫・市川浩訳、二八一－二八二頁、みすず書房、一九七二。

訳註

★01 モリエール（MOLIÈRE, 1622-1673）の喜劇に登場し、モリエール自身が役者として時には好んで演じた人物。自分はひとかどの人物で、悲劇の主人公だと思っているのに、道化者となる醜悪な中年男性。『スガナレル』『お婿さんの学校』『強制結婚』『恋こそ名医』『いやいやながら医者にされ』『ドン・ジュアン』などに登場している。

★02 ヘーゲルの「阿呆の画廊」が念頭にある。哲学史を意味している。

★03 サン＝シモン（Claude Henri de Rouvroy SAINT-SIMON, 1760-1825）の出版した雑誌。『サン＝シモン著作集』第二、三巻、恒星社厚生閣、一九八七。

★04 神学的段階、形而上学的段階、実証的段階。

★05 数学、天文学、物理学、化学、生物学、社会物理学の六つに分類。社会物理学（physique social）の物理学とは、形而上学（métaphysique）にたいして実証的の意。

★06 南仏の地中海に面した県。県庁所在地はモンペリエ。

★07 Rosalie BOYER（1764-1837）。

★08 Jacques Nicolas Augstin THIERRY（1795-1856）。フランスの歴史家。

★09 『サン＝シモン著作集』第三巻、恒星社厚生閣、一九八七。

★10 『サン＝シモン著作集』第三巻、恒星社厚生閣、一九八七。

★11 『サン＝シモン著作集』第四巻、恒星社厚生閣、一九八八。

★12 『サン＝シモン著作集』第五巻、恒星社厚生閣、一九八八。および、『産業者の教理問答　他一篇』、森博訳、岩波文庫、二〇〇一。

★13 コントは一八五五年に厖大な『遺書』をしたためている。*Testament d'Auguste Comte : avec les documents qui s'y rapportent : pièces justificatives, prières quotidiennes, confessions annuelles, correspondance avec Mme de Vaux / publié par ses exécuteurs testamentaires*, Paris : Fonds typographique de l'exécution testamentaire d'Auguste Comte, 1896.

★14 "*Plan des travaux scientifiques nécessaries pour réorganiser la Société*," *Œuvres d'Auguste Comte, TomeX*, Paris, Éditions Anthropos, 1968.「社会再組織のために必要な科学的作業のプラン」清水幾太郎訳、『コント　スペンサー』世界の名著三六所収、中央公論社、一九七〇。『社会の再組織について』土屋文吾訳、創元社、一九四九。

★15 サン・シモン派の雑誌。

★16 *Œuvres d'Auguste Comte, TomeX*, Paris,Éditions Anthropos, 1968.

★17 Alexander de HUMBOLT（1769-1859）。博物学者。Wilhelm von HUMBOLTの弟。Wilhelm von HUMBOLTについては、本書五五頁参照。

★18 Barthélemy Charles Pierre Joseph DUNOYER（1768-1862）。フランスの経済学者。コントとともに"Le Censeur"紙を創刊（一八一四年）。

★19 Hyppolite CARNOT（1801-1888）。フランスの政治家。大カルノー（Lazare Nicolas Marguerite CARNOT, 1753-1823）の息子。

★20 *Œuvres d'Auguste Comte, TomeI-VI*, Paris, Éditions Anthropos, 1968-1969.「社会静学と社会動学——『実証哲学講義』第四巻より」清水幾太郎訳、『コント　スペンサー』世界の名著三六所収、中央公論社、一九七〇。

★21 Jean Étienne Dominique ESQUIROL（1772-1840）。フランスの精神科医。精神病者の取り扱いの改善に尽力。

★22 Henri Marie Dcrotay de BLAINVILLE（1777-1850）。フランスの解剖学者。

★23 Louis POINSOT（1777-1859）。フランスの数学者、自然学者。

★24 François Joseph Victor BROUSSAIS（1772-1838）。フランスの医師。著書『病理学に応用された生理学』（一八二一年）。

★25 Fabien MAGNIN（1810-1884）。

★26 *Œuvres d'Auguste Comte, TomeXI*, Paris, Éditions Anthropos, 1970.「実証精神論」清水幾太郎訳、『コント　スペンサー』世界の名著三六所収、中央公論社、一九七〇。『実証的精神論』田辺寿利訳、岩波書店、一九三八。

★27 *Discours sur l'ensemble du positivisme*, Paris, flammarion, 1998.

★28 *Traité philosophique d'astronomie populaire: précédé du discours sur l'esprit positif*, Paris,Fayard, 1985.

★29 *Traité élementaire de géométrié analytique, à deux et à trois dimension*, Paris, Carilian-Goeury et Vor Dalmont, 1843.

★30 Clotilde DE VAUX（1815-1846）。

★31 賭博に熱中し、公金を浪費している。

★32 *Œuvres d'Auguste Comte, TomeVII-X*, Paris, Éditions Anthropos, 1969-1970.

★33 *Œuvres d'Auguste Comte, TomeX*, Paris, Éditions Anthropos, 1970.

★34 *Œuvres d'Auguste Comte, TomeXII*, Paris, Éditions Anthropos, 1971.

★35 *Œuvres d'Auguste Comte, TomeXI*, Paris, Éditions Anthropos, 1970.

★36 *Œuvres d'Auguste Comte, TomeXI*, Paris, Éditions Anthropos, 1970.

★37 Maximilien Paul Émile LITTRÉ（1801-1880）。コントの弟子、辞書編纂者。著書に以下のものがある。*Auguste Comte et la philosophie positive*, Paris, Hachette, 1862. リトレについては本書一二〇頁参照。

★38 Bernard Le Bovier de FONTNELLE（1657-1757）。作家。コルネイユの甥。

★39 Félix-Mollien RAVAISSON（1813-1900）。パリ万国博覧会（一八六七年）の際に、*La philosophie en France au XIXe siècle*（『十九世紀フランス哲学』杉山直樹・村松正隆訳、知泉書院、二〇一七）を作成。この報告は一八六八年に刊行された。

★40 Emile BOUTROUX（1845-1921）。*Science et religion dans la philosophie contemporaine*, Paris, Flammarion, 1908.

★41 Lucien LÉVY-BRUHL（1857-1939）。*La philosophie d'Auguste Comte*, Paris, Félix Alcan, 1900.

★42 Étienne GILSON（1884-1978）。*The unity of philosophical experience*, New York, Charles Scribner's Sons, 1952. 邦訳、『理性の思想史』、三嶋唯義訳、K&K・K出版、一九七六年。

★43 Jean Delvolvé（1872-1948）。*Réflexions sur la pensée comtienne*, Félix Alcan , 1932.

★44 Henri GOUHIER（1898-1996）。*La jeunesse d'Auguste Comte et la formation du positivisme*, 3vols., Paris, Vrin, 1933-1941. *La vie d'Auguste Comte*, Paris, vrin, 1965.

★45 Publius Terentius Afer（ca.185B.C.-159B.C）。古代ローマの喜劇詩人。『自虐者』のなかに「私は人間だ。人間のすることは何ひとつ私にとって他人事とは思わない」という台詞がある（「自虐者」、『テレンティウス　ローマ喜劇集五』城江良和訳、京都大学学術出版会、二〇〇二）。

★46 ブラジル国旗には、ポルトガル語で、実証主義のスローガン「秩序と進歩（ORDEM E PROGRESSO）」が書かれている。コントはブラジルの建国者たちに大きな影響を与えた。

補記

本書のコントの《肖像》を書いたポール・アルブース＝バスティード（一八九九〜一九八五年）は、コントが晩年の弟子ブリニエールに宛てた書簡を一九三二年に公刊したことで知られる。彼は一九三四年から一九四六年までブラジルに滞在し、そこでコントの教育に関する諸概念の影響力の大きさに衝撃を受けた。その後、一九五二年にはコントの「普遍的教育」について論じた国家博士論文を書き、同じ年に副論文として、ブラジルの実証主義教会に関する浩瀚な著作を書いた。前者はコントの死後百年の一九五七年に二巻本として、後者の副論文は二〇一〇年に出版されている。

一九五七年に出版された博士論文の第一巻は、「信仰から愛へ」と、第二巻は「愛から信仰へ」と題されている。ここで、科学への信仰から実証的宗教の信仰への転換の「回転軸」と見なされているのが、コントが「永遠の妻」と呼んだ女性への「愛」である。コント解釈において、「比類なき年」――クロティルドに愛の告白をした年（一八四五年）――の前後でコント思想の時期を区分するのは通例のことである。コントの前期思想は、「秩序と進歩」という実証主義の標語で知られているような、科学主義的性格をもっている。「社会学の命名者」、あるいは「実証主義者」としてコントの肖像画を描こうとする者たちからすれば、女性への熱愛から人類教普遍協会を設立するまでに至る晩年のコントの姿は描くに値せず、無視すべきものですらある。これに対して、アルブース＝バスティードの関心は、むしろ人間学を中心とした後期思想とそのブラジルでの展開のほうに向けられている。本項目でも、コントの思想が一貫して人間を探究したものであったことが強調されている。

コントの諸観念は、レモスやメンデスなどの実証主義教会の「使徒たち」によって、ブラジルへと「移住」させられた。それらの観念はブラジルの政治に大きな影響を与えており、「秩序と進歩」というコントの標語は、ブラジルの国旗にも記されている。アルブース＝バスティードは、ブラジル共和国の成立や奴隷制廃止、政教分離、教育や保健衛生などに対して、実証主義教会の果たした役割を検討している。二〇一〇年に出版された彼の副論文は、その資料的価値のみならず、現代における哲学の間文化的状況や政治的状況について、さらなる考察を促すものであるという点でも重要である。

その一方で、アルブース＝バスティードの諸著作には、一九五〇年代という時代に特有の関心事が認められる。それは、本項目の最後の「弁証法的人間学」という言葉に現われている。この言葉は、一九五七年の著作の結論部でも用いられている。

アルブース＝バスティードがコントの人間学に対して弁証法的と形容したのは、たんに本書編者のメルロ＝ポンティから引用をするためだけではない。本項目でも指摘されているように、当時のフランスではヘーゲル哲学が若者たちの支持を得ており、アルブース＝バスティードの解釈には、ヘーゲルの影で忘れ去られたコントを再びとらえなおそうという意図がある。

こうしたコントの忘却という事態は、ある意味では現代でも続いていると言えよう。しかしそれはヘーゲル哲学というよりも、生の哲学（ベルクソン）や現象学（フッサール、メルロ＝ポンティ）をはじめとした「反－実証主義的」風潮によるところが大きいだろう。また社会学の祖という位置にのみコントを限定して、コントにそれ以外の姿を見ないことにも問題があるだろう。では、本項目が書かれてから五〇年以上たって、コントの思想にはどのような現代性があるだろうか。コントはまったく忘却されてしまったのだろうか。

アルブース＝バスティードと同じ時期にブラジルに滞在したが、彼とは異なるしかたでコントを再評価しようとした思想家に、レヴィ＝ストロースがいる。彼の『野生の思考』では、サルトルが「弁証法的」と呼ぶ社会を語り「野生の思考」を過小評価したことが批判されている。これに対して、コントは、或る出来事を生活環境の全体へと関連付ける思考としてフェティシズムを理解した思想家だとして評価されている。ここではコントに野生の思考を理解した思想家という新たな一面が加えられている。コント思想における生物学や医学に対しても新たな眼が向けられている。生物学におけるコントの重要性は、カンギレムによって最初に示された。有機的組織や環境といった観念は、現在でも考察に値するものである。また、コント思想における医学理解にも現代的な意義を認めることができる。現在では、医学は生理学に、病は生理的身体内部の出来事に還元されてしまい、医学や病から社会的なものが排除されがちであるが、コント晩年の「総合的医学」は分析によって人間を分解するのではなく、人間全体をとらえるようなものであった。それゆえ、コントにおける医学は、医療社会学の見地からも注目されるべきである。さらに、コントの体験と結びついた「狂気」や「健康」、人類教の「偉大なる存在」を構成する「生きている死者たち」、自発的受胎のユートピアとしての「処女母」といった後期の諸概念は、フーコーの生権力論を喚起させるものでもある。こういったコント後期の人類教は、生殖医療の発達した現在において、別様に読まれる可能性もあるだろう。

このように、コントの思想は、現在もさまざまなしかたでとらえなおされている。反－実証主義的な一面を持っている哲学すら、そうしたとらえ直しの一つと見なすことができる。コントの思想を転換させ、アルブース＝バスティードをそこに巻き込んだ「回転軸」には、ベルクソンが「実証的形而上学」を、フッサールが「真正の実証主義」を、メルロ＝ポンティが「現象学的実証主義」を語る可能性も含まれていた。そこには、今後別のしかたでコント思想がとらえなおされる余地も残されているに違いない。

主要著作

▼「実証精神論」霧生和夫訳、清水幾多郎責任編集『世界の名著　三六　コント／スペンサー』所収、中央公論社、一九七〇。
▼「社会静学と社会動学」霧生和夫訳（『実証哲学講義』第五〇・五一講）、清水幾多郎責任編集『世界の名著　三六　コント／スペンサー』所収、中央公論社、一九七〇。
▼「社会再組織のための科学的研究プラン」杉本隆司訳、『ソシオロジーの起源へ』所収、白水社、二〇一三。
▼「科学と科学者の哲学的考察」杉本隆司訳、『科学＝宗教という地平』所収、白水社、二〇一三。
▼「精神的権力論」杉本隆司訳、『科学＝宗教という地平』所収、白水社、二〇一三。

参考文献

▼安孫子信「実証哲学の誕生」、井上庄七・小林道夫編『自然観の展開と形而上学』所収、紀伊國屋書店、一九八八。
▼安孫子信「コント、オーギュスト」、小林道夫・小林康夫・坂部恵・松永澄夫編『フランス哲学・思想事典』所収、弘文堂、一九九九。
▼清水幾多郎『オーギュスト・コント』、ちくま学芸文庫、二〇一四。
▼新明正道『オーギュスト・コント』、三省堂、一九三五。
▼田辺寿利『コント実証哲学』、岩波書店、一九三五。
▼本田喜代治『コント研究』、小石川書房、一九四九。
▼三橋利光『コント思想と「ベル・エポック」のブラジル　実証主義教会の活動』、勁草書房、一九九六。
▼伊達聖伸『ライシテ、道徳、宗教学――もう一つの一九世紀フランス宗教史』、勁草書房、二〇一〇。

［翻訳・補記＝佐藤勇一］

マルクス、カール・ハインリヒ

❖Karl Heinrich MARX

1818-1883

亡霊や抽象的存在やことばそのものが実在しはじめる世界に入り込むには、魔法使いのところに帰ったりシェイクスピアの『ハムレット』や『マクベス』に立ち返ったりする必要がある。マルクスが描き出してみせる世界では、「客観的諸力」が同じ役割を果たす。つまりこの「神秘的なもの」(『資本論』第一巻第一章第四節)なる商品、この現代産業の生産物の影に漂うもの、ここから始まって「経済的範疇が擬人化」されたものに至るまで、『資本論』では客観的諸力が政治経済ドラマの登場人物であることが語られているのである。マルクス一流の表現によれば、こうした個々の実体は、「諸個人の前で独立した実在を獲得し」(『ドイツ・イデオロギー』)、人々の行動を支配し、それこそが歴史の舞台上に役者と背景とを同時に提供する。シェイクスピアの『テンペスト』に出てくるキャリバンがプロスペロの杖によってそうなっているように、生身の男女は、自分の務めと魔術的な関係によって結びつけられており、実体の意図を実現するために行動しているだけである。そして主人公自身は――マルクスは主人公をはっきり示すことに意を払っている――自分の意志に従っていると思っている、ところが実際は、自分の考えや感情のなかにこの主人公を選んだ階級という集合的人物の生活様式と意図を反映させており、階級の変動が主人公の運命の変動を決定するのである。

もちろんマルクスにおいて、これらの人物や非物質的な諸力が、人間世界にやってくるのは自然からでも彼岸からでもない。それは、人間固有の活動によって、より正確には、人間の最も実践的な活動によって生み出されたのである。これは結晶化した振る舞いであって、その形態は歴史社会によって自動的に形成されたものである。そうした振る舞いはすべて「亡霊」なのに、人間の現実から切り離せない。社会階級というものは、マルクスにとっては「幻想の共同体」(『ドイツ・イデオロギー』)であって、最も根本的な諸関係、つまり「ある人と他の人との物質的関係」から出現し、それを表わすものである。社会階級は全体として他我によって構成されている、というのも諸個人は「平均的個人たる限りで社会階級に属している」のであって、人格として属しているのではないからである。しかしながら、この「二重の」共同体は、個人が自分自身を実現できる唯一の場である。マルクスにとって、歴史の指導原理は変容《メタモルフォーズ》である。それは、何ものもフィクションを通してしかリアリティを持たないということを主張するのである。

❖ Karl Heinrich MARX

単に精神的なものであるどころか独特の歴史的形態を構成するこのシステム、この構築物、これを「神話」と規定してしまうのはためらわれる。かといって、想像的《イマジネール》なものの言い方をしないわけにもいかない。

「人格的個人と偶然的個人の間にある差異は、イデオロギー上の区別ではなく、歴史的事実である。この区別は、時代に応じて、異なる意味を持つ」(『ドイツ・イデオロギー』)とマルクスは書く。歴史においては、夢と同じように、過去は生けるものの姿をとって絶え間なく具体化される。覚醒状態である現在がこのように剝奪されくすねられることで、広範な不安が引き起こされる。われわれは、兵士、工場労働者、ラディカルな批評家としての自分の行為に囚われ、まるでこうした行為が粘土や金属でかたどられて自分の身体にかぶさっているかのようだ。既成のものがもつ圧倒的な力のために、われわれの最も実際的な才能が自分自身を裏切らざるをえなくなる。熟練しすぎたあまり、髪の毛一本分すら的を外そうとしてもできなかったモーパッサンのナイフ投げ師と同じだ。人間は自分自身に対して生成する――「死者が生者をとらえる」、とマルクスは『資本論』序文で書いている。しかし、彼は時代を逆行して生き延びてきたものと戦うことだけを目的としているわけではない。

資本主義が伝統的な組織と制度に向けたすさまじい攻撃、資本主義が科学的批判によってあらゆる古い迷信すべてを屈服させたこと、これを賞賛することをマルクスは忘れない。「生産のこの持続的な混乱、あらゆる社会システムのこの絶えざる動揺、継続的なこの騒擾とこの不安、これがブルジョワジーの時代とそれ以前とを区別する」(『共産党宣言』)。個人が現われ、自分の独立を宣言し、他者との連合《アソシアシオン》が自由な契約に基づくことを主張するのである。

しかしながら資本主義は、過去が現在に対して加える重圧を打ち破りはしなかった。資本主義は宗教の幻影を一掃することで、かえって古来の幻想の手中に落ちてしまった。市民社会《ブルジョワ》はそれ自体一つの神話から生まれたことを『ブリュメール十八日』は明らかにしている。市民社会は、大人物と社会という長く見かけなかったレトリックを持ち出さなければ存在しえなかった。さらに、市民社会は、人間のエネルギーを過去のもとにおくことをその活動の中心とする――われわれの社会で個々の振る舞いをコントロールし方向付ける準‐物たる資本の意味はそこにある。「市民社会では、生ける労働は集積された労働を増大させる手段にすぎない……市民社会では、それゆえ過去が現在を支配する」。資本主義のダイナミズムのさらに深いところに、マルクスは物神崇拝《フェティッシュ》が無限に再生産される母体を発見したのだ。

デルフォイでは地の裂け目から吹き出す蒸気に導かれて信託を得るのだが、『資本論』の異様なまでに細かい分析も、資本主義が吹き出してくる不動の中心へと導かれていく。死んだ労働は、資本という形態のもとで新たなエネルギーを見出され、抽象的な実体からなるシステムを映し出す。このシステムは果てしなく拡大していき、抽象的な実体は自分自身の意志に従っているように見える。『資本論』の課題は、こうした異常増殖した魔術的なもの一つ一つを人間の物質性という平面上で翻訳しなおすことにある。「独立した諸存在」、つまり商品、貨幣、市場からなるシステムを超えたところで『資本論』が明らかにすること、それは、実現された労働が、経済的プラズマ——ここから資本主義はその力を引き出す——へと変様する過程、そしてこの変様にともなう階級の支配と反抗のドラマである。

この説明はすべて、ひとつにはマルクスが欺瞞に対して覚える限りない嫌悪によって、また、ある社会がただちに可能だとする根強い信念によって、基礎づけられている。その社会とは、『ドイツ・イデオロギー』に述べられている共産主義のように、「存在するものが個人相互間の古い交通の産物にすぎない限り、諸個人と無関係に存在するものなどまったくありえない」ような社会である。

過去の登場人物たちは、その社会の思想と物質的組織との両面を同時に支配していたために、自律的に存在する可能性すべてが、ひいては彼らの超人的能力がこの両面で取り上げられてしまったら、追放されるしかなくなる。

マルクスが最初の頃に書いていた批判はみな宗教批判であり、批判と革命は相互補完的であった。資本、商品、私有財産が、実は石化した人間の諸行為と諸関係であるのはいかにしてか、これを解明することによって批判は、意識が階級の歴史に結びつけていた神的な性格を意識から一掃する。次に、いかにして社会階級が実は生産様式の変様に基づいて構成されているか、これを明らかにすることによって批判は、集合的主体の自律性という信念を打ち砕き、集合的主体を経済過程と物質的世界に従属するものと位置づけるのである。

マルクスは一八五二年、ヴァイデマイヤーに宛てて次のように書いた。他の人たちが自分より前に階級闘争の進展とその経済的生理学について書いていることは認めたうえで、自分個人が行なった貢献は、三つの命題を立てたことにあった、という。そのうちの一つは「階級の存在は、生産によって規定される歴史的発展の諸段階と関連している」という点である。経済システムの内部で階級支配という人間ドラマが展開されるときには、階級そのもののただなかで、階級闘争を通じて、人間が存在しつづけることのできるシステムが構成されることになる。この欺瞞からの二重の脱却のうちにこそ、またこの絶えざる抽象を暴露すること、つまり抽象が生まれる場を見出そうとすることのうちにこそ、唯物論的批判の新しさがある。あらゆる点において、「根源、それは人間自身である」のだ。

マルクスの弁証法における欺瞞からの脱却は、単に精神によって遂行される暴露に尽きるのではなく、人間的事実にその姿形を与える社会的・歴史的「外皮」——これもまた特徴的な表現だ——を、ちょうど身体からそうするかのように剝ぎ取ることにある（『資本論』）。弁証法において、批判の勝利はいつまでも続くものではありえまい。資本主義神話の源泉が現実的な諸関係のうちに探し求められねばならない以上、資本主義を批判するだけで終わらせようとする者は、欲求不満のために見る夢のなかでの英雄にすぎない。そうした批判者が苦労して精神からイメージを一掃するやいなや、工場や市街がそれに変わるだけだ。批判が本来の目的ではないとするなら、批判は蜃気楼の起源にある物質的諸条件に終止符を打つようにしなければならない。「というのも、この社会状態にある精神はずっと前に反駁されたものである」、しかしそれでもなおこの状態は生を妨害するものとして続いてしまうのである。マルクスは哲学者が現実の遅れの前に感じるわずかな倦怠も込めて、「それ自体としては、この状態は注意を向けるに値する対象でもなく、軽く扱うことができ、また現にそうされている対象である」（『ヘーゲル法哲学批判序説』）と書く。唯物論的分析は、「死の宣告」にあたるケースを四六時中告発することにその意味があるのではなく、分析が攻撃目標とするケースの諸条件を明るみに出すことによって、そうしたケースが破壊されるようにしなければならないのである。

以上のことからして、批判とは行動であるが、革命によって達成される必要のある行動である。そしてまさに、歴史の神話的内容に対するこの別の闘争様式にこそ、マルクス思想の最大の問題が現われることになる。そこにあるのは、この闘争に固有の戦略とそのモラル、またそれに由来する、個人、党、階級それぞれの役割、といった問題である。

マルクスによれば、「客観的諸力」に対する批判が率いる闘争は、一つの階級すなわちプロレタリアートの革命によって達成されねばならない。よく言われるように、キリスト教の哲学が、過去に属する唯一の出来事——キリストの磔刑——をめぐってすべてを組織化するという点で異教徒の哲学とは異なるとすれば、同様にマルクスの史的唯物論は、労働者階級の将来の勝利を中心に据えるという点で、他のあらゆる哲学と区別される。先に引いたヴァイデマイヤー宛手紙のなかで、マルクス個人がもたらした貢献としては、諸階級の現象の説明をしたことに加えて、プロレタリアートによる権力奪取の必然性という思想を提出したこと、およびプロレタリアート独裁の役割は、自由な諸個人の社会を創造することによって階級闘争に終止符を打つことにあること、これを示した点にある、という考えを示している。この確信がマルクス主義のまさに中心にある。この確信によれば、批判と労働者階級の行動は同じ目標をもっており、プロレタリアートによって遂行された革命は批判の実現であり、この革命によって批判には具体的内実が与えられることになる。学問的価値がどうであれ、この大胆な主張があらゆるマルクス主義思想の前提条件である。

唯物論的分析とプロレタリアートによる権力奪取との合致は、マルクスの理念をプロレタリアが取り入れた結果と見るべきだろうか。マルクスは、「マルクス主義者」も含めた有象無象のイデオローグやユートピア主義者たちを軽んずるだけではない。彼の視点は、個人あるいは個人の集団という観念を、これが歴史的出来事の起源にあるにしても、絶対的に排除する。諸階級のなかの勝利者にして階級闘争の勝利者は、歴史が示しているように、この準‐集合的有機体の一つ、つまり一つの階級でしかありえない。プロレタリアートの行動はそれ自身の論理のゆえに唯物論的批判と並行するというマルクスの理念は、プロレタリアートの本性、プロレタリアートによる反乱の条件、そしてその反乱の帰結、この三者から生じた着想に由来する。

労働者階級にメタ‐批判的な役割を権利上与えるために、マルクスは、資本主義の否定的な過程に関して次のような主張をする。つまり、プロレタリアからあらゆる幻想を取り除くことによって、この過程はプロレタリアを自分の実状に対応した革命的行動へと導くことになり、その過程がいよいよ明るみにだされることになるだろう、というのである。何よりもまずこの階級のきわだった素質は、労働者が行動しても自分にいかなる個体性も与えることができないことから生まれる。プロレタリアは一般性が形を取ることでのみ存在する。プロレタリアのおのおのが「平均的個人」としてその階級に属しているとすれば、個々人はこの「平均的」個人のあり方に単純化される。労働者においては、〈個人〉と〈個人の属する階級〉との違いはすべて廃棄され、二つの語の見かけ上の特徴は消え去る。労働が分割されて生じた他の諸階級に属する個人は、先立つ活動にもとづいて社会が割り当てた仮装をすることで現実に存在するようになった。資本主義は、プロレタリアートという人格のうちに社会活動のなかで完全に自己喪失する最も完璧な典型例を創り出した。「この新しい種類の人間たち」は、機械と同じく「現代の発明」であり、資本蓄積と並行して自動的に自己増殖するのである。労働者において極限まで推し進められるのは、現在の生を支配するために、個人の過去を領有しこの過去を利用する社会過程である。労働者の労働は労働者から抽出された資本という形を身にまとい、そのため労働者自身の生は絶えず奪いとられる。労働者の行為は、自分の人格が発展したという錯覚すらもたらさない。逆に、労働者の存在の実体を表わす生産物は、新たな形のもとで、労働者からさらに一層の労働をしぼりとるために用いられる。★01 この車裂きの刑という斬新な形態において労働者は、同時に自分の過去からも現在の生からも引きはがされ、もはや「抽象的個人」としてしか存在しなくなる。

しかし、労働者が、どんな活動をしても常に人間としてはゼロの状態に切り詰められるからこそ、労働者は、「個人として相互関係のうちに入ることができる」のであり、彼ら本来の利害関心にもとづいて誰はばかることなく共同行動ができるのだ、とマルクスは考える。いかなる個人的な過去も、いかなる階級の過去も、いかなる人為的な社会的自我も、工場労働者を仲間から切り離すことはなく、連帯感と連帯感を支える現実との間に隔たりを設けない。まずは自分自身の利害関心において行動しはじめるとしても、その行為は当の利害関心を正しく表現すると同時に普遍的価値をもつものとなろう。「個人的な活動の一切からまったく排除された今日のプロレタリアのみが、完璧で限界を知らない個人的活動を実現することができる」(『ドイツ・イデオロギー』)。

しかしプロレタリアは、自分本来の利害関心に応じて行動することはできても、プロレタリアの活動を資本という形に変えて吸い込む社会的メカニズムを打ち砕くことはできない。つまり現代の欺瞞の究極にある源泉をめがけた革命を起動させることはない。このことから、マルクスが明確に示した「労働者階級は革命的であるか、それとも労働者階級は存在しないかだ」という二者択一は、資本主義における疎外に対するマルクス独自の批判を表明すると同時に、労働者が自分の内なる空虚について感じる嫌悪感が暗黙のうちに革命的な意味をもつことを表明するものである。革命を始めさせるためには、飢餓と最も直接的な死の恐怖という形のもとでプロレタリアートが無であること、資本主義の危機によってこれが明らかにされれば十分である。

革命的行動によって、労働者は精神的な蓄積過程に入り、現実的な個人になっていく。こうして、ローザ・ルクセンブルクが強調したように、労働者はこのことによって、道徳的存在となる。労働者階級の登場は結果として、(単なる原子ではない)新たな登場人物の出現であり、その性格は、物象化から逃れる唯一の社会的活動、つまり革命によって決定される。労働の疎外形態へと戻ることは、労働者の自由を破壊することになり、労働者の人格を破壊することになる。してみれば、労働者が実存するための条件は「永久革命」である。プロレタリアの新しい生活は、個々のプロレタリアに差し向けられた社会的力である剰余価値に日々勝利することにかかっている。そして、勝者が存在して絶えず自分の個性を増大させることが、社会主義つまり「階級廃止への移行」に他ならないのである。

かくして、マルクスにとって、社会主義革命はプロレタリアートの本性のうちに、その状況そのもののうちに刻み込まれている

——他方で、諸個人は、欺瞞に対抗できる知的活動以外、歴史ドラマのなかで何の役割も演じない。個人の積極的な行動は、「前史」が終焉し階級が消滅したとき、ようやく始まるのである。

唯物論的批判は、個人による革命的行動であり、革命は、労働者階級自身が遂行する唯物論的批判である。マルクスは、批判と革命という二つの行動形態には相互関係があり、必然的に合致しなければならないという確信をもっている。この確信はマルクス主義政治学のカギであり、この確信ゆえに、個人と階級にそれぞれの役割が与えられるのである。

『共産党宣言』によれば、共産主義者は、少なくともマルクスとエンゲルスの場合ないしマルクス主義の声を増幅する連合体に関しては、分派を形成してプロレタリアの行動の統率を他の労働者党と競うようなことになってはならないとされていた。労働者党の革命的役割が定義されるのは、唯物論的批判が遂行する欺瞞から脱却する二つの仕事によってである。つまり、所有権の問題に社会の変様の手段と目的があることを示し、「労働者党は、いかなる政治的な動きのなかでも、その進捗状況にかかわらず所有権の問題を前面に立てる」(『共産党宣言』)こと。と同時に、あらゆる経済的社会的問題に関して、労働者党は、支配と階級闘争の意義を明るみに出す、という仕事である。

資本主義的生産過程そのものが自ずとプロレタリアートの組織化、団結そして戦闘性を推進することに当然なると考える一方で、マルクス主義的批判はプロレタリア革命に関して、次の二つのやり方で行動しなければならなかった。まず「情熱の頭脳」(『ヘーゲル法哲学批判序説』)としての批判は、プロレタリアの階級経験を表現することによって、本能的行動から意識的行動への移行を促進させる必要があった。そして、支配階級については猜疑心と敵対心をもつべきだと示すことによって、労働者階級をあらゆる欺瞞から守り、労働者が自ら手先となって労働者自身を敗北させないようにする必要があったのである(「ボルト宛手紙」)。

プロレタリアの叛乱が現に起こっている場面では、唯物論的批判は、行動とはいってもやはり一つの批判のままである。その反面、欺瞞に対して戦うために精神の武器を使い、プロレタリア階級の並行する動きを同伴者と見なせなくなった場合には、個人の役割と階級の役割との間でおきる混乱は、マルクスの教説全体を曖昧で矛盾したものにしてしまうことになる。

マルクスにとって、歴史のたくらみはその結末に至るまで明らかである。労働が資本へと変わるときにたどるプロセスには、その内に資本主義をいずれ破壊させる秘密が含まれている。そのエネルギーをそらすことができるゆえに、資本主義は労働の生産力をたえず増大させる。その方法は、人間と機械が入り組んだ状態をどこまでも推進しつづけると同時に富を集積し集中させ、こうしてこの増大しつつある力が資本となるために通るべき経路を短縮する、というものである。増大してやまないこの力が圧を加え続けるのだからいずれ爆発することは必定、そのとき、幻の洞窟は崩落し、労働ははっきりと人間同士の自由な協働になるだろう、というわけである。

こうした自動的な解決を予言したために、マルクス主義の内には、〈社会主義の不可避性〉というテーゼと〈革命の呼びかけ〉という周知の矛盾が生じてしまったのだろう。だからといって、歴史の主役として、自分が選択する社会を実現しようと努力し、結果がはっきりしないからこそ頑張らねば、と思うような自由な個人を思い描くのは、プラグマティストであってマルクスではない。マルクスの観点は、歴史ドラマの外におかれた個人が、何を考えようがどんな決定をしようが関係ないのだから、この矛盾なるものには何の意味もない。もし闘争のなかで、優位にある力がまったくわれわれの外にあるならば、その力が自己崩壊するのを受動的に待つこともできよう。逆に、もしその力が結局は単なるイメージだったとすれば、それは消滅した社会の残滓だと分析して片付けることもできよう。けれども、諸階級とその幻のごとき副産物が、永遠の力ででもあるかのようにわれわれの振る舞いをコントロールし、われわれの内でまるで自分自身であるかのように生きている以上、この生は、ここまで探求してきたように行動そのものなのである。結果から見ると、こちらがその気になって階級闘争をする必要はなく、階級闘争のほうがわれわれをリードする。また、マルクス主義者としてプロレタリアートの勝利を切望するとしたら、それは、プロレタリアの将来を慮《おもんぱか》ったプロレタリアへの愛のためというより、マルクス主義思想の内的欲求によってである。われわれは、悪夢に抗して闘争し、目覚めの確実さが決して弱まらないようにするのである。歴史は集合的「我」による闘争の劇場であり、この闘争は命令として課されるのであるから、個人が行動するにせよ回避するにせよ、いずれも受動的に起こることになる——『ハムレット』に見られるようにためらうのもまた行動することであり、マルクスによれば、これはまさに他の諸階級の間に固定された階級であるプチブルジョワジーの典型的な行動様式でもある。こうしたマルクスの考え方からすれば、偉大さというアウラ——このアウラでもって革命家は自己愛的に自らの意志による行動を包み込む——は一掃されることになる。

マルクスは、大衆つまり歴史ドラマの役者たちにまなざしを集中しつつも個人の政治的意見にはまったく注意を向けない。むしろ個人のものの見方や行動に注目することによって、社会のダイナミズムの奥底での動きを厳密に解明することのほうに意を注いだ。これを証言するものとして、マルクスが王党派バルザックに賛嘆の念を抱いていたこと、また対照的に、社会主義作家たちを軽蔑していたことなどがよく知られている。個人による同意(あるいは背信)という問題は、マルクス主義においては、何らかの共謀があるように見える場合にはとても重要な問題ではあるが、マルクスが歴史の流れから作り出した考え方とはまるで異質なものである。マルクスの著作のなかに、個人と党と階級を同一化する論理を探しても無駄である。マルクスが組織的運動に自身で参加したのは、もっぱら自分の考え方を認めさせるためであった。しかし、この種の運動をしていないときにも、だからといって彼の仕事が止まっていたわけではない。英雄すなわちプロレタリアートは好機を待たねばならず、その機の一つは、固有の内的発展によってもたらされるのだ。

批判はといえば、これは待つべきではない。危機によってさまざまなことがあからさまになるが、これと同じことを知的に行なうのが批判である。マルクスのどこを見ても、革命と関わることで、自分自身を変えようとか自分の道徳的存在により重みを与えようなどという欲望は、ちらりとも見出せない。人間の知的産物は、他人と同じように自分の前に立ちはだかるものであるから、マルクスは自分の行動のなかに自分自身をはっきり見定める手段など求めはしなかったし、またご存じのように、「マルクス主義者」という呼び方は、彼にとっては侮蔑的な意味を持っていた。共産主義は、マルクスからすれば、自己放棄を求めるような学派でも自己探求の道でもありえず、また共産主義者であるべきかあらざるべきか、それが問題だ、だからこれについて考えよ、などとは思ってもいないし、それを他人に求めもしないのである。

形而上学的な保証を失い、プロレタリアートの能力とその行く末を疑うこともできるとわかってしまったことから、マルクス主義は、内々には批判と行動は区別され対立するものであることに気づいた。政治的諸理念や大衆運動などに覆い隠されている物質的現実を明るみに出しても、その現実を変えるための物質的諸力を欠いていたら意味はあるまい。けれども、マルクス主義はマルクス主義で、諸個人の行動を一つにまとめるためのイデオロギー以上のものにはならず、といって、その批判的な位置を放棄することも、よって社会変革とマルクス主義とを結びつける弁証法的関係を放棄することもない。

党は、プロのマルクス主義者たちによる連合であり、労働者階級およびその党の成員自身の上方に独立の審級としてそびえ立ち、そして彼らと対立している。プロレタリアートに一貫性が欠けていること、つまり無の外に上昇したりまた無に転落したりすること、これは、プロレタリアート自身が行なう経験――これがいずれプロレタリアート解放の原動力ともなる――の、悲壮な背景を描き出すものである。しかし、革命的行動を一つの事象と考える党の指導者は、こうしたプロレタリアートの非一貫性を激しく非難する。労働者階級を統一するための条件は何か。それは、経済的抵抗の展開それ自体が政治的行動に形を変えることでもなければ、組織化と階級意識が進んでいくことでもなく、労働者一人一人が孤立した形で党からプログラムを受け取ることなのである。

機械のような生命なき規律正しさと労働者個人の活動の領有とが政治的領域にあまりに広がっているため、労働者は、抽象された状態に、つまりマルクス主義のスローガンが充全な意味をそれに与えている〈無の化身〉に、押し込められたままになっている。同時に、労働者階級の叛乱はもはや労働者の状況への応答を表わすものではないのだから、その叛乱も社会内部を暴き出すものではもはやなく、そのため、革命的批判ですら、自らを立て直すための教訓が得られなくなってきている。党は、理念として、また過去として革命家の内側に据え付けられ、そうして革命家に見せかけの人格を与える。革命は、非現実的なことへの拒否を意味せず、行動のフェティシズムに身を任せることとなる――このフェティシズムは、人間の脳の産物や先行する人間関係が実在するようになり人類と関わるようになるという、別のかたちの錯乱を思い起こさせる。党と敵とはそのとき果てしなくやりあうように見える一方で、個々の共産主義者と労働者階級自身は慢性的な無関心のうちに沈みこむ。付け加えるまでもないが、個人による批判的活動、つまり個人としての個人ができる歴史的行動の唯一の形式はすべて、休止状態になる。現代の革命党は、歴史の手綱を握るべきだと常々主張しているが、実はどんな変化があろうとまったく無気力のままでいることのほうを助長してしまっているのである。

マルクス主義について考えるとき、プロレタリアートが勝利し、全面的な解放に至るという前提を抜きにすることはできない。マルクス主義とは、歴史ドラマにおける、ひとつの出来事、一人芝居――英雄たちの行動のみがこの一人芝居を独り言にならないようにするだろう――、これに依拠した哲学である。マルクス主義が求める人間的意味は、マルクス主義の決まり文句のうちにではなく、その傍らにいる途方もない登場人物のバイタリティのうちにのみ探し求めることができるだろう。「コミューンの偉大な社会的施策は、コミューンが活動的に存在したということ自体にある」(『フランスの内乱』)。

プロレタリアートの勝利が悪魔祓いの手段である限り、プロレタリアートの勝利を望まなかったり、勝利に貢献しようとしないマルクス主義者はいない。さらには、いわゆるプロレタリア革命のためになるからというので、あの世の権力と交渉してしまうような者も「マルクス主義者」の名に値しない。プロレタリアによる疎外の解決というマルクスのもくろみが幻でしかないとしたら、マルクスの思想に残るのは、欺瞞から脱却するための否定の力だけだが、この力はまさに、欺瞞的な共産主義がマルクスから取り上げるものである。マルクスから見ると、プロレタリアートの失敗は、「野蛮」へと転落するという帰結――すなわち社会的亡霊が急増するという帰結以外の何ものでもなかった。

工場での雇用が相対的に減少しているにもかかわらずプロレタリアート化が進展しているということは、マルクスの予言を立証しているように見える。あらゆる領域で、社会による個人の労働の領有が増大していること、私的蓄積が際だって減少しつづけていること、こうしたことは依存関係がどんどん悪いほうへと増していく――またそのことから、内的な孤独感も同様に強くなっていく――という結果を招く。特に最も工業化が進んだ国々においてそうなるのである。給与の違いや生活水準の違い、あるいは官僚機構内での序列の違いとはまったく関係なく、個人の平面化が徐々に起こり、抽象的人間が増殖していく。どの階級の成員たちも、この空虚によって、また仲間同士の仲をうまく調整できなくなってしまうことによって退廃してしまい、過去と未来とを改めて結びつけることを約束するフィクション上の集合的人物に身を委ねることになる。

社会は、その最も奥深いところで無の叛乱――この叛乱を通して無は現実に存在するに至る――に基礎を置いているのに、歴史は、おぞましい「ユートピア」へと、つまり脱人格化が全般的に進み、指導者もそこでは仮面をかぶって導いているような王国へと通じているようだ。この実在する亡霊たちがいる地獄で戦うには、批判という武器は、確かに相応しくはない。それでも、戦うことを放棄したい者がいるだろうか。

〔ハロルド・ローゼンバーグ〕

カール・マルクスは一八一八年五月五日、トリーアにて、弁護士でユダヤ教のラビの血統の子孫ヒルシェル・マルクスと、ハンガリー系オランダ人の母との間に生まれる。八人兄弟の長男で、一八二四年、五人の妹と二人の弟とともにプロテスタントで受洗するが、これは一八一七年、プロシア王の反ユダヤ人法が父を改宗させたからである。ボン大学、ベルリン大学、最後にイエナ大学で学び、そこで一八四一年に博士号を授与される。一八四三年七月十九日、イエニー・フォン・ヴェストファーレンと結婚、彼女はアーガイル伯爵という有名な家族の血縁で、彼女の兄弟はプロイセン王国マントイフェル内閣の内務大臣であった。六人の子供が生まれたが、三人は幼くして亡くなり、三人の娘、愛称トゥッシー(本名エリノア)、イエニー、ローラの三人が成長した。一八四二年一月一日、ケルンで『ライン新聞』を「発刊」、主筆に就任するも一八四三年三月三十一日、経営上の問題で退く。十一月、パリに移り『独仏年誌』を創刊、一八四四年二月に第一号を刊行する。努力したが、フランスでは十分な協力は得られなかった。パリの亡命ドイツ人のための雑誌『前進』を発行し、その中のフリードリヒ・ヴィルヘルム四世に対するテロ(未遂)事件を機に書かれた記事が元で、プロシア大臣からの要請をうけたギゾー内閣によって国外追放される(一八四五年一月)。マルクスはベルギーへ亡命したが、ベルギー側は慎重を期して、マルクスが、政治的現実について何も出版しないという誓約書にサインするまで(一八四五年三月二十二日)、受け入れなかった。一八四七年十一月、ロンドンで、「義人同盟」から発展した「共産主義者同盟」がマニフェストの作成を決定し、その起草をマルクスとエンゲルスに託した。これが有名な『共産党宣言』で、マルクスは一八四八年二月末には校了する。この間、ベルリン政府とルイ・フィリップ政府に歩調を併せて、ベルギー政府は一八四八年三月四日、マルクスを国外追放した。これはキャプシーヌ大通りの銃撃の十日後であった。そしてフェルディナンド・フロコンは、暫定政府の名において、このさすらいの革命家に次のように書いている。「親愛なる勇敢なマルクス、暴政はあなたを追放したが、自由フランスは、あなたに、そして人々の友愛という神聖な動機のために戦うすべての人に、門戸を開いています」。パリで、マルクスは秘密結社や組織と関係したが、そのいずれにも加盟することはなかった。逆に、プルードンとは連絡を取り合っていた。けれどもプルードンは、国際的な革命行動に心を奪われることはなかった。一八四八年十月十日から、マルクスはケルンに身を落ち着け、「ライン民主連合委員会」を指導し『新ライン新聞』を創刊、六月一日に第一号が発行される。十一月十八日、マルクスは蜂起の呼びかけに署名するが、このことで彼は刑事陪審に起訴されることになる。一八四九年二月、ケルンの陪審員は全員一致で、無罪を宣告する。しかし、五月十六日、プロイセン警察はラインラントを四八時間以内に離れるようにマルクスに促した。そこで改めてパリへ行くが八月、フランス第二共和制警察はマルクスに滞在を禁じ、住居としてブルターニュ地方のヴァンヌを指定した。マルクスは「ブルターニュのポンティーノ湿地帯」に赴くことを拒否する。一八四九年八月二十五日、マルクスはロンドンへ亡命する。この時期が彼の人生に関する証言が最も数多いときである。皆が、あるいはほとんど皆が、マルクスのことを、陽気な人間、良き友、良き夫と言い、時に身近な人々に関しては非人間的と見なされるほどに、絶対に公平無私だと言う。議論においては横柄で寛容を欠き頑固という彼の性格について異議を差し挟む者は誰もいない、ということも本当である。一八五〇年春、マルクスは退去させられる——王国によってではなく家主によってである。プロレタリアも商人も、家賃を払ってくれることはなかった。この極貧状態以後、フリードリヒ・エンゲルスのお金と友情が彼を救う。一八五六年に姑のヴェストファーレン夫人が亡くなると、ごく短期間だが、マルクスはしばしのゆとりを得ることになる。エンゲルスはあらためて、質屋や高利貸からマルクスを自由にするために間を取り持つことになる。こうした雰囲気のなか、おそらく他の一切を差し置いて、『資本論』が準備される。労働者インターナショナル(国際労働者協会)はマルクスの主要な成果だった。創設集会は一八六四年九月二十八日、聖マルティンホール(ロンドン)で行なわれた。インターナショナルは、個人的な敵対、教義上の抗争、ドイツ主導に対するフランスの抵抗といった、きわめて困難な状況のなかで始まった。一八七九年、ジュール・ゲードはフランス労働者党を創設する……。しかし、マルクスの重要性はもはや議論するまでもない。一八八一年、マルクスは妻を喪《うしな》う。マルクス自身、一八七三年以来健康状態はかなり悪かったが、旅行によって健康を取り戻そうとする。アルジェ、モンテカルロ、アンギャン、ヴヴェイ、ワイト島など。愛娘イエニー・ロンゲが一八八三年一月に、またマルクス自身もロンドンで五月十四日、慢性気管支炎と肺腫瘍により逝去する。〔P.J.〕

原註

★01　マルクスは『資本論』でこのプロセスをメロドラマ調で書いている。「資本は死んだ労働でできており、吸血鬼のように、生ける労働を吸うことでしか生きられず、吸えば吸うほどますます元気になる」。

補記

マルクスについて書かれたこの《肖像》をいま読むと、ある種のノスタルジーさえ感じないではない。ハロルド・ローゼンバーグによる本稿は、基本的な視点は実存的な立場に置かれているもののように見える。ここでは、ルカーチ(の名は挙がっていないが)による物象化の議論と、資本制的生産様式における、また「運動」における個人の存在様態がつねに意識されていると言えるだろう。

本稿成立以後の六〇年間に、思想界ではいくつかのモードの変遷があったが、政治の世界では激変とも言うべき動きがあったことは周知のことである。ベルリンの壁が作られ(一九六一年)、崩され(一九八九年)、ソビエト連邦共和国(一九二二～九一年)ももはや存在せず、ワルシャワ条約機構も解体する(一九九一年)、という具合に、マルクスの名と結びつけられていた体制の多くはもはや存在せず、資本主義的生産様式対共産主義という対立図式にもとづく世界構造(いわゆる冷戦構造)は、もはや過去のものとなっている。

ソビエト連邦崩壊後しばらくの間は、マルクスはまさに「死んだ犬」のように扱われていたと言えよう。一方で、従来の、〈マルクス〉と〈マルクス主義〉が等しいものと前提され、後者による正統的マルクス解釈の正当性の根拠がほぼ喪失することで、マルクスその人の著作・思想へのアプローチはむしろ自由になるという状況も生じてきた。マルクス解釈が制度間での闘争であって、「正当な」マルクス(・エンゲルス・レーニン)解釈への異論が、反革命的・反人民的だとされて政治的に指弾されるような状況からマルクス解釈は解放され、さらにはマルクス・エンゲルス・レーニンを、それぞれ別の人物による別の思想として区分して考えることが、文献学的に当然のこととなる。そのことによってまた、「主義」による思想の図式化、平板化も改めて問い直されることにもなろう。さらには、「主義」が現実の制度と化したときに生ずる諸矛盾がいかに掩蔽され表現されるかは、今後検討されるべき大きな課題と言ってもよいだろう。

ところで、激変後の世界においては、一時、あたかも資本主義側の一方的勝利のように喧伝されていたが、その激変は、冷戦構造の下では主題化されにくかったこの体制の孕む多くの問題をむしろ露呈するプロセスとしても機能した。その点で、今、マルクスを読む意義はむしろ大きくなってきているとも言いうる。グローバルに発生している格差の問題などは、マルクスが英国において見ていた事象の普遍化とも言えなくはない。そして、共産主義の脅威なるものへの対抗かつ対症療法の意味もあった福祉国家のありようすらも問い直される現状にあっては、むしろマルクスの発想と構想とが、少なくとも問題解明の一つの補助線として参照可能であろう。むろん、それが十九世紀末の思想だという限定において、であるが。

さて、このローゼンバーグの「マルクス」論においては、いまだ「マルクス主義」的な側面も強く出ていることは確かである。というのは、たとえば、しばしば参照されている『ドイツ・イデオロギー』は、ローゼンバークの執筆当時、正統的にはマルクス＝エンゲルスの完全なる共著とされていた。しかし、今ではこれがそもそも編者によるかなり恣意的な編集によるものであり、また二人のうちどちらがどの側面において、より主導的であったかという点も含めて明らかになってきている（これについては廣松渉・小林昌人による岩波文庫の新編輯版、あるいは合同出版版を参照）。

また、フランスのガリマール社プレイヤード叢書に収められているマルクス著作集（全四巻）を編集したマクシミリアン・リュベルは、同叢書所収の『資本論』第二巻・第三巻（マルクス生前には未刊）について、従来のエンゲルス編集による（正統）版ではなく、独自の編集案を提起している（『マルクスへ帰れ』こぶし書房）。これに対して、日本でも研究者たちがさまざまに応答している。

いずれにせよ、文献学的な研究の進展は、「マルクス主義」の頭領としてのではなく、ヘーゲル学徒としての、そしてそこから脱却しつつ構築されていくマルクスの独自性を、明確にしつつある。当然ながら、そこでは決して無謬的ではないマルクスの限界も明らかになる、つまり、どの思想家、哲学者においても普通に起こることが普通に起こる。

一九五〇年代半ば以降のマルクス（学）をめぐるすべての動向を挙げることは、およそ不可能であるため、ここでは、哲学と関連するなかで重要と思われるものを幾つか列挙することで責を果たしたい。

まず、サルトルによる『弁証法的理性批判』（一九六〇）の試みを挙げなければならない。これはサルトル自身の実存主義の乗り越えとマルクス主義との融合を図る試みということができる。次に、やや前後するが、ドイツではフランクフルト学派を挙げるべきであろう。アドルノ、ホルクハイマーの第一世代から、ハーバーマスに代表される第二世代、ホネットなどの第三世代へと継承されている。マルクスとの関わりのなかで（むろん単純な受容ではない形で）、戦後の左翼運動と関わっていくことにもなる。

一方、フランスでの大きな動きとしては、アルチュセール（さらにバリバール、マシュレ、ランシエールなど）によるマルクス解釈を挙げなければならない（アルチュセールについては、別巻を参照のこと）。アルチュセールのマルクスに対する関わり方の特徴は多々あるが、ここでは、何よりもアルチュセールがマルクスに即してマルクスを読むことを実践した点を挙げておきたい。その後、ENSでアルチュセールの教えも受けたフーコーの権力論には、マルクスとの対峙の跡が見えるし、同じくデリダも、早くからマルクスのことも気にかけつつ、ようやく一九九三年、マルクスを主題とし、題辞にシェイクスピア『ハムレット』の一節を掲げた『マルクスの亡霊たち』を刊行する。

また、『帝国』で広く知られるようになったイタリアのアントニオ・ネグリは、一九七一年に、グルントリッセを読み込むことで、『資本論』読解の転換を図った『マルクスを超えるマルクス』を刊行している。

英米圏では、アメリカのジョン・ロールズによる一定の評価が注目される。主著『正義論』において、また特に『政治哲学史講義』のなかではマルクスに一章を充てて、詳細な検討を行なっている。また、イギリスのテリー・イーグルトンによる文芸批評も、マルクス主義的な立場からのそれとしてよく知られている（『文学とは何か』、『なぜマルクスは正しかったのか』など）。

日本においては、マルクス研究はある種独自の運動を見せているが、この時期においては、廣松渉の物象化論に主軸を置くマルクス解釈（『マルクス主義の理路』『資本論の哲学』など）は、いわゆる廣松哲学の流布に伴って一定の影響力をもったと言えるだろう。

本稿の著者、ハロルド・ローゼンバーク（一九〇六〜一九七八年）の名は、一般には美術批評家として、特に「アクション・ペインティング」の命名者として知られているであろう。ドゥルーズが『差異と反復』や『感覚の論理』などで参照していることをご記憶のむきもあろう。

彼は若い頃にはマルクス主義的左派に傾倒しており、「アクション・ペインティング」という名も、マルクスの「アクション」から示唆を受けているという指摘もある。また、メルロ＝ポンティ、サルトルとも交流があり、レ・タン・モデルヌにも寄稿している。「アメリカのアクション・ペインターたち」という論文の掲載に際してはサルトルとマルクス観で揉めて、結局掲載しなかったという経緯もあるようだ。

なお翻訳に際しては、マルクスの文言は、既訳を参照した箇所、引用されたフランス語に即して訳している箇所があるが、煩雑を懼れて表記していない。訳者諸氏の寛恕を請う。

主要著作

▼マルクスの邦訳は、青木書店より「マルクス・エンゲルス全集」として刊行されている(現在、オンライン版がある)。他に、各社より多数出版されているが、まとまったものとしては筑摩書房より、今村仁司、三島憲一編集による『マルクス・コレクション』(全七巻)がある。

参考文献

▼ジョナサン・スパーバ『マルクス』(上)(下)小原淳訳、白水社、二〇一五。
▼トリストラム・ハント『エンゲルス』東郷えりか訳、筑摩書房、二〇一六。
▼的場・石塚他編、『新マルクス学事典』、弘文堂、二〇〇〇。
▼廣松渉『資本論の哲学』、平凡社、二〇一〇。
▼北見秀司『サルトルとマルクス』(I)(2)、春風社、二〇一〇、二〇一一。
▼アントニオ・ネグリ『マルクスを超えるマルクス』清水他訳、作品社、二〇〇三。
▼テリー・イーグルトン『なぜマルクスは正しかったのか』松本潤一郎訳、河出書房新社、二〇一一。
▼ジャック・デリダ『マルクスの亡霊たち』増田一夫訳、藤原書店、二〇〇七。
▼ジャック・デリダ『マルクスと息子たち』國分功一郎訳、岩波書店、二〇一〇。

〔翻訳・補記＝本郷均〕

ヘーゲル、ゲオルグ　1770-1831

❖Georg HEGEL

＊『メルロ＝ポンティ哲学者事典』第三巻《肖像》参照。

フォイエルバッハ、ルートヴィヒ＝アンドレアス　1804-1872

❖Ludwig-Andreas FEUERBACH

アンスパッハ生まれ〔正しくはアンスパッハではなく、ランツフート生まれ〕。ハイデルベルクで神学を学んだ後、一八二四年にベルリンに転学した。そこでヘーゲルの講義を聴き、哲学のために神学を捨てた。一八七二年にライヘンベルクにて没した。彼は、『死に関する思想』のような最初期の諸著作から、ヘーゲルの自然概念を批判している。死が世界内への精神の出現を表わしているのだとすれば、死は闘争と危険のしるしでは少しもないのであって、恥辱と有限性という本性を示してはいないことになる。フォイエルバッハは、弁証法の代わりに汎神論を用いている。死が示しているのは、エゴイズムへ還元された人間はなにものでもないということである。「愛する者は、愛される者をみずからの存在の基礎にする」。死は愛の証である。

しばらくすると、諸々の役割は転倒する。かつて、自然は精神の顕現であり、一八三〇年の文書〔『死にかんする思想』〕では、「精神と肉体の二元論」が認められていた。だがそれ以降、そうした自然そのものの内にわれわれの思考の始源を探らなければならない。人間学が哲学に取って代わらなければならない。一八四六年の『人間学の立場から見た不死の問題』で、フォイエルバッハはこの転倒の原理を表明している。「実在における始源的なもの、最初のものは、哲学では派生的で従属的なものである。逆に言えば、実在における最後のものは、哲学においては最初のものである」。ところで、われわれの思考に先立つわれわれの自然本性を考察するなら、自然的な出来事、もはや形而上学的ではない出来事が、死の内に認められるであろう。また、心理学は不死の願望がわれわれのうちにあることを一切示さないのだから、人間を虐げるさまざまな人為的な暴力にたいする反動として、この不死の願望を解明しなければならないであろう。

一八四一年の『キリスト教の本質』以来、エンゲルスの表現に従って言えば、ヘーゲル神学の魔法が解かれた。人間は、その条件に還元されれば、神々を現実的に創造することはできない。神々のことを語るとき、人間は、自分の思考を投射しているにすぎない。彼は自分の欲求の限りなさを、無意識的なしかたでその対象に帰しているのだ。たしかにこうした投射は感情を高揚させるが、人間の統一性を破壊し、非人間的な神性のために人間性を犠牲にすることによって、感情をゆがめてしまう。

『宗教の本質』は、一八四五年に無神論的人間主義の企てを完成させた。この著作は、人間の自然な活動のうちに、宗教的信仰の多様性を説明する原型を探ろうとしたものである。合理主義的神学者の信仰は、君臨すれども統治しない立憲君主を思い起こさせる。しかし、われわれの自然本性は、共和主義体制により近い。啓蒙されるならば、あらゆる君主をはねつける。

マルクスは、フォイエルバッハが、人間のうちに感覚的知覚しか見ておらず、社会関係を見ていないのを非難した。しかし、フォイエルバッハはすでに宗教的感情のうちに〈集合的産物〉を見てとっていた。彼は、無神論的人間主義とともに宗教社会学を設立した。信じることは行動することだということを、彼は理解していたのである。〔J.V.〕

マルクス、カール

❖Karl MARX　1818-1883

＊『メルロ＝ポンティ哲学者事典』第三巻《肖像》参照。

エンゲルス、フリードリヒ

❖Friedrich ENGELS　1820-1895

バルメンの紡績工場主の家庭に生まれた。学校教育は商業高等学校で終えたが、彼はシュトラウスやベルネの著作を読み、一八四二年にはベルリンで自由人の学術クラブに参加した。最初の著作『シェリングと啓示』では、反動的な公認哲学に対抗して、ヘーゲル左派を擁護した。一八四二年にマルクスと知り合い、友情を結ぶ。一八四三年には、父が紡績工場を所有しているイギリス・マンチェスターに向かう。エンゲルスはチャーチスト運動を視察し、頻繁にロバート・オーエンに会った。パリからの亡命者によってロンドンで創設された共産主義協会の一員となり、一八四五年に出版する『イギリスにおける労働者階級の状態』に関する資料を集めた。

マルクス主義の偉大な諸作品においてマルクスとエンゲルスのそれぞれの手になる部分を分けることは、彼らの友好的な共同作業が親密なものであっただけに不可能である。エンゲルスのほうがより経験的で、マルクスのほうがより理論的である。しかしマルクスと同じくエンゲルスにも、ドイツ哲学、イギリス政治経済学、フランス社会主義からの三重の色濃い影響がある。

一八四五年以来、二人は『ドイツ・フランス年誌』に寄稿している。後に第一インターナショナルになった国際共産主義者同盟で、彼らは一緒になって共産党宣言を執筆した。エンゲルスは一八四八年にケルンで『新ライン新聞』を創設するが、革命の失敗によりスイスへの亡命を余儀なくされ、一八五〇年にはマンチェスターに移住。マンチェスターで、エンゲルスは『ニューヨーク・トリビューン』紙、ドイツの『フォルク』紙に寄稿するが、父と共有していた企業を一八六九年まで経営もしている。マルクスとともに経済の研究を続け、友人の物質的生活を支えた。一八六九年、エンゲルスはマンチェスターからロンドンに移り、マルクスとともにロンドンで第一インターナショナルを組織。

マルクスが一八八三年に死去する。エンゲルスは『資本論』の第二、三巻の草稿を収集、分類、編集し、出版。彼は、第二インターナショナルの名のもとに再構成された社会主義運動の誰もが認める指導者となった。さまざまな運動の指導者たち（例えばアメリカのゾルゲ）への書簡をみると、党派主義に陥らないようにすることや、各国の労働者運動のそれぞれ特有な性格を考慮に入れることを、エンゲルスが気にかけているのがわかる。

一八七八年、エンゲルスは『反デューリング論』を刊行したが、そこでは、唯物論的認識論の諸原理を説明しようと試みている。一八八四年、『家族、私的所有、国家の起源』を出版し、彼は所有の諸形式と結婚の諸制度が平行的に変遷していることを示している。例えば、原始共産主義社会から、戦争が主人と奴隷の間の労働に関する社会的分割を設定するような社会へと移行した時、父権は、奴隷を抱え込むことによって大きくなった家族に及ぶようになり、女性の状況は悪化した。したがって、モーガン（『古代社会』）によって打ち立てられた諸制度の変遷は、マルクスによって打ち立てられた経済的変遷を反映している。

エンゲルスはロンドンにて一八九五年に没した。

[J.V.]

バウアー、ブルーノ　1809-1882

❖Bruno BAUER

アイゼンベルクに生まれ、リンドルフ（ベルリン近郊）にて没す。ヘーゲル左派の代表的人物の一人。彼がキリスト教と決別したのは、彼がボンで教授活動に従事した一八三九年（当局によって一八四二年に停職）にさかのぼる。『共観福音書物語の批判』（一八四二）、『暴かれたキリスト教』（一八四三）。また、『ビスマルクの社会主義的帝国主義』では、宰相ビスマルクを称賛した。

ヘス、モーゼス　1812-1875

❖Moses HESS

ボン出身。『神聖な人類史――スピノザの弟子による』（一八三七）、『今日のドイツ哲学の危機』（一八四一）、『ヨーロッパ三頭政治』（一八四一）の著者。ドイツ哲学とフランス社会主義の結合に未来を見た。

ルーゲ、アーノルド　1802-1880

❖Arnold RUGE

ベルゲン生、ブライトンにて没。『フランス・スイス便り』（一八四八）、『ヒューマニズムの小部屋』（一八五一）、『現代史』（一八八一）の著者。

シュティルナー、マックス（本名ヨハン・ガスパー・シュミット）　1806-1856

❖Max STIRNER (Johann Gaspar SCHMIDT)

バイロイトに生まれる。彼の人生を外側から見れば、おとなしい小市民にして落伍した知識人であり、それは彼の著作の大胆な深さと比べると対照的で強い印象を残す。シュティルナーは、長くつらい教育課程を終えて、一八三九年から一八四四年までベルリンの女子が通う私立の学校で教えた。そのベルリンで、彼はバウアー兄弟が指導するヘーゲル左派のクラブを知る。主著『唯一者とその所有』はこの時期の成果である。これは一八四四年に世に出た。この本のおかげで彼は有名になったが、すぐにさまざまな困難が生じ、その困難から抜けだそうとして牛乳屋を開いたが倒産、借金のために投獄されるはめになった。毒虫に首を刺されて死亡、そして彼は皆に忘れられていった。社会無政府主義の理論家、道徳的利己主義、ニーチェの先駆者、こうしたものは長い間とりわけシュティルナーの肩書として認められてきたものである。このことは彼の著作のうちに、ある種の時代錯誤的で奇妙な怪物が不可解なしかたで生じているのをわからせてくれる。今日、キルケゴールの系譜と同じようなしかたでヘーゲル左派運動に注意を向けるなら、シュティルナーの著作は、おそらくより正しい視点から位置づけなおされるだろう。シュティルナーの著作は、マルクスやキェルケゴールの著作のように、ヘーゲル主義が止揚される多様なやり方の一つのように思われる。シュティルナーを歴史の流れのうちに位置づけなおすこと、それは彼の独創性をより一層強調することである。その独創性は、ヘーゲルの諸概念を用いる彼固有のやり方に由来するものであり、ヘーゲルの精神や、ヘーゲルの弟子たちに残存しえたヘーゲル的なものすべてに対して、苛立ちからくる一種の体系的厳密さをもって徹底的に反抗したことに由来している。『唯一者とその所有』が依拠する二つの概念は「疎外」と「再我有化」という概念である。「人間」と題されたこの著作の第一部は、政治的・社会的・哲学的疎外の一切を批判するものである。疎外は個人の唯一的な独創性や個人の力を集合的強制や抽象的概念のために犠牲にしてしまう。人間という観念そのものはヘーゲル以後の批判の帰結だが、この疎外の最終形態でしかない。「自我」と題された第二部では、ヘーゲル主義の反対物への転倒が行なわれる。「私を思考から唯一救い出すものは、思考の不在である」。この転倒は、個人自身の単一性や能力をその個人に対して覆い隠してしまう力を、個人が再び我有化することである。その独創性を自覚することによって、個人、「唯一者」は絶対的な創造者として自分自身に現われる。第一部と第二部はそれぞれの言葉が対立している。ブルジョワの政治的自由主義によって保たれている国家という観念は、第一部において自我自身を制限するものとして告発される。第二部では国家に対して「私の力」が対置される。社会の観念は共産主義者の社会的自由主義の逃げ場であるが、これも同じ運命をたどる。社会の観念は、社会生活の実体化であり、個人にさまざまな義務を課そうとするものであるとして、告発され、第二部において「私の交渉」に置き換えられる、言い換えれば、つねに取り消しうる自由で利己的な「唯一者たち」による結合に置き換えられる。つまり、ブルーノ・バウアーやフォイエルバッハの「人間主義」は、自我に対して古くからある人間らしい軽視の表明のひとつだということが明らかになる。「人間は、私が自分をそれに一致させ、さらには犠牲にすらしなければならない理想となる」。第二部ではそうした理想に「私の個人的悦び」が置き換わる。この個人的悦びを理解するためには、この悦びを美学的観想に近づけてみなければならないし、実存や個人の純粋感情と一体化するルソーの観想に近づけてみなければならない。このような個人的悦びの観念は、「私は私の原因を無に基礎づける」という冒頭の宣言の通り、特殊なものに還帰し、自己意識を把握するために、普遍的なものを拒絶する挑戦的なやり方でしかない。したがって、利己主義に基づく道徳概念や無政府主義に基づく社会概念を前にして、社会生活のなかでの諸個人間の関係や協調をどう考えるのかという困難な問題が生じている。「唯一者」が他の「唯一者」に出会うとき、何が生じているのか。ここここそ、弁証法が新たに生じるところであり、対立関係がその豊穣さを示すところである。つきつめれば、対立は分離か単一性に解消する。「存在するのは敵対関係ではなく、唯一者たちへの解消である」。シュティルナーにとって、多様性は寛容の源泉である。というのも、「唯一者たち」はたがいに相手に押しつけようとする理想を持たないからである。唯一者たちは各自が至上権をもち、たがいに無縁な世界を構成する。協同は「私の慈善行為」であって、唯一者の至上権と孤立を巻き込ぞえにすることはない。労働組織と貨幣の循環についても事情は同じである。「人間的」労働が「唯一者」の労働に置き換えられるとき、貨幣は人を欺く法を課す君主ではもはやなくなり、そのときから、シュティルナーはそうしたものが維持されることによる利点しか見ていない。同様に、個人間の関係において、「利己主義」の愛が「人類」愛に取ってかわる。問題になっているのは、ここではとりわけ、符号の反転であるという考えには抗しがたいものがある。そのような反転は、精神的回心を本質的に要求する。社会は、個人主義的なしかたで解釈されるのだから、たしかにその意味は変わっているにもかかわらず、社会が、そこに含まれる人間の制度や人間関係とともに、維持されていると言えるのではないか。シュティルナーがなしたことは、要するに、ブルジョワ社会の描写でしかしなかった、と言うモーゼス・ヘスの批判や、シュティルナーは現実的で革命的な変化を、非現実的で哲学的な精神的回心へと置き換えてしまった、と言うマルクスの批判はもっともなことである。こうした批判はおそらく正しいのだが、永遠の論争を再燃させる。シュティルナーのほうでは、革命的行動や集産主義的社会が、それはそれで新たなしかたで、どれほど個人を新たな理念的なものや疎外の犠牲にするおそれがあるのかを喚起させるだろう。そしておそらく、紛争の暴力が、社会や「ヒューマニズム」への敬意と肩をならべる現代において、シュティルナーの抗議は、実効性がないとはいえ、これまで以上に、革命的な意味を持ち続けるであろう。

〔P.H.〕

ヘルツェン、アレクサンドル

❖Alexandre HERZEN 1812-1870

モスクワに生まれ、パリにて没す。一八三五年にシベリアに流刑された。恩赦をうけてフランスに行くが、一八五一年にフランスから国外追放された。ニース、ジュネーヴと亡命し、パリにて死去した。彼は、『ロシアにおける革命思想の発達について』(一八五三)および『ロシア世界とその革命』(一八六〇‐六二)において、スラヴ世界をローマ‐ゲルマン世界の後継と見なしている。

デューリング、カール・オイゲン

❖Karl Eugen DÜHRING 1833-1921

ベルリンに生まれ、ノーウェイヴにて没す。フォイエルバッハとオーギュスト・コントの信奉者。『批判的哲学史』(一八六九)、『資本と労働』(一八六五)、『経済学の批判的基礎』(一八六六)、『哲学、世界に関する厳密に科学的な概念』(一八七四)を著わした。

シュトラウス、ダーフィト〔ダーヴィト〕

❖David STRAUSS 1808-1874

ルートヴィヒスブルク(ヴルテンベルク)にて生まれ、没す。テュービンゲン大学で学び、のちにそこで教鞭をとる。一八三九年にリトレによって仏訳された彼の『イエスの生涯』は、一八三五年に出版され、一八六四年に改訂されている。『キリスト教教義――その歴史的展開における、そして、近代科学との闘いにおける』(一八四一)、および、『古き信仰と新しき信仰』(一八七二)も彼の手によるものである。

ビーダーマン、アロイス・エマヌエル

❖Aloys Emmanuel BIEDERMANN 1819-1885

ヴィンタートゥールに生まれる。チューリッヒ大学で神学を教え、チューリッヒにて没す。『自由神学――あるいは、争いと平穏の哲学とキリスト教』(一八四五)、『キリスト教教義』(一八六九)。

フィッシャー、フリードリヒ・テオドール

❖Friedrich Theodor VISCHER 1807-1887

ルートヴィヒスブルクに生まれ、テュービンゲン、チューリッヒ、シュトゥットガルトで教鞭をとり、グリュニューデンにて没す。『美学、あるいは、美の構成』(一八四七‐五八)の著者。

マルティ、アントン 1847-1914
❖Anton MARTY

スイスに生まれた。プラハで教え、未完の大著『一般文法と言語哲学の基礎づけのための研究』を残したまま没した。『言語の起源』（一八七五）以来の彼の研究はすべてこの大著の準備であった。マルティが明らかにしようとしていたのは、経験的言語の多様性が覆い隠している心理現象の構造であった。この構造は〈理想的〉言語が象徴するはずのものである。マルティは、特にカッシーラーに対立して、一般的なものから特殊なものを区別する手段をわれわれに与えるこの構造の認識なしには、いかなる具体的な研究も可能ではない、と強く主張した。「一般文法」は言語の精神的側面、すなわち、言語の意味に関わっている。しかし、マルティは、言語を、ブレンターノ伝来の心理学的記述にもとづく、意識の本質的な分節化を反映するものにすぎない、とみることによって、言語の問題を無視したように見える。〔H. D.〕

リット、テオドール 1880-1962
❖Theodor LITT

ライプツィッヒ大学、および、ボン大学教授。『歴史と生』（一九一八）、『個人と共同体』（一九一九）、『認識と生』（一九二三）、『現代倫理学』（一九二六）、『カントとヘルダー』（一九三〇）を出版した。

ロータッカー、エーリヒ 1888-1965
❖Erich ROTHACKER

ハイデルベルク大学、および、ボン大学教授。一九二〇年に『精神科学入門』を公刊した。その後、『歴史哲学』（一九三三）、『人格の成層論』（一九三八）、『文化人類学の諸問題』（一九四二）を著わした。

コント、オーギュスト 1798-1857
❖Auguste COMTE

＊『メルロ＝ポンティ哲学者事典』第三巻《肖像》参照。

リトレ、マキシミリアン・ポール・エミール 1801-1881
❖Maximilien Paul Emile LITRÉ

パリに生まれ、没す。『フランス語辞典』（一八六三－七二）によって、疑いもなく、哲学者としてよりは文献学者としての名声を築いた。この人物は、ある人々にとっては、世俗の賢者、学者の顔をもっている人物であり、他の人々にとっては、無神論・唯物論・社会主義の醜悪さを体現した人物（一八七一年にリトレがフランス学士院会員に選出されたとき、これに反対して会員を辞任したデュパンルー枢機卿の言葉）であるが、なによりもまず「実証主義者」である。実証主義に関してリトレは、実証主義が実証主義的宗教になってしまう以前の、コントの前期の主張を受け入れ、擁護した。三段階の法則、法則至上主義、思弁的世界の制限、コントの前期哲学もリトレの思想もこうしたものを基礎にしている。政治的な面で言えば、コントの学説が普及することは、リトレによれば、保守主義における進歩の可能性を保証するものであり、知性的な改革から社会的な改革が必然的に派生するのだから、知性的であると同時に社会的な二重の意味での改革が実現する可能性を保証するであろう。(『保守、革命、実証主義』一八五二、『実証哲学抜粋と現代社会学』一八七六)。リトレは、一八七〇年九月四日革命の後にセーヌ県の下院議員となり、次いで(一八七五年)終身上院議員となり、第三共和政初期に大きな精神的影響を及ぼした。知性的な面で言えば、彼の経歴は彼の作品の歴史である(一八三一～七一年)。医者、言語学者、文献学者としての教養から、彼は自分の研究のどれにおいても実証主義的方法に従った。リトレはコントによって仕上げられた諸科学図表に、政治経済学、(批判的)哲学的心理学、道徳学、美学、心理学を導入した。実証主義の精神に反対する者たちは、リトレの医学事典の「人間」の項目を恐怖とともに引用した。「人間、哺乳動物、霊長目、二手科」。彼は一八六七年には学説を広めるためにウィロンボフとともに『実証哲学雑誌』を創設した。並はずれた根気強さ、細心綿密な知的誠実さ(一八七八年に、彼は『保守、革命、実証主義』において表明した彼自身の見解を注釈し検討している)をもっていた。もし、ルナンがまさにリトレについて語ったように、実証主義とは「迷信によって世界が破壊されつくされないように、盲信が正しいということをすべて何の抵抗もなく受け入れてしまわないように、警戒を怠らない守護者」であることなのだとするなら、おそらくリトレはコントよりも実証主義に対して多くのことをなしたわけである。

ラフィット、ピエール

❖Pierre LAFFITE 1823-1903

ベニェイ(ジロンド)に生まれ、パリにて没す。リトレとは反対に、コントの思想展開に最終段階まで従い、人類教に完全に入信していた。彼は自分の師の遺言執行人の代表であった。多くの著作があるが、『実証的道徳について』(一八八一)、および、『第一哲学講義』(一八八九－九五)を挙げておく。

ルイス、ジョージ・ハリス

❖George Harris LEWES 1817-1878

ロンドンに生まれ、没す。実証主義哲学をイギリスに広めた。『アリストテレス』(一八六四)の著者、コントの『実証哲学』の訳者。『人生と心の諸問題』(一八七四－七五)の著者。

クリフォード、ウィリアム・キングドン

❖William Kingdon CLIFFORD 1845-1879

エクセターに生まれ、マデールにて没す。『講義とエッセー』

（一八七九）、『厳密な科学の常識』（一八八三）の著者。

ラース、エルネスト

❖Ernest LAAS　1837-1885

フュルステンバルデに生まれ、ストラスブールにて没す。ドイツにおける実証主義の代表的人物。『観念論と実証主義』（一八七九‐八四）の著者。

プルードン、ピエール＝ジョゼフ

❖Pierre-Joseph PROUDHON　1809-1864

独学の印刷工。政治経済学を学び、一八四〇年に有名なパンフレット『財産とは何か』を出版する。「財産、それは盗みである」、この定式はこのパンフレットで現われる。これ以降、プルードンの人生は、経済的困難、大著の執筆、革命活動によって三分割されることになる。一八四三年には、『人類における秩序の創造』、一八四六年には『経済的諸矛盾の体系、すなわち貧困の哲学』を出版する。パリに定住して一八四八年の二月革命に協力するが、その結果として、彼を投獄しようとする政治的な動きを招いてしまう。『一革命家の告白』はこの時の獄中で書かれたものである。一八五二年に釈放され、プルードンは、『クーデタによって証明された社会革命』を著わし、ルイ＝ナポレオンに向かって自分のさまざまな考えを実施するよう提言する。一八五八年には『革命と教会における正義について』を著わす。そして、今度は宗教と道徳にたいする侮辱だとして、再び禁固を言い渡される。この時はブリュッセルに逃亡したが、一八六二年の恩赦によってすぐにパリに舞い戻ってきた。死の前に、プルードンは『戦争と平和』（一八六一）、『連合の原理とイタリアの統一について』（一八六三）、『労働者階級の政治的能力』（一八六四）を著わした。「私は転覆者ではない」と表明した無政府主義者、伝統的な美徳を回復しようとして、女性は家事をする主婦か娼婦でなければならないとした革命家、哲学を「集団の形而上学」だと見なすが、みずからを「何よりもまず個人主義者」であると表明する社会学者、共和政体であれ独裁政体であれ、政治形態に無関心な自由主義者、合理主義者にして神秘主義者、ユートピアの妄想家にして現実的な実践者、労働者の協同組合・共済組合・超‐自然的な連合の使徒、革命的サンディカリスム（労働組合運動）の先駆者であると同時に、極右政治家モーラス（一八六八‐一九五二）流の反‐革命の先駆者。少し漠然としているプルードンの思想の豊かさに敬意を表すだけで満足せずに、プルードンを評価するにはどうしたらよいだろうか。また、彼の思想の発展——財産や協同組合に有罪宣告すること（「財産、それは盗みである」）によって始まり、それらの有罪を取り消し（「財産、それは自由である」）、財産や協同組合に国家の圧倒的な力と釣り合いをとるための本質的役割を与えることによって終わる——

を指摘するだけで満足せずに、プルードンを評価するにはどうしたらよいだろうか。プルードンにおいて、三つの哲学的観念が、まったく恒常的というわけではないが緊密に結びついたまとまりを形作っている。それは、正義、還元不可能な矛盾と均衡、政治にたいする経済の優位という観念である。

おそらくプルードンにとって、より深く、より根源的なしかたで存在しているのは、この正義の観念の中心的で統一的な役割である。正義の観念は、宇宙的秩序、社会的秩序、道徳的秩序を統一する。「正義の観念は、理性的な存在にとって、同時に、思考の原理と形式であり、判断の保証であり、行動の規則、学問の目的、人生の目的である。それは、感情と概念、顕現と信仰、理念と事実である。それは普遍的生であり、普遍的精神であり、普遍的理性である」。政治的で社会的な哲学が知的真理と現実的実践を望むことができるとすれば、それは正義の観念が全体的なヴィジョンと合一し、普遍的実在性に支えられている場合に限られる。プルードンの思想と行動を可能にしているもの、それは、知解可能性の原理が同時に行動の規範でもあるというものである。正義は自然法則であり、そこでは正義が均衡によって自らを現わすが、自らの道徳的意味も保持している。その道徳的意味は「ある個人がなにかしら危うい目にあったときに、その個人において、人間の尊厳に対して自然と感じられる尊敬であり、感じられることによって保証される尊敬」である。

プルードンの思想に意味を与えているものは、二つの説明の共存であり、自然的秩序と人間的秩序を同じ努力のうちに包摂して考察しようとする試みである。この試みが社会の理論に通じていることをわれわれは理解する。正義は「もろもろの社会を統治する中心的天体であり、政治的世界がその周りを回る極であり、あらゆる和解の原理・規則である」。

ここではなお正義は規範的原理であり（それは相互性の要請である）、知解可能性の原理である（それは、矛盾の理論と社会的均衡の理論である）。プルードンは、ヘーゲルの弁証法を取り入れたが、すぐに「二律背反は解かれない」という観念をそれに対置した。対立は永遠である。プルードンの最も深い観念（パスカルの観念とカントの二律背反の観念を刷新したもの）は弁証法の観念であるが、この観念は総合の放棄によって定義づけられる。マルクスによれば、こうした弁証法の観念においてみてとらなければならないのは、あらゆるものの良い面を守り、悪い面を排除してしまうことにばかり熱心な、小市民的な態度だけである。そこでは「歴史の悪い面こそが、歴史を作った」のであり、総合を可能にしたということが忘れ去られているのである。だが実際には、「悪い面」が最終的に取り除かれたのは、プルードンにおけるよりもマルクスにおいてである。反対に、プルードンの本質的観念は、あらゆる現実の根底で還元不可能で敵対的であるような多くの要素を存続させている。対立は解消しえない。正義は総合を命じない（総合は外的な項によって乱暴に押しつけられることしかできないだろう）。正義は対立する社会的力の平衡をとり、矛盾した諸要素——そのさまざまな効果は、正義によって中和されるが、その多様性において存続する——のあいだに均衡を実現する。それこそまさに社会の概念というものである。この概念を哲学的に基礎づけているものは、悲劇的な正真正銘の「多神教」であり、この概念を実践的に応用したものが、現実主義者の知恵に満たされた経験主義である。人民銀行という観念、相互扶助、物々交換、貨幣のような不当な「第三項」の排除といったものが、そうしたことからの結果である。しかし、そのようなプルードンの観念は、個人と個人の関係に第三者的に干渉し最終的には支配する、国家に対する打ち消すことのできない不信ももたらす。総合は「統治的である」、そして、「人間による人間の統治、それは隷属である」。国家は個人間で自由に締結する契約のために消え去るのでなければならない。政府は姿を変えて経済機構となるのでなければならない。「作業場が政府に取って代わるのである」。プルードンは、この国家の消滅が、政治的手段によって達成されうるとは考えなかったし、さらにはこの同じ国家の補強によって損なわれうるとは考えていなかった。彼が考えていたのは、政治にたいする経済の勝利が、経済改革の漸進的な応用によって、つまり、相互扶助あるいは人民銀行のような新たな制度の漸進的な応用によって達成されるにちがいない、ということである。集産主義を経ることは、新たな僭主政治を準備し、経済的秩序における正義を保証するに適した制度の設立を後退させてしまうように、プルードンには思われた。今日、プルードンの体系を完全に受け入れることは問題外だとしても、歴史的現実を見ると、自分の社会主義のほうがマルクスの社会主義よりも「ユートピア的」でなく、もっと「科学的」であるように思われるという、プルードンの忠告と懸念を、われわれはもっと認めるべきではなかったのか、と自問することができる。 [P.H.]

ブランキ、ルイ＝オーギュスト

❖Louis-Auguste BLANQUI 1805-1881

ピュジェ＝テニィエで生まれ、パリで没する。著作は、『危機に瀕した祖国』（一八七一）、『社会批評』（一八八五）。

＊七月革命、二月革命で指導的役割を果たし、パリ・コミューンにも参加。フランス社会党を結成する。

バクーニン、ミハイル

❖Michel BAKOUNINE 1814-1876

ロシアのプリャムヒノで生まれ、ベルンで没する。『革命要綱』（一八七一）、『鞭のゲルマン帝国と社会革命』（一八七一）、『神と国家』（一八八二）。

＊貴族出身の無政府主義者。パリでプルードン、マルクスに会い影響を受ける。後に代議制度や国家権力の廃止を主張するようになり、マルクスと対立した。

クロポトキン、ピョートル＝アレクセイヴィチ　1842-1921

❖Pierre-Alexievitch KROPOTKINE

モスクワ生まれ。『一反逆者の言葉』(一八八五)、『パンの獲得』(一八九二)、『フランス大革命』(一八九三)、『無政府主義、その哲学と理想』(一八九六)を執筆。

＊当初は地理学の研究を志していたが、バクーニンの思想を知り無政府主義者となる。コント、スペンサーの影響により実証主義的方向性と無政府主義との間に一致点を見出そうと努めた。

クールノ、アントワーヌ＝オーギュスタン　1801-1877

❖Antoine-Augustin COURNOT

主要な著作には次のものがある。『機会理論と蓋然性理論の論述』(一八四三)、『認識の基礎と哲学的批判の特徴に関する試論』(一八五一)、『近代の思想と出来事の展開に関する考察』(一八七二)、『唯物論・生命主義・合理主義』(一八七五)、『科学と歴史における基礎となる諸理念の連関に関する概論』(一八八一)。

「うわさ」によれば、アントワーヌ・クールノは、偶然を、この上なく客観的に定義した人である。次の定義を見てみよう。「偶然は、合理的な形で相互に独立した事実が一致したものである」。また、「事実」という概念を詳《つまび》らかにするなら、偶然は、「独立した二つの因果系列の出会いである」。偶然(hasard)を偶然性(contingence)から区別する、はっきりとした合目的性を考慮しなかったことから、彼は批判された。だが実際のところこの偶然理論は、次の利点を備えている。この理論は、蓋然性と相対性をより広範な形で哲学的に綜合する作業のなかに組み込まれている。さらに、この理論は、科学的であるよりも心理学的なアリストテレスの諸定義を放棄している。実のところ、クールノは、数学者でもあれば、哲学者でもあり、カント的でもあれば、コント的な特徴も備えていた。彼が、カントから引き継いだものは、物自体に到達するのは不可能なことと、「人類の」あらゆる認識行為の超越論的な公準という考えである。コントからは、諸科学の階層的な体系化という発想を引き継いだ。蓋然論的な根拠を拠り所としたがゆえに、彼の発想は、コント哲学に見出される独断的な側面を取り除いた。諸科学は、互いに還元不可能である。しかし、それは、各段階に新しい「基礎的理念」を導入する必要性があるからこそ、還元不可能なのである。「基礎的理念」によって、クールノは何を言おうとしていたのか。カント的な範疇《はんちゅう》論の変形である。この変形のおかげで、厳格なアプリオリという性質は取り除かれた。諸科学の発展を考慮に入れつつ、「原初の観念や概念とは何かを、事後的に、そして観察そのものを通じて、規定すること」が重要なのである。「自然の諸現象を理解し説明する際に、私たちはいつも、これらの観念や概念を拠り所にしている。ゆえに、それらは、諸事物の性質によって、あるいは、私たちの知的な構成に内属した諸条件によって、私たちに課せられているのだ」。さらに、基礎的理念は、認識の体系的な「秩序」に応じて作り上げられ、裏付けられる。そのなかでこそ、諸科学の批判が予告されるのである。この批判は、彼の死後、二十世紀初頭に実現されることになる。「諸科学の批判は、その成果によって判断されることが要請されている。つまり、この批判が私たちの認識体系のなかに設置した秩序と連関、それが種まいた問題、それが喚起した衝突によってである」。こうした仮説的な学説を脇に置いて、形而上学的な側面に注目してみると、クールノには、知性の真の学説、諸事物の漸進《ぜんしん》的な合理性という学説がある。たとえ絶対的な実在性が、私たちのもとから逃れてゆくとしても、私たちはそれでも「諸現象の実在性という基底を、段階的に理解することができる」。基礎的な諸理念の連鎖は、数学から生命科学まで、また生命科学から社会科学まで、楕円状の図式、つまり「対称的な極性」〔対称関係にある二つの極〕に沿って進んでいるのだ。生命の領域は、私たちにとって不明瞭で、私たちは、それにふさわしい表象手段のないままに、この領域と対峙している。数学領域と社会的領域という二つの極のなかで、「生命を備えた有機体は、計算された、もしくは計算可能なメカニズムと交替する」。これこそ、クールノが、近代の政治経済学と社会学の先駆者の一人とみなされる所以である。しかしながら、人間の宗教感情は、基礎的理念の規定を逃れる。それは、普遍的な秩序に還元されない個別の秩序をもたらすからである。純粋理性から実践理性へのカント的な方向転換と同じものが、ここに確認される。

ルナン、ジョセフ＝エルネスト

❖Joseph-Ernest RENAN　1823-1892

トレギエで生まれ、パリで没する。ブルターニュ地方の人で、それも信仰心を失ったブルターニュ人である。これがルナンの通俗的なイメージだが、実のところ彼は、十九世紀後半に、批判主義と歴史主義がもたらした途方もない威光を体現する存在だった。テーヌは、人間精神の歴史的な探求から帰結した確実性というものを主張したが、ルナンは、これに深い疑問を呈した。だがルナンには、時として、知性を意志に対立させる「ブルトン人的」個性があり、それが彼の作品を曖昧にしている。この曖昧さは、もちろん、作品から引き出される「方針」のなかにはっきりと確認されるわけではないが。彼は、一八二三年から一八四五年まで、カトリックの教育を受け神学を志していたが、そこから、カトリックの信仰が歴史批判に耐えうるかどうかを探求した。ヘブライ語聖書学者および文献学者となり、ヘーゲルやヘルダーを読むことで、彼は歴史批判の手段を見つけ出した。ルナンは、マルスラン・ベルトロと親しくなり、ベルトロは彼を自然科学の方法に導いた。それ以来、ルナンは、作品のテーマとなる諸要素を手に入れることになる。宗教とりわけカトリック教――というのも、カトリックは最も精神的で最も流布した宗教だから――のなかに、相対的な真理を探し出す試みが、彼の作品のテーマである。宗教にはこうした真理が含まれており、この真理は、えり抜きの人々によって伝承された精神的な価値が要求するところに応えるものである。したがって、宗教的な精神性のなかに存続しているもの、勤行の批判や理性批判にかつては従属していた諸形式を探し出すことが、彼の著作のテーマである。コレージュ・ド・フランスで、彼のヘブライ語の講座が、第一回目以降、中断されたことはよく知られている。彼は、「比類のない人間」であるイエスについて語った（一八六二年には『イエスの生涯』を公刊した。一八六六年には『十二使徒』を、一八六九年には『聖パウロ』という書物を公刊している）。なるほど、彼はイエスにこだわっていた。イエスを、彼が置かれていた境遇と、その歴史的な個体性のなかで提示するのが、彼の目的であった。温和で良き預言者、愛を渇望する者がイエスであり、彼はユダヤ文明の託宣《たくせん》を伝え、西欧世界はこれに合流する。歴史の発展のなかでおのずから発展する宇宙に対する歴史的かつ心理学的な視座があるのだ。国家という思想に関する論争のなかには、彼の唯心論が見出される。『知性と道徳の改革』のなかでは、選ばれた人間が避けることのできない役割と責任、そして彼の透徹した悲観主義が強調されている。一八九〇年には、『科学の将来』が再販されたが、この版では、一八四九年の楽観主義的な側面がそぎ落とされている。しかしながら、科学への信仰は、楽観主義の後も存続している。ルナンにとって、フランスが退廃した主要な原因の一つは、フランス人たちがそれほど科学を信じなくなったという事実にある。晩年のルナンは、懐疑論者で、覚め切った人だった。「精神の繊細さ、それは、おそらく、結論を控えることにある」。『哲学的ドラマ』（一八八八）のなかでも、印象には、「多くの色が備わるものだ」と言っている。『思い出――幼年時代・青年時代』（一八八三）のなかにいるのは、一流の作家である。そして、精神を抑圧した「何匹かの有害なけだもの」を殲滅したと率直に語る一人の人間である。

＊マルスラン・ベルトロ（Marcellin Berthelot, 1827-1907）は、フランスの化学者であり、後に政治家となった。

ゴビノー、アルチュール・ド

❖Arthur de GOBINEAU 1816-1882

ドイツ的批判精神にあふれ、「ゴビノー主義者」たちもその真価をすっかり取り違えていたような驚くべき人物であり、傑出した作家である。その作風とユーモアは、スタンダールとメリメを思い起こさせる。『中央アジアの宗教と哲学』のなかで、ゴビノーは随筆家、歴史家、さらには社会学者であろうともしていた。外交官で大の旅行家でもあったこのすぐれた観察者は、矛盾への感覚、意味を備えた細部への感覚、とりわけ、人間の根本的な格差への感覚を持ち合わせていた。「人間はどんな場所でも同じものではない」という主張は、多方面にわたる彼の作品（『アジア新報』など）に一貫している。本題に入ってみよう。ゴビノーは、「民主主義の腐敗」に深い軽蔑の念を抱いていた。「民族的な問題は歴史の他のすべての問題を支配している」と主張しつつ、彼は、アーリア人種の絶対的な優越性を断言した。こうしたことゆえに、『人種不平等試論』の著者（ゴビノー）には、ファシズムの先駆者の姿が容易に見て取れるのである。だが、この部分はもっと仔細に検討する必要がある。彼の文言を適切にとらえるならば、アーリア人種は二千年近くにわたり絶えることなく存在した。こう言えば、彼の主張は、正確に理解されるはずである。彼の悲観主義は以上のことに由来するのであり、その意味を理解し、曖昧さを強調しておかないといけない（「歓喜の美ではなく、幾度となく繰り返される」一時代の美しさに対する脆さというものを、ゴビノーは認めていたはずではないか）。ヴァレリーよりもはるか前に、彼は、次のように記している。「私たち現代人、最初の現代人はわかっている。あらゆる人間集団やそこから生まれた文化的な様式が、いずれ滅びるはずであることを」。さらに、作家のメリメを魅了したのは、次の表現である。「狂信、奢侈、悪習、無信仰は、必ずしも、社会の没落を招きはしない」。そうであるならば、あらゆる社会や人類に固有の「死の原理」とは何なのか。ここで、ゴビノーという人物にどうして注目しないでいられるだろうか。また、どうして「歴史化学」という彼の企てに目を閉ざしていられるだろうか。彼の作品のなかには、――そして、彼の『試論（Essai）』のなかにすら――、最も現代的な省察が何を糧としているのかという問いが確認される。ゴビノーが考えるには、二つの人種――一方は支配者で、他方は従属者――の対立は、一つの社会を形成し維持する上での必要条件である。彼は、文明を、「中間領域」、相対的な均衡状態と定義した。歴史は、白人種の諸国家の只中で、高貴な対立の衝撃から生まれる。一つの社会の退廃、人類そのものの退廃は、社会を構成するさまざまな集団の間の不平等と多様性が縮減されたときに起きるのだ。私たちが現在立ち会っている統合や合併のプロセスはやがて達成され、私たちは、「統一の時代」という歴史の至上の目的に到達するはずである――しかし、それは歴史の終わりでもあるわけだ。

〔H. D.〕

ギュイヨー、ジャン＝マリー 1854-1888

❖Jean-Marie GUYAU

ラヴァルで生まれ、マントンで没する。「道徳を説くのは簡単である。難しいのは、その基礎を確立することだ」。このショーペンハウアーの言葉は、道徳思想の危機を告げてもいれば、その口火を切るものでもある。道徳思想は、今もなお、批判的な方法とあまりにも安易な直観主義の間で、そして、人倫の自然学と人倫の形而上学の間で揺れ動いている。これは、ギュイヨーの義父アルフレッド・フイエが「未来のあらゆる道徳への緒論」において告発した不安でもある。一八七四年に、ギュイヨーは、エピキュロスの道徳論に愛着を抱いていた。これを出発点として、彼は、一八八四年には『義務も懲罰もない道徳の素描』という作品を著わすことになる。この試論のなかで、彼は、歴史家としての自分の視点を放棄し、自らに固有の道徳学説を作り上げた。不安というものが存在するのなら、それは科学と意識の対立に由来する。進歩する世界は、道徳法則のような、日々の生活の安定性を粉砕する。また、そこでは同時に学者と哲学者でいることはできず、人工的な手段に頼らなくては、良心と文明を和解させられない。分析上での和解や妥協は、自発性、生命力、無意識を考慮しないがゆえに、それらを衰えさせる。ニーチェが、飽くなき反道徳主義の名において、「教養・文化の駱駝たち」や「俗物」を攻撃したように、ギュイヨーも、分析というものを、「衰弱させる力」と呼んだ。道徳は、決議論でもなければ、説明を行なおうとする分析でもなく、反省と自発性の間に合意を見出す試みである。自発性は、対立者を統合し、利己主義と利他主義の対立をなくす能力のことである。それは、私たちの当為の尺度なのだ。自発性を表現するものは、生命を表現している。ゆえに、生命とは、個別の実存と集合的な実存の緊密な連帯のことなのだ。功利論的な学説は、これまで、この連帯を発見していなかった。芸術、道徳、宗教は、「個体の生命を集合的な生命にまで高めねばならない」（『社会学的見地から見た芸術』一八八九、『将来の無宗教』一八八七）。ギュイヨーのおかげで、古典的な価値観は、ある程度において好転した。社会統計学のような功利論的な計算を乗り超える、ある「別の秩序」の導入が必要なのであり、さらに、その性質が依然として不明瞭なままの特殊性が、道徳的な事実のなかに認められること――これこそ、ギュイヨーの思想の重要性である。

ベロ、ギュスターヴ 1859-1929

❖Gustave BELOT

『実証道徳学』において、彼は、道徳と社会学とを緊密に結びつけた。さらに、彼は、ジョルジュ・デュマの『心理学新論』に協力した。

＊ルイ＝ル＝グラン高校で哲学を教え、パリ地区の視察官も務める。

ニーチェ、フリードリヒ・ヴィルヘルム

❖Friedrich Wilhelm NIETZSCHE　1844-1900

ニーチェはわたしたちの時代に最も近しい哲学者、強い印象を残した哲学者であり、時代〔時間〕を飛び越えて永遠を告知する者である。彼は自らの時代を代表する人物だっただけに、今もなお時代に即応する《アクチュエル》ところがありながら、すでに時代に即応しなく《イナクチュエル》なっているところもある。青年期に書かれたものが発展をとげて同時代批判となった『反時代的考察《コンシデラシオン・イナクチュエル》』から、『ツァラトゥストラ』を経て、晩年の著作や草稿までも含む、彼の議論のいくつかの面は、すでに時代遅れになっている。だが、今日においても手をつけられてさえいない面もある。彼の思想の歴史的前提が依然としてわたしたちの歴史的前提でもあるという点で、わたしたちは彼のうちに自らの姿を認めることも吝かではない。けれども、彼の哲学的思考が永遠的なものや永続的なものの思想といったかたちで過去や未来といった歴史的意識を超越するものであるという点で、彼はわたしたちにとって縁もゆかりもないものとなる。ニーチェは、十九世紀の流行り廃りのすべてに精通した偉大な解釈者としての資質をもって、二十世紀への移行を思考している。だとすれば、わたしたちは依然として彼の地平にどっぷり浸かったまま動き回っていることになる。実際、彼の書いたものには、まばゆい輝きと仰々しい言葉がちりばめられており、それによって精神的な《スピリチュエル》大気が創出されたのであり、わたしたちは、たとえ彼の作品の全体像も細部もまったく知らないとしても、そうした大気のなかで呼吸しているのである。ところが、ニーチェのうちでは何かまったく非現実的なものが語っていることもある。偉大な「存在の車輪」や「円環」が問われているときがそうだ。「円環」は自分のうちで動き回るのであって、そこには始まりも終わりも、起源も目的も、発端も完成も、進歩も退行もない。『善悪の彼岸』の副題として彼の付けた『未来の哲学への序曲《プロローグ》』は、わたしたちにとってもはやプロローグではなくエピローグとなっているが、その意味は今日においてもなお彼の予言の光に照らされた状態から抜け出していない。しかも彼の真なる「最後の意志」は永遠に繰り返される遊戯を欲しているのであって、物理的宇宙《コスモス》の世界が自分自身を用いて、まるで子供のように、「目的なき時間」のなかでその遊戯を実行するというものなのだ。

ニーチェの情熱的な著述は大きな影響を及ぼしたが、その影響のほとんどは、当初、著述に表われている思想と真摯に向き合っているとは言いがたいものだった。彼の文学的な創作物が及ぼした影響は、厳密な意味での哲学に対してよりもむしろ文学に対して、

❖ Friedrich Wilhelm NIETZSCHE

そしてヨーロッパ全体の思考様式に対して顕著に認められる。デンマークの文学史家G・ブランデスは、ニーチェに関する講演を一八八八年に行なった最初の人である。ニーチェの死に際しては、イタリア人のダヌンツィオが、「ある破壊者の死に臨んで」という詩のなかでニーチェの栄誉を称えている。わたしたちがニーチェの生涯と作品の一大絵巻を手にすることができるのは、フランスのドイツ研究家Ch・アンドレールのおかげである。それ以外にも、ジッドとサン＝テクジュペリ、シュテファン・ゲオルゲとリルケ、ルドルフ・パンヴィッツとシュペングラー、R・ムージル、エルンスト・ユンガー、G・ベンはニーチェなしでは考えられない。トーマス・マンもまた、一九二四年にニーチェに敬意を表明し、ヨーロッパに未来があると信じるにはニーチェを師と仰ぐ以外にない、と言っていた。このように、ニーチェの名は、この哲学者の晩年から半世紀の間、合言葉となってきた。しかし、その内実が深く究明されることはなかったのである。

これに比べると、アングロ＝サクソンの国々へのニーチェの影響は驚くほどわずかなものである。それらの国々では、「常識」と合理的懐疑論が幅を利かせていたために、ニーチェのような極端な思想を熱狂して迎え入れることはほとんどなかったのである。ニーチェに精神的な親縁性を感じた英国人作家は二人しかいない。一人はD・H・ロレンスで、彼の短篇『死んだ男』はニーチェの『反キリスト者』と対をなすもののひとつである。もう一人はT・E・ロレンスで、彼は『カラマーゾフの兄弟』『戦争と平和』『白鯨』『ドン・キホーテ』と並べて『ツァラトゥストラ』を「途方もない五つの書物」に数え入れており、彼自身の書物『知恵の七柱』がそれらにつづく書物となるはずであった。アメリカでは、ニーチェの名は文学や哲学にではなく、政治に反響を呼び起こしている。歴史家C・ブリントンによって書かれ、広く読まれたニーチェについての書物（一九四一）では、彼を「ムッソリーニとヒトラーの彼岸」ではなく、善悪の彼岸で哲学した野心的なドイツの教授と紹介している。もっとも、当のドイツの教授たちのほうでは、ニーチェを第三帝国の精神的な総統《フューラー》にしていたのであり、ツァラトゥストラの言説とヒトラーの「文化的言説」をためらうことなく同列に置いていたのであるが。

それ以降、わたしたちの時代はニーチェの『未来の哲学への序曲』の彼岸へと進み、ニーチェが反ドイツ同盟を結ぶことでドイツ人を挑発して向かわせようとした「絶望の戦争」は、すでにわたしたちの後ろに、半ば忘れられて存在している。かくして、ニーチェが今日わたしたちに見せる顔は、五〇年前、彼の名声と光輝が上昇期にあったときとは別のものである。彼はまだわたしたちの近くにいるのであり、そしてすでに遠くにいるのである。ヨーロッパの未来に関する彼の予言は少なからず現実のものとなっているが、それは思いがけないしかたによるものであった。そしてその予言がなされた時代には前代未聞であった主張が今日ではありふれた話題となり、当代の思想はどれもその主張のただなかで動き回っている。彼は自らの名において「ヨーロッパのニヒリズム」を初めて命名しただけでなく、自らの書いたものでそれが誕生するのに手を貸したのでもあり、自ら吟味することで知的な大気を創出したのでもある。彼はその大気のなかにいたため「力への意志」を造作なく練り上げることができたのだ。しかし今では、あまりにも長い間「ダイナマイト」で爆破しつづけたために、そしてあまりにも長い間「危険なやり方で生きるのだ」という格言に平然と追随してしまったために、そのような原理はもはやわたしたちを魅了しえない。

ニーチェの著作がもつ意味合いに生じた変化を思い浮かべてみたければ、彼の著作に対する批評や評価にみられる重心の移動に注意すればよい。当初は、輝けるモラリストであり心理学者であるとして敬意が表されていた。次いで、第一次世界大戦のとき、ドイツの若い世代による「ツァラトゥストラ崇拝」において賞賛が頂点に達した。この賞賛が勢いを強めたのは、戯画化されたニーチェが第三帝国によって蔓延したときである。第三帝国は実際に「ハンマーで」哲学していたのだ。評価の行きつく先は歴史の終末に関するハイデガーのテーゼである。そのテーゼによれば、あらゆる西洋の形而上学はニーチェのうちで論理的に完成をみることになる。また、「歌う」べきであったのだ、この朝の魂は、と一九〇八年にシュテファン・ゲオルゲの一篇の詩は言っていた。さらに、「ツァラトゥストラの精神」は世界を治癒するものとなるだろう、と一九三八年に、時代の波に乗った「ニーチェ・アルヒーフ」は告知していた。「ニーチェのツァラトゥストラは誰か」、と一九五三年に一人の思想家（ハイデガー）が尋ねているが、この思想家はためらうことなくニーチェをヨーロッパの最も偉大な形而上学者に列挙し、まさにそうした観点からニーチェを「存在忘却」の歴史に組み入れている。

だがニーチェは本当に偉大な思想家なのか、それともなり損ないの詩人なのか。アリストテレスやヘーゲルに比べると、彼は情熱的なディレッタントといえる。彼は「文化の医者」として、来るべき時代のために自らの時代に対して働きかけようとしたのであり、最終的にヨーロッパの未来は自分の手のなかにあるという確信を得たのである。ソフォクレスやヘルダーリンに比べると、ニーチェの詩や箴言は、いくつかの貴重な例外を除けば、「生きられた思想」の衣装をわざとらしく身にまとっているといえる。ニーチェは、一見してわかるように、またその作品の豊饒さから見ても、哲学的な作家なのであって、それはちょうどキルケゴールが宗教的な作家であったのと同じである。ただし、ニーチェの場合は概念的思考の筋道を丹念に追求する訓練を受けた作家であったのだが。

ニーチェの師はヘーゲルではなく、ショーペンハウアーであった。けれども、その深奥と背景からして、彼は知恵を真に愛する者であり、そうした者として、永続的なもの、永遠的なものを探求したのであり、またそうした理由によって、自らの時代を、一般的に言えば時間性を乗り越えようとしたのである。彼の反時代的考察の最終版の序文である『ヴァーグナーの場合』(一八八八)には、次のくだりが見られる。「哲学者が自分自身に対して最初にして最後に要請するものは何か。自分自身のうちで自らの時間を飛び越えること、「無時代的《アンタンポレル》」となることである。では、何に対して彼はそうしたこの上なく苛烈な闘いを繰り広げなければならないのか。まさしく彼がそこにおいて自らの時代の子であるところのものに対してである。大変結構だ。私はヴァーグナーと同じ資格でこの時代の子であり、こう言ってよければ、デカダンである。ただ私はそのことをわかっており、それに反して戦ったのである。私の内なる哲学者がそれに反して戦ったのだ」。どんな手段を用いてニーチェは自らの時代から自由になり、自らの時代に対する嫌悪から自由になることに成功したのか。その答えを引き出せるのは、「同じものの永遠回帰」として考察された永遠についての彼の学説を提示すること以外にあるまい。わたしたちは、以下の叙述を、『反時代的考察』(一八七三)の第二考察「生に対する歴史の利害」の分析に限定して行いたい。なぜなら、ほかでもないこの第二考察において、初めて、永続的なもの、永遠的なものに関する古くからの古典的な問いが近代の歴史意識の批判のただなかで再開されるからである。ニーチェが真にわたしたちの案内人であるのは、彼が「世紀末」のエピゴーネンとして二十世紀を告知する者だったからではもはやなく、彼が「ヨーロッパのニヒリズム」の高揚という自らの極端な歴史意識に即応して、自らの思想と彼岸への意欲とを、何か永続的なもの、何か永遠的なもの、つまり同じものの永遠回帰へ導いたからである。

歴史についての反時代的考察は、動物と子供が生きるやり方を描写することから始まっている。そのやり方は大人が生きるやり方と異なっていて、非歴史的であり、過去や未来といった歴史意識のないものである。「君の前を、牧草を探しながら通り過ぎる家畜の群れのことをよく考えてみるがいい。彼らは昨日が何であり、明日が何であるかを知らない。彼らは跳び回り、食べ、休み、消化し、そうして来る日も来る日も、瞬間という杭に短く縛りつけられているため、憂鬱もなく、倦厭することもない。人間も倦厭なしに生きることを欲しているが、それを無駄に欲しているだけである。というのも、人間は家畜と同じようにそれを欲していないるのではないからだ。なぜ君は君の幸福について私に語らず、ただ私を見つめるだけでよしとしているのか、と人間が家畜に尋ねることがあったとしよう。家畜は答えて次のように言おうとするだろう、それは、私が言おうとしたことをいつも忘れてしまうせいだ、と――だがそのとき家畜は自分が言おうとしていたことも忘れて黙り込んでしまうのである」。子供もこれとよく似たしかたで生きているが、家畜よりは大人のほうに近く、過去と未来の垣根を行ったり来たりして遊んでいる。子供には後悔したり否認したりしなければならないような過去などないのである。というのも、子供は「そうあった〔cela était, es war〕」ということをまだ理解していないからであり、苦痛の合言葉と、苦痛が人間に近づいてきて、人間の生存が「未完了過去〔半過去 imparfait, Imperfektum〕」であることを人間に想い起こさせるときの嫌悪の合言葉とをまだ理解していないからである。「未完了過去」とは、決して完成されることがないということであり、その意志は未来へ導かれていながらもすでに存在しているあらゆるもののなかに乗り越えがたい限界を見出すということである。子供と家畜はつねに瞬間を生きている。そういうわけで、彼らはまったくあるがままのものであり、自己のうちにとどまって、もう存在しないものを思い返すこともなければ、まだ存在しないものを予期することもない存在なのである。だから、彼らの思考は未来を先取りすることもないし、過去に立ち戻ることもない。彼らは幸福であり、家畜は家畜なりに、子供は子供なりに完結〔完了〕しているのである。彼らはどちらも現在の瞬間を非歴史的に生きているのであって、現在の瞬間は彼らにとって未来が過去になっていく単なる通過点ではない。それに対して、大人は、すでに存在していたものと、これから存在するであろうものとのあいだで、完成しえない未完了なものとして生きている。大人は忘れることができない。大人は予期し、希望することを余儀なくされており、探し求めていた完全性〔完了性〕に、何ひとつ欠けるところのない無傷な生存の完全性〔完了性〕に到達することは決してできないのである。この完成がないということは、計画を立て、まだ欠けている来たるべきものを期待し、取り逃がした機会を苦々しく思い出すという大人の絶えざる傾向にはっきり現われている。人間の生存は絶えざる「あらねばならない」と「あった」である。だから完全な、うまくいった瞬間という子供や動物の幸福を知ることはない。

十年後、『ツァラトゥストラ』で、このテーマはとらえなおされ、極端な帰結にまで発展されることになる。『ツァラトゥストラ』には「救済について」という章が含まれている。救済とは「そうあった」に関連するもの、つまり過去のことであって、それは自らを絶えず未来へ導くわたしたちの意志の領野にはもはや見出されないのだから、最終的なものである。人間の意志は、未来を探し求める際には、退行的に行使されて、自分自身を解放するのでなければならないだろう。「そうあった」からの救済は『ツァラトゥストラ』で頂点に達し、決定的な瞬間の経験となる。そこでは歴史の完成しえない時間性は消え去るのである。『ツァラトゥストラ』でこの瞬間を指し示す表現は「正午と永遠」である。歴史的生存の内部では、そのような永遠の瞬間と、その瞬間に含まれる幸福には、蓋然的にしか、つまり、ひとつの時代を非歴史的に生きる能力、そして忘れる可能性を感じる能力によってしか到達することができない。いっさいの過去と未来を忘れて「瞬間の敷居」に腰を落ち着けることができない人、「瞬間の敷居」に身を置きつづけるとどうしても恐れや望みを抱いてしまう人、そうした人は、ニーチェが『反時代的考察』ですでに言っているように、幸福とは何かをけっして知ることはないだろうし、他人を幸福にしようとすることはありえないだろう。

それゆえ、「生に対する歴史の利害」に関して、問題となるのは、回想の力が自らに反する忘却という力に直面するとどのように振る舞うのかということ、つまりどうすれば、あるいはどれくらい過去が少なければ、人間は自らの未来を危機に陥れることなく自らを所有し、自らに同一化することができるのかということである。ところで、近代の歴史意識は、それ以前の生き方や考え方からすると、わたしたちのものとは異なる多くの地平があることを明らかにした。それによって、わたしたち自身の存在と、一方ではわたしたち自身の能力とのあいだの、他方では別の生存様式と思考様式に関する既得の歴史的知識とのあいだの不均斉が創出されたのである。しかし、ひとつの文化をもつことと、ひとつの歴史的文化をもつこととは、別のことである。問題は、嗅覚を十分に発揮して、歴史的に生きることが必要な場合と非歴史的に生きることが必要な場合を、事例に応じて、そして講じうる措置との関係で見極めることだ。非歴史的な感受性は、限られた地平を前提としていて、あらゆる方向に開かれているのではないため、歴史的な感受性に比べてより根源的であるし、より根源的でありつづける。というのも、大きな歴史的出来事でさえ、もっぱらそのような非歴史的雰囲気のなかで生じるからである。単純に生きることができるためには、そして決然と行動できるためには、多くのことを忘れなければならない。

ニーチェは、歴史意識が生に属し、生に奉仕することができる三つの仕方を区別して叙述している。歴史はまず人間の生に属している。なぜなら、未来へ向けて進歩する以上、人間は能動的であるし、そうして進歩するために自らの手本を過去から借りるからである。第二に、歴史は、人間が崇敬心をもって自らの伝統的遺産のすべてを保存するという事実の生に属している。第三に、歴史は、人間が現在のもつ歴史的重みの下で耐え忍ぶものとしての生、過去を批判することで、現在から自由になって未来という可能性へ向かうものとしての生に属している。この三つの仕方に対応するのが三種類の歴史、すなわち「記念碑的」歴史、「骨董的」歴史、「批判的」歴史である。

歴史に向き合うこれら三つの態度は、過去の領野のなかから、生の進歩に有用なものを選択する。それらの態度は選択を排除する客観性に属しているのではなく、生の求めに応じているのである。三つの態度はどれも、歴史的知識からくる自らの生の欲求を尺度と見なすことで、知識と、わたしたちが有する存在や能力との関係を揺るぎないものにしている。しかしながら十九世紀の歴史主義はすべての境界標を引き抜いてしまった。そのため、かつて存在したもの、認識にやってきたすべてのものが、無差別に意識に侵入し、一様に自らに価値があると主張している。その結果、歴史それ自身が何かどうでもよいものになってしまう。歴史的知識が過剰になったため、生と本物の文化とがもつ創造的な力が切り刻まれてしまったのである。だから歴史的教養は、何か根源的で真に生けるものを再び生み出すことができるように、自分自身を裏切るのでなければならない。人間の生の力能を最高のしかたで論証できるものがあるとすれば、それは人間が自らの前後に数千年にわたって広がるひとつの地平の縮図を意のままに用いて、その地平の縮図を「生の全体の唯一の感情」のうちに描きうるということであるだろう。

ここでのニーチェは、依然として歴史的パースペクティヴのただなかで生の全体を理解しており、後にそうなるように、物理的世界の全体という意味ではまったく理解していない。この物理的世界の内部では、人間と人間の歴史的宇宙――「普遍的歴史」と呼ばれるもの――が、何か優れて束の間のものとなるのである。歴史についての反時代的考察では、この宇宙的観点にまだ到達していない。ただし、この観点は、まず冒頭の家畜と子供の「非歴史的」生が問われているところで、次いで末尾であらためて「超歴史的」観点の可能性が検証されるとき、すでに考察されている。歴史の問題に関する位置取りがこのようにまだしっかり定まっていなかったために、ニーチェの試論は、自らが措定する問いに対して、非歴史的応答と超‐歴史的応答という、二つの異なった応答を含んでいるのである。本質的にみて、応答とは、歴史的に、つまり回想することによって生きなければならないとき、そして非歴史的に、つまり忘却することによって生きなければならないとき、力強い本能が感じさせるに違いないようなものである。個人の健康のためであれ、人々の健康や文明の健康のためであれ、この二つの応答はどちらも等しく必要である。健康的な、正しい、偉大なる、根源的な土台に立脚しないと成長できない。だが、その土台がつねに歴史意識にまだ到達していない何ものかであるというのが事実だとすれば、ある程度まで非歴史的に感じる能力は歴史的に感じる能力より重要であり、原型的である。ところで、あらゆる大きな出来事はかなり漠然とした非歴史的雰囲気のなかで生じることを認め、歴史の進歩といっても結局のところ何か新しいものを学ぶわけではないことを認めるような人が誰かいたとすれば、その人は「おそらく」真に哲学的な、超歴史的な観点の高みに達することもできるだろう。そこから出発すれば、人間は歴史の展開が本質的に新しいものを何ももたらさないということを認めるだろう。なぜなら、各瞬間に世界は「終わって」、つまり完成しているからであり、それが永遠に円環する存在であって、そのなかでは始まりも終わりもなければ、進歩も退行もないからである。こうして完全な過去〔完了過去〕と開かれた未来のあいだの時間的差異は、すべてを自己のうちに含む瞬間という超時間的な観点における歴史的幻想であることが明らかになる。

この超歴史的観点は、歴史についての『反時代的考察』の末尾ではほとんど示されていないが、十年後に『ツァラトゥストラ』で展開される「正午」という、完全な時刻における完全な存在の完全な時間についての学説と厳密に対応している。「正午」とは永遠の瞬間のことであり、そのとき時間は停止して永遠になる〔不変の今《ヌンク・スタンス》〕。停止した時間のこの永遠の瞬間のなかで人間が生存しうるためには、『ツァラトゥストラ』においても「忘却の技」が必要である。そのような人間は、自分自身のことを忘れるのだから、現在である今日に、昔、過去、未来を包括する直観をもつだろうし、そうして〔絶えず自らを反復する〕もろもろの不滅な型の遍在に至り、永遠に同じ意義の遍在に至るのである。この永遠に同じものの認識とは、歴史に対するわたしたちの過大評価を「西洋的偏見」であるとする観点からみれば、『ツァラトゥストラ』における本物の知恵や完成した知識のことである。しかしながら、歴史的生存者にとっては、この「知恵」は「吐気を催すもの」である。なぜなら、それは生の能動的な進歩に相反するようにみえるからである。『反時代的考察』において永遠に同じものの認識が知恵と吐気を催すものとして示されるのは、そうした理由による。歴史的思考という前哲学的観点からみれば、そのような知恵は吐気を催すものである。なぜなら、そのような知恵は、過去の数十年や数世紀がすでに人間に何も教えることができなかったので、歴史の進展があと十年ないし百年にわたっても、やはり人間に何か教えることなどできるはずがないということを認識させるからである。というのも、行動様式、出来事、歴史的運命とは、本質的にみて、つねに同じものだからである。それらは、つねに同じでありつづける宇宙的、そして人間的本性に対応している。ところで、こうした考察のすべては、歴史を超越する観点をねらっているものの、『反時代的考察』でほとんど偶然のように、その極端な帰結が展開されることもなく、なされている。ニーチェは以下の指摘を行なうことで一連の着想をここで唐突に中断するのである。「しかし超歴史的人間に彼らの知恵を任せておこう……わたしたちが歴史的なものを尊重することは西洋的偏見にすぎないことを喜んで認めよう。こうした偏見の内部にあってもわたしたちは停止せずに前進しさえすればよいのだ。また、わたしたちがその術を学べばどんどんうまくできるようになることが少なくともひとつあって、それは生の観点から歴史を研究することである。だからわたしたちはこれを学びさえすればよいのだ。そのとき、わたしたちは「超歴史的なものたち」に対して、わたしたちが所有するよりも多くの知恵を所有していることを喜んで承認するつもりである。というのも、そうなると、わたしたちは無知であっても彼らの知恵よりも多くの未来をもつことになるからだ」。

超歴史的「知恵」は、ここではまだ「生」と相容れないようにみえる。なぜならここでの生は、生まれたときの姿で存在するものの全体のなかで反復される生として理解されていないどころか、未来へ向けての進歩的活動として理解されているからである。自然のなかでは、同じものがつねに反復される。それに対して、ニーチェが言うには、歴史のなかでは、同じものの反復がありうるとしたら、それは、ピュタゴラス学派の学説が正しい場合に限られる。彼らの学説によると、天体の星座の位置が同じであれば、その下では地上にも同じ出来事が訪れることになるのであり、したがって歴史の光景は一度幕引きを終えた芝居を再演することになるのである。だとすれば、歴史家は占星術師となるだろう。この奇妙な考察と厳密に対をなすものは『ツァラトゥストラ』に見られるが(「新旧の諸板について」の第九節)、『反時代的考察』では恣意的な観念としてしか現われていない。にもかかわらず、ニーチェが歴史意識という病に対する二つの異なった治療薬を、すなわち、どちらかといえば非歴史的なものである生と、哲学の知識というど う考えても超歴史的である知恵との二つを、そこにすでに見ていることは特徴的である。

根本的な治療薬が見出されるのは、回想という歴史的力と忘却という非歴史的力のあいだに不安定な均衡を設定することにおいてではなく、歴史的時間を乗り越えることそのものにおいてのみである。そのような超歴史的観点は、ニーチェが永遠回帰を説くときに身を置いている観点である。かくして、限られた地平における自己の非歴史的な境界画定は依然として、忘却という限定的な力を通じて歴史の時間性の問題の内部に位置づけられる。それに対し、超歴史的力は逆に、時間の変異の視線を、「生存に、永遠的なものという、そして同じ意義を保持するものという性格」を与えるもののほうへ逸らすのである。『反時代的考察』のニーチェにとって、そのような永遠化する力能は、まだ哲学によってではなく、芸術と宗教によって構成されている。芸術と宗教は、すべてを時間化する純粋に歴史的な思考に対する唯一の治療薬である。なぜなら、発展しつつある学問と歴史的思考の時代において、それらだけが「永遠化する力能」であって、永続的なもの、永遠的なものを認識するからである。後になると、ニーチェはこうした芸術と宗教への要請を哲学に引き受けさせ、彼自身が「新しい永遠」を説こうとするようになった。『ツァラトゥストラ』の問いは次の通りである。すなわち、どうすれば人間は、自らの歴史的意志をもって、超人的かつ超歴史的に、「昔」と「未来」をまとめて把握するようなしかたで、瞬間に永遠を与えることができるのか。そうするためには、人間は自らの本質そのものを変身させる必要があるだろう。『ツァラトゥストラ』が、（キリスト教の信仰の）「汝為すべし」から（近代の）「我欲す」へ、そして後者からヘラクレイトス的世界の子供の「我有り」へという「三つの変身」に関する言説から始まっているのは、そうした理由による。ツァラトゥストラは、第三の変身において、「無垢」と「忘却」である子供になるのだが、彼の「最も包括的な」魂のなかで十全に再構成されるのは、それ以前に「断片」であり、運に任せて散らばっていたもの、すなわち物理的世界のただなかにある人間的生存である。人間はこの生存を通じて失った世界を取り返すのであり、『ツァラトゥストラ』には、「瞬間」が人間にとって至高の幸福となることが読み取れる。こうした完全な生存の幸福は、家畜の動物的幸福がそうであるのと同じく、歴史的生存に接近することができない。というのも、人間は、歴史的生存である限り、時間の時間性を忘れることはできず、瞬間の敷居の上にじっとしていることができないからである。この決定的な点にニーチェは『ツァラトゥストラ』で到達する。そこでニーチェは「意欲しないことよりも無を意欲することのほうを好む」無制約的な意志のニヒリズムをその極限まで推し進め、そこにおいて未来という時間的意志は永遠の肯定に転じるのである。完全な世界を取り戻すために、ニーチェのツァラトゥストラは、歴史的時間を忘却できることを条件とするすべての「そうあった」の「救済」を説いた。「超人」は普通の人間の上方に出現し、すでにあったものに戻る自由、それに続いてあるだろうものに戻る自由をわたしたちに授けるのであり、その際、最もはかなく見えるものが、現在という瞬間が、最も存続するものであるということを、つまりあらゆる存在者の遍在であるということを説くのである。

時間と存在についてのニーチェの学説は、あらゆる時間性を超越するところは真に「反時代的」で、新しい学説と見なされうるが、存在を永続性ととらえるのは古くからあるギリシアの学説である。「つねに」あるものは無時間的でない。つねに自己と「同じ」でありつづけるものは時間的でない。このように、始まりも終わりもなく、起源も目的もないものと理解された永遠のなかに、あますところなく集められるのは、それ以外のパースペクティヴにおいて、時間の次元で時間の流れに沿って散らばっているものである。したがって、永遠についてのニーチェの学説は、時間の時間性を超越することで飛び越える同じものの永遠回帰として構想されているのであって、時間の外への単なる逃走でもなければ、束の間のものの単なる礼賛でもない。世界のこの「新しい」永遠を告知することと――これが新しいのは〈神〉の無時間性であった永遠との関係においてにほかならない――は、ニーチェの最も中心的な学説になった。『ツァラトゥストラ』が彼の卓越した著作であり、彼の「遺書」であるのはそうした理由による。ニーチェ哲学の意義を永遠という知恵に導かれる意志として明らかにするもの、永続的なものがまごうかたなく発見される瞬間の意味を明らかにするものがあるということ、それはほかでもない、『ツァラトゥストラ』の第三部と第四部が永遠への賛歌によって終わるという事実に求められる。この永遠とは、つねに同じであるものの永遠回帰であり、したがってそれはつねにあるがままであって別様でありえないようなものなのである。この至高の必然性に人間の意志は喜んで従うことができるのであり、ニーチェはこれを、「名声と永遠」という詩のなかで、「存在の至高の星座」と名づけている。それは自己への永遠の然りであって、いかなる人間的な願いもいかなる「否」もそこには到達しないのだ。ニーチェはこの意志を、生来的かつ潜在的につねに同じでありながらも、つねに生成している存在という永遠へ導いたのであり、この意志を用いて、ひとつの道を切り開いたのである。彼の後に従ってこの道を進む者は誰もいなかったが、この道は歴史意識、歴史、歴史的生存に対するわたしたちの度を越した過大評価を訂正しうる唯一の道なのである。

〔カール・レーヴィット(ハイデルベルク大学教授)〕

ニーチェが大切にしていた言い伝えによれば、ニツキ(Nietzsky)伯爵家はその昔、自らの出自であるポーランドを離れてドイツに向かったということになっている。この哲学者はレッケンで生まれた。父がそこで牧師をしていたのである。牧師である父は、彼が三歳のときに亡くなった。母は彼をナウムブルクに連れていき、そこで彼は幼少期を過ごした。十三歳の年、彼は名門プフォルタ校(フィヒテとシュレーゲルがかつてそこで受けた教育によってすでに名高かった)に入って勉強を続けた。そして一八六四年、彼はボン大学に入学する。リッチュルの教え子であった彼は、リッチュルに従ってライプツィヒに移る。同地で彼の師は博士論文の公開審査のないまま彼に博士の称号を与え、「彼は天才です」という言葉だけで、彼をバーゼル大学の文献学教授の職に推薦した。彼は十年間この職に就いていた。一八七九年、彼は健康上の理由により退職し、十年にわたる遍歴を始める。彼はこの遍歴のあいだ、ジェノヴァ(そこでの彼の「最初の冬」が一八八一年に『曙光』を生んだ)、エンガディーン(一八八一年にジルヴァプラーナ湖畔にある巨岩の近くで初めて「永遠回帰」の観念を抱いたとされ、その巨岩に彫られた碑銘によって彼の記憶は不朽のものとなっている)、レコアロ、ラパロ(一八八二年にルー・サロメを失うという彼にとって耐えがたい試練から立ち直るために滞在しており、「あの快い静かな湾で」、『ツァラトゥストラ』の第一部全体の構想の大筋が出来上がったところである)、ニース、シチリア、ローマ(「バルベリーニ広場を見下ろし、そこにいると自分の上方に「噴水」の湧出する音が聞こえてくる見晴台」

で、「夜の歌」が、「これまで存在したなかで最も寂しいあの歌」が作曲されたところである）を次々に訪れる。最後に訪れたのはトリノで、ここでは、日の目を見るまでに二十年かかった『この人を見よ』が一八八八年十月十五日に書きはじめられ、三週間のうちに書き上げられた。彼が周囲の人々から心配されていた発作によって一八八九年に、街中で、昏倒したのは、この最後の町、彼の「証明済みの土地」である。彼はそれ以降、当初はナウムブルクで母に付き添われて生活し、その後、母が死んでからは、妹のフェルスター・ニーチェ夫人と、ヴァイマールにある家で生活した。この家はやがて彼女によって、この哲学者の資料と記念品を収める博物館に変えられることになる。ニーチェは、自らが告知していたあの「戦争の古典的時代」にさしかかった一九〇〇年八月二十五日に亡くなった。

［J.L.］

補記

レーヴィットはニーチェについて多くの論文を残している。なかでも『ニーチェの哲学』(一九三五)〔原題は*Nietzsches Philosophie der ewigen Wiederkunft des Gleichen*で、ただし、同書の日本語訳は一九五六年の改訂版に準拠〕は、本稿の内容を含むレーヴィットのニーチェ解釈の基盤となる議論が包括的に展開されている点で興味深い。その概要を把握しておくことは、長年にわたる研究成果が凝縮された本稿の理解を深めるのに資するところが少なくないだろう。ここではまず、同書が刊行されてまもない頃、ジョルジュ・バタイユが主宰する『アセファル』第二号(一九三七)に掲載されたピエール・クロソウスキーの書評を援用しつつ、レーヴィットの議論を整理しておきたい。

クロソウスキーによれば、レーヴィットは「自己反省の原理」をニーチェ読解のポイントとしている。それはキリスト教の「汝為すべし」から離脱して超ニヒリズムの「我欲す」に到達することと、「我欲す」から離脱して超人における「我有り」に到達することの二段階からなる。このプロセスを経て、人間は〈あらゆる意志の放棄〉から〈無への意志〉へ、さらに〈無への意志〉から〈生存の肯定〉へ向かう。そうして見出されるのが「永遠回帰」の境位である。ただしそれは——ここからが重要なのだが——同じことがそっくりそのまま繰り返される時間としての〈永遠なる現在〉を指すわけではない。そうではなく、それは「将来への意志によって過去の重みから自由になる目的をもった未来の時間」として、つまり回帰する事実のうちに同じさが含まれていることとしてとらえられるべきなのである。

このように読解することでレーヴィットが「永遠回帰」にみてとりたいのは——ひいてはレーヴィットを通じてクロソウスキーが導出したいのは——、周知の解釈にみられるような、わたしたちが自らの人生を生き直す必然性から逃れられないということでもなければ、そうした事実を踏まえたうえで〈この人生〉を肯定するということでもない。そうではなく、「永遠回帰」に潜む自己同一性から脱却することの可能性であり、その契機としての自己のうちなる多義性の創出である。

言い換えよう。永遠回帰が同じものの回帰であるのは、それがもはや同じものとしての根拠を保持しえないことを意味する。永遠回帰は自らを絶えず更新する運動であるかぎり、同じものの同一性を根底からぐらつかせ、自己とは異なるものへ向かわせてやまないに違いない。レーヴィットは永遠回帰から引き出すこの働きをニーチェ自身に敷衍し、ニーチェとディオニュソスの「ずれ」、ニーチェとツァラトゥストラの「ずれ」を指摘する。レーヴィットによれば、ニーチェはこの「ずれ」に矛盾を認めてその克服を試みようなどとはしなかった。その逆に、彼はそこに自らを変身させる創造のポテンシャルを見出し、それをそのままに生きようとしたのである(これこそが諸価値の無価値化にほかならない)。

矛盾を解消するために何らかの同一性を希求するのではなく、矛盾を矛盾としてその不安定さを生き抜くことに活路を見出そうとする——これは、差異を同一性の偏差として思考するのではなく、同一性を差異の偏差として思考することにつながるだろう。こうした角度からニーチェ解釈を試みたのが、ミシェル・フーコー、ジル・ドゥルーズ、ジャック・デリダに代表される二十世紀後半のフランスの思想家たちである。彼らは各々のしかたで——例えば、フーコーは「人間」の終焉と「主体化」の問題を、ドゥルーズは「ニヒリズム」と「脱領土化」の分析を、デリダは「女性という真理」をめぐって、といったように——更新されたニーチェ解釈をもくろんでいる。更新された、というのは、その位相と射程に相違はあるものの(むろんこの相違は決して無視しえない問題提起である)、彼らのいずれもが存在忘却を形而上学の能動的ニヒリズムの完成に見てとるハイデガー的な読解からニーチェを救い出そうとしているからである。それは、ニーチェの思想をその叙述以上に明瞭に表現しようとして、そこで語られていないより深い根底に到達することよりも、その叙述を文字通りに受け取ることから構想されうるニーチェの思想を浮き彫りにすることをめざしている。そうして描き出されるのは、形而上学の完成者としてのニーチェとは異なるニーチェ、ハイデガーの存在論さえ無価値化するポテンシャルを秘めたニーチェである。

フランスにおけるニーチェ研究は一九七二年七月にノルマンディー地方の小村スリジー=ラ=サルで開かれたコロキウムをもって頂点を迎える(レーヴィットも参加している)。その成果は、翌年に公刊された『ニーチェは、今日?』全二巻となって結実した。こうした事情に比べると、ニーチェ研究のお膝元であるべきドイツの状況は芳しいとは言えなかった。よく指摘されるように、その理由のひとつはナチスによるニーチェの政治的利用という負の遺産に求められるだろう。妹エリーザベトの所業、さらにヴァーグナーやハイデガーとの思想的関わりも、そうした傾向に拍車をかけたのかもしれない。ニーチェの思想はいわゆるリベラル左派系の知識人を中心に長く危険と見なされてきたのである(もっとも、これはドイツに限った話ではない。フランスでも、サラ・コフマンがニーチェ研究で博士論文を執筆しようとした際、ドゥルーズに会うまで指導を引き受けてくれる教員が見つからずに苦労したという逸話が残されている。こうした情勢が変わるきっかけについては後述する)。

そのようななか、更新されたニーチェ解釈の口火を切ったのが、ナチスによる迫害を逃れてアメリカに亡命していたテオドール・アドルノとマックス・ホルクハイマーである。周知のように、彼らの共著である『啓蒙の弁証法』(一九四四)は、人間が未開や野蛮状態から抜け出すために理性を働かせて築き上げてきたはずの文明が「真に人間的な状態に踏み入っていく代わりに」大量殺戮や大衆の思考停止といったしかたでかつてないほどにひどい「一種の新しい野蛮状態へ落ち込んでいく」のはなぜか、という問題意識に貫かれている。彼らはその理由を「人間の外部の自然や他の人間たちを支配する」文明化が「人間の内部の自然を否定するという報復を受けた」ことに求める。そしてそれを啓蒙に必然的にはらまれる弁証法的な反転運動と見なすのだが、そうした彼らの主張の先駆者として挙げられるのがニーチェなのである。

彼らによれば、ニーチェは啓蒙の両義性をよく理解していた。すなわち、啓蒙がもつ「生に敵対的な「ニヒリズム的な」力を見てとる」だけでなく、啓蒙にみられる「崇高な精神の普遍的運動を見てとり、その完成者として自らを自覚し」ていた、というのである。それに対して、ニーチェのエピゴーネンたちは啓蒙に前者の契機しか見てとらなかったために、「盲目な生に対する盲目な賛美」をするだけに堕してしまった。アドルノとホルクハイマーは両者の相違に注意を喚起する。とはいえ、彼らはエピゴーネンたちをあっさり断罪して済ますわけではない。なぜなら、エピゴーネンたちの「イデオロギー」はファシズムへの通路を開くばかりでなく、広く近代民主主義批判、資本主義批判として正鵠を射ているところもあるからである。問題は、それほど単純ではないのだ(そしてそれゆえに、そうした視点からニーチェを反動的に読解する試みは今日でも後を絶たないのである)。かくして彼らは、啓蒙の両義性の〈裂け目〉に身を置きつづけることの困難を指摘しつつも、ニーチェ自身のようにその〈裂け目〉にとどまることの重要性を強調するという錯綜した議論を展開していくことになる。

この身振りをある程度まで継承するのがペーター・スローターダイクである。彼は現代に蔓延するシニシズム(Zynismus)を啓蒙の自虐化に伴う被抑圧的なものの屈折した回帰と診断し、その批判を企てた。最初の著作である『シニカル理性批判』(一九八三)は「シニシズムの概念を、ニーチェ以後の状況のなかでの文化および価値の世界についての思索の中心的カテゴリーとするような反省を意味する」と位置づけている。これを受け、『方法としての演技』(一九八六)〔原題は*Der Denker auf der Bühne. Nietzsches Materialismus*〕では、「超人」や「力への意志」といった後期ニーチェのモチーフが初期ニーチェの問題圏に差し向けられつつ、ディオニュソス的なものの勝利がアポロン的なものとの妥協においてしか成立しえないとされ、両者の共存を耐えながら生きることにディオニュソス的なものの徹底が見てとられる。そして彼は、その試みを最晩年のニーチェが言及したディオゲネスに由来するキニシズム（Kynismus）と規定するとともに、自らの企図になぞらえるのである。こうしたスロータ—ダイクの議論は、アドルノやホルクハイマーはもちろん、レーヴィットのニーチェ解釈とも共鳴するところがあるだろう。

最後に、ここに紹介したニーチェ研究の新しい潮流を生み出す転機のひとつとなった出来事に触れておこう。それは「厳密さと正確さという学問的要請」を十分に満足させる新しいニーチェ全集の刊行である。ジョルジョ・コリとマッツィーノ・モンティナーリという二人のイタリア人（ドイツ人でなく）によって着手され、一九六七年（本書の原著公刊後）から刊行が始まったこの全集は、できるかぎり偏見を排除したかたちでニーチェの「遺稿」と呼ばれるテクストの総体——とりわけ『力への意志』、『反キリスト者』『この人を見よ』の草稿や書簡など——に近づくことを可能にした点で意義深い。というのも、グロイター版と呼ばれるこの全集が完成されるまで、わたしたちは妹エリーザベトの関与で悪評の高いグロースオクターフ版、基本的にそれを踏襲したムザーリオン版（一九二〇－二九）、そしてそれら二つの版の問題点をかなりの程度まで改善したものの完全に解決したとはいえないシュレヒタ版（一九五四－五六）を参照するほかなかったからである。さらに二〇〇九年には、このグロイター版のテクストはもちろん、各著作の初版本、草稿、手紙などのデジタル資料も自由に閲覧できるNietzsche Sourceというウェブサイトも公開されるようになった（URL: http://nietzschesource.org/）。こうした近年のめざましいデータ環境の整備は、今後よりいっそうのニーチェ研究の発展を期待させてやまない。

なお、本稿との関係で特筆すべき事柄として、コリとモンティナーリの企画がイタリアやフランスの出版社で受け入れられながらもドイツでの受け入れ先が決まらなかったとき、彼らに出版社を紹介したのが、ほかならぬレーヴィットであった（両者の出会いは一九六四年七月にパリ近郊のロワイヨーモンで開かれたニーチェ・コロキウムであったらしい）という逸話があることを付記しておく。

主要著作

▼『悲劇の誕生』（一八七〇）

▼『反時代的考察』（一八七三、一八七六）
▼『人間的、あまりに人間的』（一八七八、一八七九）
▼『曙光』（一八八〇）
▼『悦ばしき知識』（一八八二）
▼『ツァラトゥストラはこう言った』（一八八三、一八八五）
▼『善悪の彼岸』（一八八六）
▼『道徳の系譜（学）』（一八八七）
▼『ヴァーグナーの場合』（一八八八）
▼『偶像の黄昏』（一八八八）
▼『ニーチェ対ヴァーグナー』（一八八八）
▼『反キリスト者』（一八八八）
▼『（権）力への意志』（一九〇一）
▼『この人を見よ』（一九〇八）
＊ちくま学芸文庫に収録されている理想社版『ニーチェ全集』全十五巻によるものが入手しやすい。また岩波文庫や光文社古典新訳文庫にも上のいくつかが収録されている

参考文献

▼マルティン・ハイデガー『ニーチェ』全三巻（白水社、一九七七）
▼新田章『ヨーロッパの仏陀――ニーチェの問い』（理想社、一九九八）
▼ヴォルフガング・ミュラー＝ラウター『ニーチェ論攷』（理想社、一九九九）
▼ジャック・デリダ、ジル・ドゥルーズ、ジャン＝フランソワ・リオタール、ピエール・クロソウスキー『ニーチェは、今日？』（ちくま学芸文庫、二〇〇二。文中で触れた同名二巻本からの抜粋訳）
▼ミシェル・フーコー「ニーチェ、系譜学、歴史」、『フーコー・コレクション〈3〉言説・表象』所収（ちくま学芸文庫、二〇〇六）

〔翻訳・補記＝増田靖彦〕

ニーチェ、フリードリヒ

❖Friedrich NIETZSCHE　1844-1900

＊『メルロ＝ポンティ哲学者事典』第三巻《肖像》参照。

ジンメル、ゲオルク

❖Georg SIMMEL　1858-1918

社会学者で哲学史家、さらには、形而上学者でもある。自らの学説を連続的に発展させてゆくなかで、彼は、つねに二つのことに関心を示していた。歴史認識の論理と、生の矛盾の道徳的な超克である。生の矛盾は、彼から見れば、不確実性と相対主義に晒《さら》された近代人の危機の原因であった。ジンメルの「形式社会論」は、社会構造を、その構成要素に還元した。諸個人の関係を分析することによってのみ、大衆の運動は理解される。この分析は、個々の意識のなかの出来事を、逐一検証する作業でもなければ、諸個人のあらゆる関係を網羅的に把握する試みでもない。そんな実現されそうにもない企ての代わりに、ジンメルは、諸個人の関係の多様性を、（結合と分離からなるカテゴリーとしての）基礎的なカテゴリーのなかで解釈した。分析によって、社会構造そのものに到達できるはずはない。そうであるから、心理学上の諸規定が解明した知的関係に頼らねばならない。というのも、社会学が諸要素の組み合わせに依拠し、社会的な大宇宙を作り直すならば、それは、諸個人の「相互作用」を説明するうえで、最終的には心理学的なメカニズムに頼らねばならないからである。諸々の概念のみによって社会の諸々の進展を編成するような分析を達成するのではなく、ジンメルの形式社会学は、全体を諸要素に還元してしまう懸念と、諸要素の相互作用を意識上の諸現象によって説明することの難しさの間でいつも揺れ動いていた。同じ原子論的な考えは、ジンメルの歴史理論のなかにもみなぎっている。マラトンの戦いは、兵士たち各人の無限に多様な活動の総和でしかない。この勝利を整合的に認識するには、そこに加わっていた個々の力をすべて列挙しなければならないはずである。だが、個々人の身振りと行為は、私たちがそれらを完全に理解するには、あまりにも特異なものであるし、諸々の感情はあまりにも多彩で複雑である。諸事実を無制限に細分化していけば、私たちが把握できるのは、架空の一全体としてのマラトンの勝利だけである。この全体は、歴史の生成や、より正確に言えば、歴史家の生成のなかに場を確保するためにも、生の持続から人工的に引き離された全体である。歴史は純粋な事実に関わっていない。歴史家は、持続の年代記作者になろうとしているが、当の持続そのものに加わっているのでもあり、そうであればこそ、アプリオリな存在にいっそう深く入り込んでいる。歴史家が与える「情報」によってのみ、過去は歴史に姿を変える。事実に関係のない諸概念を利用することでのみ、現実の歴史に到達できるならば、そして、私たちが歴史から得る認識が、歴史家の「歴史性」そのものによって形を変えるのなら、過去の出来事に関わる学問は、歴史を超えたあらゆる真理を排除することになる。ジンメルの相対主義は、しかしながら、懐疑論への移行に慎重である。歴史における真理の不在は、精神と生の分離の兆候である。この分離の乗り越えは、最終的に諸個人にかかっている。ところが、『貨幣の哲学』では、こうした分離の還元不可能で、形而上学的な性質が、依然として強調されている。この性質は、集団的な活動のなかで粉砕され続ける近代人を、悲劇的な状況に「定着させる」。生は自分に反逆する活動を絶えず作り出す。ベルクソンの影響を受け、晩年のジンメルの哲学は、創造的な進化と精神とを調和させる生の概念を築こうとしていた。非合理主義的な方針である。この方針は、社会学と歴史における批判的な試みにも増して、自らが抱える矛盾を乗り越えることができなかった。

ジンメルの主要著作は、『道徳学入門』(一八九〇)、『歴史哲学の諸問題』(一八九二)、『貨幣の哲学』(一九〇〇)である。選集は『相対主義哲学論叢』(一九一一)というタイトルでフランス語に訳されている。

[P. H.]

トレルチ、エルンスト

❖Ernst TROELTSCH 1865-1923

カントの批判哲学から生まれたものに、私たちのすべての表象作用を根本から無力化する主観主義というものがある。だが、彼の批判理論は客観的な認識を、その普遍性と必然性によって、きっちりと定義している。この点において、規範や価値の世界が、認識行為そのものに導入された。こうした解釈が、ヴィンデルバントの新カント主義的な解釈である。トレルチの思想は、ある部分において、この解釈につながっている。ヴィンデルバントにとって、「良き存在」は為されるべき存在であり、「美という存在」は価値を認められるべき存在である。これと同じ意味で、真なる存在は、思考されるべき存在である。哲学の課題は、これら三つの規範的な価値を区別することにあり、この三つが合わさって、人間の「教養」は構成される。ヴィンデルバントと同じく、トレルチは、以上のそれぞれの問題に手をつけた。最初に手をつけた問題は、意識構造の只中の必然性に関わる宗教の問題である。「宗教の本質」は、二足す二が四であるように、合理的かつ拘束的でアプリオリな存在に属する。神が神であるならば、魂の自然発生的な生の領域においても、歴史の変転と人格の出現に従属した世界としての理性の世界においても、そうなのである。『歴史主義とその問題』(一九二二)のなかでは、歴史的な現象を、その必然性のなかで把握する作業は、もはや重要視されていない。歴史的な現象が、規定された論理的な価値と取り結ぶ関係のなかで、この現象を把握する作業も重要視されていない。むしろ、重要視されるのは、「教養の価値」に合わせて、歴史的な存在を、断片的な顕われとしては偶然でもあれば、全体的な顕われとしては必然的でもあるようなこの存在の特徴のなかに位置づける作業である。こういうわけで、ヘレニズムとゲルマニズムを、両者に先立つ諸要素と組み合わせて把握しようとすれば、両者は、説明のつかない「別々の全体性」に属することになる。歴史は因果的なメカニズムによってはとらえられず、「生成の統一」を理解することで把握されるのである。

トレルチは『キリスト教の絶対性』(一九〇二)の著者でもある。

*ヴィルヘルム・ヴィンデルバント(Wilhelm WINDELBAND, 1848-1915)はハイデルベルク大学教授で、新カント派の代表的な哲学者。

ラマルク、ジャン＝バティスト 1744-1829

❖Jean-Baptiste LAMARCK

バランタンで生まれ、パリで没する。ダーウィンとラマルクは並び称されたり、対立させられたりする。五十年の年月が両者を切り離しており、二人に面識はなかった。進化説の始まりにおいて、両者は同じ公準を持っていた。個体変異は種の形質転換の起源と考えられる、という公準である。言い換えるなら、個体変異の遺伝は、一つの事実として認められるのである。だが、こうした形質の獲得様態に関して、ダーウィンはラマルクと袂を分かつ。ラマルクは、動物学者である以前に植物学者である。彼は、十七世紀に生物学者や哲学者を魅了した「自然の系列」という概念を考察し直した。この系列によって、連続的な分類が可能となるだけでなく、実在的な存在の複合的な関係が、直接的かつ直観的に理解されるようになる。かたや、彼は、キュヴィエの生物普遍説が確立した、個体＝種の関係を逆転させた。キュビエにとって、種の体制の合理的な形質は、時間の推移なかでも変わることはない。ラマルクは、動物体制のなかの異常や変則的な推移──衰退、転位、異常な発達(『動物哲学』一八〇九)──を証明した。こうした変則性は、諸事物の規則的で、系列的で、自然な進展と矛盾する。それは、環境の影響下で諸々の個体がもたらす変容や、遺伝を通じて伝達された変容によってのみ説明される。植物に対する環境の働きは、両生形態をとるキンポウゲ科の植物ラナンキュラス・アクアティリスが示しているとおり、直接的である。動物に対する環境の働きは、それほど直接的ではない。この働きは、欲求や習慣の連鎖の助けを借りて実現される。機能が器官を創るわけである。環境は異常を生み出し、習慣はこうした異常を保存する。有機体に備わっているのは、適応という構造であり、合理的で永遠の形式や可能性として最良の形式ではない。そういうわけで、ラマルク主義に関しては、その目的論的な精神が論じられてきたのだ。自然科学(生物学)は、あらゆる生命科学に含まれる時間という次元を、時におろそかにしていたが、重要なのは、十八世紀末以降、個体もしくは種の歴史というものが、この自然科学に導入されたことである。それは、個体もしくは種の説明の要因にならないとしても、その理解の要因となったのだ。

ダーウィン、チャールズ

❖Charles DARWIN　1809-1882

シュルーズベリで生まれ、ダウン(ケント州)で没する。ダーウィン主義は、次の三つの概念から定義される。有用な個体変異、自然淘汰説、適者生存である。これら三つの概念は、マルサスの『人口の原理』における膨大な観察と省察から生まれた。一八三一年から一八三六年まで、ダーウィンは、南アメリカと太平洋諸島を調査した。この航海によって、ダーウィンは、南北できわめて類似する一連の種、大陸の種と島嶼の種の類縁関係、そして現代の貧歯目や貧歯目の哺乳類が同じ科(アルマジロの例が思い出される)の絶滅した種と緊密に関係していることが証明された。こうして、彼は、次のような結論を出した。類似する種は、ある同じ形の祖先の後裔でしかありえず、この祖先が、異なる生息環境や生活環境における変化に適応することで、変容していったのだ、と。このように帰納された仮説は、ラマルクの仮設とは異なる。というのも、後者は、起源という問いを、決して、提起することはなかったからである。つまり、この問いこそが、『種の起源』(一八五九)と『人間の進化と性淘汰』(一八七一)のなかで、ダーウィンの思想の中心を占めているのである。にもかかわらず、ダーウィンが、異論の余地なく、機械論者であったことを考慮するなら、その思想には、あらゆる目的原因説を排除しようとする関心が確認される。では、どうして「淘汰」という用語が使われているのか。なぜ、ある意図を、固体変異とふるい落としのゲームのなかに招き入れる「淘汰」という用語が使われるのか。これらの固体変異は、純粋に偶発的である(突然変異)。飼育者の仕事は、有用な固体変異を「定着させること」にある。自然界のメカニズムも、意志を備えたものではないにせよ、同じものである。このメカニズムは、マルサスの法則に従う。この法則が生存競争を示している意味においてである。生存競争を通じて、偶発的な固体変異は成功したり(より適応した生存)、死に至ったりする(不適応種の消滅)。このメカニズムは、人間にも当てはまる。知的、道徳的、宗教的な発達とは、生物学的には、有用な個体変異のことである。生物不変説は、宇宙の時間のなかでは、部分的で、限定された視点から生まれた一つの学説にすぎない。それぞれの現象は、適応あるいは不適応のどちらかなのだ。こうして進化論的な心理学が作り上げられ、それが『人及び動物の表情について』(一八七二)に結実する。ダーウィン主義のおかげで、種という概念だけでなく、人間という概念も進化した。論争も生じたが、理由は、この学説が創造という宗教観念を危うくしたからである。

ル・コント、ジョゼフ　1823-1901
❖Joseph LE CONTE

リバティー（ジョージア州）で生まれ、バークレー（カリフォルニア州）で没する。彼は進化論者であり、「自然のなかに、一片の神的なエネルギーを見て取っていた」。『宗教と科学』（一八七三）と『宗教思想における進化』（一八八八）の著者である。

ハクスリー、トーマス＝ヘンリー　1825-1895
❖Thomas-Henry HUXLEY

イーリングで生まれ、イーストボーンで没する。一八四六年から一八五〇年まで、太平洋とインド諸島を探検した。『自然における人間の位置』（一八九一年に仏訳）のなかで、自らが進化説の喧伝者であることを示した。

フィスク、ジョン　1842-1901
❖John FISKE

ハートフォート（コネチカット州）で生まれ、イースト＝グロスター（マサチューセッツ州）で没する。著作は『宇宙哲学素描』。

＊ハーヴァード大学の歴史学・哲学講師。ワシントン大学教授。ダーウィンとスペンサーの影響下で進化論を唱え、科学と宗教との調停を試みた。

ロマネス、ジョージ＝ジョン　1848-1894
❖George-John ROMANES

キングストンで生まれ、オックスフォードで没する。唯心論に近い進化論者である。著作は『動物における心の発達』（一八八三）、『人間における心の発達』（一八八八）、『ダーウィンとダーウィン以後』（一八九二）。

＊オックスフォード大学講師。ダーウィンとハクスリーの影響を受ける。

ロンブローゾ、チェーザレ　1836（1835の説もあり）-1909
❖Cesare LOMBROSO

ヴェネツィアで生まれる。刑法学者で、トリノ大学の精神医学科教授。著作は『犯罪者』（一八七五）、『健常者と狂人の痛覚測定』（一八七八）、『犯罪人論』（一八九七）、『犯罪、原因と対処法』（一九〇〇）。

＊進化論的視点から、犯罪者における遺伝的要素の研究を行なった。

ヴント、ヴィルヘルム　1832-1920
❖Wilhelm WUNDT

彼は、内的経験の中身を、所与の全体と同一視した。厳密な科学から出発した彼は、実験心理学の重要な主導者の一人となり、そこから哲学に移った。彼の主要な著作である『生理学的心理学概要』（一八七四）は、『論理学』（一八八〇-八三）、『倫理学』（一八八六）、『哲学の体系』（一八八九）を経て、人間科学の野心溢れる綜合である『民族心理学』（一九〇四）へと引き継がれた。

＊チューリヒ大学教授、ライプツィヒ大学教授を務め、一八七九年には実験心理学研究所を創設した。

ル・ダンテック、フェリックス

❖Félix LE DANTEC　1869-1917

プルーガステル＝ダウラスで生まれ、パリで没する。パストゥールに誘われ、ブラジルに黄熱病研究所を設立する。断固たる生物変異論者であった。著作のなかでも、次の諸作品が挙げられる。『生きた素材』（一八九五）、『個体の進化と遺伝』（一八九八）、『進化説の危機』（一九一〇）、『あらゆる社会の基盤としてのエゴイズム』（一九一二）。

スペンサー、ハーバート

❖Herbert SPENCER　1820-1903

ダービーで生まれ、ブライトンに没する。「進化論」という学説と用語の創作者である。その成功はダーウィン流の進化説をただちに覆い隠し、進化説は元来の意味よりもさらに限定された意味を持つことになった。一八五四年の『科学の起源』という著作のなかで、スペンサーは進化という用語を使用した。ダーウィンの『種の起源』は一八五九年である。前者は哲学的な思想であり、後者は生物学的な思想であるが、両思想の出会いは一八六四年に実現した。スペンサーが『生物学原理』を出版した頃である。進化とは、スペンサーにとって、何なのか。それは、「物質の統合と、運動の付随的な消散である。後者を通じて、物質は無制限で非整合的な均質性から、定められた整合的な異質性に移行する」。この定義は、第一に、機械論的かつ数量的であり、第二に、質的かつ生物学的である！　進化論の精神と文言に見合った両価性は、次のとおりである。進化論の精神は、宇宙のなかで、あるリズムを探し出すことにある。このリズムは、「科学的に」説明されうるものであり、つまりは、機械論的な類型という「形式的合法主義」を受け入れるものである。均質的な存在から異質的な存在への移行が、その整合性のなかで表現しているものは、力の保存法則に類比されるような一つの法則である。文字どおりに言うなら、力の保存に基づいたこのシステムのなかに、メカニズムに還元できないような現象——生物学的、心理学的、道徳的、社会的な進化——を統合することが重要なのである。これらの現象は、統合されるうえで、まず、物質に符合しうるような要素に分解されなければならない。それから、機械論的なタイプの方式に従って、無限の存在に連結される。にもかかわらず、この水準において、均質的な存在から異質的な存在への移行は、物質の統合と運動の付随的な消散というよりは、もっと「生気論的な」調子を備えている。ある対象の認識されうるすべての特徴が、ひとたび数え上げられると仮定してみよう。その時に、この学説の主要部分に付け加わるのが、認識不可能な存在という理論である。この存在は、存続している存在の基底である（ガブリエル・マルセルが言う意味での存在が思い出される）。この認識不可能な存在は、宗教に適った存在であり、〈力〉によって顕現する。道徳と社会の進化主義的な同一化——これは、彼の用語で説明するなら、蟻の巣の姿を呈している。完璧な社会であり、そのなかで、個人はもはや躊躇する必要がなく、ついには意識も持たない——は、形而上学者たちをスペンサーに対立させることになった。彼らがスペンサーを非難したのは、個体主義者ではないという理由からでなく——スペンサーは、頑として個体主義者であった——、彼が精神に対して、あらゆる本来的な存在、あらゆる創作力を否定したという理由からである。

ヘッケル、エルンスト

❖Ernst HAECKEL　1834-1919

　ポツダムで生まれ、イエナに没する。イエナ大学の動物学教授。彼は、進化論の熱烈な擁護者の一人であると言われていた。実際に、彼は、ダーウィンが提起することのなかった問いをたてている。自然発生であるのがわかるほどに単純な、原初の存在というものは、存在するのかどうかという問いである。また、生命の世界が、そこから進化の路線に沿って、だんだんと複雑になっていったのかどうかという問いである。一八六二年以後、彼は、放散虫目を調べることによって、なんら複雑さを備えていない生きた有機体に遭遇した（一八六六年から一八七三年の北海と紅海への旅行、一八六六年のダーウィン訪問）。彼は、これらの下等な諸存在を、その動物的な性質や植物的な性質を考慮せず、「原生生物」という名称にまとめた。不安材料や一元論的な意向を含んだ彼の研究は、心身二元論と対立し、ダーウィン進化論に敵対する者たちは、この心身二元論を攻撃手段として利用した。こうして、『一般形態学』（一八六六）、『自然創造史』（一八六八）、『人間発生学』（一八七四）のなかで、ヘッケルは、人間の起源という問いを果敢に提起したのである。それは、『世界の謎』（一八九九）においては、ソクラテス以前の哲学者たちの宇宙論を模した宇宙のなかに導かれ、包摂されている。人間は、物質とエネルギーの集合体である。人間は、無限の時間と空間のなかで、反復や物質の循環運動に従う。物質間の衝突から生まれるのは熱である。熱は新しい組織を作る生命力を生み出す。人間と世界の間には、神、自由、不死性への依拠を許すような、連続性という結論は存在しない。

　『生命の不可思議』（一九〇四）のなかで、生命は、アニミズムの形で姿を現わす。物質から人間まで、すべては生命を備えている。世界は生命であり、神は世界に同化している。社会性は、人間的な性質の生き生きとした条件である。宗教とは、自然法の認識のことである。こうしたことは、人間を世界に調和させる「叡智」を再発見する試みに見える。ところが、彼の探求を支配している同じく実証主義的な関心は、当の探求を挫折に導くことになる。神話的な宇宙のなかの古代人の精神だけが、人間と世界の調和を理解することができるわけである。

モーガン、ロイド

❖Lloyd MORGAN 1852-1936

ロンドンで生まれ、ブリストルで没する。ロイド・モーガンは、イギリス人の生物学者で、ハクスリーの弟子である。したがって、彼が形而上学に関心を示さなかったのは、もっともなことだ。しかしながら、彼は、動物心理学の研究とスピノザ研究、生命種の研究とカント研究を切り離そうとしなかった。これが、彼の思考の歩みを独創的なものにしている。学生時代、彼は師のハクスリーに、「実体形式」というスコラ哲学の概念が、生命を備えた有機体の統一を理解するために使用できないかどうかを尋ねた。また、物理的な存在と心的な存在の関係に関する生物学の教えが、二つの属性の平行理論というスピノザの概念に照らし合わせて、理解されうるかどうかも尋ねた。心的な存在を物理的な存在に還元してはならず、また、一方を他方から説明してはならない、という考えは、彼の作品の中心に置かれるようになった。彼の作品のなかで、世界は、そのあらゆる部分において、物理的な特徴と心的な特徴を不可分に結合する存在として出現する。生命の発展は、物理的でもあれば、心的でもあるのだ。ロイド・モーガンは、スピノザと袂を分かち、『判断力批判』のカントと、『創造的進化』のベルクソンに接近する。ゆえに、彼は次のように主張する。生命は、単純に機械論的な方法では説明されない。そして、生命は、実在の新たな種と、新たな段階の発生――生命力、非反省的な意識、反省的な意識のように――によって特徴づけられる。こうした発生を、ロイド・モーガンは、「創発」という用語で記述したのである。これは、彼にとって、進化の鍵を提供してくれるような概念であった。実際に、この概念は、現代の生物学と心理学における最も重要な概念の一つと考えられている。ロイド・モーガンは、これを端的に客観的かつ自然主義的な次元で使用できると考えていた。ところが(ここで、彼はカントを再発見するのだが)、この科学的な記述は、「観察者」の統覚にとって、本質的に相対的なものである。それは、神的な因果性や、到達できない「実在」を肯定する作業を排除するどころか、予告してしまっている。

モーガンの著作は、『動物生態学』(一八八七)、『動物の生命と知性』(一八九〇)、『比較心理学』(一八九四)、『習慣と本能』(一八九六)、『本能と経験』(一九一二)、『創発的進化』(一九二五)、『生命・世界・精神』(一九二六)、『新しいものの創発』(一九三三)である。[P.H.]

VII
実存と弁証法

ジェームズ
259
［レアリスム］

ル・ロワ
196
［ベルクソニスム］

ラヴェッソン
166
［十九世紀末の形而上学］

ディルタイ
363
［現象学の方向］

パリアール
211
［行為の弁証法］

ポアンカレ
168
［一九〇〇年前後の科学批判］

ウェーバー
367
［現象学の方向］

アレクサンダー
257
［レアリスム］

デュエム
171
［一九〇〇年前後の科学批判］

カッシーラー
369
［現象学の方向］

ホワイトヘッド
258
［レアリスム］

ブランシュヴィック
173
［一九〇〇年前後の科学批判］

作家は自分がそれまでどんなことを考えてきたのか、その来歴を訊かれると困ってしまうものだが、われわれと同時代の著名な哲学者について要約しなければならないというのも、それに劣らずやっかいだ。彼らの著作からわれわれが学んだことや、彼らの本を歓迎し有名にした《社会環境》から、彼らを切り離すわけにゆかない。彼らを取り巻くざわめきが消えた今、なにが肝心なこととして残ったのか、また、将来、われわれと同じ本を手にしながら、それをなにか別のものに変えてしまう新たな読者（そういう読者があればの話だが）、つまり事情を知らない読者にとって、なにが肝心になるのか、それを見抜かなければならない。最初の読者たちが、もう使われていないと思って、いわば「素通り」してしまった停車場のような文章が、おそらく存在する。その文章は、ある日、パリ十六区の静穏のなかで、エクサン＝プロヴァンスの敬虔な静寂のなかで、フライブルクのアカデミックな静謐のなかで、レンヌ通りの喧騒のなかで、パリ近郊のヴェズィネで、ナポリで、書かれた。★01 しかし、最初の読者たちが素通りしたあとで、新たなベルクソン、新たなブロンデル、新たなフッサール、新たなアラン、新たなクローチェといった、われわれが思ってもみない明日の読者たちがやって来て、その停車場に降り立つのだ。これは、われわれが獲得した、充実した確かな知識と、これから充実すべき空虚をはらむ問題とを、あたかもわれわれの子孫に分与するかのように、それらを明日の読者に分け与えることであり、それは結局、われわれがなにか別の自分に変わってしまうことを意味するであろう。世界に関する《客観性》を調べつくしても、そこまで見通すことはできない。実存主義と弁証法を過去半世紀の本質的なテーマとしてわれわれは指名するわけだが、おそらくそれは、ひとつの世代が自分たちの哲学のなかに読み取ったものを語っているにすぎない。それは、後続の世代が読み取るものではおそらくないだろうし、ましてや、この章で採り上げる哲学者たちが明確に意識したうえで言おうとしたことでもないであろう。

とはいえ、彼らは皆、カント的批判主義を乗り越えようと努めたということ（批判主義に強くこだわった者もふくめて）、ブランシュヴィックが「調和し合えないもの」と呼び、われわれが実存と呼ぶものを、さまざまな関係に解消されないものとして、明らかにしようと努めたということ、このことは、われわれの世代にとって、ひとつの事実である。知覚がわれわれと存在とを結ぶ根本的な関係様式であると考えたベルクソン、実際の思考というものは常にみずからに先行し、常に自分自身を越え出ているのであって、思考が含むその越え出たところを解明しようとしたブロンデル、水上の泳ぎ手がその水に支えられ、その水を力としているように、移りゆく世界に支えられている自由を記述したアラン、哲学を歴史との接点に置き直したクローチェ、事物の具体的な存在感を明証性の元型と見なしたフッサール。彼らは皆、ナルシシズムに陥っている自己意識をあらためて問題にしたのであり、可能的なものと必然的なものとの間をぬって現実的なものに向かう通路をさがした結果、新たに探求すべき次元として、われわれと世界の、事実に根ざす実存《エグジスタンス》を指名したのだ。というのも、実存の哲学は、サルトルのマニフェスト(「実存主義はヒューマニズムである」)で満足してしまうせっかちな読者が考えるのとはちがって、本質に先立つ自由を人間のうちに置きいれる哲学にとどまるわけではない。本質に先立つ自由はたしかにインパクトのある帰結であるが、しかしひとつの帰結にすぎない。それに、『存在と無』を見ればわかるとおり、至上の選択という観念以前に、本質に先立つ自由とは別の、実をいえばそれと対立する、自由の観念が、サルトル自身に見出される。この自由は、世界に組み込まれてはじめて自由となる自由であり、事実的状況に根ざして達成される仕事としての自由である。だから、サルトルの場合でさえ、「実存する」というのは単に人間学的な用語ではない。実存は、自由に対する世界のまったく新しい姿をあらわにする。それは自由に対する約束や脅威として現われる世界であり、自由に対して罠をしかけ、自由を誘惑したり、自由に対して譲ったりする世界であって、カント的な意味での学知的対象でできた、波風たたない世界ではもはやない。それは、障害物があったり道筋が刻まれた風景であり、結局、われわれがまさに「実存として生きる」世界であって、単にわれわれの認識と気ままな自由意志が芝居を演ずる劇場ではない。

実存へと向かって進むこの時代は、弁証法に向かって進む時代でもあったということを、読者に納得してもらうには、おそらく実存の場合以上に手間がかかるだろう。クローチェはもちろんだが、ブロンデルとアランも弁証法について語っていた。しかしベルクソンは、フッサールは、どうだろう。周知のように、直観を探求したこの二人の哲学者にとって、弁証法は思弁家たちの哲学であり、物を見ない口先の哲学であって、ジャン・ボーフレのいう「腹話術師の」哲学であった。以前書いた自分の草稿を読みかえしながら、フッサールはときおり余白に、「これを私は直観した」と書くことがあった。自分が見るものに専心し、素朴な方法に従って事実を重視した哲学者たちと、直観の下にまた別の直観を見出そうとしてたえず直観を掘り下げ、どんな光景を見ても結局自分自身へと送り返されてしまう、車輪責めにされた哲学者フッサールとの間に、どんな共通点があるのだろう。

こうした問題に答えるためには、弁証法の現代史とヘーゲル復活の歴史を、思いださなければならないだろう。現代の哲学者たちが再発見した弁証法は、ニコライ・フォン・ハルトマンが言ったように、現実的なものの弁証法である。彼らが復活させたヘーゲルは、十九世紀がそのまま置き去りにしたヘーゲルではない、つまり、万象に弁証法の秩序と結合を機械的に適用することによって、万象について考えることなく万象について語ることができる、すばらしい秘密を握っているヘーゲルではない。復活されたヘーゲルは、論理学と人間学のいずれか一方を選ぶのを可しとしないヘーゲルであり、人間の経験のただなかから弁証法を出現させ、経験を通じて「ロゴス」を担う者として人間を定義したヘーゲルであり、論理学と人間学とをそのまま哲学の中心に据え、論理学が人間学に、人間学が論理学へと、互いに反転しあう事態に注目したヘーゲルである。こうした意味での弁証法と直観は、両立できるだけではない。両者が合流する瞬間がある。ベルクソンの仕事をたどってゆくと、はじめ静止していた直観が少しずつ運動しはじめ、さまざまな「直接与件」を経験にそくして描出していた方法が、時間の弁証法へと変化するのがわかる。それと同様に、フッサールの仕事をずっとたどってみると、本質直観が「発生の現象学」へと変化するのがわかる。いずれの場合にも、始めは対立しあっていた時間の諸次元が生き生きした統一性という形で統合され、時間の広がりは最終的には存在の広がりと一致する。この存在は、われわれの時間性によって、われわれの知覚によって、われわれの受肉した存在によって、つねに目指されており、時間の揺らぎ[★02]をとおして垣間見ることはできるが、この存在へと行き着くことは原理的にありえない。なぜなら、存在との隔たりが消えてしまえば、存在するということの内実が除去されてしまうことになるからである。われわれの超越運動に対してつねに「彼方」（ハイデガーの言葉）として指し示されているこの存在は、プラトンの『パルメニデス』で論じられたような存在についての弁証法的理念であって、存在する事物の経験的多様性の彼方に位置するが、しかし、事物の存在を通して原理的に目指されている。なぜなら、事物から切り離されてしまえば、「彼方」の存在は閃光であるか闇であるかでしかなくなり、いずれにしろ消え去ってしまうことになるからである。弁証法の主観的側面についていえば、この側面は、近代哲学者が世界との現実的関係において自分をとらえようとしたときに発見された。なぜなら、そのとき彼らは、最初にして最も深い対立、弁証法の発端であると同時に最後まで解消されない局面、つまり反省の誕生、にぶつかったからである。反省は、自分で自分を振り返ることであり、振り返る自己と振り返られる自己とに、原理的に、分裂する。しかもその分裂は、反省されないもの（つまり、振り返りをおこなっている自己そのもの）をつかむための分裂である。「直接的なもの」または「事象そのもの」の探求は、このように十分な自覚がともなえば、媒介の反対物ではない。媒介は、直観が否応なくこうむる逆説を自覚的に受け入れることを意味する。自分を所有するためには、まず自分から離れなければならないし、世界そのものを見るためには、まず世界から遠ざからなければならないのだ。

こうした見方が正しいとすれば、アングロ・サクソンと北欧の論理実証主義だけは、二十世紀哲学の蚊帳の外におかれたままになるだろう。われわれが先ほど名前を挙げた哲学にはすべて共通の言語表現が存在するが、反対に、それらの哲学が問題にしたことは、論理実証主義の立場からすると、全部そろって無意味である。このことは隠しようのない事実であるし、ごまかすわけにもゆかない。できるのはただ、この論理実証主義の立場が持ちこたえることのできるものなのかと問うことだけである。論理実証主義の主張に従って、一義的な意味を示さない用語をすべて哲学から排除してみよう。その場合、この排除粛清は、ほかのすべての粛清と同様に、難局をまねくことにならないだろうか。一義的意味で作られた一見明晰な領域をひとまず整えたとしても、周囲一面に存在する問題提起にふたたび誘い込まれてしまうはめにならないだろうか。正確にいうと、精神の透明な領域とだんだん不透明になってゆく経験の領域とが対照をなすということ、つまり、意味に対して無意味が圧力を加えてくるということによって、論理実証主義は明晰なものと曖昧なものとを区別する基準を考え直すように迫られるのではないだろうか。そうした歩みこそ、プラトンが語っていたように、哲学の歩みそのものだったのではないだろうか。もしこのような価値の逆転が生じるとすれば、論理実証主義は、二十世紀初頭にさまざまなしかたで探求された具体性をもとめる哲学に対する最後の、そして最も強力な、「抵抗」として、その重要性を評価しなければならないであろう。

具体性をもとめる哲学は、かつてあったような苦労しらずの哲学ではない。それは経験のすぐそばに付き添い、それでいて、経験的なものにとらわれてはならず、経験の内側から経験を開示する存在論的な暗号を、一つ一つの経験のなかで、復元しなければならない。こうした条件の下で、哲学の将来を考えることはとてもむずかしい。しかし、それがどれほど困難であるとしても、確かなことが二つあると思う。ひとつは、哲学的概念を使えば自然と歴史の鍵を握ることができるなどと、哲学は二度と信じないだろうということ、もうひとつは、しかし、根源をきわめようとするラディカルな態度、すなわち、偉大な哲学を生んださまざまな前提と基礎を探究する態度を、哲学があきらめることはないだろう、ということである。

いろいろな哲学体系が信用を失ったときに、技術が身のほどを忘れ、哲学を追い立てるようになったということがあるだけに、ますます哲学はラディカルな態度をあきらめないであろう。科学の知識が自分自身の根本前提を、今日のように、自分でくつがえしてしまったためしはない。二十世紀においてほど、文学が《哲学的》になったことはない、つまり、言語について、真理について、書くという行為の意味について、文学がみずからを振り返ったことは、かつてなかった。政治活動が、今日のように、その根元や筋立てをあらわにし、自分自身への確信に疑いをいだいたことはなかった。まず保守の確信が疑われ、現在では革命の確信が疑われている。困難な条件のもとで意欲をうしなう哲学者がでてきてしまうかもしれないが、別の哲学者が現われて、彼らを哲学に呼び戻すにちがいない。みずからへの疑心暗鬼に押しつぶされてしまったり、世界がみずからを実験材料にして自滅するようなことがあれば話は別だが[★03]、そうでないかぎり、われわれは、自然と歴史の鍵をにぎって勝ちほこるような哲学をもはや信じることなく、厳密さを、批判を、普遍性を、困難にむかって挑戦する哲学を、呼び求める時代が到来すると、大いに期待することができる。時代は、その困難によって、哲学に呼びかけ続けるのである。

哲学が先験的認識や体系や理論構成に対する権利を失い、もはや経験をカバーできるものでなくなってしまったときに、いったい哲学のなにが残るというのか、と訊かれるかもしれない。答は、ほとんどすべてが残る、ということだ。なぜなら、体系や説明や演繹は、もともと哲学にとって本質的ではなかったからである。そうした整理整頓の仕事は、実は、存在や他者、そして世界との関係をまさに表現して――そして隠して――いたからである。見かけに反して、体系というものは、デカルトやスピノザやライプニッツが、存在に対して自分をどのように位置づけるかを言い表わすためのひとつの言語表現(この意味で体系は、たしかに貴重であったのだろう)でしかなかったのだ。だから、哲学が存続するためには、存在に対するこの関係を当たり前のこととして受けとるのでなく、課題としてとらえつづけること、つまり、存在という語をあらゆる方向においてとらえ、存在から出発し、存在を判断し、存在を受け入れ、存在を拒絶し、存在を変形し、そして最後に存在から離れるという仕方で、存在と常に向き合いつづけること、これがあれば充分なのである。今日、われわれが直接的な仕方で言い表わそうと試みているのはまさにこの関係であって、だからこそ哲学は、この関係が生じているところであればどこででも、勝手のわかる我が家にいるように感じるのである。つまり、文学や洗練された生活、実体や属性についての議論のなかに、哲学は我が家を見出すだけでなく、同様に、懸命に愛し生きた無学な人の話にも、科学が問題をごまかそうとして破廉恥な空理をあやつって発明した「トリック」にも、いわゆる「野蛮な」文明にも、かつては人前で話すことがはばかられたわれわれの生活領域にも、我が家を見出すのである。新たなライプニッツや新たなスピノザが現われたとしても、彼らが自分の合理性を根本的に信じたまま、今日この哲学の我が家に入ってくるということは考えられない。自明となった人間性が問われるべき課題として現われ、最も直接的な生活が《哲学的》となったのである。明日の哲学者たちは、「屈折線」★04、「単子《モナド》」、「自存力《コナトゥス》」、「実体」、「属性」、「無限様態」といった言葉を自分の用語とすることはないだろうが、ライプニッツやスピノザを読んで、かつての幸福な時代の哲学がスフィンクスをどのようにして手なずけようと考えたのかを学び、スフィンクスが彼らに投げかけるますます多くの謎に対して、文飾の少ないもっと単刀直入な自分たちのやり方で、答え続けてゆくであろう。

モーリス・メルロ＝ポンティ

訳註

★01 ここに記された場所は、以下に記される哲学者たちが住んだ場所を順に示している。レンヌ通りとヴェズィネは、アランの住まいがあった場所。

★02 「時間の揺らぎ」という表現でメルロ＝ポンティが具体的に何を考えているのか、この箇所だけでは不明であるが、「不安」の時間を考えることができるかもしれない。「事物の経験的多様性の彼方」の存在についてではないが、自己の存在についてであれば、例えば『知覚の現象学』で、自己の実存を垣間見る時間の例として、不安の時間が挙げられている。「暗黙のコギト、つまり自己が自己へと現前していること、それは実存そのものであって、どんな哲学に対しても先行しているのだが、それが自覚されるのは、それが脅かされる極限状況（例えば、死の不安や他者が私に向けるまなざしの不安）においてでしかない」（『知覚の現象学』原書四六二頁）。

★03 核爆弾の開発と実験を指しているように思われる。

★04 平行に走る光線が屈折したあとで交差する際に描く線。デカルト『精神指導の規則』8参照。

十九世紀末の形而上学

フェヒナー、グスタフ＝テオドール
❖Gustave-Théodore FECHNER 1801-1887

物理学者にして心理学者であり哲学者である。ライプツィヒで学び、教えた。エルンスト・ヴェーバーの後を継いで、精神物理学の研究を続け、苦心の末、心理学に測定基準を導入した。『精神物理学の諸基礎』がその成果である。彼は、刺激の量的変化と「感覚」の量的変化の関係を規定すると主張したが、感覚という観念そのものがきわめて曖昧であるにもかかわらず、それを問いなおそうとはしなかった。彼は「感覚」が「刺激」を単に記録するものではないことに気づいていたものの、その発見の意味を知らずにいたのであり、刺激と感覚という二つの系のとらえがたい符合を見出すことだけに取り組んだのである。実際、フェヒナーの法則は感覚を刺激の対数と等しいものと見なしている。このことの含意をよく考えてみれば、それはフェヒナーが展開する自然の哲学に対応した独特な「科学」であり、心身を同一の実在の二つの様相として呈示する冗長な神智学であると言えよう。〔H. D.〕

ロッツェ、ルドルフ＝ヘルマン
❖Rudolf-Hermann LOTZE 1817-1887

彼の著作には、誰しも現代の価値哲学の起源を探し出すことができる。医学と哲学を修めた後、ヘルバルトの後任として、ロッツェはライプツィヒとゲッティンゲンで教えた。『医療心理学』、それから『ミクロコスモス』で、彼は科学の知見を観念論と一致させることに心血を注ぎ、「絶対的なものこそが、自分自身に作用を及ぼすのである」と述べて、相互作用が同一の全体の諸部分のあいだ、精神的自然の諸部分のあいだにおいてしか可能でないことを示した。『哲学の体系』（一八七四－七九）では、彼は更新されたプラトン主義へと導かれている。そこでは、観念はひとつの価値の表現として構想される。すなわち、事物は私たちにとって価値があるかぎりにおいてのみ実在性を有するのであり、「形而上学は自らの始まりを自分自身のうちにもつのではなく、倫理学のなかにもつのである」。こうして哲学は、カント以後に失っていた体系の均衡を回復しようと努力することになる。〔H. D.〕

スピール、アフリカン　1837-1890

❖African SPIR

ロシアに生まれ、ドイツ、ついでスイスで過ごし、同地でほとんど無名のままに亡くなる。彼の著作は哲学の本質に関する長大な考察であり、そこには科学万能論の勝利に直面した哲学的意識の反抗が表明されている。『思考と実在』、『批判哲学粗描』がその成果である。この賢者が疑うのはじっとして動かないためだ。新たなパルメニデスであるスピールは矛盾した企てを——そして思考の自死に相当する企てを——一者のなかに多様なものの説明＝展開を見出そうとする企てを告発する。妥協の精神は直接的経験に固有の誤りを根拠としているので（「事実は外的世界の錯覚を産み出すように組織される」）、思考を存在から遠ざけ、失望へ向かわせることになる。二元論はいつまでも解消されない。だからこそ、「自らの思考の規範」を認識することによって、その規範に住まう要請を発見することによって、人はおのれの物理的個体性から逃れ、絶対的なものにきわめて近い理性的存在として自らを確立するのである。［H.D.］

ラヴェッソン、フェリックス　1813-1900

❖Félix RAVAISSON

ラヴェッソンの著作はその流儀に独特なところがある。というのも、フランスで、ヴィクトール・クザンの折衷主義とオーギュスト・コントの実証主義が幅を利かせていた時代にもかかわらず、彼の著作は純粋に形而上学的な感化を受けている一方で、アリストテレス、ライプニッツ、メーヌ・ド・ビランからの影響が結び合わさっていながらも、ギリシア芸術やドイツ・ロマン主義の偉大な著作群への言及がみられないからである。また、彼の著作が規定するのは、というよりもむしろ、想定しているのは——少し曖昧に聞こえるかもしれないが、精神的実在に関わるこの上なく確実な意味を伴っているので、こう表現するほうがずっとよいのだ——、最上位のもの、ならびに最も明確なもの、最も堅固なものについての思考を方向づけることである。そもそも、フェリックス・ラヴェッソンにおける人となりが独立心の強いもののようにみえる。哲学の教授資格所有者であり、文学博士であったにもかかわらず、彼は一度も教壇に立つことがなかった。彼は図書館視学総監、高等教育視学総監の職務を、ついでルーヴル美術館の古代美術と近代彫刻の管理官の職務を全うした。そんな次第であるから、彼が自らの想念を明らかにするのは、折に触れてのことでしかなく、ごく稀にでしかなかった。彼の著作は——『アリストテレスの形而上学についての試論』（一八三七-四六）と、『十九世紀フランス哲学』（一八六七）という報告書による大部の二著を除けば——、学術論文や短い研究に限られる。『習慣論』（一八三八）は博士論文であり、『ハミルトンの哲学的断片』は『両世界評論』誌に公表された学術論文である。これらの論文において、彼は、まだ若書きであるものの、もろもろの原理を表明しており、それらの原理が彼の考察に着想を与え続けることになる。さらに、ずっと後になって、『パスカルの哲学』(一八八七)と『形而上学と道徳』(一八九三)という二つの学術論文が現われる。それらの論文で彼は、自らの初期の著述の基本的な主題を取り上げ直し、それを深く探究し、発展させている。彼の作品において、死後に公表された『哲学的遺書』に至るまで、ありとあらゆるところに繰り返し姿を見せているのが、生、運動、連続性といった観念である。彼の言うところによれば、〈自然〉は、盲目的な機械論が支配しているような、何らかの生気のない要素に還元できるものではない。というのも〈自然〉は自発性、傾向、欲望であり、したがって、〈善〉への、そして合目的性への渇望だからである。さらに〈自然〉は、その起源において、ひとつの〈愛〉を想定している。それは共降下、自由、自己の贈与のようなものであり、また、それを通じて、一種の復活というかたちで、すべてが物質的散乱から精神的統一へ戻るようなものなのだ。真正のスピリチュアリスムに従えば、事物をつくっている素材のなかにではなく、事物が向かっている絶対的完全性のなかに、事物の秘密を探究することが適切である。言い換えると、優位のものを劣位のものに連れ戻すのではまったくなく、その逆に、劣位のものを優位のものに連れ戻すことが適切なのであり、感性的なものを英知的なものによってのみ、あるいは、お望みなら、自然を心魂によってのみ説明することが適切なのであって、要するに、すべてを高みから、精神の光で照らし出すことが適切なのである。それこそが、最も厳密なしかたで、習慣のような的確な事実の分析によって確立されるものであり、それこそが、アリストテレスによって見抜かれたものであり、キリスト教によって明瞭に理解されたものであり、つまり、今後、哲学者という名に値するすべての哲学者が認識しなければならないであろうものである。ラヴェッソンは、一八六七年以降、予言めいた洞察のもとに、躊躇なくそのことを告げている。「数多くの徴候がみられるのだから、哲学の時代をそれほど遠ざけなくてもよいものと予見するのも許されよう。そうした時代の一般的性格は、実在論的実証主義ないしスピリチュアリスム的実証主義と呼ぶことができるようなものの優位となるのではないだろうか。というのも、精神の発生原理はある存在を自分自身のうちでとらえる意識に求められるからである。精神は自分とまったく異なる存在がその存在に由来し、依存していることを認識しているのであって、その存在は精神の活動以外の何ものでもない」。結局のところ――そしてこれが彼の偉大さを確証してくれることなのだが――ラヴェッソンは占卜のような直観を通じて、メーヌ・ド・ビランからベルクソンへの移行を準備したのである。

〔G.L.R.〕

一九〇〇年前後の科学批判

ポアンカレ、アンリ

❖Henri POINCARÉ

1854-1912

ナンシーで生まれ、パリで死去。ポアンカレと言えば、「科学とは、何よりもまず、自然の上では隠されたままになっている何らかの親縁性によって結びけられていながらも、外見の上ではそう見えない諸事実を分類することであり、それらの事実を引き比べるしかたである」、「ひとつの理論の役割は、それが真理であるということにではなく、有用であるということに求められる」といった二つの文章が挙げられる。これらの文章は相互に密接につながっていて、数学者であり、物理学者であり、天文学者であるポアンカレの「規約主義」がどこで始まり、どこで終わるかを示している。学者によって打ち立てられる諸事実の間の関係、すなわち諸事実のそうした総体を説明するしかたの出所となる関係については、その関係が真理であると言ってよい。ただしその真理はひとつの実在でもあり、科学的想像力が企てようとするであろうあらゆる再組織化に従属している。けれども事実とは、どのような関係にも依存しておらず、私たちの自由を停止させる限界にとどまり続けるものである。実際、ひとつの事実については、それが真理であると言うこともできなければ、それが有用であると言うこともできないのであって、せいぜいひとつの理論によって統合されねばならないものと言うことができるにすぎない。したがって「優れた」理論はその汎用性の高さによってそれと認められる。理論は簡潔な構成になっていなければならず、可能なかぎり多くの事実を統合するのでなければならず（ポアンカレはここではマッハ思想の経済原理に従っている）、要するに、統一を促す説明的な役割を演じなければならないのである。こうした尺度においてのみ、理論は真であると言われることができるだろう。ただし理論が真であるというのは、よりいっそうの簡潔さ、よりいっそうの汎用性の高さが求められたときに変化を受け容れる余地があるものとしての真理ということである。ポアンカレの思想の重要性が実験に基づくデータとしての事実、定義、理論の三者を弁別したことに求められるのもそのためだ。デュエムがまったく別のしかたで、科学的体系に「暗黙の存在論」を検出する一方で、ポアンカレは批判を行なうのだが、その批判はまた科学的真理の規定、すなわち、諸事実にも学者たちの諸仮説にもまったく同じように厳格に従った流動的で相対的な真理の規定ともなっている(『科学と仮説』一九〇二)。彼の思想は「実在論的」であるとはとうてい言いがたい。なぜなら彼の思想は、私たちが細分化された実在に直接的に到達することなどできないと主張するからである(到達することができるのは諸関係だけである)。ポアンカレの思想は諸科学についての考察の実態を知るのに最適なものであり、また諸科学が物理法則を表示するにあたって任意の観察者に特有な観点を捨象しきれていなかった時代の実態を知るのに、実在と真なるものの対立が残っていた時代の実態を知るのに今もなお最適なものである。

アヌカン〔ハンキン〕、アルチュール・エドゥアール

❖Arthur Edouard HANNEQUIN　1856-1905

パルニイ＝シュル＝ソーで生まれ、同地で死去。『現代科学における原子の仮説についての批判的試論』(一八九五)の著者である。

アヌカンは科学史家と見なされるべきだが、哲学史家としての側面も強い。彼には『ライプニッツに抗して擁護されるデカルトの存在論的証明』(一八九六)という著作がある。古代ギリシア以来、原子論の仮説と科学の探究は緊密に結びついており、その結びつきは科学それ自身に本質的なものであるようにみえるが、彼はそうした結びつきのもつ意味作用を解消しようと企てる。もし科学が精神の手になるものだとすれば、その恒常性は、実在によって課せられた必然性の徴しである以上に、精神の必然性の徴しである。原子論の仮説は、数と内容を総合することによって、運動を知解可能なものにしようとする遡行的分析の行き着く先である。数と内容を総合するというのは原子の観念そのものに矛盾をもたらす二律背反的な二つの要素を総合することである。というのも、その場合、原子は延長をもちながらも単純なもの、堅固でありながらも弾性があるもの、分割不可能ながらも分割可能なものと想定することができるからだ。この分析はいわば二項対立的である。というのも、この分析は二つの知解不可能性をひとつのより完全な知解可能性のなかに統合するために、それらを分離するからであり、運動は物理的領域における事物の最終論拠であるにもかかわらず、時間に関しても場所に関しても、知解可能性に還元できない内容を伴っているからであり、他方で、数の科学は、実在的であると言うことはできないまでも、精神にとって満足すべきものであって、最高度に合理的なものであるからだ。原子はこの知解不可能性と、この完璧すぎる知解可能性との総合であり、つまりは実在的なものと合理的なものが統合されていると信じることのできる仮説である。とはいえ、実在のイメージである以上に科学の必要に応じた表現であるこの原子論の仮説は、力学と化学において、有用であるのみならず不可欠である。この「科学的批判

主義」を通じて、アヌカンは、実在に到達したいのであれば、原子と実証科学の所与を乗り越えなければならず、空間と時間の外にモナドを想定しなければならないと思考するようになるのである。

ミヨー、ガストン

❖Gaston MILHAUD 1858-1918

ニームで生まれる。彼はポアンカレやデュエムなどの科学哲学者の系列に位置づけられる。もっとも、ミヨーはおそらく彼らよりも数学者の度合いが高く、物理学者の度合いが低い。彼は真理や実在をめぐる問題に論理的な角度からも取り組むのであり、数学的事実の経験はそうした問題の「境界事例」である。実際、数学の証明に見出されるのは悪循環を可能なかぎり免れた、可能なかぎり厳密な三段論法なのだが、それというのも「精神が自らを、自らに固有な事物の存在そのものに最も隣接したものと感じる」のがそうした三段論法においてであるからだ。それは物理的な諸科学、ミヨーにとっては物理的かつ合理的な諸科学が問題になっているときに科学全体が模倣しようとする近接性にほかならない。ただし、物理的なものであれ合理的なものであれ、そうした諸科学の支配的要素がどのようなものであるかはほとんど知られていない。つまり物理的諸事実とは「それを前にすると従う余地しか残されていないような所与ではないのである」。人間の精神は、あるしかたで、同時に偶然性という価値と普遍性という価値を科学に与える創造的自由をもっている。さまざまなものを産み出す精神と事実との出会いは、科学の発明のようなものなのだ。ミヨーは、ひとつの科学を構成するものとしての論理的現象を分析するのだが、科学が形而上学の威厳に到達しようとする場合には、科学の不当な逸脱を批判する。そうした逸脱はテーヌやスペンサーなどの決定論の体系によってつくり上げられたものなのである。ミヨーはそうした逸脱を強く非難するのであるが、それをブートルーやラシュリエのような形而上学者として行なうのでなく、あくまでも論理主義者として行なう。科学から教唆されているとはいえ、形而上学的決定論は真の科学的決定論が何であるかについての認識がまったく欠けているからだ。決定論とは、定義上、科学的精神のひとつの公準であり、その公準は「量的関係を通じて、人が想像する最も単純なものである二つの現象を結びつけ」ようとする。しかしながら、この公準化されたさまざまなものを産み出す決定論は、まさに精神の働きであるかぎりにおいて、偶然のものなのである。

ガストン・ミヨーは『論理的確実性の条件と限界についての試論』(一八九四)、『合理的なもの』(一八九八)、『幾何学者たるギリシアの哲学者』(一九〇〇)、『実証主義と精神の進歩』(一九〇二)の著者である。

デュエム、ピエール・モーリス・マリー

❖Pierre Maurice Marie DUHEM 1861-1916

パリに生まれ、カブレスピヌで死去。今日、エピステモロジー（ブランシュヴィック、バシュラール、ゴンセットに代表される現代のエピステモロジー）の形式においてであれ、数理論理学（ライヘンバッハ）や物理学（ハイゼンベルク）の形式においてであれ、「論理学」が哲学的探究にますます大きな位置を占めつつあることは事実である。哲学的思考が相対的なものであることの反響がどのようなものであったのか、哲学が厳密に科学的な発見をいわばどのように予示していたのかは周知の通りである。だから諸科学の批判は哲学者に馴染み深い二重の機能を、すなわち諸科学の諸原理の批判および探究と、思考の最も一般的な手続きを用いて科学が維持することのできる諸関係の批判および探究という機能をもっていることになる。この二つは二重の運動からなっており、その双方が類似すると結論されるにせよ、相違すると結論されるにせよ、一方が特殊的で、専門的に細分化されるものであり、他方が統一を促すものとなっている。P・デュエムはこうした探究の端緒に位置づけられる。彼は物理的経験の理論を粗描するとともに（『物理理論の目的と構造』一九〇六）、歴史学の方法を用いて、物理理論の二つの観念——一方はあらかじめ規定されているために新しい事実を受けつけることがない世界に押し込まれる観念、他方は絶えず更新されるために最終的な総合に行き着くことのない観念——を検証している（『世界の体系、プラトンからコペルニクスまでの宇宙理論の歴史』全五巻、一九一三—一七）。

物理的経験はひとつの事実を単に確認することだけでは済まない。バシュラールがのちに言うように、それは「経験の冗語法」ではない。そうではなく、それは「一群の現象を、その現象の解釈に寄り添って正確に観察することである。この場合の解釈とは、観察によって実際に集められた具体的なデータに代えて、観察者に承認された理論に依拠した、そのデータに対応する抽象的で象徴となる表象を用いることを意味する」。物理的経験は、その経験を説明する理論的ネットワークとしての背後世界から切り離されない。経験が理論を内含しているとすれば、理論は形而上学的《メタフィジック》ないし物理的《フィジック》な「世界観（Weltanschauung）」を内含しているのだ。このことを示すのが『プラトンからコペルニクスまでの世界の体系』という大著のねらいである。

ファイヒンガー、ハンス

❖Hans VAIHINGER 1852-1933

ネーレンに生まれる。『純粋理性批判への注釈』（一八九二）、『かのようにの哲学』（一九一一）の著者であり、一八九六年以来、『カント研究』には彼の名が創刊者として記されている。カント哲学に深く精通した専門家であるファイヒンガーは、カント哲学

の意味を変容し、批判哲学を生の躍動のようなものと融合させている。カント哲学の正統性に従って、物理学と数学の可能性の条件が、実際に構成された物理学と数学に見出される必然性に劣らぬ必然性を有しているとすれば、その必然性は、ファイヒンガーにおいては、精神の必然性ないし知性の必然性、生の必然性となっている。思考の特性は環境への適応であり、生への注意であって、後者は実在を把握することによってではなく、「虚構」――それが虚構であるとはっきり認められるものであれ、認められないものであれ――を考案することのおかげで成し遂げられるのである（フッサールはのちに「虚構」を批判することになるが、それはこうした「虚構」がそれ自らに固有な明証性をもっているからであって、ファイヒンガーが主張しているように、「かのように」の特徴を備えた非実在性をもっているからではない）。適応の思考は予見するという特性をもっているものの、実在に到達するわけではない（それに対して、ベルクソンにおいては、知性は、その起源を適応にもつものの、無機物の認識に適しているのであって、生の認識には適していない）。感覚の段階を超出してしまえば、対象（カントにおいてはXとされていたもの）、因果性、原子は同じ程度に虚構なのである。数学は、もっと率直に、非合理的な、想像上の量というものをはっきり認めている。経済人《ホモ・エコノミクス》も虚構であり、コンディヤックの彫像も虚構である。だが私たちはそうした虚構を仮説と同じようにたやすく手離すわけではない。なぜなら虚構は、私たちが実在に適応するのを保証してくれるからである。誤謬は誤謬というよりも失敗であり、進展は「鉄のように堅固な」実在を前にして精神が少しずつ精妙さを増していくことである。虚構とは何ものかのしるしではないが、そうした虚構を考案することで、「鉄のように堅固な」実在を「あらゆる角度から検討する」のでなければならない。それは、真理の探究にはならないのだから、プラグマティズムに対立する学説であり、自分自身を「実証主義的観念論」、「観念論的非合理主義」と命名する学説である。

メイエルソン、エミール

❖Emile MEYERSON　1859-1933

ルブリン（ポーランド）に生まれ、パリで死去。彼は『同一性と実在』（一九〇八）、『科学における説明について』（一九二一）、『相対論的演繹』（一九二五）、『思考の歩みについて』（一九三一）の著者である。諸科学の批判は、メイエルソンにおいて、真のエピステモロジーとなる。真のエピステモロジーとは、多様な科学について、その原理と仮説を批判的に研究することであり、これによって多様な科学の論理的起源をそれらの科学の客観的価値として規定することが可能になる。メイエルソンは、この点で、真の哲学を構築しているのであり、それは物理的意味でとらえられた同一性の原理と説明的意味でとらえられた因果性の原理とを同時によりどころとする哲学である。これら二つの論理的原理は、律法主義と規約主義——両者は、当時、科学の究極の言葉であり、人間が到達しうる事物の唯一の様相であると思われていた——を越えた、準存在論的な意味作用を身にまとっている。科学が「諸関係」の把握によって規定されるのなら、その関係——ここでいう関係とは、実際のところ同一化する試み、他なるものを同じものに、異質なものを同質なものに還元する試みである——によって結びつけられた異なる二つの項を認識すると思い込むことは勘違いなのである。因果の探究は特定の時間におけるひとつの同一性の展開でしかない。だとすれば、完全な因果性は、究極的には作用と反作用の絶対的な等しさのなかで原因を結果に重ね合わせることとなるだろう。運動の逆説はアリストテレスやライプニッツを思い起こさずにはいられないひとつの様式の上で告げられる。つまり、この逆説は本質的規定の展開であって、その展開の必然性は月下の世界としてのこの世にしか存在しない、ということだ。科学の努力は多様なもの、時間、質(慣性の法則とエネルギー保存の法則)を除去しようとする。同一性の原理は、共通感覚としての理性がめざすひとつの理想となるのだが、その理想が完全に実現されることは決してないのであり、また因果性の原理は「時間に適用された同一性の原理でしかない」。それはカルノーの熱力学第二法則、見かけ上の合目的性、質といった同一化の努力に対する妨害なのである。しかし実在の規定に関する形而上学的問題をメイエルソンは取り上げない。彼は知解可能なものの本性を記述したいのであり、すでにその無効性が宣告されていると思い込まれてきた科学的「実在論」を復活させたいのである。精神相互間の同化、事物相互間の同化、事物と精神の同化は、そうした同化の果てに、実在が指の間をすり抜け、何ものにも還元されない(論理的逆説)ように感じられるのだが、わたしたちがそれに恐れを抱くことがあるとしても、そこには必ず大きさがあるのだ。

レー、アベル

❖Abel REY　1873-1940

シャロン＝シュル＝ソーヌに生まれ、一九一九年からソルボンヌで教えた。特筆すべき著作として『認識哲学の観点におけるエネルギー論と機械論』(一九〇七)、『永遠回帰と物理の哲学』(一九二五)が挙げられる。

ブランシュヴィック、レオン

❖Léon BRUNSCHVICG　1869-1944

その思想がもつ射程の広さと教育がもつ影響力の強さから、レオン・ブランシュヴィックは二十世紀前半の最も重要な哲学者の一人といえる。彼は門弟を増やすことよりも哲学的意志を抱かせることに努力した。たとえ字面に表われた彼の思想に与さず、「精神の活動性」という独断論に与さない者であっても、彼の最初の著作である『判断の様相』(一八九四)や、『西洋哲学における意識の進歩』(一九二七)を読むと、婉曲的な表現の下に、ひとつの思想が要請されていることを感じさせられる。それは、思考自身が自ら創り出すとされる諸対象の円環に閉じ込められることを拒絶し、表現された内部ではない外部を求めて出発する思想の要請である。そのためには、二つの項を保持しなければならないのであって、存在論の公準である一元論の要請によってその二項を縮減してはならず、その二項が「固定した項であって、精神は両者の間で絶えず揺れ動いていながらも、その二項に絶対的かつ決定的なしかたで到達することは決してできない」ということを意識するのでなければならない。確固とした存在論を練り上げつつ、思考を不動なものにすることの不可能性を一度はっきりと見てしまったために、彼が精神を精神のなす運動において規定しようとする際に、言い換えると、精神を運動として規定しようとする際に採用するのは、反省的分析の方法、すなわちラニョーとラシュリエが用いていたのと同じ方法なのである。「なぜなら、哲学は反省の作業だからであり、哲学的反省に直接的に接近できる唯一の対象は、反省それ自身だからである……こうして主知主義の哲学は活動の哲学でありうる。この哲学が真に主知主義的でありうるのは、それが活動の哲学であるという条件においてでしかない」。反省的分析は、ブランシュヴィックのように構想されると、歴史との接触がなければ、有効に完遂されないことになる。ここでいう歴史とは独断論の歴史のことであるが、独断論は、動きを止めれば止めるほど、思考の誤りを犯すはめに陥ってしまうのである。しかし彼はそうした独断論から精神の活動の統一を救い出す術を心得た哲学者の一人である。ただし、彼は最終的に精神の活動の統一に失敗してしまう。数々の失敗そのもの――具体的には、諸事物の普遍的な観念を特定の規則に基づかせる体系化のこと――から引き出されるのは、一方では「永遠の真理」という観念の批判であり、他方では、より積極的なものとしての、新しい形式をもったヒューマニズムであり、このヒューマニズムは精神をその表現の多様性において認識すること、したがって自己の認識である。彼が、数学について語るのではなく、『数理哲学の諸段階』(一九一二)について語り、物理学について語るのではなく、『人間的経験と物理的因果性』(一九二二)について語るのも、そうした事情による。『自己の認識』に関していうと、それが構想されるのは、精神のさまざまな顕現の認識に失敗したり成功したりすることによってでしかない。精神を知性の活動と規定することから出発して、ブランシュヴィックは二項対立が自らの歴史分析のなかで価値を高めていくというやり方をとる。実際、「観念とはアリストテレス的でスコラ学的な意味での概念のことである。したがって精神の本質的役割は、最初の定義に閉じ込めておくために努力を重ねてどれだけ消耗しようとも、論述の最も一般的な用語を把握することである」と考える人たちがいる。そうした人たちを前にして、「プラトン主義者とデカルト主義者の主知主義的な学説が存在する。その学説においては、観念が精神の活動のひとつであって、その活動は結合のなかに表わされているのであり、理解するという事実そのものを表現しているのである」と言うのである。ちなみに、ブランシュヴィックの仕事のうちで、「ヒューマニストたち」を喜ばせた、パスカルの『パンセ』の校訂本(一九二〇)と『モンテーニュの読者デカルトとパスカル』(一九四一)は、これまでの議論とは別に考えたほうがよいだろう。

ラランド、アンドレ 1867-1963

❖André LALANDE

ディジョンに生まれる。学士院会員。同化プロセスの一般的価値を力説することで、スペンサーの進化論に反駁した。価値観念を中心に据えたスピリチュアリスム的実証主義を継承する。彼が刊行した著作のなかでも特筆すべきは『進化論者の幻想』、『理性と規範』である。編著の『哲学辞典(哲学の技術的批判的用語集)』は誰もが参照する文献の位置を占めている。

ライヘンバッハ、ハンス 1891-1953

❖Hans REICHENBACH

ドイツ出身で、ベルリン大学、イスタンブール大学、カリフォルニア大学ロサンジェルス校の教授を歴任する。ヴィーン学団の創設に参加し、まもなく正統的な新実証主義から距離を置くようになった。著作に『今日の自然哲学の目的と方法』(一九三一)、『蓋然性の学』(一九三三)などがある。

ベルクソン、アンリ＝ルイ

❖Henri-Louis Bergson

1859-1941

偉大な哲学者とは、さまざまな新しい概念《コンセプト》を創り出す者のことだ。そうした概念は、ありきたりの思考の二元性を乗り越え、事物間に新たな真実、新たな配分、非凡な切り取り方をもたらす。ベルクソンの名は、持続、記憶、生の躍動（エラン・ヴィタール）、直観といった観念《ノシオン》に結びついている。彼の影響や天分も、こうした概念が認められ、使われ、哲学界に入りこみ、そこに定着した経緯によって評価されている。『意識に直接与えられているものについての試論』以来、持続の独創的な概念が形成された。『物質と記憶』においては記憶の概念、『創造的進化』では生の躍動という概念が、ともに形成されてきた。これら三つの隣り合った観念の関係は、私たちに、ベルクソン哲学の発展と進歩とを示してくれるに違いない。では、その関係とは、どのようなものなのか。

しかしながら、まずは、もっぱら直観について検討しておくことにしよう。それは、直観が本質的なものだからというわけではなく、それがベルクソン的な問題の性質を、私たちに教えてくれそうだからである。ベルクソンが直観について語るにあたり、精神生活においては、問題を提起したり構成したりする活動がいかに大切なものであるかということを私たちに示しているのも、あながち偶然ではあるまい。[01] 真の問題に対する偽の解決があるよりも前に、そもそも偽の解決をはるかに越えた偽の問題が存在しているからである。ところで、一人の哲学者の学説の中心には常に何らかの直観があるのだとすれば、ベルクソンの独創性の一つは、そんな直観そのものを、みずからの学説における真正なる方法として組織した点にあるだろう。それは、偽の問題を取り除き、正しく問題をたてるための方法であり、つまりは、問題を持続の用語を使ってたてる方法なのだ。「主体と客体、その区別と結合に関する諸問題は、空間よりもむしろ時間との関係においてたてられねばならない」[02]。なるほど、ベルクソンが何度も指摘したように、直観を判定するのは持続であるだろうが、だからといって、直観が方法としての自覚をもつときに、諸事物のなかに持続を探し出し、持続に訴えかけ、持続を要請することのできるのは直観だけだということに変わりはない。それというのも、まさしく直観は、己れのすべてを持続に負っているからである。したがって、直観が単なる満足でも、予感でも、ただの感情的過程でもないとすれば、私たちはまず、直観の真に方法的な性格とは何であるかを明らかにしておかねばなるまい。

直観の第一の性格とは、その直観のなかで、その直観によって、何かが現われ、まぎれもなくその何かになるということであり、

❖ Henri-Louis Bergson

他のどのようなものからも推論されたり結論されたりするのではないということである。ここで問題となっているのは、すでにして、哲学の全体的な方向づけなのだ。それというのも、哲学は諸学の源であるとか、諸学の母であったとか言うだけでは足りず、諸学が成熟し、立派にしつらえられた今となっては、なぜ未だに多少なりとも哲学なるものがあり、どこに科学の至らぬ点があるのか、そのことが問われねばならないからである。おそらくは、二つの答しか可能ではなかったからである。ところで、哲学はこうした問いに、もっぱら二つのしかたでしか答えてこなかった。第一の答は、科学は私たちに事物の認識を与えてくれるのであり、したがって科学は事物との特別な関係にある、と言うことだ。ひとたびそう言ってしまえば、哲学は科学と張り合う必要がなくなり、科学に諸事物をまかせることができ、私たちが事物についてもつこの認識への反省として、ひたすら批判的な立場にとどまることができるのである。第二の答は、逆に、哲学は事物との別の関係を、したがって別の認識を創始する、いやむしろ復興すると主張することだ。それら認識も関係も、まさしく科学が私たちに隠し、私たちから奪い取ってきたものだが、それというのも、科学は私たちに、けっして事物そのものを示したり与えたりすることはなく、結論づけたり推論したりすることだけを許してきたからである。ベルクソンが批判哲学を棄て、身を投じていったのは、この第二の道であり、彼がそこで示してくれるのは、科学において、また、技術活動において、知性において、日常言語において、社会生活において、実践的な必要性において、そして最後にとりわけ空間において、いたるところ私たちを諸事物やその内面性から遠ざけているさまざまな形式や関係なのである。

だが、直観には第二の性格がある。このように解された直観は、一つの回帰として現われてくるのだ。実際、私たちを諸物の外側に放置しておくのではなく、それらの内に位置づけるような哲学的関係は、哲学によって創始されるというよりは復興されるのであり、発明されるというよりは再発見されるのである。私たちは事物から隔てられており、したがって直接与件も直接には与えられていない。けれども私たちは、単なる偶発事によって隔てられるわけではないし、私たちに由来し、私たちにしか関わらないような媒介物によって隔てられるわけでもありえない。事物を変質させる運動は、事物そのものの内に根拠を置いていなければならず、私たちが最終的に事物を見失ってしまうには、事物がみずからを見失いはじめるのでなければならない。忘却は、存在の内に根づいていなければならないのだ。物質はまさしく存在の内に、空間・知性・科学を準備し、それらに伴うものである。まさにこの点において、ベルクソンは心理学のたぐいとはまったく違ったことを行なう。なぜなら、単なる知性は物質そのものや空間の心理学的原理なのだが、それ以上に、物質は知性の存在論的原理であるからだ。[03] また、彼が科学的認識にいかなる権利をも拒まないのは、そのためである。科学的認識は私たちを事物や事物の真の本性から遠ざけるのではなく、少なくとも、存在を二分した片方、絶対的なものが持っている二側面の片側、自然の二つの運動の一方、つまりは自然が弛緩する側、自己の外に位置する側をとらえるのだと、彼は私たちにそう語るのである。[04] それどころか、ベルクソンはもっと遠くにさえ行ってしまう。というのも、いくつかの条件下においては、科学は哲学と結びつくことができ、哲学とともに完全な理解へと至ることができるからである。[05] いずれにせよ、ベルクソンには、一方が感性的で他方が知性的であるような二つの世界を区別するそぶりなど微塵もない、と、すでにここで私たちは断言することができる。それは二つの世界ではなく、たかだか二つの運動、いやむしろ、ただ一つの同じ運動の二方向であるとさえ言うべきものであり、一方は、運動がその産物の内に凝固する傾向、運動を断ち切ってしまうような結果の内に凝固する傾向を持つのだが、他方は、道をさかのぼり、産物の内に、その産物を生み出すことになった運動を再発見するのである。ともあれ、二つの方向は、それぞれの流儀でそれなりに自然的なものなのだ。前者は自然に即して生じるが、休止のたび、息継ぎのたびに、自己を失いかねないし、後者は自然に反して生じるが、緊張のなかで自己を見出し、自己を取り戻すことになる。後者は前者のもとでしか見出されないのだから、いつも再発見されるものとなる。直接的なものを見つけるためには振り返らねばならないのだから、私たちは直接的なものを再発見するのである。哲学において、最初というのは、すでに二度目のことであり、それが基礎づけの観念なのだ。なるほど、ある意味では、存在するのは産物であり、存在しなかったり、もはや存在しなくなったりするのは運動であるだろう。けれども、存在の問題がたてられるべきは、こうした用語によってではない。運動は、各瞬間にはもはや存在していない。だが、それはまさしく、運動が瞬間によって構成されているのではないからであり、瞬間が、現実的もしくは潜在的な停止に過ぎず、運動の産物、産物の影にすぎないからである。存在はさまざまな現在の寄せ集めではない。したがって、言い換えるならば、存在しないのは産物であり、すでに存在していたのは運動なのである。アキレスの運動においては、各瞬間も各地点も切り分けられてはいない。ベルクソンは、彼の最も難解な著作において、次のことを示している。存在するのは現在ではなく、もはや存在しないのも過去ではなく、ただ、現在は有用であり、存在は過去であり、存在は存在していたのだ、と——[06] こうした主張は、予測不可能なものや偶然的なものを抹殺するどころか、両者を基礎づけることになるのだが、それはやがて明らかになるだろう。したがってベルクソンは、二つの世界を区別するのではなく、それを、二つの運動、ただ一つの同じ運動の二つの方向、つまり精神と物質との区別に置き換える。あるいはまた、同じ持続のなかの二つの時間、つまり過去と現在との区別に置き換える。彼はそれらを、まさしく共存するものとして捉えるすべを知っていた。なぜなら、それらは同じ持続のなかにあり、前後してではなく、一方は他方の下に存在していたからである。大切なことは、私たちに、必要な区別を時間の差異として理解させることでもあるが、だが同時に、現在と過去という異なる時間を、互いに同時的なものとして、また同じ世界を形成するものとして、理解させることでもある。これがどのようになされるのか見てみよう。

　私たちが再発見するものは、なぜ直接的なものと呼ばれるのか。直接的なものとは何なのか。科学が事物についての実在的な認識であり、実在の認識であるとすれば、科学が失うもの、あるいは失いかねないというだけのものは、正確には事物ではない。科学が哲学に浸透されない限り失いかねないものは、事物そのものであるよりもむしろ、事物の差異である。この差異が、事物を存在させているのであり、事物をあれではなくこれに、他の事物ではなくこれにしているものなのだ。ベルクソンは擬似問題と思われるものを精力的に告発する。なぜ無ではなく何かがあるのか？　なぜ無秩序ではなく秩序があるのか？　といった問題を。[07]こうしたたぐいの問題が偽のものであり、立てられ方がまちがっているとすれば、それには二つの理由がある。第一には、それらが存在を一つの一般性にしてしまうからである。つまり存在を、それが捉えられている不動の総体のなかで、もはやみずからを無や非存在から区別することしかできないような不変かつ無差異《アンディフェラン》＝無関心な何物かにしてしまうからである。第二には、たとえこのように措定された不変の存在に運動を付与しようと試みても、その運動は、秩序と無秩序、存在と無、一と多など、矛盾の運動にしかならないからである。だが実際には、運動が空間上の諸点や諸瞬間によって構成されてはいないように、存在も、矛盾した二つの視点からは構成されえない。それでは網目があまりにも粗すぎるのだ。[08]存在は、それがすべてを無に対立させたり、事物そのものを事物でない一切のものに対立させたりする限りでは、悪しき概念である。いずれの場合にも、存在は事物を離れ、事物を見捨て、もはや一つの抽象でしかなくなってしまう。したがって、ベルクソン的な問いは、なぜ無ではなく何かがあるのか、ではなく、なぜ他の事物ではなくこれなのか？　というものになる。なぜ持続のこの緊張度なのか？[09]なぜ他の速度ではなくこの速度なのか？[10]なぜこの比率なのか？[11]そして、なぜある知覚がこのような記憶を喚起し、他でもないこのような特定の周期をとることになるのだろうか？[12]これらが意味するのは、存在は差異なのであって、不変なものでも無差異＝無関心なものでもなく、偽の運動にすぎぬ矛盾でもないということである。存在とは事物の差異そのものであり、ベルクソンはしばしばこれをニュアンスと呼ぶ。「その名にふさわしい経験論[…]は、対象について、その対象だけに適合する概念を裁断する。それは、この事物にしか当てはまらないのだから、かろうじて一つの概念と言うことのできるものである」[13]。またベルクソンは、ある興味深い文章においてラヴェッソンにならい、一般観念に対する知的直観を、単純な色彩観念に対する白色光に喩えて対置しようとしている。「哲学者は、自分の思考を一般的なもののなかに薄めていく代わりに、個別的なものの上に集中せねばならない[…]。形而上学の目的は、特別な光を個別的な存在者たちの内に捉えなおし、それが由来する光源にまでさかのぼることである。この光は、存在者たちのそれぞれに固有のニュアンスを与え、そうすることによって、それらを普遍的な光に結びつけるのだ」[14]。直接的なものとは、事物と事物の差異との同一性にほかならず、そのようなものとして、哲学はこの同一性を再発見し「再把握する」のである。科学においても形而上学においても、ベルクソンは共通の危険を告発する。危険とは、差異を取り逃すことなのだが、科学は、事物を産物や結果として考えるから取り逃してしまうのであり、形而上学は、存在を原理となる何か不変のものと考えるから取り逃してしまうのである。両者ともに、次第に広がっていく類似や対立から出発して、存在に到達し、存在を再構成するのだと主張するが、類似も対立も、ほとんど常に実用的なカテゴリーなのであって、存在論的なカテゴリーではない。だからこそベルクソンは、くどいほどに指摘する。私たちは、極端に異なる事物たち、本性の異なる事物たちを、ある類似が見られるからといって一つの言葉の下に置くが、これはいかがなものかと[15]。存在は、実際には差異の側にあり、一でも多でもない。だが、ニュアンスとは、事物の差異とは何か。角砂糖の差異とは何なのか。それは単に角砂糖と、もう一つ別のものとの差異ではない。そんなところには純粋に外的な関係しかないだろうし、とどのつまり、私たちは空間へと振り向けられることになる。それはまた、角砂糖と角砂糖以外のすべてのものとの差異でもない。この場合には、矛盾の弁証法に振り向けられることになるだろう。すでにプラトンは、他性《アルテリテ》と矛盾とが混同されるのを嫌っていた。だが、ベルクソンにとって、他性はまだ、存在を諸事物に合体させ、真に諸事物の存在とするためには、十分なものではない。彼は、他性というプラトン的概念を、他化《アルテラシオン》(変質)というアリストテレス的概念で置き換え、これを実体《シュブスタンス》そのものとするのである。存在は他化(変質)となり、他化は実体となる[16]。そして、これぞまさしく、ベルクソンが持続と呼ぶものなのだ。なぜなら、『意識に直接与えられているものについての試論』以来、彼が持続を定義するあらゆる特徴は、次のことに帰着するからである。すなわち、持続とは差異を生じるもの、もしくは性質を変えるものであり、質であり、異質性であり、自己との間に差異を生じるものなのである。角砂糖の存在は、一つの持続によって、ある持続の仕方によって、持続のある弛緩や緊張によって、定義されることになるだろう。

持続はどのようにしてこうした権限を持つのか。この問いは別の形でもたてられる。つまり、存在が事物の差異であるならば、事物そのものには、そこからどのような結果が生じるのか、と。私たちは、これまでのものよりもいっそう深い、直観の第三の性格に出会うことになるだろう。方法としての直観は、差異を求める方法である。この直観は、本性上の差異、「実在的なものの分節」を求め、それを見出すものとして現われる。存在は分節化されているのに、偽の問題は、それらの差異を尊重しない。プラトンは哲学者を、自然な繋ぎ目に従って切り分ける巧みな料理人に喩えているが、ベルクソンはそのテクストを好んで引用する。彼がいつも科学や形而上学を非難するのは、それらが本性的な差異に対するこうした感覚を失い、まったく別のものがあるところに程度の差異しか見て取らず、そのために、きちんと分析されていない「混合物」から出発してしまったという点である。ベルクソンの最も有名なくだりの一つは、強度が実は本性の差異を秘めていて、それを直観が見つけ出せるのだということを示してくれる。[17]だが、科学はおろか形而上学でさえ、彼らに固有の誤りや錯覚を創り出しているわけでないことは、私たちにも分かっている。何かが存在のなかにそれらを設定しているのだ。実際、私たちが産物の前にいるかぎり、私たちが関わる事物がまだ結果でしかないかぎり、そこに本性の差異は存在しないという単純な理由から、私たちにはこうした差異を把握することができないのだ。二つの事物の間、二つの産物の間には、程度の差異か比率の差異しかない、もしくは、ありえないのである。本性において差異を生ずるのは、傾向であって、決して事物ではない。本性上の差異は、決して二つの産物の間にも、二つの事物の間にもなく、二つの傾向によって貫かれるただ一つの同じ事物のなか、二つの傾向がそこで出会うただ一つの同じ産物のなかにある。[18]したがって、純粋なものはけっして事物ではなく、常に事物は切り分けられるべき混合物であって、傾向だけが純粋なのだ。それはつまり、真の事物もしくは実体とは、傾向そのものだということを意味している。直観はまさしく分割の真の方法として現われる。それは混合物を本性の異なった二つの傾向に分割するのである。こうしてベルクソンのおはこである二元論の意味もわかってくる。彼の多くの著作のタイトルばかりでなく、各章も、各ページの小見出しも、こぞってこうした二元論を示している。量と質、知性と本能、幾何学的秩序と生命的秩序、科学と形而上学、閉じられたものと開かれたもの、これらがその最もよく知られた姿である。それらは、ご存じのように、つまるところ、物質と持続とのいつに変わらぬ区別へと帰着する。そして、物質と持続とは、決して二つの事物として区別されるのではなく、二つの動きとして、二つの傾向として、つまり、弛緩と収縮として区別されるのである。だが、さらに遠くまで行かねばならない。ベルクソンの哲学においては、純粋性という主題や観念がひときわ重要性を持っているが、それは二つの傾向が、いずれの場合においても純粋だというわけではないから、もしくは、同じほど純粋ではないからである。二つの内の一方だけが純粋、もしくは単純であり、他方は逆に不純の役割を演じ、他方を貶め、混乱させにやってくる。[19] 混合物の分割においては、正しい半分がつねにあり、それこそが私たちを持続へと送り返してくれるのだ。物を切り分ける二つの傾向の間には、まさしく本性の差異があった。だが、それ以上に、事物の差異そのものが二つの傾向の内の一方なのである。そして、私たちが物質と持続とを二元性にまで持ち上げてみると、持続が差異の本性そのものを示してくれることがわかるだろう。それは自己と自己との差異である。これに対し、物質は単に無差異《アンディフェラン》＝無関心なもの、反復されるもの、もしくは単なる程度でしかなく、もはや本性を変えることのできないものなのだ。同時に、二元論というものが、ベルクソンの哲学においては、すでに乗り越えられた一契機であることも理解されるのではあるまいか。なぜなら、分割に特権的な半分があるとすれば、この半分はおのずと、もう半分の秘密を含んでいなければならないからである。すべての差異が片側にあるのだとすれば、この側は他の側との差異をも含んでいなければならず、ある意味では、他の半分自体をも、あるいは他の半分の可能性をも含んでいなければならない。持続は物質とは異なる。だが、それは持続が、まず自己の内で自己に対して異なるものだからであり、その結果として、持続とは異なるはずの物質もなお、持続だということになる。私たちが二元論にとどまるかぎり、事物は二つの運動が出会う点に位置している。みずからは程度というものをもたない持続は、逆方向の運動としての物質、一種の障碍としての物質、一種の不純さとしての物質に出会い、この物質が、持続を混乱させ、持続の躍動をさえぎり、持続に、ここではかくかくの程度、かしこではしかじかの程度を与えるのである。[20] しかし、もっと深いところでは、持続が程度を許容するのはみずからの内においてなのだ。なぜなら、持続は自己と異なるものであり、したがって、いかなるものもすべては持続のなかで規定されるのであって、そこには物質そのものも含まれているからである。まだ二元論的な展望においては、持続と物質とは、前者が本性の異なるものとして、後者がさまざまな程度しかもたぬものとして、互いに対置されていたのだが、もっと深いところでは、差異そのもののさまざまな程度があり、物質は単にその最底辺、つまり、まさしく差異がもはや程度の差でしかなくなるような点に位置していることになる。[21] 知性は対象としての物質のかたわらにあってこれと関わっている、というのがいかに正しかろうとも、対象を支配するこの知性がどのようにして持続するのかを示さなければ、やはり知性をそのものとして定義することはできないだろう。また、物質そのものを定義する必要があるのなら、もはやそれを障碍や不純さとして示すだけでは足りず、いかにしてその物質が持続しているのか、その振動がなおも幾瞬間かを占める物質が、いかにして持続しているのか、これを示すことがつねに必要であるだろう。このようにして、あらゆる事物は正しい側から、特定の持続や、持続自体の特定の程度によって、完全に定義されることになるのである。

混合物は二つの傾向に分解される。その一方は持続であり、単純で分割不可能。だが同時に、持続は二つの方向に差異化される。他方は物質である。空間は物質と持続とに分解されるが、持続は収縮と弛緩とに差異化される。この弛緩が物質の原理である。したがって、二元論は一元論へと乗り越えられるが、その一元論は私たちに再び二元論をもたらすことになる。ただし、今度は制御され支配された二元論になっている。なぜなら、混合物の分解と、単純物の差異化とは、同じしかたではないからだ。こうして、直観の方法は四番目にして最後の性格をもつことになる。直観は諸事物を切り分けるため自然の分節に従うことでは満足せず、さらにさまざまな「事実の線《リーニュ・ド・フェ》」、差異化の線をさかのぼり、蓋然性が収斂するところに単純なものを再発見しようとする。直観は単に裁断するのではなく、裁ちなおすのである[22]。差異化は、単純なもの、分割不可能なもの、持続するものの力である。どの側面からすると持続そのものが生の躍動《エラン・ヴィタール》となるのか、私たちにそれがわかるのはここなのだ。ベルクソンは生物学のなかに、とりわけ種の進化のなかに、生命にとってある本質的な過程の印《しるし》を見出している。それは、現実的な差異の生産としての差異化の過程であり、彼がその概念や哲学的諸帰結を求めることになる過程でもある。彼が書いた『創造的進化』や『二源泉』の見事なページには、私たちに向けてそうした生の活動が示されており、この活動は、植物や動物に達したり、あるいは本能や知性に達したり、またあるいは同じ一つの本能のさまざまな形態に達したりすることになる。ベルクソンにとって差異化とは、実現し、現働化し、生成するものの様態だと思われている。実現する潜在性は、同時に、差異化するものであり、分岐する諸系列や、進化の諸線や、さまざまな種をもたらすものである。「傾向の本質は拡散的に発展することであり、その成長という事実のみによって、さまざまに分岐する方向が創造されるのだ[23]」。エラン・ヴィタールは、したがって、それが現働化するかぎりにおいて、それが差異化するかぎりにおいて、持続そのものとなるだろう。エラン・ヴィタールは、それが活動へと移行するかぎりにおいて、差異なのである。それゆえ、差異化もまた単に物質の抵抗からくるのではなく、もっと深いところでは、持続がみずからの内にもっている力から生じてくる。二分法は生の法則なのである。そして、ベルクソンが哲学において弁証法を非難するのと同様に、生物学において機械論や目的論を非難するのは、それらが、たとえ観点はさまざまに違っているとしても、相も変わらず、運動の内に潜在的なものの実現を見るのではなく、運動を現実の諸項間の関係として構成するからである。だが、差異化がこのように、それによって潜在性が実現されてゆく原的で還元不可能な様態であるならば、また、エラン・ヴィタールが差異化する持続であるならば、まさに、持続そのものが潜在性だということになる。『創造的進化』は『直接与えられているもの』に、その必然的な延長として、深化をもたらしている。それというのも、『直接与えられているもの』以来、持続は分割されるがままであるよりもむしろ、みずからを分割しながら本性を変えるものであったため、それは潜在的なもの、もしくは主観的なものとして示されていたからである[24]。潜在的なものは現働的なものではないが、それでもなお存在の一様態ではあり、さらにある意味においては、存在そのものであることを理解しよう。持続も、生命も、運動も、現働的なものではない。だが、そこにおいてこそ、あらゆる現働性、あらゆる現実性が、異なりあったり含みあったりして、そこに根付いているのである。みずからを現実化するということは、常に一つの全体がなす行為なのだが、この全体は、すべてが同時に、同じ場所で、同じ事物の内に実現するわけではない。したがって、その行為は本性の異なるさまざまな種を生み出し、それ自体が、みずからの生み出す種のはざまにある本性の差異となるのである。ベルクソンはいつも、持続とは本性の変化であり質の変化であると言っていた。「光と闇との間、さまざまな色の間、さまざまなニュアンスの間では、差異は絶対である。一方から他方への移行もまた、絶対に現実的な現象なのだ[25]」。

したがって私たちは、持続とエラン・ヴィタールとを、潜在的なものとその実現とを、両極と見なすことになる。さらにまた、実現されることが潜在的なものの本質であるのだから、持続はすでにしてエラン・ヴィタールであると言わねばならない。そこで、このことを示してくれる第三の側面、いわば両者の仲介となる側面が必要となってくる。持続が記憶と呼ばれるのは、まさしくこの第三の側面においてである。実際、そのすべての性格からして、持続はまさに記憶である。なぜなら、「現在が、絶えず増大する過去のイマージュをはっきりとした形で含んでいようとも、あるいはむしろ、現在が、その連続的な質の変化によって、人が背後に携え、老いるに従って次第に重くなる荷物を示していようとも、いずれにしても[26]」持続は過去を現在の内に延長しているからだ。記憶はベルクソンによって、追憶＝記憶《メモワール＝スーヴニール》と収縮＝記憶《メモワール＝コントラクシオン》という常に二つのしかたで提示されているということ、また、その後者のほうが本質的なものであるということを覚えておこう。[27] だが、なぜ二つの形なのか。それらは記憶に、まったく新しい哲学的規定を与えてくれるのだろうか。前者は、私たちの目を、過去の残存に向けさせる。ともあれ、これはベルクソンのあらゆる主張のなかで、おそらく最も深遠なものでありながら、最も理解されていないものであり、それによると、過去はそれ自体で生き残っているとされている。[28] この残存そのものが持続なのだから、持続はそれ自体が記憶となる。ベルクソンは私たちに、追憶とは、かつて存在した何ものかの表象ではなく、過去とは、私たちが追憶するため、そのなかに一挙に身を置くものであることを示している。[29] 過去は、私たちの脳内に、心理学的にも生理学的にも残存する必要はない。それというのも、過去は存在するのをやめたことがなく、ただ有用であることをやめただけであって、今も存在し、それ自体で存命しているからである。そして、過去のこの即自的な存在は、適切な問題提起からの直接的な結果にほかならない。なぜなら、過去がもはや存在しなくなるのを待たねばならないなどということがあるとすれば、また、過去の過ぎ去るのが、即座に、今すぐ、というのでなければ、「一般的な過去」は、けっしてそれが今あるところのものにはなれないだろうし、けっしてこの過去になることもないだろう。したがって、過去とは即自であり、無意識、もしくはベルクソンが言うように潜在的なものなのである。[30] だがそれは、どういう意味で潜在的なのだろうか。私たちは、ここでこそ、記憶の第二の形に出会わねばならない。過去は、現在であった後に構成されるのではない。現在としてのそれ自身と共存しているのである。この点をよく考えるならば、過去という観念そのものの哲学的難しさは、それがいわば二つの現在、かつて存在した現在と、その現在がこれに比べれば今や過去になってしまうような現働的現在との、この二つの現在に挟まれたところに由来することがわかってくる。心理学は問題のたて方が悪いのだが、その誤りとは、第二の現在にとらわれたことであり、したがって、何か現働的なものから出発して過去を求めようとしたことであり、結局は過去を、多かれ少なかれ脳内に置いてしまったことである。だが、実際のところ「記憶は少しも、現在が過去へと後退することではない」[31]。ベルクソンが私たちに示しているのは、もしも過去が、現在であると同時に過去でもあるというのでなければ、過去はけっして構成されえないばかりでなく、さらに、後の現在から出発して再構成されることもありえないだろうということだ。こうした意味において、過去は現在としての自己と共存しているのである。持続とは、この共存そのもの、自己と自己とのこの共存にほかならない。だとすれば、過去と現在とは、持続のなかで共存している両極的な二つの程度として、つまり、一方はその弛緩状態によって、他方はその収縮状態によって区別される二つの程度として考えられねばならない。有名な比喩が語るところによれば、円錐の各水準には、私たちの全過去があるのだが、その程度は異なっている。たとえば現在とは、過去の最も収縮した程度でしかないのである。「したがって、同じ心的生活は、記憶の継起する諸段階で無限に反復されることになるだろうし、同じ精神活動は、さまざまに異なる高さで演じられることになるだろう」。「すべては、あたかも私たちの追憶が、過ぎ去った生活の可能な無数の縮約図のなかで無限に反復されているかのようなのだ」。すべては、エネルギーの変化、緊張の変化であり、他の何物でもない[32]。各々の程度には、すべてがある。だが、すべてはすべてと、すなわち、その他のさまざまな程度と共存している。こうして最後に、私たちは潜在的なものとは何かを理解することになる。それは、互いにそのようなものとして共存する諸々の程度である[33]。持続を継起として定義するのはいいが、それにこだわるのは間違っている。持続が実際に現実的継起であるのは、それが潜在的共存であるからこそなのだ。直観についてベルクソンは書いている。「私たちの語る方法だけが、観念論と実在論とを同時に乗り越えさせてくれ、私たちの下位にも上位にもある諸対象、たとえある意味では私たちの内にある諸対象であっても、それらの存在を確証してくれ、それらをたやすく共存させてくれるのである[34]」。そして実際、『物質と記憶』から『創造的進化』への歩みを調べてみるならば、共存するさまざまな程度は、持続を潜在的な何物かにするのだが、それにもかかわらず、同時に、持続を各瞬間に現働化させるものであることもわかってくる。なぜなら、それらの程度は、可能なすべての差異化の線を決定するのに見合っただけの、さまざまな面や水準を描き出しているからである。結局、実際に分岐した諸系列は、持続のなかで、共存する潜在的な諸程度から生まれてくるわけだ。知性と本能とは、分岐した二つの系列の先端にあるのだから、両者の間には本性の差異がある。だが、この本性の差異は、持続のなかで共存する二つの程度、弛緩と収縮という二つの異なった程度を表わすのでなければ、いったい何を表わすというのか。そんなわけで、それぞれのもの、それぞれの存在は全体であるのだが、あれこれの程度で実現された全体なのだ。ベルクソンの初期の著作では、持続はとりわけ心理的な現実であったようだ。しかし、心理的なものとは、たかだか私たちの持続、すなわち、はっきりと決定されたある程度でしかない。「持続を分析するのだと言い張る(つまり、結局は、持続を諸概念によって綜合しようとする)代わりに、直観の努力によって、まずは持続のなかに身を置いてみるならば、誰もがはっきりと決定されたある緊張の感情をもつことになる。その決定自体は、可能な無数の諸持続間での選択として現われるのだ。その時から私たちは、望むがままに多くの持続を、すべてが互いにまったく異なる持続を認めるようになる……[35]」。これこそ、ベルクソニスムの秘密が、おそらくは『物質と記憶』に隠されているゆえんである。ベルクソンが別の場所で語っているところによれば、彼の著作は、すべてが与えられているわけではないという事実について考察するものであったという。すべてが与えられているわけではないというのは、時間的な現実である。だが、このような現実は何を意味するのだろうか。与えられたものは、それを発明したり創造したりする運動を前提にしているということ、また、この運動は与えられたものに似た姿で考えられてはならないということ、それらを同時に意味しているのである。[36] ベルクソンが可能的という観念を批判しているのは、それが私たちに産物の単なる敷き写ししか提示せず、ついでそれらを、産出運動や発明の上に投影する、あるいはむしろ回顧的に投影するからである。[37] しかし、潜在的なものは、可能的なものと同じではない。時間的な現実とは、結局、現実化する潜在性を肯定することであり、現実化するものにとって、それは発明することなのだ。なぜなら、すべてが与えられているのではないとしても、潜在的なものは、なおも全体であるのだから。エラン・ヴィタールが有限であることを思い出そう。全体はさまざまな種の内に現実化するわけだが、それらの種は全体というものに似てはいないし、互いの間でも似ていない。それぞれの種は、全体のある程度に対応しており、他の種とは本性的に異なっている。その結果、全体そのものが同時に、現実においては本性の差異として、また精神におけるさまざまな程度の共存として現われてくるのである。

もしも過去が、現在としての過去自身と共存しているのだとすれば、もしも現在が、共存する過去の最も収縮した程度であるとすれば、この同じ現在こそは、過去が未来へ飛躍しようとするまさにその地点なのだから、本性を変えるもの、常に新たなもの、生の永遠性として定義されることになる。[38] ベルクソンの全著作を、一つの叙情的な主題が貫いていることは誰の目にも明らかだ。新たなもの、予見不可能なもの、発明、自由への真の讃歌。そこに哲学への断念はなく、哲学に固有の領域を発見するための、また、可能的なものや原因や目的といったものの秩序を越えて事物自体に到達するための、深く独創的な試みがある。目的性、原因性、可能性などは、常に、ひとたび出来上がってしまったような事物と関わるのであり、いつも、「全体」が与えられていることを前提にしている。ベルクソンがこれらの観念を批判し、私たちに不確定性を語るとき、彼は私たちに理性《レゾン》を放棄するよう誘っているのではなく、生成しつつある事象の真の理由《レゾン》、決定ではなく差異であるような哲学的理性《レゾン》に復帰するよう誘っているのである。ベルクソン思想のすべての運動、私たちにはそれが、本性の差異、共存する差異の程度、差異化という三つの形式のもとで、『物質と記憶』に集約されていると思われる。ベルクソンは私たちに、まず、過去と現在との間、記憶と知覚との間、持続と物質との間には、本性の差異があることを示している。心理学者たちや哲学者たちは、いつの場合にも、うまく分析されていない混合物から出発したために誤りを犯したというわけだ。続いて彼は、物質と持続との間、現在と過去との間にある本性の差異について語るだけでは、まだ十分ではないことを示す。なぜなら、問いのすべては、まさしく本性の差異とは何かを知るところにあるのだから。そこで彼がさらに示すところによれば、持続自体がこの差異であり、差異の本性でもあり、それゆえ持続は、その最低の程度として、最も弛緩した程度として、無限に拡張した過去として、物質を含んでおり、また、みずからも極度に縮んで緊張した現在として収縮しながら、自分自身をも含んでいることになる。最後に、彼は私たちに、もしもさまざまな程度が持続のなかで共存しているのならば、持続は各瞬間ごとに差異化するものとなり、過去と現在とに差異化し、あるいはこう言ったほうがよければ、現在が二つの方向に分かれて、一方は過去へ、他方は未来へ向かうのだということを示している。これら三つの時制には、全著作のなかで、持続、記憶、エラン・ヴィタールの観念が対応する。ベルクソンにおいて見出される企て、さまざまな批判哲学と手を切って事物に復帰しようとする企ては、フランスにおいてさえ、絶対的に新しいものというわけではなかった。なぜなら、それは哲学の一般概念を明示しており、そのいくつかの側面からしても、イギリス経験論に与しているからである。だが、方法も、その方法を意味深いものにした三つの本質的な概念も、これらは根本的に新しいものであった。

〔ジル・ドゥルーズ（ルイ＝ル＝グラン高等学校教諭）〕

原註

01 『思想と動くもの』PM II.
02 『物質と記憶』MM I.
03 『創造的進化』EC III.
04 PM II.
05 PM VI.
06 MM III.
07 EC III.
08 PM VI.
09 PM VII.
10 EC IV.
11 EC II.

12 MM III.
13 PM VI.
14 PM IX.
15 PM II.
16 PM V および MM IV.
17 『意識に直接与えられているものについての試論』DI I.
18 EC II.
19 MM I.
20 EC III.
21 MM IV および PM IV.
22 『道徳と宗教の二源泉』III、『精神のエネルギー』ES I.
23 MM IV.
24 DI II.
25 MM IV.
26 PM VI.
27 MM I.
28 MM III.
29 ES V.
30 MM III.
31 MM IV.
32 MM III および IV.
33 MM III.
34 PM VI.
35 PM VI.
36 EC IV.
37 PM III.
38 PM VI.

補記

若きドゥルーズが執筆したこの《肖像》には、ベルクソンの伝記的側面を除けば、ただの一つも加筆すべきところはない。ドゥルーズの独創的なベルクソン解釈は、その後、彼自身によって刊行された数冊のベルクソン論(『ベルクソンの哲学』宇波彰訳(法政大学出版局)、『差異について』平井啓之訳(青土社)、『記憶と生 アンリ・ベルクソン』前田英樹訳(未知谷))においても、この項目の枠組みを超えることはなかった。もっとも、それら後年の論においてドゥルーズは、ベルクソンの純粋持続を差異化の運動として把握しなおしつつ新境地を開いているので、いささかなりとその理路はたどっておこう。

ドゥルーズによる本稿の書き出しの部分は、そのまま、彼が十年後に発表した『ベルクソンの哲学』の末尾に照応するものとなっている。

「われわれは最初に、持続と記憶とエラン・ヴィタールという三つの基本的概念のつながりは何か、それらはベルクソンの哲学のなかでどのように展開されるかという問いを提出しておいた。持続は、本質的には潜在的多様性(本性的に異なるもの)を規定するもののように思われる。そして記憶は、この多様性・潜在性のなかであらゆる差異の程度が共存しているものとして現われてくる。最後にエラン・ヴィタールは、さまざまな程度に対応する異化＝分化の線にそった、この潜在的なものの現実化を示している。」

つまりドゥルーズはここで、「持続の潜在的多様性」と「エラン・ヴィタールによるその現実化」という二極を置き、両者のはざまに、潜在性のさまざまな程度としての記憶を配しているのである。そこからすれば、『意識に直接与えられているものについての試論』における「すべてを持続の相のもとに」見ようとするベルクソン的困難は、潜在性を直視する際の困難として了解されることになるだろうし、『創造的進化』における進化の推進力は、潜在的なものが現実化する運動として把握されることになるだろう。ただし、『物質と記憶』における記憶の存在様態を理解するのは容易ではなく、そのためドゥルーズには「ベルクソンにおける差異の概念」を経由し、潜在性をすっかり差異の観点から捉え返す必要が生じることとなった。たとえば彼は、「持続とは潜在的多様性である」という表現を、「持続とは自己に対して差異を生ずるものである」という形に置き換え、ベルクソンの言う「程度の差異」から「本性の差異」に移行し、さらには「差異の本性」へと至る。あるいはまた、ベルクソン的思考のすべての運動が、「本性の差異」「差異の共存する程度」「異化＝分化」という三重の形式のもとに『物質と記憶』に集約されていることを明らかにする。そしてついには、それまでのベルクソン読解では調停不可能とさえ思われてきたさまざまな本性の差異の二元論を、弛緩と収縮との強度をめぐる一元論によって縦につなぐことになる。つまるところ、「持続」「記憶」「エラン・ヴィタール」の定義は、すべてが差異の用語で書かれることになるのである。

ドゥルーズがベルクソンの伝記についておよそ触れることのないのは徹底しているが、ベルクソンのほうもまた、生涯に過不足のない四冊の主著をしたため、その周囲にそれらを敷衍する幾冊かの著作を配したまま、遺言書に次のような一節を残して世を去った。

「私は、世間に知らせたいと思ったことは残らず公表した。したがって、それ以外の私の手稿の公刊は、これを厳禁する。」

とはいえ、後世は、さまざまな手を使って、この哲学者の言葉をとどめようとするだろう。おかげで、今日私たちは左記のごとく、彼の講義録にも書簡集にも触れることができるようになっている。

メルロ＝ポンティの時代には、ベルクソンに関する研究書として、デュエムやル・ロワのものがよく読まれており、また、メルロ＝ポンティ自身、学生時代に、とある女子学生にチボーデの『ベルクソニスム』を薦めていたという証言が残されている。今日のフランスでは、フレデリック・ヴォルムスを中心にして資料の充実がはかられており、科学哲学や現象学との関係が論じられているが、とりわけ現象学との関係については、すでに一九五九年、その大筋がメルロ＝ポンティによって指摘されていた（メルロ＝ポンティ『知覚の本性』（法政大学出版局）所収「実存の哲学」参照）。

略伝

メーヌ・ド・ビランらのフランス・スピリチュアリスムの伝統を受け継ぎつつ、スペンサーの進化論哲学の影響を受ける。一八八一年から一六年間、中等教育に従事し、一九〇〇年から二一年までコレージュ・ド・フランス教授を務め、同時代のフランス思想の流れを、新カント派のレオン・ブランシュヴィックとともに二分する。二十七年にはノーベル文学賞を受賞。第二次世界大戦中、ユダヤ人としての逆境の内に死す。

＊《哲学史要覧》の列伝項目（一九四頁）も参照のこと。

主要著作

▼『ベルクソン全集』平井啓之・田島節夫・中村雄二郎他訳、白水社、一九六五。
▼『新訳ベルクソン全集』竹内信夫訳、白水社、二〇一〇。
▼『ベルクソン講義録』合田正人・谷口博史他訳、法政大学出版局、一九九九。
▼『ベルクソン書簡集』ボアグリオ治子訳、合田正人監修、法政大学出版局、二〇一二。

参考文献

▼ジャック・シュヴァリエ『ベルクソンとの対話』仲沢紀雄訳、みすず書房、一九六九。
▼中田光雄『ベルクソン哲学――実在と価値』東京大学出版会、一九七七。
▼メルロ＝ポンティ『心身の合一――マールブランシュとビランとベルクソンにおける』滝浦静雄、中村文郎訳、筑摩書房、一九八一。
▼V・ジャンケレヴィッチ『アンリ・ベルクソン』阿部一智、桑田禮彰訳、新評論、一九八八。
▼ジャン・ルイ・ヴィエイヤール・バロン『ベルクソン』上村博訳、白水社、一九九三。
▼檜垣立哉『ベルクソンの哲学――生成する実在の肯定』勁草書房、二〇〇〇。
▼守永直幹『未知なるものへの生成――ベルクソン生命哲学』春秋社、二〇〇六。
▼杉山直樹『ベルクソン――聴診する経験論』創文社、二〇〇六。
▼久米博・安孫子信・中田光雄『ベルクソン読本』法政大学出版局、二〇〇六。
▼前田英樹『ベルクソン哲学の遺言』岩波書店、二〇一三。
▼中村昇『ベルクソン――時間と空間の哲学』講談社、二〇一四。
▼郡司ペギオ幸夫・河野哲也・バリー・デイントン『ベルクソン「物質と記憶」を解剖する――現代知覚理論・時間論・心の哲学との接続』書肆心水、二〇一六。

［翻訳・補記＝加賀野井秀一］

ベルクソニスム

ベルクソン、アンリ　1859-1941

❖Henri BERGSON

パリに生まれる。リセ・コンドルセに学び、一八七七年に全国学力コンクールの入賞者となった。一八七八年にエコール・ノルマルに入学。そこでの彼はとりわけ古代ギリシアの研究者として注目を浴びることとなった。エドゥアール・フルニエ教授には自分の生徒が適切な返答をしたときにそれをメモ帳に書きとめる習慣があったのだが、ある年、そのメモ帳に記されたのはベルクソンの名だけであった。一八八一年に哲学の教授資格所有者となり、ベルクソンはリセ・アンジェで哲学の講座を受け持ち、ついでリセ・クレルモン＝フェランに移る。文学部での講演で、ベルクソンがのちの一九〇〇年に『笑い』についての本となるものの青写真を素描したのが、この町（かつてパスカルが〈真空〉についての理論を、そしてラモーが〈ハーモニー〉についての理論を形成した町）である。また、彼が一八八五年に同リセの表彰式で述べた言説（「礼儀正しさ」と題された講演）に、『意識に直接与えられたものについての試論』――一八八八年に哲学博士の学位を彼にもたらした――の先触れとなるものが見出される。一八八九年にパリへ戻ったベルクソンは、コレージュ・ロランで教え、ついで一八九〇年から一八九七年までリセ・アンリ四世で教えた。この時期を画するのは『物質と記憶』であり、ウィリアム・ジェームズはそのスタイルの途方もない斬新さを目の当たりにして「賞賛のあまり声を詰まらせ」、そこに「コペルニクス的展開」をみたのである。一八九八年になるとベルクソンはエコール・ノルマルで教壇に立ち、さらに一九〇〇年にはコレージュ・ド・フランスで、はじめはギリシア哲学の講座を、ついで近代哲学の講座を担当する。近代哲学の講座が巻き起こしたアカデミズムの枠を超える成功にも彼はほとんど気を揉むことがなかったと言われている。ベルクソンは一九〇一年に道徳・政治学アカデミーの会員に任命され、一九一四年にアカデミー・フランセーズに入会し、一九二七年にノーベル賞を受賞した。一九三二年には、『道徳と宗教の二源泉』が刊行された（本書一七六頁参照）。

ソレル、ジョルジュ　1847-1922

❖Georges SOREL

技師を辞めて社会学者になった異色の人物である。彼の思想はマルクスとプルードンを優劣なく援用し、ベルクソンとニーチェを優劣なく援用している。他方、ムッソリーニは彼の思想を引き合いに出している。ソレルはアクシオン・フランセーズとも親しい関係にあった。彼の思想は錯綜しており、混乱しているところもあるとはいえ、二つの基軸に沿って整序されている。ひとつは「フランスは品性を失ってしまった」という基軸であり、ここから道徳を改革する必要が出てくる。そのためには革命的サンディカリズム以外の道はない。この道は行動を哲学とする道である。というのも、ソレルは哲学のこの新しい観念をほかならぬマルクスから借りているからだ。「哲学者たちはこれまで世界をさまざまなしかたで解釈してきたにすぎない。いま重要なのは世界を変革することである」。これがもうひとつの基軸である。

哲学は、思弁的本質を備えた学問的理想として英知的なものを措定したとき、道を誤った。英知とは実際のところ、人為的機構が「うまく機能する」ことによってもたらされる名称である。理解することが作り直す術を心得ることだとすれば（ベルクソン）、それは完全なる英知の視点を、万物の論拠である重々しい〈創造者〉の視点を摑むことではまったくなく、製作人《ホモ・ファベル》の、職人の視点を摑むことなのである。学問上の仮説は間違いなく有効であり、物事に対する行動手段である。実証主義的な律法主義は仮説の有効性を排除しないのだ。同様に、信念の、「神話」の有効性は、まだ漠然としている社会の将来を決定する。これは歴史の展開が「知において現実のものとなる生成」であるとするヘーゲル主義の正反対である。行動は「神話」を通して可能になった。この言葉はソレルのものである。それは不毛な、イデオロギーとしての、あまりにも内容のないことが多いユートピア（という言葉）に異議を申し立てる言葉である。神話とはユートピアの片鱗もない行動への一般的信念なのである。神話は反‐主知主義的なものではない。それは超‐知性的なのである。まさに「社会主義がまるごと包み込まれる神話、つまり現代社会に対して社会主義が仕掛ける戦争の多様な現われに対応するあらゆる感情を本能的に喚起することのできる諸々のイメージの組織化」だ。行動の武器、それはゼネストである。哲学は、行動のプログラムとなるために、精神が描く空しい生に信頼を置くことをやめなければならない。暴力について哲学することが可能なのは、国家を効力のあるしかたで廃止しようとし、新しい道徳を呼び起こすことのできるプロレタリアの暴力が、完全な服従を求めてやまない当局のブルジョワ的な表現である強制力に対置されるからである。

ジョルジュ・ソレルは『ソクラテス裁判』（一八八九）、『暴力論』（一九〇八）、『近代経済学入門』（一九〇三）、『マルクス主義の解体』（一九〇八）の著者である。

ペギー、シャルル

❖Charles PÉGUY 1873-1914

オルレアンに生まれ、第一次世界大戦が勃発してほどなくヴィルロワで戦死する。一九〇〇年に『半月手帖』を創刊し、同誌に作品の大部分を発表した。そのなかで哲学に関連するものには、『金銭』(一九一三)、『ベルクソン氏に関する覚書』、『デカルト氏に関する覚書補足』(一九一四)、『クリオ』(死後公刊、一九一七)がある。ペギーは、「反‐主知主義的な」ベルクソン哲学を越え出て、ベルクソンにおいて最も価値があったものを、苦もなく理解した。そして彼は『クリオ』で、歴史の問題について、『道徳と宗教の二源泉』を凌駕する示唆を与えたのである。

ル・ロワ、エドゥアール

❖Edouard LE ROY 1870-1954

感情、意志、理性は行動の三つの構成要素である。このことをE・ル・ロワの哲学は諸科学のなかにまで見通している。ベルクソンの生の躍動が「進化」という言葉を創造的生成の意味で解釈するのと同じしかたで、行動こそが実在の統一をその運動ともども許可することになるのである。ただしここでいう行動とは、「身体の生と精神の生のどちらも含む、道徳的で宗教的な生に従属する、中断された実践的行動の全体」と理解されるかぎりにおいてのものだ。新哲学という名称で、この行動の哲学はレオン・オレ=ラプリュヌ、モーリス・ブロンデル、ラベルトニエール神父たちの名とひとくくりにされている。もっとも、それは必然性のうちで偶然性を、決定論のうちで自由を擁護するブートルーのスピリチュアリスム的実証主義の業績に依拠しているのであるが。この思想の潮流は、それがもつ宗教的な形式の下であれ、それがもつより厳密に哲学的な形式の下であれ、一九〇七年にピウス十世のパスケンディ回勅によって糾弾されることになる。この思想の潮流が非難される点は、人間の知性が神に到達することを禁じる不可知論であり、内在説であるが、後者はもはや神の啓示をつくり出すためではなく、人間に宗教的感情を抱かせる効力のある手段をつくり出すために教義の観念が変容されたものを指している。ル・ロワの学説は真の一元論を標榜する。ベルクソンにおいては、生の躍動の統一の下に、知性と直観という認識の二つの様態の間の対立が残っているし、ブロンデルにおいても思弁と行動の間に対立が残っているのだが、ル・ロワにおいては、この二つの対立が行動と生きられる思考を統一することで消え去るのである。思考はこのとき、素朴実在論と同語反復的な主知主義という二つの危険から逃れるのだ。「旧来の学説が外的存在のありもしない優位性に根拠を置き、十九世紀を席捲した批判主義が思考のための思考をひっそりと崇拝することに行き着いたとすれば、私の考えでは、観念が実在に、そして実在が行動に従属することを認識したことこそが、新哲学の力強い独創性であり、揺るぎない真理なのである」。ル・ロワは哲学の新しい学説を主張することに甘んじるのではなく、古生物学と人類学の実際の資料を通じて、生物とその進化を説明することができる唯一の要因である生の躍動を、あらためて見出そうとした。彼の意図に鑑みると、私たちはテイヤール・ド・シャルダン神父のことを思わずにはいられない。重要なのは、議論の余地なき進化の事実を、理性と生の総合である創造的生成の意味＝方向が明らかになるところまで、考察することである。「生の歴史は思考の集中化の歴史として私たちに現われた。しかし後者の歴史は自らを明確なものにすべく具体化を試みる拡散的傾向をもった状態であらかじめ存在していたのである……。すべてはこの後者の歴史からやって来るのであって、後者の歴史が物質から発するのではまったくない」。

エドゥアール・ル・ロワは『観念論者の要請と〈進化〉の事実』（一九二七）、『人類の起源と知性の進化』（一九二八）、『直観的思考』（一九二九―三〇）、『神の問題』（一九二九）の著者であり、『第一哲学試論』の第一巻『思考』、第二巻『行動』の刊行が予定されている（一九五六―五八年に刊行された）。

ブロンデル、モーリス

❖Maurice Blondel

1861-1949

モーリス・ブロンデルについてありきたりの肖像画を描くことほどたやすいことはないであろう。ディジョンに一八六一年に生まれ、一九四九年にエクス＝アン＝プロヴァンスで死去。[01] ブロンデルは、ベルクソンほどは名声や栄誉につつまれてはいなかった。さらに、ブロンデルは、大学の主任教授にはならなかった。模範的なキリスト教徒としての人生にもかかわらず、カトリック当局は、クローデルの場合とは違って彼には栄誉を授けなかった。にもかかわらず、彼の人学における経歴はどこに出しても恥ずかしくないものである。彼は、多作で影響力のある、さらに商業的にも成功した著作者であった。カトリックの彼に対する初めの頃の否定的見解は徐々に変わり、後にその評価は高くなっていった。死の直前には、皆に囲まれ愛され世界的に尊敬を受ける巨匠となっていた。ローマ教皇は、一九四五年に彼に讃辞を述べた。さまざまな定期刊行物は彼に寄稿してもらうことを求めた。ソルボンヌも、一九三七年のデカルト学会の際に彼のために豪華な催しを用意した。それゆえ今日では、自信を持って次のように記すことができるだろう。有為転変はあったにせよ、ブロンデルの人生と著作は、まったく不遇であったとは言い切れず、それとともにまたまったく独創的なものであったのだとも言い切ることはできない。キリスト教徒の哲学者として、彼はキリスト教哲学の仕事を誠実に行なった。この点に関しては、独創的な才能を持った人々やこの本を執筆している他の哲学者たちと同様に、理性と法則に関する時代を超えた議論が各世代において再び始められてゆくことになるのである。

しかし、そのようなありきたりの肖像は、実は少しもブロンデルにふさわしいものとは言えないことがわかるだろう。ブロンデルを祭り上げる者たちは、それでもやはりそうしたありきたりの肖像画を描くかもしれないとしても。それは、たいていの思想家たちによく起きていることである。思想家たちが上げ潮の時、つまり彼らの思想が興味深い時は彼らに対して抵抗し、そして、思想家たちの思惟のさまざまな観点を十分に利用しつくてしまった後で、その思惟を受け入れ承認し、マニュアル化し防腐処理を施してしまうのだ。その思惟は古典的なものになると同時に犯すべからざるものとなる。それは、ある教育の専門家が大思想家になってしまうような操作的介入なのだ。ブロンデルは長命であったために、彼の生が、そのような敬意を払った上での横領でも呼べるものを受けることを許してしまうこととなった。それゆえ、ここでは、普段は決して言及されないようなことだけを述べるにとど

❖ Maurice Blondel

めよう。一八九三年六月九日に学位論文『行為』を提出した際にブロンデルがもたらしたものに関心の焦点をしぼることとしよう。著作と人とを切り離さず、また活動家の側面と思想家の側面とを分けることなく、不即不離の関係にある一つの思惟と反省のもとで、いかにしてその生が実現されていったのかをわれわれは見ることとしよう。

身体的な特徴を述べるならば、ブロンデルは小柄な人であった。健康をそこないがちではあったが、華奢な体つきというほどではなかった。筋骨隆々とし、精力的で絶えず活動的であった。二十歳の頃から、短く刈り込んだブロンドと頰髭、そして入念に手入れをした口ひげをはやしていたブロンデルは、四十歳にして上品な物腰ではっきりとした態度をとる気品のある教授となっていた。古くからの大学での服装に忠実にカラーは折り襟にし、山羊ひげを尖らせたブロンデルは、気取りとわざとらしさを避けつつ、威厳と品位を保つことには大いに気を遣っていた。目立った容貌の特徴をあげると、額はひろく、対照的に顔の下のほうはどちらかというとほっそりとし、その目の深く内省的なまなざしは、突然からかうような皮肉なきらめきで生き生きと輝くことがあった。穏やかで音楽的な声は、いつでも雄弁を振るう準備ができていた。声と共に手はその弁舌をきわだたせ、動作は思惟の進展をそのまま表現した。結局のところは、論証し、教え、解明し、著述するという仕事をこなす完璧な教授であった。

精神面に関しても対照的なところがあった。本質的に堅実ではあるが、それでいながら快活でもあり、少しからかい好きでもあった。絶えず達成不能な総合についてあれこれと思いめぐらしながらも、彼は情熱的でありつづけた。彼は、ギリシア人言うところの「ユートラペリア」、すなわち快活でありかつ落ち着いて丁寧な物腰を賞賛した。この古いタイプの大学の教員にとっては、礼儀正しさは慣例に従うことと同じ意味を持っていたのである。だが、穏和で礼儀正しきこの人物は、根底では、熱情的で戦闘的な気質もまた持ち合わせていた。彼は、思い立ったらすぐに行動する傾向があったが、自らの行為を改めたり、思いとどまろうとするときは必ず徳に従った。彼の親切心や善良さは支配的なものであり続けた。彼は、めったにない程度まで、高潔で寛大な精神を発揮し、相手とはまったく対立的な思想を論じながらも、自らの信念に反する態度をも理解しようと努力した。全体としてみると、彼はその気になれば穏和で魅力的なものになりうる熱情的な性格を持ち、毅然としているが柔和な、そして剛胆ではあるが感受性の強い魂、さまざまな種類の文化に開かれた知性を持っていた（彼は絵画と音楽を愛していた）。彼のような天分に恵まれた人は、衝撃を人に与えたり自ら受けたりするという一流の役目を果たさないわけにいかなかった。それは、必然的な和解の時期の前に起きたことで、その和解は、視力を失うのと同時期にもたらされることとなった。晩年彼は視力を失ったが、彼は口述筆記をし、さらにその盲目の暗闇のなかで、大胆に自らの道を切り開こうとしたまさにその場所で支援を求めることもあった。

彼の主著は間違いなく『行為』であろう。それには「生の批判と実践の学の試み」という副題が付けられている。書店ではすぐに品切れとなり、原版のままでの再版は、著者の死後まで行なわれなかった。それは単なる学術論文とはまったく違った射程を持つものであった。その著には、その後ブロンデルが再び手を加えざるをえなくなるほとんどすべての思想が含まれていた。思惟の揺るぎなさ、方法の独創性、その文体の力強さと華麗さにより、その著は古典となった。間違いなく、『行為』は、ある時代において哲学を一新し、精神を新たな段階へと移行させるようなごく少数の著作に属している。

ブロンデルが行為という題目を選択したということは示唆的なものである。ブロンデルは、まさに「行為」を研究したのであった。ところで、行為という言葉は一八八二年の頃には哲学事典に項目として記載されてはいなかった。当時の人々は行為と行為の概念とを混同していた。ルナンとともに行為は思惟を汚してしまうとさえ考える者もいた。その当時は、行為に形而上学的身分を与えることなどまったく問題にされなかったが、それこそブロンデルがきわめて大胆にも企てたことなのである。行為を復権させ、現実の行為、つまり、われわれの意図に肉体を与え、その意図を有効にするとすると同時に明白なものとするような行為を理解することで、ブロンデルは哲学を拡張した。それ以上に、彼はそれまで意識化されていなかった経験の一部を哲学的意識にもたらしたのであった。それは実存主義にも匹敵する大胆な試みであった。というよりも、ブロンデルこそが実存主義への道を切り開いたのだと言ってもよいであろう。現代の実存主義は、それをキルケゴールやニーチェの功績としている。それは叫び声と反逆のおかげでそうなっているのかもしれない。だが、生に内在する論理の解明のために、さらに実存に固有な構造の解明のためには、行為の哲学を引き合いに出したほうがより良いのかもしれない。ガブリエル・マルセルは、その哲学に敬意を払っていた。ハイデガーは若い頃、『行為』を読んでいた。モーリス・メルロ゠ポンティもまたそうであった。さらに、『行為』を読んでいなかった者でさえも、それの引き起こした再生によって恩恵を受けたのだ。

その主題は、前代未聞で、その方法もまた斬新なものであった。ブロンデルが一八九三年から、自らの考える「現象学」について語っていたのには驚かされる。その言葉遣いには多少のためらいはある。また、時には現象論と現象学との同一視も見られる。しかしながら、文脈をよく考えると彼の意図は明らかになる。ブロンデルは、ヘーゲルの『精神現象学』と近いところにいたのである。それはテーヌの現象主義的決定論とは対極にあった。その上、いくつかの点では、フッサールと彼の本質に関わる現象学をも先取りするところもあった。フッサールと同様に、彼は、偶然的かつ偶有的で移ろいやすい要素とまったく不変的かつ必然的で本質的な要素を峻別した。フッサールと同様に、彼は存在の意味を解明した後で初めて存在に関する問いを立てた。フッサールと同様、彼は主観性と自由を同一視した。フッサールと同じく、彼は心理学的自我を優先させる心理主義と闘った。また、精神的活動への無理解ゆえに対象を優位に置く客観主義とも闘った。また、フッサールと軌を一にして、反論の余地なき論証的な論理により支えられた普遍主義的哲学の理念と、現実のさまざまな領域の特殊性の持つ重要な意味とを、調和させることを夢見た。最後に、フッサールと同じようにして、いやフッサールよりも前に、ブロンデルは、人間の主観の歩みの志向的性格を論じた。彼は身体の哲学、他者との関わりの哲学、文化的な世界を前進させる間主観的な相互性の哲学の下絵を示した。もちろん、その類似性は、相違を排除してしまうものではない。しかし、その類似性は少なくとも一つのことを示している。ブロンデルは哲学的思惟が次の世紀に取り組まざるをえなくなるような方向性の大部分を予感していたのだ。彼の著作に現代的意義を与え力強いものにしているのは、まさにそうした予見性の持つ力なのだ。

他の点においても、『行為』は、新たなものをもたらした。ブロンデルは、そこから本質的なものを取り除くことなく、人間の行為を記述しようとした。彼によると、そういった理由から哲学とは、他の問題と同様に、宗教的問題にも取り組まねばならないのである。宗教的問題を吟味するのを拒むこと。それは、結局は、その考究へと導いた要求にはふさわしくないさまざまな動機のために答えを最初から決めてかかることになってしまう。しかし、いったいどのようにしたら、その固有性をそこなうことなく宗教を研究することができるのだろうか。その問いに答えるために、ブロンデルは、「内在性の方法」を考えついた。その方法は、『行為』のなかで示され、一八九六年に、反響を呼んだ『書簡』のなかで発展させられたものだが、それは、神学や護教論の専門家たちを長きにわたる眠りから目覚めさせるものであった。その後に続く論争のためにブロンデルは精力を使い果たすこととなった。だが、それらの論争なくしては、カトリックは、ただ口うるさくない思想という地位にとどまりつづけていたであろう。ブロンデルは、長い間カトリック界からは不評を買っていた。しかし、最後には彼は、カトリックからの攻撃の矛先の勢いを弱めさせて、カトリックの守護神となるにいたった。

「内在性の方法」は、センセーションを巻き起こしたが、理解されないままであった。それは、宗教的信念は、その表現に際して、理性から必要な概念を借りることによってのみ表明されうると考えることにあった。そこで、その方法は、キリスト教によって示された救済の無根拠性を説明するために「超自然」の概念を強調する。なぜなら、超自然の概念こそまさに理性の表現手段を用いて練り上げられた概念だからである。とはいえ宗教的経験に迫られ、また宗教的経験のために、哲学者は、哲学者にとっての「超自然」の概念の意味や価値を吟味しなければならなくなる。よく考えてみるならば、「超自然」の概念には一貫性があるように見えてくる。またそれ以上に、その概念は「必然的なもの」に思えてくる。つまり「超自然」の概念は、理論的要求と実践的要求に答えるものである。なぜ理論的かというと、絶対者からの人間へのあらゆる伝達は贈与によるしかないと考えること、つまり有限者は無限者にいかなるものも要求する権利はないのだと考えるのは論理的だからである。実践的というのは、具体的行為を分析してみると、最終的には、人間は自らの固有の力によって行なったり獲得したりするものすべてに失望させられるだろうということが証明されるからである。たとえすべてを手に入れたとしても、人間は不満足であり続ける。それは、人間のなかには人間を超えたものがあり、隠れた恩寵がすでに人間の自由のなかで働いていることを意味している。このようにして意識に対してあらわれる超自然性について語ることは、不条理であったり承伏しがたいことを意識に告げることではない。そうではなく、それは逆に、意識の期待するものを正確に名づけることなのである。とはいえ意識は自らの力でそれを獲得することもできないし、また、それを意識にもたらすことができるような宗教的制度が実際に存在するのかどうかは、意識自らが確かめてみなければならないことなのである。

この命題を前にしても、不信仰者は依然として懐疑的であり続けるだろう。不信仰者はそのような救済の必要性を少しも感じないだろう。ブロンデルの目的はまさにそのような者に対して救済の必要性を証明することなのである。ブロンデルは、神がなければすべての価値が不安定になることを不信仰者に対して示す。神の完全なる自由が彼を救済しない限り、彼の自由は制限されている、と不信仰者を説得する。これは、雄弁で情熱的な一節であり、パスカルを思い起こさせるところもある。だが、ブロンデルのやりかたの最も新しい点はそこあるわけではない。

神学者は、また別の理由からブロンデルに反対し反論するかもしれない。ブロンデルがたとえ何と言うとしても、人間の性質のなかに超自然性への要請を位置づけようとしているのではないかと神学者は恐れるのである。ブロンデルがそのような非難をはねつけるには五十年かかったのであった。それはまた、彼が誤読という行為をとても重要視していたということでもあった。

実際は、ブロンデルの発見はまったく次のことにある。信者たちにとっては啓示された起源を持つとされているキリスト教的教義に対して宗教哲学を適用してゆくこと。そのような場合でさえ、宗教の哲学は可能であり、自然なものであり、義務的なものであるということを彼は示したのだ。確かに、宗教の本体、つまりその表現、概念的な（さらには神話-論理的な）仕組みは、必然的に心理学と人間の歴史によって把握されるものである。文化的に見ても、それは内在的なものでしかあり得ない。だが、そのことは、精神的超越性をいささかなりとも傷つけるものではない。なぜなら、精神的超越性とは別の次元にあるものだからである。精神的超越性とは宗教の魂であり、絶対者であり、表現し得ないものであり、宗教的経験の内に臨在している。また、それは、相対的なものによって象徴されるがままとなり、言説によって表現されるがままになっている。宗教的な歩みが到達する生き生きとした諸価値（それは、それぞれの意識には隠されたままになっているのだが）と、宗教者に役立っている表象と図式とを見分けることに気をつけるならば、意味深き表現を持つ宗教の主要部分を哲学的考究にゆだねることにはなんら不都合はないことがわかるだろう。教義と儀式の構造の全体は、行為一般を特徴づけるような概念と行動の全体的構造として、哲学のなかに再び組み込まれうるのである。これがブロンデルによるもう一つの大胆な試みでもある。つまり、理解可能な同一の構造にあらゆる人間の行なう表現が由来することを期待するような内在性、そういった内在性の名において、行為としての宗教が哲学の一部となるということである。[02]

繰り返しになるかもしれないが、おそらくブロンデル的方法の独自性をなす区別によってのみ、そのことは正当化されるであろう。つまり、哲学とは現象学的本質を持つものである。哲学は記述し、「反省する」。しかし、それは、表現されたものにしか関わらない。哲学は、哲学者によって抽出される理念や概念図式に、行為や宗教を還元してしまうのではない。それどころか、自由な意識をもって生きて活動する主体が、哲学によって議論されている諸価値を自らの力で実現するがままにまかせているのである。そのことによって、行為の超越性と、また同様にして宗教の超越性とが絶えず守られ続けることになる。ブロンデルは、行為と宗教が自然なかたちで含んでいる諸価値を、哲学が行なう意識化へと還元してしまったりはしない。それとは逆に、哲学の内部で哲学が行なう意識化によって行為と宗教とを研究する手段を見出したこと、これこそがブロンデルの功績なのであった。彼の同時代人にとってと同じく、ブロンデルにとっては、常に生のなかの無反省なものが、精神の反省的能力を大きく超え出てゆくのである。

ブロンデルは、単なる教授ではなかった。高等師範学校時代から、彼は社会と政治に熱意を持っていた。一八八〇年に彼は温情主義的と今日では見なされている社会改革家のル・プレーの学説を発見した。彼は次に社会カトリシズムに向かい、さらにその拠点であるフランス社会週間とも協力した。もともとはドレフュス派で、共和主義者で愛国者であった彼は、常にカトリック左派とも見なされた。ただし、哲学的基礎をまったく欠くカトリック左派の運動であるル・ションに関わることをブロンデルは避けた。

他方、彼は国粋主義団体のアクション・フランセーズに対しては戦いを挑み、次いでナチズムとも戦った。一九四〇年からレジスタンス運動を行ない、はなはだしい迫害の犠牲者たちを受け入れるために自らの体を張って奮闘した。彼は、キリスト教的民主主義が政治の場で力を増すことを歓迎したが、幻想を抱きすぎることもまたなかった。

これらは、人々がたやすく黙殺してしまいがちなブロンデルの活動である。彼は、騒ぎ立てることもないまま自らの態度を表明していった。自らの思想を、教会での生と同様に国家の発展のなかにも関与させたいというのが彼の断固たる意志であった。彼は自らの主張を広めるための雑誌を持ちたいと願った。その目的のために、彼は『キリスト教哲学年報』を一九〇四年に二〇〇〇フランの金額で自費で買い取り、その運営は友人であるラベルトニエール神父に任せた。彼はその雑誌で、ほぼ十年間にわたってイデオロギー的権威主義や政治的権威主義と戦うことになったのである。

ブロンデルがそのようにジャーナリズムと論争に身を捧げてしまったことを残念がる向きもある。しかし、それは彼の人生の波乱であるとともにまた彼の傾向性にも由来するものであった。たしかに、もしブロンデルが論争に巻き込まれていなかったならば、『思惟』、『存在と諸存在』、『行為』に関する三部作(一九三四〜一九三七)と、『哲学とキリスト教精神』(一九四四〜一九四八)は、一九一〇年から一九二〇年にかけてすでに支障なく出版されていただろうと想像できる。したがって、PUF社〔フランス大学出版〕から発行されたこれらの著作は、老いによる停滞を経験することはなかったかもしれない。しかし、実際は、ブロンデルの運命にとって望ましいにせよ、望ましくないにせよ、偶然も好機も訪れなかった。ブロンデルの運命は、軋轢と戦いと妨害を伴うものであった。なぜならば、彼の性格、独特な考え方や思考や著述のやり方はそうした障害を伴うものだったからである。そのことで彼の敵対者の無理解が正当化されるわけではないが、それは以下の説明にはなるだろう。すなわち、彼は五十年もの間カトリックのある種の秩序を乱し続けたのだから、そのような無理解もあり得たのだし、事実、誤解を受けたのである。

だが、ブロンデルは教会の伝統を手ひどく攻撃することを望んでいたわけではなかった。それどころか彼は、常に教会を擁護しようとしていた。特に一九〇四年のカトリックの近代主義の運動に対しては教会の立場を擁護した。また、彼の社会的思想は破壊的なものでは決してなかった。その思想はカトリックのエリートのなかでは平凡なものとなってしまったが、少なくとも、ブロンデルはカトリックのなかの実証主義を除去することに貢献した。そういった実証主義はキリスト教良心には有害なものであったのだ。彼は政治的な聖職者至上主義も排除した。そのような態度は、ブルジョアジーの利益のために、悲惨な状況に置かれた人々の利益を軽視してしまうものであった。一九一〇年に、彼は「貧しき人種」の名誉を挽回した。彼は「民衆の台頭」を求めた。彼はその理念が「資本主義体制の救済」であるような人々を糾弾した。彼の置かれた環境と時代において、それは大いに勇気のいる行為であった。

では、最終的な決算報告をすると一体どうなるのだろうか。肯定的な評価としては、ブロンデルは、偏狭で臆病な精神が哲学に対して閉してしまった経験の二つの領野を、哲学に対して再び開いたと言えるだろう。その一つは実際の行為の領域である。（彼は「生の批判」を行なったのである）。もう一つは制度化された宗教の領域である（スピノザやカントやヘーゲルと同様にして、しかしまた独特なやり方で彼はキリスト教の批判を行なった）。否定的な評価としては、人間の置かれた状況についてのブロンデルの分析は、少なくとも部分的には「経済」への視点を欠いていると考える向きもあるかもしれない。そして、彼の宗教的な資料の分析は、聖書注釈の問題を少しばかり軽視していたと言えるかもしれない。だが、ブロンデルの才能とはきわめて思弁的なものであったのだ。客観的歴史主義を彼は警戒した。客観的歴史主義では、著者の知らないうちに解釈というものが働いてしまっており、そのために解釈がそれだけいっそう強い影響力を及ぼしてしまっている。人はブロンデルを完璧な思想家、哲学を立ち止まらせた哲学者とは言えないであろう。しかし、結局は、それはまったく素晴らしいことでもある。なぜなら、彼は本質的に開かれた哲学の方法を実践し続けたからである。それは、彼が冗談半分に「他動詞的かつ食欲増進的」と呼んでいたやり方であった。ブロンデルの後に続く者は、少なくとも人間にとっての真理とは、明証的事実の飽和状態にではなく、真理の探究の内にあることを知っている。それは、あらゆる時において思いだすべき有益な教訓である。なぜならば、確実性とは安心の別名ではないのだから。特にまた、ブロンデルの思想は反省の欠如と勇気を混同しているわれわれの時代において有益である。混乱に満ちた時代において、哲学とは平静で泰然自若たる態度を保つことを人々に教えてくれる学び場である。それを、われわれが再び学んでゆくためには、巨匠と呼ぶに値する哲学者が多すぎて困るということはないのである。

［アンリ・デュメリ（フランス国立科学研究センター所属／国際哲学研究所副事務局長）］

原註

01 彼の人生のほとんどすべては、エクスとリセと大学の文学部で営まれたものであった。

02 この点について私は、『ブロンデルと宗教』（パリ、PUF社、一九六四）において解明した。

補記

モーリス・ブロンデルを一言で表わすと、十九世紀から二十世紀に活躍したフランスのカトリックの哲学者ということになる。当時カトリック内部の保守派からは「近代主義」として批判されることもあった。しかしブロンデル自身は、カトリックの近代主義の運動に対して教会の立場を擁護するつもりで自らの主張を行なっていた。近年では、彼の立場は二十世紀カトリック神学の動向を先取りしていたとして再評価されている。ただし、ブロンデルは神学者ではなく、あくまで哲学者であり、哲学の領分を越え出ないように哲学の内部での神学の基礎づけあるいは神学への橋渡しを行なったとも言える。このため、ブロンデルは神学と哲学双方からの批判を浴びやすい立場であった。その主著『行為』が、保守的神学者からは、自然主義的、内在主義的と批判を受け、権威主義的哲学者からは、キリスト教の護教論と批判されたのはそのためであろう。しかし、ブロンデルによると哲学と神学は、双方その固有の領域を分けることを主張するが、それは双方の有効な協力のための区別なのである。

そこで要請されるのは、批判的態度であるが、ブロンデルの批判は、カントのような「理性批判」ではなく、「生の批判」であり「存在論的批判」であった。理性の働きとは単に理念を示すだけでなく、意志の決定を内在性を越え出る次元へと導き、無限なるものへと志向させている働きである。この働きは、意志の自己超出として生起する。「欲する意志（la volonté voulante）」と「欲せられた意志（la volonté voulue）」との差異を自覚することは、それまで自覚していなかった存在論的な側面を自覚することであり、存在論的潜在性への探求となる。われわれは、行為の後に、以前とは異なった存在となり、以前とは違った認識をし、以前とは違った意志を持つようになる。このような、存在と認識と行為の結び目は、究極的には媒介者であるキリストなのだが、直接的には人間のなかの理性の光に求められる。理性の光とは、理性の超越的目的性であり、その光は神の恩寵の光なのである。

デュメリは、ハイデガーやメルロ＝ポンティがブロンデルを読んでいたことに文中で言及している。特に、その大文字の存在（l'Être）と小文字の存在（l'être）に対する存在論的複視（diplopie ontologique）の思想は、後期メルロ＝ポンティの思惟に深い影響を与えている。また、その体系性から「フランスのヘーゲル」と呼ぶ人もあるが、ヘーゲルの弁証法のように、「止揚」はない。むしろ内在的秩序は、より大きな超越の構造のなかで保持されるのである。ブロンデルの「普遍的決定論」とはこの超越の構造に関わるものであろう。他方、人間は自己の受動性において、無限な者を己のうちに入るに任せることができる。この時、神なしに自足するかあるいは神を受け入れるかの決断が、「行為の死」と「行為の生」の「二者択一」なのである。受け入れた場合は、人間は自らの使命を実感し高次の生に向かうことになる。ただし、生と救済のこの行為、その必然性を学知は示すことができるとしても、学知はその行為を成就しえない。人間の行為はその主導性を持たず、その成否の鍵は人間の手中にはない。理性的批判と道徳的実践とは整地と準備の役割を有するだけなのであり、それはあくまで人間が「受動的」立場に置かれているからである。人間の活動の極致とは、逆説的にも、この根本的受動性のことなのである。

このように、ブロンデルの哲学では認識論と実践哲学と存在論が一つの絆によって結びつけられているが、それはすべて内在を通じた超越の方向、神という一つの極点を指し示している。その哲学の限界点で、哲学自身が、超越者の切迫を予感することになるのであり、人間は自らの意志の底に神的意志を感じることになるのである。理性に基づく自由な決断において人間は、神の自由なる必然性へと招かれることになる。神的行為の特質である自由な必然性こそが、人間の行為の理想でもある。その結果として、人間の行為は人間を越え出てこうとする。

この「自己の外への行為の拡張」という側面は、行為は他の人たちのためにあり、行為は社会的事実であるという結論を導く。このような共行為(la coaction)への関心は、ブロンデルの当時の社会運動へのさまざまな形での関与を説明するものでもある。

主要著作

▼モーリス・ブロンデル『行為——生の批判と実践の学の試み』増永洋三訳、一九九〇、創文社。

参考文献

▼増永洋三『M・ブロンデルと近代的思惟』、一九九二、九州大学出版会。
▼佐藤国郎『自由と行為の形而上学——ジュール・ラシュリエとモーリス・ブロンデル』、二〇〇八、学術出版会。

〔翻訳・補記＝大滝結〕

行為の弁証法

ロー、フレデリック
❖Frédéric RAUH　1816-1909

　高等師範学校、ソルボンヌ大学教授。著作の大半を道徳研究に費やした。まず一八九一年の学位論文『道徳の形而上学的基礎についての試論』、そして『道徳的経験』〔一九〇三〕、〔とくに「形而上学倫理学雑誌」での〕さまざまな論文、これに加えて、死後刊行された〈正義〉と〈祖国〉についての講義集『道徳研究』がある。ローの主なねらいは、道徳を形而上学から完全に引き離すことだった。彼の見るところ、ある道徳的原理が有効である唯一の場合とは、それが行為から導かれる場合である。彼はこう書いている。「道徳のうちには、実験に基づく思考を決定的に支配しているような、普遍的で必然的な確実性などない」。したがって道徳は「〔先述の実験に基づく思考から〕独立した技法」であり、経験に接することで鍛え上げられるものなのだ。とはいえ、ローにとっての経験は、たとえばマックス・シェーラーの場合のような、諸々の価値の発見といったことではまったくない。ローが強調するのは、単に〔隠れている事柄を〕明らかにするだけでなく、教えたり、証明したり、判断したりすることを目的とするような、能動的な経験である。これらの前提を確立してから、ローは道徳研究における三つのモメントを区別する。第一に、解放。彼はどんなアプリオリな演繹も認めないが、かといって、事実の無条件的な優位も強く拒否する。「行為は、その足跡を崇めてはならない」。だから道徳とは、あらゆる権威主義と相いれないものなのである。第二のモメントは、調査である。行為はすべて場所と日付を持つという考え方に、ローは飽くことなく立ち戻る。ここから、行為が実際になされた、歴史的、社会的、経済的、政治的な文脈を調査する必要性が生じる。さらに、すべての行為は未来へと方向づけられている。したがって重要なのは、できるだけ「同時代の意識」についての情報を集めつつ、行為の大筋を規定することである。これら二つのモメントに加えて、最も重要な第三のモメント、決定がある。たとえ調査の結果得られた情報が、行為の可能性の範囲を定めるとしても、その情報がかならずしもその行為の意味を示すわけではない。だから、「客観的な道徳的真理」を固く信じるローは、正確な基準を探し求めて、いかにももっともらしい「合理性の感情」にこそれを見出そうとする。こうした感情のうちで、まっとうな人間は、公正公平なしかたで決定を下し、「自分の立場にいながら、まるで他人の立場にいるかのように判断する」というわけだ。けれども、この分析は簡単にはいかない。何よりもまず、(ローが出す実例がそれを証明しているように)彼は道徳なるものを、社会的政治的な次元にある一連の問題へと制限してしまうがために、結果として、道徳がもつ本来的には内面的な様相(情念、意志など)を無視してしまっている。おそらく、「合理性の感情」が結局のところ満足のいく基準を与えていないのはこのためだ。もしもその感情が主体の側にあって、せいぜい主観的な明晰さ、それゆえしばしば幻想である明晰さでしかないとすれば、この感情は実践の上では、道徳を何らかの社会的なプラグマティスムに還元してしまいかねない。

[M.C.]

ブロンデル、モーリス

❖Maurice BLONDEL 1861-1949

＊『メルロ＝ポンティ哲学者事典』第三巻《肖像》参照。

ラベルトニエール、リュシアン

❖Lucien LABERTHONNIÈRE 1860-1932

オラトリオ会のラベルトニエール神父は、軽蔑をこめて「近代主義」と呼ばれていた思想の先駆者の一人である。彼は、一九〇五年に自ら主幹となり、エドゥアール・ル・ロワやモーリス・ブロンデルと協力してつくりあげた『キリスト教哲学年報』をはじめ、数多くの著作を書いた。そのなかから書名を挙げることのできるものは次の通り(ラベルトニエールの著作の多くは、一九一三年に教皇庁によって発禁扱いになっている)。『キリスト教的現実主義とギリシア的理想主義』(一九〇四)、『ドグマと神学』(一九〇八)、『デカルト研究』(一九三八)、『人格主義的哲学概要』(一九四二)。この最後の著作は、宗教的経験について新たな解釈を与えようとするものであり、何よりも、宗教を歴史的事実へと還元する十九世紀の客観主義への反発で書かれている。とはいえ彼は、トミズムには強力に反対する。なるほど、聖トマスは神学に二つの源泉を認めている。一方は信仰箇条であり、他方は信仰の真理が含意する世界観を、哲学的に、それゆえ理性的に転写することである。権威と、純粋に概念的な構築との、このような並置は、ラベルトニエールを満足させない。権威は、懐疑主義と無秩序を引き起こす危険がある。トミズムでは、諸々の超自然的な実在を自然の諸事物とのアナロジーで考えるので、自然の諸事物のために作り出されたカテゴリーを使わざるをえず、それゆえ超自然的な実在の本性を損なってしまわざるをえない。だからラベルトニエールは、信仰生活の根源に、神がそこで具体的な人格として体験されるような、直接的で生き生きとした経験を置こうとする。宗教的経験とは何よりも、神を人間と結びつけ、その神の媒介によってすべての人間同士を結びつけるような、愛の巨大な流れへの参与なのである。したがって明らかなのは、ラベルトニエールにとって、神とはまずもって、内的生活の掘り下げによって到達されるものである、ということだ。彼の「アウグスティヌス主義」や、神ないしは恩寵に対して過剰に超越的な解釈にならないようにしようという彼の気配りは、ここから来ている。このように、実際に体験された宗教的経験を神秘主義から遠く離れたところに再建することが、教義や聖職位階に対するラベルトニエールの態度を同じように説明している。ラベルトニエールは、それらの教義や聖職位階をそっくりそのまま受け入れるものの、そういう信仰の外的なしるしを、隣人愛の優位の下に、さらに言えば、「隣人愛という勤勉な直観」の優位の下に置こうとする。それによって、信仰というものが、その表現やその展開において、行為、労働、愛に結びつけられることを示そうとしているのだ。こうして、三位一体の教えは、単に論理上の主張ではなく、完全な結合のモデルでなければならないのだ。結局のところ、ラベルトニエールの宗教哲学には、内在主義と外在主義という、二つの根本的態度が存在する。外在主義とは、デカルトがその好例を提供しているような、第一原因である神を認めることである。ギリシャの抽象的なイデア論を受け継いだこの伝統に対して、ラベルトニエールは「キリスト教的実在論」を対置する。これは、神を通して人間を結びつける隣人愛という大いなる流れへと人間がより一層おのれを同化し、またその流れに乗って協働し合うことによって生じる、神についての生き生きとした内在的な認識であり、神との絶えざる関係なのである。

[M.C.]

スゴン、ジョゼフ

❖Joseph SEGOND 1872-1954

エクス＝アン＝プロヴァンス学派の伝統を維持した。『美学概論』(一九四七)で彼は、芸術を至上の遊びと見なし、その学説を締めくくった。

パリアール、ジャック

❖Jacques PALIARD 1887-1953

サンテティエンヌに生まれる。師のモーリス・ブロンデルが教えたことでも名高いエクス＝アン＝プロヴァンスで教鞭をとり、その地で亡くなった。たぐいまれな気品を持ち、のんびりとした雰囲気を持ちながら勤勉で、美しいものや、文体の魅力がもたらす繊細にして厳格な観念を渇望していた。性格学者たちは彼のことを、感情的だが反省的な、メーヌ・ド・ビランのような気質だとしている。彼は、自由奔放な子どもの気楽さを備えつつ、ぼんやりとしたないしは諦めたようなまなざしで、現実生活を眺める芸術家だった。

彼は、表面的には好事家だったが、失楽園の苦しみを味わっている。祖国を追われ、しぶしぶ倫理という名の国のもとで生活せねばならなかった数々の耽美主義者たちの悲痛なノスタルジーを、彼も痛感していた。もしも彼が、キリスト教信仰によって、〈美〉と〈善〉の対立を乗り越えられなかったなら、彼は非常に不幸だったことだろう。彼は隠すことなく、倫理学に対する神秘主義の優越を、美的なものに対する倫理的なものの支配の埋め合わせにしていた。最終的に、熱意に満ちた彼の知性と、ほとばしる彼の愛とは、高尚なる瞑想のなかで結びついた。そこで彼は平安を味わい、それを味わってから、再び人間のいる地上へと降りて来ていたのだ。そんなとき彼はとても心を和ませ、きわめて愛想よくふるまい、同僚の先生連中ともとても仲良く打ち解けた。また彼は、学生に対して兄貴分を演じることで、雄弁で皮肉っぽい堂々たる教授であることもできた。

　彼は、回りくどくて難解な、秘密めいた著作を書いている。彼の思考は、頂点を目指すよりは平地をゆっくり進む、つまり、結論を急ぐよりは分析にこだわる。遅々として進まず忍耐を要するそうした仕事は、薄明りのなかを動き回っているが、それは〔知の〕光を恐れているからではない。そうではなくて、それは、光が、神秘の影のもとで獲得されねばならず、そのような光こそが最も心をひきつけるもののひとつだからである。光は、低いところから高いところへと向かって、つまり、感覚から神へと向かって、意識全体の弧を描く。より正確に言えばそれは、精神を貫いて入り込んでいる〈絶対者〉や、身体に浸透している精神といった、低次のもののなかにあらわれる高次のものを示すのだ。その全著作〔とりわけ、『直観と反省』、『思惟と生』、遺稿の『魂の深奥』〕で、パリアールは同じ発想に突き動かされている。それは、「直観が破壊されてまた再構成されるという」周期的なリズムによって、現実存在の感情から認識のことばへと、意識が高まっていくという発想だ。意識には純粋直観が禁じられている。というのも、〔直観と〕生のつながりが断たれることは決してないからだ。しかし、至る所で意識を取り囲んでいる生の不明瞭さを、イメージや概念のなかに移し入れようとして、つまり、認識の内で展開しようとして、明晰性に訴えるのは思い上がった自惚れである。こうして直観は、意識にふたをしてしまうほどには盲目的ではないものの、制限をつけられ、細切れにされて、弁証法のうちで流通する貨幣へと鋳造される。一言でいえば、直観は反省へと転じる。こうした巧みな手法が、ことばと生との隔たりを解消してしまうことなく、存在することと認識することとの統一を象徴的に実現しているのだ。

　パリアールはこうした叙述を、頭で考えただけの話としてでなく、いくつかの実証的な分析によって証明している。彼は知覚や認識の様式すべてをひとつひとつ検討し、実験段階ではあるが、「心理光学」を試みるまでになる。このような、知覚および概念という二重の水準で、諸々の構造を整理する作業は、現象学的な領域に達している。彼はこの作業をプシコノエマティック(psychonoematique)と呼んでいる。

とはいえ、パリアールの努力は、諸々の知覚形式を事細かに割り出すことにとどまらない。具体的な意識がもつ繊細にして複雑な作用が、彼の好奇心を刺激しているとすれば、諸々の道徳的価値や霊的価値は、彼の考察を落ち着かせている。人間的主体がそこで進歩する両義性は、巧みにその主体を誤解させてしまうことを、彼は知っていた。だからこそ彼は、感情や認識を待ち伏せしている諸々の幻想の正体を暴くのだ。エクソシストへと変貌することで、彼は疑い深くなる。それぞれの意識の結果は、意識に対する罠かもしれない。手にしたものすべてから身を引き離す術を心得なければならず、「精神が行なうあらゆる創造よりも、魂の切望」に優位を与えなければならない。〔H. Du.〕

デュメリ、アンリ

❖Henry DUMÉRY　1920-2012

クルーズ県オーザンスに生まれる。宗教哲学の専門家。数多くの研究のなかでも、とりわけて言えば、『行為の哲学』(一九四八)、『信仰と問いかけ』(一九五三)、『ブロンデルと宗教』(一九五四)を出版しており、現在『批判と宗教』(一九五七)、『宗教哲学における神の問題』(同前)、『宗教哲学』(二巻本)(同前)を準備している〔一九一五年にいずれも刊行された〕。

クローチェ、ベネデット

❖Benedetto CROCE　1866-1952

ベネデット・クローチェにはただただ驚かされる。彼ほど若いころから才能を開花させ、年老いてもなお精力的に活動したひとはめったにいないだろう。クローチェの著作は、七十年の長きにわたってコンスタントに刊行されている。最初の著作は一八八二年、彼が十六歳のときローマの新聞に掲載された文学的な論考であり、かなり経ってから『はじめの一歩』(一九一〇)という書名であらためて刊行された。最後の著作は死の直前、一九五二年に発表された『ヘーゲル研究と哲学的解説』である。クローチェは、一九五二年十一月二十日、満八十六歳で、突然亡くなった。クローチェは、研究と関係のない用事や大学の授業に気をとられることなく、こつこつと研究を続けた。政治に関しては、市民としての良心の呵責から断れないものだけに関わった(一九二〇～二一年のジョリッティ政権では公教育大臣を務め、一九四四年に成立した最初の反ファシズム連合政府では、数か月間無任所大臣を務めた)。とはいえ、彼は好きな研究を中断しなければならないことが不満で、研究に没頭する幸せなときが戻るのを心待ちにしていた。クローチェは、さまざまな題材を自分のものにする非凡な習得能力に恵まれていた。また、アイデアがひらめいてから書きあげるまでが本当に早かった。この素早さは――クローチェは自分でも言っているが――文学修養によって身についたものである。私たちは、彼のこうした才能を知って初めて、たったひとりの力では不可能に思える(六〇冊以上に及ぶ)著作の取り扱う範囲の広さと、その驚くべき多彩さとを理解することができるのだ。

幸いにも、この著作には厳密な意味で哲学的な性格がまったくない。クローチェの研究の出発点は、思想史で取りあげられる偉大な哲学者たちとは違って、哲学そのもののなかにはない。堅実な歴史研究からスタートしてやがて哲学へとたどりついたのだ。哲学は、クローチェが行なってきた歴史研究の最後を飾る一方で、その後の研究の足場となるようなものだった。クローチェにとって、理論に溺れた哲学者はなにより格好の標的だった。かれはその手あいに対しては辛辣な言葉をたっぷりと浴びせかけ、本質的には何も知らないのにありとあらゆる問題に手を出して無為に過ごし、解決できない問題に頭を悩ませていると非難した。またそうした哲学者というのは、本人は崇高なつもりかもしれないが、実際には実りのない思索に没頭して、人生の厄介事に対しては無邪気な子供のように振る舞っていると非難した。彼は「理論に溺れた哲学者は、机を前に何年間もじっとして、インク壺を注視し

❖ Benedetto CROCE

ながら、「このインク壺は私のうちあるのか、それとも私の外側にあるのか」と自問する」(『最新論集』三九〇頁)と自著のなかで述べている。それに代わってクローチェは、ひとつの職分に身をささげるよう若者たちに繰り返し説いた。彼の言う職分とは、ある分野に関する経験に裏づけられた確かな知識という意味であり、歴史学、美術論、経済学、法律学がそれにあたるであろう。彼は若者たちに向けて次のように助言していた——哲学は閉ざされた部屋のなかで、むなしく想像された問題から生まれる学問ではなく、探求の過程で、実際に直面する問題や難問から生まれる学問なのだ。

とりわけクローチェが情熱を注ぎ、愛着をもった職分は文芸批評と歴史の二つである。彼は次のように書いている。「『自己批判のために』で述べたことだが、少年期を通じて、私は心にひとつの思いを変わらず抱いていた。この思い、胸のうちでいつも大切にしていたこの好みとは、文学、より正確に言えば歴史であった」。彼は、父親、母親、そしてひとりの姉妹をカサミッチョーラ地震(一八八三)で亡くし、ひとり残された。その後、若くして研究を始め、ナポリの劇場史、ルネサンス期イタリアの生活におけるスペインの影響という主題、図像の研究、伝説の研究、そしてナポリの歴史的出来事の研究に専心して、幾年にもわたって歴史認識の考究に一途に身を捧げた。クローチェはもっぱら歴史家の立場から研究を進め、明確さをひたすら求めるその途上で、最初の哲学的論考が自然と生まれた。一八九三年、この論考は「芸術の一般概念に起因する歴史」と題され、発表された。これは、彼の研究活動の合間になされたことにすぎないが、同時に、やがて彼のエネルギーの大半が注がれることになる二つの研究領域のうちのひとつ、歴史記述理論のプレリュードでもある。

ところが、古い文献の渉猟という孤独で無味乾燥な作業からクローチェをひっぱりだし、熱狂させた出来事があった。彼を当時の具体的な問題と結びつけ、また彼の思想形成に決定的な影響を与えたその出来事とは、アントニオ・ラブリオーラを介したマルクス主義との出逢いである。クローチェは、ローマ大学でラブリオーラの哲学講義を聴講し、彼と面識があり、敬服していた。一八九五年、ラブリオーラから歴史の唯物論的概念についての最初の論考を送られると、それを繰り返し読み、いつしかその思想、その問題はクローチェの心に根づき、芽生えて、もう切り離すことができなくなっていた。クローチェは、マルクスと政治経済学の研究に十九世紀末の数年間を費やし、ある見直しをせざるをえなくなった。この見直しは、最終的にはマルクス主義の精算へとつながるものであり、マルクス主義は歴史の解釈方法のひとつの規準でしかないものと見なされる(一九〇〇年初版の『史的唯物論とマルクス経済学』にまとめられた論考を参照)。このことは、彼にとっての問題が、いつも歴史という概念をめぐる方法論だったことを示している。見直しがあったとはいえ、マルクス主義との出会いが彼の精神に深い痕跡を残したのはまちがいない。マルクス主義と出会ったおかげで、歴史はさまざまな経済力が支配する闘争であるとクローチェは考えるようになり、口先で観念的な議論にふける純朴な歴史理論を激しく嫌うようになった。そして、効用や経済が人間精神の発展に必要な契機であることを理解した。

ふたつ目の「職分」は文芸批評である。クローチェはリセの頃からこの分野ですでに秀でていたし、先に挙げた初期の論考のいくつかも、文明史だけでなく文学史も扱っている。彼にとって哲学は、歴史に対してと同様に、自分がやっていることを批判的にとらえなおすよう働きかけるもの、つまり研究者を困惑させる偏見や、研究者をまちがった道に誘い込む誤りをなくして、研究の地盤をならすための方法論である。一八九四年、彼は『文芸批評』を執筆する。このなかで、文芸批評と呼ばれるジャンルに集められたさまざまな研究を分類し、芸術論に関する自説の概略をいくつかしめした。この芸術論は、歴史記述の理論と並んで、やがて彼の哲学的探求の最大の関心事となる。すでにマルクス主義研究をなしとげ、マルクスから解放されて、今やいっそう成熟し、自信を深めて文学研究に戻ったクローチェにとって、次に残された企ては、美学に関する自説をまとめることであった。その際、彼が、その発想と方向性を継承したのは、この領域でもまた、ナポリの指導的思想家フランチェスコ・デ・サンクティス〔一八一七〜一八八三年。十九世紀イタリアを代表する文学史家のひとり。主著に『イタリア文学史』一八七〇がある。〕であった。クローチェはデ・サンクティスを擁護し、その著作を編集している。

一九〇一年にまず『表現の学および一般言語学としての美学綱要』が発表され、これが練りなおされ、改善され、歴史的な側面を与えられて、一九〇二年の『美学』〔正式な題名は、『表現の学および一般言語学としての美学』〕に結実する。『美学』は、哲学的業績の幸せな始まりであると同時に〔ただし「彼の人生という名の旅の半分」はすでに越えていた〕、その名声の始まりともなった著作である。クローチェは、自らの主張を特に美学の領域のなかで擁護し、普及させるために、一九〇三年に雑誌『クリティカ』を創刊する。彼はこの雑誌を、第二次世界大戦中に少し中断したのを除けば、生涯を通じて刊行しつづけた。彼にとって『クリティカ』は、自説を発表する場であり、憎しみや愛の証人であり、そして自分の書いたものすべての忠実な反映であった。熱心な協力者、ジョヴァンニ・ジェンティーレと共同執筆していた最初の二〇年を除けば、『クリティカ』の大部分はクローチェの筆からなっていた。おそらく、この雑誌は二十世紀前半におけるイタリア文化が生んだ不朽の業績であろう。

『美学』のなかで、芸術は精神の複合的な活動の契機とされた。より正確に言えば、芸術は直観の契機、つまり認識活動の最初の形式と見なされた。クローチェに従えば、認識活動は、直観的な認識、あるいは想像的な認識、つまりさまざまなイメージを産出する認識から始まって、論理的な認識、あるいは反省的な認識、つまり概念を産出する認識へと進展する。これは実践的活動とは区別される。実践的活動もまたふたつの契機、すなわち直接的あるいは経済的な意志の契機と、間接的あるいは倫理的な意志の契機というふたつの契機を通して進展する。芸術論は、彼の精神哲学全体とさまざまなしかたで緊密に結びつけられており、その結果、この『美学』はすでに文芸批評をなりわいとしていたひとりの人間の集大成ではなく、むしろ完全な哲学的体系を創りあげるための出発点となっているのである。この哲学的体系は、続く一〇年の間に徐々に形作られていく。まずは論理学である。クローチェは『純粋概念の学としての論理学』（一九〇九）において、自然科学や数学に対して、歴史記述の優位性を打ち立てた。自然科学や数学は、擬似概念の総体、あるいは経験的なものの総体、あるいは抽象的なものの総体へと還元されるものであるが、他方、歴史記述は具体的普遍（universel concret）の認識を可能とする。続いて彼は、『実践の哲学』（一九〇九）のなかで経済理論を練りあげた。ここでは、経済活動は、精神活動の必然的な形式とされ、道徳活動とは区別されるが対立してはいない。これはちょうど、政治が国家の利益を実現する有用性にもとづく活動の総体であるのと同様である（それは道徳にもとづく活動でも、不道徳にもとづく活動でもない）。そして最後に、『歴史記述の理論と歴史』（一九一七）で、クローチェは哲学を「歴史記述の方法論的な契機」と定義し、これをもって哲学は方法論であると結論した。『歴史記述の理論と歴史』の目的は、十九世紀末に支配的であった自然主義に対立させて、「精神哲学」の体系を結論として導くことにある。加えて、クローチェ自身がもっと後になってから、よりはっきりと「絶対的歴史主義」と呼ぶことになる学説の基本的な方向性をも、この書は描き出している。

「教授たち」の頑迷な哲学に対してことあるごとに激しい嫌悪を表明していたクローチェは、自分自身がそうなるのを避けるため、この精神哲学の体系を重要視しすぎないように用心した。彼は、この体系がもともと暫定的な性格のものであることをはっきりさせるために、この体系は、できあがった体系というよりも、体系をめざすものであるとした。それは彼の思想展開における、最終段階でなく、ひとつの必要な段階にすぎない。要するにそれは研究の道具であり、この道具の有用性と豊かさは、クローチェ自身にとってもほかのひとたちにとっても、歴史や文学の領域で研究を継続することによってのみ、具体的に明らかにされうるものなのである。彼は人生の後半になって、歴史や文学の領域へと新たな情熱をたずさえて立ち戻り——もちろん、それまで決してなおざりにしていたのではなかったが——エネルギーの大半を注ぎ込んでいった。一九二〇年までは、文学研究（『新生イタリアの文学』四巻、十九世紀ヨーロッパ詩作についての研究、ゲーテ、ダンテについての著作、アリストテレス、シェイクスピア、コルネイユについての論考)が多くを占めたのに対し、それ以降はちょうどファシズムへの抵抗と重なって、文学研究よりも歴史研究の割合が多くなったが、そこに深い理由がないわけではなかった。よく知られているように、『ナポリ王国史』(一九二五)と『一八七〇年から一九一五年までのイタリア史』(一九二八)から、『十九世紀ヨーロッパ史』(一九三二)まで、そこには歴史記述以上に、強烈で真摯ないわゆる「自由教」の擁護があった。彼は、あるときには自分の理論の曖昧な点や誤解を明らかにしたいという思いに駆られ、またあるときには反論に応えたり、概念を深めたりしたいという思いに駆られて、いくつかの論考を著わし、それを通じて哲学へと回帰した。死の直前に発表された『ヘーゲル研究と哲学的解説』までに出版されたさまざまな著作のなかで、彼の精神を刺激し続けた根本的な問題を扱った著作として、『詩』(一九三六)と、『思考としての歴史と行動としての歴史』(一九三八)に言及しておかねばならないだろう。

晩年、クローチェは精神の四つの形式に基づく各理論(美学、論理学、経済学、倫理学)の全体を「絶対的歴史主義」と名づけ、超越的な神学や形而上学のあらゆる残滓に対抗して、哲学のきわめて世界内在的な特徴を強調した。彼に最も影響を与えた過去の哲学者が、ヴィーコとヘーゲルであるのは偶然でない。彼は自らの体系に専心していた数年の間に、このふたりの哲学者に関する研究、すなわち『ジャンバッティスタ・ヴィーコの哲学』(一九一一)と、『ヘーゲル哲学における生けるものと死せるもの』(一九〇七)を書きあげた。彼は世界と超越世界とを区別するあらゆる超越哲学、また内部と外部、魂と身体、精神と自然、存在と当為といったあらゆる形而上学的二元論を批判し、実在についての内在主義的な考え方を粘り強く、大胆なしかたで擁護した。この概念は、彼にとっては唯心論や歴史主義の概念と軌を一にするものである。というのも、実在するものは、どこを切り取っても、自由な創造活動(すなわち精神)の産物であり、精神は生成する歴史のなかでみずからを実現するからである。だが、彼は二種類の世界内在的な哲学には反対しつづけた。そのひとつは、彼の青年時代に支配的であった実証主義である。彼は実証主義にある自然主義的な実在性概念、人間の歴史とそこに見出される諸価値についての貧弱な理解、そして人間を自然物へと還元し、歴史を生物学の法則によって決定された進化に還元する方法を批判した。もうひとつは実存主義哲学である。実存主義哲学は、彼の老年期に広まった哲学であるが、彼にはこの哲学が非合理主義のあらゆる形式とふたたび手をむすぶように見えた。二十世紀初頭、中産階級の築いた文明が花開き、あらゆる進歩を受け入れる姿勢を示していたが、非合理主義が台頭して、その文明を根元から揺り動かし、クローチェの世代が崇め、慈しんだ諸価値を結局崩壊させてしまったことがあった。この世代は、ジョズエ・カルドゥッチ(一八三五〜一九〇七年。十九世紀イタリアの詩人、政治家、ボローニャ大学イタリア文学部教授。一九〇六年にイタリア人として初めてノーベル文学賞を受賞）が愛国的な詩をうたい、イタリア統一運動の残響がまだ聴こえており、自由な体制全体がゆっくりとではあるがどうやら確かにできあがりつつある、そんな環境で育った世代だったのである。

ベニート・ムッソリーニが独裁政権を樹立し、さまざまな価値が崩壊したとき、歴史主義はクローチェにとって自由の哲学のように、もっと正確に言えば、自由の哲学そのものに思われた。歴史は、フランスのロマン主義の歴史家たちのように、自由の歴史として、つまり自由がこれまでの歴史の説明基準であり、かつこれからの歴史の道徳的理念でもあるような歴史と見なされた。さらにクローチェは、内在性についての近代哲学と自由の理念を同じものと見なすようになる。彼はあらゆる超越概念に内在性の哲学を対立させたが、これと同じように、道徳的意識が危機に瀕するときにはきまってよみがえる権威主義的理念に対して、自由の理念を対立させた。こうした同一視にはどのような理論的価値、歴史的価値があるのだろうか。実のところ、ここではこうした価値について議論することはできない。それは、ファシズムが台頭した時期に、非常に力強く情熱的に主張されたこの自由教を通して、ファシズムに屈せず、抵抗するための励ましをクローチェの教えや戒めのなかに見出したひとたちが、こうした価値について説明しないのと同じである。『ヨーロッパ史』と『思考としての歴史と行動としての歴史』は、コミュニストから自由主義者にいたるまで、レジスタンスの最良部分を形作ったイタリアの若き知識人たちの愛読書だったのだ。

クローチェは、自分なりのヒューマニズムにのっとって、適切で有効になされた著作から得ることができるもの以外には、どんな報酬も褒賞も求めなかった。優れた歴史家の観点から、現実がつねに個々人とその作品を追い越していくことを歴史から学んでいたので、クローチェ自身は控えめに、歴史的理性から託された任務の遂行者でありたかったのだ。そして、できることを最も忠実に完全にやり遂げることこそが自分の義務――自分自身をひとつの全体ではなく、むしろ全体の部分と見なすような個人の義務――であると考えようとした。彼は、人生が絶え間ない闘いであることを忘れてしまうほど楽観主義者ではなかったが、逆に、闘うに値しないと考えるほどの悲観主義者でもなかった。彼は、師であるフランチェスコ・デ・サンクティスに倣って、恐るべき苦難の後でも変わることなくよみがえるもの、それこそ自由なのだと繰り返し言いつづけたのである。

［ノルベルト・ボッビオ（トリノ大学哲学、法学教授）］

補記

ベネデット・クローチェは、十九世紀後半の一大潮流であった自然科学的思想、および実証主義への批判者であり、文学、歴史、哲学といった人文学的教養の重要性を論じ、自然科学的な見方とは別に、人間と世界を包括的にとらえる精神哲学の構築を試みた人物である。二十世紀のみならず現代のイタリアの思想に多大なる影響を与えつづけている。彼の思想を知る上で欠かせないのは、『表現の学および一般言語学としての美学』、『純粋概念としての論理学』、『実践の哲学』、そして『歴史記述の理論と歴史』である。イタリア本国では、ビブリオポリス社から一九九一年以来全集が刊行中で、二〇一四年までに二三冊刊行されている。また、全集とは別にイタリアでのクローチェ研究はコンスタントに進められており、その内容も、クローチェの美学、観念論研究、歴史、政治など、多岐にわたっている。

日本では、戦前から邦訳紹介されてきてはいたが、戦後あまり動きがなかったところに、二十一世紀に入ってから、相次いでクローチェ美学の邦訳書が出版されている（「美学入門」、「創造としての芸術と形成としての創造」、ナカニシヤ出版『エステティカ：イタリアの美学　クローチェ&パレイゾン』〔山田忠彰編訳、二〇〇五〕所収。中央公論美術出版『美学綱要』〔細井雄介訳、二〇〇八〕）。また、哲学に関しても、『ヴィーコの哲学』やヘーゲルについての論文（「区別されたものの連関と対立するものの弁証法」、「変成の概念とヘーゲル主義」、「ヘーゲルと弁証法の起源」、上村忠男編訳『ヘーゲル弁証法とイタリア哲学』所収）が邦訳され、クローチェの多面性を垣間見ることもできるようになってきている。

一方、研究の面では、美学、政治学関係での研究の成果が現われてきている。とはいえ、この膨大な著作群をものしたクローチェの全体像をとらえるのは、近年のイタリア哲学再評価の動きと相俟って、むしろこれからの課題であろう。モノグラフとしては、篠原資明「クローチェ」（中央公論社『哲学の歴史10』所収）、上村忠男「ベネデット・クローチェあるいは〈哲学の政治〉について」「哲学と科学のあいだ」（平凡社ライブラリー『現代イタリアの思想をよむ』所収）、倉科岳志『クローチェ』（藤原書店）などがある。

クローチェの《肖像》の執筆者であるノルベルト・ボッビオ（一九〇九－二〇〇四）は、現代イタリアを代表する政治哲学者、政治思想史研究者、法哲学者である。第二次世界大戦中にはレジスタンス組織「行動党」の一員として反ファシスト運動に貢献する。

一九八四年には終身上院議員に任命されている。クローチェ論としては*Politica e cultura, Lacaita, Mandria-Bari-Perugia*, 1955などがある。日本でも、以下に挙げたもの以外にもグラムシ論など数冊の邦訳で紹介されている。

主要著作

- 『美の哲学』鵜沼直訳、中央出版社、一九二一。
- 『歴史叙述の理論及び歴史』羽仁五郎訳、岩波書店、一九二六。
- 『美学原論』馬場睦夫訳、大村書店、一九二七。
- 『現世訓』薄田貞敬訳、文明協会、一九二七。
- 『美学』長谷川誠也・大槻憲二訳、春秋社、一九三〇。
- 『ゲーテ』早乙女竜雄訳、木村書店、一九三五。
- 『實践の哲學』阿閉吉男訳、三笠書房、一九四〇。
- 『ヘーゲル哲学批判』高見沢栄寿訳、甲子社書房、一九四七。
- 『十九世紀ヨーロッパ史』坂井直芳訳、創文社、一九五七。
- 『イタリアとスペイン――ルネサンスにおける文化史的考察』阿部史郎・米山喜晟訳、恒星社厚生閣、一九七二。
- 『クローチェ政治哲学論集』上村忠男編訳、叢書ウニベルシタス、法政大学出版局、一九八六。
- 『思考としての歴史と行動としての歴史』上村忠男訳、フィロソフィア双書23、未來社、一九八八。
- 『エステティカ――イタリアの美学　クローチェ&パレイゾン』山田忠彰編訳、ナカニシヤ出版、二〇〇五。(「美学入門」、「創造としての芸術と形成としての創造」所収)
- 『美学綱要』細井雄介訳、中央公論美術出版、二〇〇八。
- 『ヴィーコの哲学』上村忠男編訳、未來社、二〇一一。
- 『ヘーゲル弁証法とイタリア哲学――スパヴェンタ、クローチェ、ジェンティーレ』上村忠男編訳、シリーズ古典転生6、月曜社、二〇一二。

参考文献

▼Davis H. W. C.『クロオチエの哲学と芸術観』鵜沼直訳、中央出版社、一九二二。
▼羽仁五郎『クロオチエ――市民的哲学者』河出書房、一九三九。
▼青木巌『クローチェの哲学』和田堀書店、一九四七。
▼森田鉄郎/重岡保郎『イタリア現代史』山川出版社、一九七七。
▼イェレーナ・И・トプリッゼ『ベネデット・クローチェの美学』谷口勇訳、関西図書出版、一九七八。
▼上村忠男『クリオの手鏡、20世紀イタリアの思想家たち』東京、平凡社、一九八九(二〇〇九年に『現代イタリアの思想をよむ』と増補改題して平凡社ライブラリーより再刊)。
▼ノルベルト・ボッビオ『イタリア・イデオロギー』馬場康雄、押場靖志訳、未來社、一九九三。
▼北原敦『イタリア現代史研究』岩波書店、二〇〇二。
▼ノルベルト・ボッビオ『光はトリノより イタリア現代精神史』中村勝己訳、青土社、二〇〇三。
▼谷口勇『クローチェ美学から比較記号論まで――論文・小論集』而立書房、二〇〇六。
▼倉科岳志『クローチェ 1866-1952――全体を視る知とファシズム批判』藤原書店、二〇一〇。

〔翻訳・補記＝中澤瞳〕

アラン（本名エミール＝オーギュスト・シャルティエ）

❖ALAIN (Emile-Auguste Chartier)

1868-1951

アランという名前は、最初に彼が教壇に立ったポンティヴィでも、他のブルターニュ地方でも、ごくありふれたものであって、公爵にも水夫にもつけられている。それはたとえばジャンやピエールと同じくらいありふれていて、太ったジャンやピエール先生がいるのと同様である。彼は最初、この名を、走り書きの原稿に正式の署名をしないための仮の署名として選んだ。というのも、原稿を書くときには、彼は教師であることからも、どんな肩書きからも自由になりたかったからである。これはやがて、ほとんど二人の人間、二つの評判を生むことになる。そして、これらは別々に育っていくのだ。一方は、ジャーナリストとしてのアラン。つまりロリアン、ルーアン、パリと移り住み、断固として共和制を支持するジャーナリストである。彼は反革命王党派のように世俗的であると同時に、過激な革命派のような平等主義者でもあって、軍や教会といったエリート集団が本能的に下層の人々に向ける皮肉を、武装解除してしまうのである[★01]。他方は、教師エミール・シャルティエ。勤務校を移りながら、たちまち当時で最も有名になった教師であり、誇示も虚飾もなく、きわめて真面目で才能に恵まれた教師である。彼は世評には無関心だったが、尽力すべき困難な職務には注意深く、そして大学教員とは思えぬほど人間についての知識をもっていた。また、あらゆる種類の本を読みあさる愛書家であり、さらには絵を描き、楽器を演奏する芸術愛好家であり、それと意識せずに詩人でもあった。要するに、党派的な説教とは無縁な人物だったのである。四十年におよぶその仕事では、同じ喜びを変わらずもちつづけ、初心を忘れることは絶えてなかった。あまりに稀なこうした栄誉には、しかしながら秘密がある。というのもこの栄誉そのものが秘められていたからである。証人の存在は確かに必要だが、ただそこに居合わせたというだけでは十分と到底言えまい。だからこそ、あれ以上のものはないと感じている良識ある人々が、ありし日の彼の講義にもはや立ち会えないのを残念がることになるわけだし、また、かつての聴講者たちが今なお彼の講義を心待ちにしていたりするのである。こうなると、エミール・シャルティエの仕事は、ブルターニュ地方の名前を使ってアランと署名された仕事とは、あたかも別のものであるかのようである。

それにしても、本当にジャーナリストなのだろうか。むしろ人を呼び集めて募る扇動者ではなかったか。演説家はあなたの家のなかにもぐり込んで、告げるのだ。「支持し、投票せよ」と。また、かつて言われたように、「身を卑しめよ[★02]」と。その結果、あなた

❖ ALAIN（Emile-Auguste Chartier）

はある党派に属することになるだろうし、そのことを誇ることになるだろう。多くの共和主義者が述べているのは、共和政とはこのように説得することである、ということではないか。つまるところ、ときに力ずくで、ときに懐柔気味に、またあるときには震え声を使ったり罵ったりして、増員することだけが彼らにとっては肝要なのである。そして、このように牽引する演説家連中は、新たなるジュリアス・シーザーを聖別する歓呼の声を期待することになる。もしそうでなかったとしたら、たんなる市の助言者にとどまることなく、毎日書いて二万もの読者に自分の文章を読ませた、ということはどれほど偏執的な振る舞いであることか。一九〇六年から一九一四年まで、アランはこうしたジャーナリストであったのである。つまり、人類を救ったのであったが、同時に、己れのためにのみ書き、二万の人のことをまったく顧慮せず、つねに自分一人のものである他なかった孤独のうちにひたすら身を置きつづけたジャーナリストであった。彼は、人の考えを変えようとするのではなく、自分のことを明るみに出そうとする。みずからが広める学説を彼自身はもたず、あらゆる学説を知っているとしても、彼はそれらを前にして眺めているのである。彼がもっているもの、それは理解する熱狂、理解しようとする熱狂のみである。そして、必要なら物事を不明瞭にすることから始めることも辞さない。というのも理解していると人はよく思い込んでいるからである。この思い込みは、自分自身で見出したのではない明晰さや理由を組み合わせるという、いわば職人的な（あるいは教科書的な）喜びから来ていて、それらは実は借りものの明証性にすぎなかったり、単に先人がそう言っているから尊重すべきだとされている話にすぎなかったりするのである。それにしても、何と奇妙な扇動者だろう。むしろ市井のソクラテスを思わせるではないか。すべてを否定し、確実性を粉々にすることからのみ出発し、鼻で笑うことを恐れないソクラテスだ。このことは、その鼻が共和制のなかで権威をもっているとしても変わりはない。

このとりわけて孤独であった人アラン（ニーチェもこれほど孤独ではなかった）を鼓舞し、守った愛読者たちを、私たちは敬意をもって記憶せねばならない。アランは特定の党派をではなく、自由人を、自由な自我を支持すると約束していた。彼ら自由人の結論がどうであろうと、また、フランス共和国が戦争に向かっていたときに彼らが平和を激しく論じていたときでさえ、この姿勢に変わりはなかった。ジャーナリストであった九年間、彼は思っていたことを何でも発言できた。刺激し、怒らせ、矯正し、率直な独白を書きつけることができた。そしてそれはアラン自身の自己吟味のようであった。というのも、私たちのスタート地点は、誰しもがもっている情熱や愚行だからである。すぐに彼は自分の形式を見つけた。この形式は紙幅から要求されたのだ。つまり寸評を、『ラ・デペシュ・ドゥ・ルーアン』の一面を飾る「随想《プロポ》」を書かねばならないのである。その短さゆえ学者気取りは排される。これは一度きりのきっぱりとしたもの、過去も明日もないようなものである。読者は誰でもよい。彼はたまたま買い求め、読むのだ。そして議論を断ち切る冗談のようなアランという署名がある。まさにこのとき、母語はそのあらゆる炎できらめく。私が私自身に伝えるようにして、私から君へと伝わるのだ。そこには、私が自分に話しかけるような濃密さや密度がある。雄弁はあまりに多くの時間を必要とすることだろう。だが、私は言うべきすべてをもっているというのに、君に伝えることのできるいくつかの言葉しかもっていないのだ。ここに文体が誕生した。絞り込みの必要性から、厳格なそれゆえ古典的な規則だった犠牲をはらわねばならない。細部のうちに細部を宿らせ、ニュアンスのうちにニュアンスを含ませねばならないのである。これは、モーリス・バレス言うところの、彫刻の施された栗だ。古風な教養を身につけたアランは、アリストテレスの刻んだ幾つかの章のことを思い出し、石版の上に刻みつけるようなことを考えていたのだ。

彼は大衆の人気と熱狂的な支持者を手に入れた。人々がモンパルナスで落ち合うのは、彼らが『デペシュ』——それは『アランのプロポ』と同じことだ——をそこに探しにくるときだった。アランは引きこもって行なう執筆作業にめったに満足しなかったが、それは自分の講義においてもそうであった。彼は独特の身振りをもっていて、たとえば、授業終わりの太鼓の音が鳴ると「仕方ないな」と言って、他に何も付け加えずにノートをたたんだものだった。こうした決まりきった空間と時間内での作業といったものは本来芸術家のものだが、哲学者にも居心地の悪いものではなかった。というのも当時の哲学は形式というものを蔑視する傾向にあったからである。哲学はむしろ論争と専門用語の彫琢に向かっていた。実際、アランは、プルードンがルヌヴィエに言ったという「あなたが正しく考えてない証拠に、あなたは上手に書いていないのだ」という言葉を好んでよく引いたし、学生エミール・シャルティエの答案にはデュルケムがすでに、「あなたはあまりに上手に書きすぎる」と手を入れていた。これに対する彼の返答としては、ゲーテのまなざしを想像して欲しい。[★03] ところで、熱狂的な支持者は（アンリ・モンドールがそのノートで証言するところによると）『プロポ』を、切手を集めるかのように収集していた。書きつけはあちこちに点在しており、支持者たちはすべてを集めることはできなかったが、しかしどんな日にも忘れがたい筆致があり、年代も不詳ではあったが、それが美しいときには美そのもののようであった。始まったときからすでにしばしば、『プロポ』はこの簡潔な美に満ちており、そしてフランス的散文のもつ驚きを汲み尽くすことなく、この美を保ちつづけた。この美しさの由来を決める必要などなかった。それは一人の人間のアクセント、笑み、息づかいをそなえ、彼の語調、ユーモア、たくましさ、偉大さを含んでいる。そして森の力と精妙さ、深い青色のまなざし、そう彼のまなざしをもっているのだ。それは、ほとんど枝と同じ高さにいる〔つまり、聞き手という枝を見下ろすわけでも見上げるわけでもない〕鳥猟師である。鳥猟師は本の埃から生まれたのではないが、もし彼が成り行きに任せたのなら〔木や枝を切り落とす〕恐ろしい樵となったかもしれない。しかし彼はまさに成り行き任せにしないよう気をつけるのである。彼は歩みを止め、声を中断する。人生があまりに強い力で締めつけられて息苦しくなってしまうとき、知恵、判断、制御が生きた緊急性を帯びることになる。これはテーゼとアンチテーゼにまつわる問題ではない。なぜなら、一人の人間が語るのを誰かが受け入れるとき、語り手は次の言葉《プロポ》を直接つかみとるからである。「黙って聴いているあなた、あなたが聴いているということを私は忘れはしない」。

いわば、寄り添って散歩するようなものなのだ。こうした散歩には、二人の礼儀正しい調和がはたらくことで、率直な気持ちが最も活き活きとした形で現われる。そしてこの調和はあなただけのものや私だけのものには目を向けず、ただ私たちのものだけ、つまり人間のなかにいるあらゆる人間だけを考慮しようとする。人間のなかにいるあらゆる人間、それを私は私自身によってのみ知るのであり、君は君に関して知ることになる。そして、書き手の言う通りだと読者が認めるとき、友情が目覚めるのだ。そのとき読者が気づくのは、この友情はとても単純な美の光であった、ということである。そもそも、他者に忠告するとは、何と厚かましいことだろうか。にもかかわらずアランというこの匿名の書き手は、自分のあり方を、また、人間同士の関係のあり方を告げることができた。彼の小話は出会い以外のものではないし、端的に言えば無である。アランは、打ち明け話を放棄する真の打ち明け話というジャンルを発明したのだ。これほど正確に自画像を描く者はこれまでいなかった。とはいえ、モンテーニュに出てくるような尿瓶や、スタンダールの自伝の主人公であるアンリ・ブリュラールのコドピースのような露悪的な話はアランにはない。アランはブリュラールを嫌っていた〔スタンダール自身のことは崇拝していたようだが〕。これがこのジャーナリストの姿であった。無邪気である、とあえて言わねばなるまい。目配りは彼自身の限界にまで拡がり、さらに遠く、星々まで届くかのようである。実際、一九一四年以前の三〇〇〇の「プロポ」のうちに、どれほどの傑作が閉じ込められていることか。そして少し後で書かれたものを加えれば、それで目録ができあがることになる。しかし慎みによる沈黙とはまったく異なった類いの沈黙を、第一次世界大戦が彼に課してしまった。彼は出征すると宣言していたし、実際出征した。彼がヴェルダンで戦死していたら、彼は私たちの知るいわゆるアランだったろうか。いったい誰が、敬愛の念に促されるとしても、この三〇〇〇のプロポのなかから、散文の知恵と美に満ちた頁を選り分けたりするだろうか。確かに、特別な名前であろうとはしていないこのアランという名を高らしめるには、それだけで十分である。しかしながらアランは選り分けることをためらっていたし、そもそも、彼が別個の領分としていた教師エミール・シャルティエであった間は、彼はアランではなかったのである。

哲学者としてのアランが『デペシュ』の「プロポ」の至るところに染みわたっていた。教師としての彼さえ——しかもこの教師は、休暇中の機内でもプラトンの話やデカルトの考察を思い出すような教師なのだが——染みわたっていた。この親密な空気が私たちを裏切ることはない。ここには、偉大な分析家のなかにのみ見出されるような、分析の技巧の例が見出される。それは、結び目をひとつずつ解きほぐそうとする徒刑囚の忍耐である。「待ってください、あなたには暇がないのですか……」と、彼は言っているのだ。速度をゆるめ、際限なく取り上げげなおしつづけるこの術策について、人はこの哲学者、私の理解では純血の哲学者を告発していたかもしれない。〔それは正しくないが〕もっとも、彼の熱狂だけは人を誤らせることになったかもしれない。実のところ、そうした熱狂は普通でもなければ、薦められたものでもないのだ。キリスト教徒が福音について語るように、アランはスピノザについて、あるいはストア派について語る。すると判断する者たちはその熱意に用心することになる。ようするに、『プロポ』を書くジャーナリストのうちに潜んでいた詩人的な要素が至るところで爆発することで、異端者を、そしておそらくはソフィストを思わせることになったのだ。職業哲学者は、退屈な序論と平板な文体を自分たちの特権として口やかましく主張する。彼らは加えて、すべてが死んでいる〔たとえばソクラテスが死んでいる〕ということを請け合うために、微細な分析に執心するものなのだ。ところが、このアランはといえば、死者を蘇らせてしまう。したがって、アランは哲学全体にわたって、その愚かさも含めて見事な知識を有し、それを教えていた、と言うだけでは不十分である。〔職業哲学者からすると〕このように知識を有し、その知識で〔しかも怒りよりもむしろ笑いとともに〕自らを活気づかせ、頭脳が足りない場合には新たに割り与える、といったことは知識の恥ずべき部分であった。人が枝のある高さに生まれつき身を置くのだとしたら、その同じ高さのものを考えることに寛容になれないものだ。その後、非常に高いところから考えつづけるならば、寛容になれる。つまり高いところから降りることに慣れてくるのだ。しかし、二十歳で、空、数、鳥、男女を知り、見ることを知ったこの者、その青い視線はどのようなものなのだろうか。これこそおそらく知そのものではなかったか。

アランは幸運だった。なぜなら、おきまりのおどけた文章（テーゼの次はアンチテーゼだ）をひたすら書き、一般にそうであると信じられているような哲学、つまりレシピと（「良く生きよ」といった風な）礼儀正しさでしかない哲学をただ学ぶのだろうと、そう思っていた高校時代に、彼は恩師ラニョーに触れることができたのだから。[★04] 彼は何でありえたか、と戯れに考えてみよう。ラニョーがいなかったら、シャルティエは今知られているシャルティエではまったくなかった、と答えるのはあまりに性急である。本性上偉大な者は、結局偉大になるものだ。では音楽家、戦術家、天文学者、銀行家、小説家になっただろうか。この人は、そうした優れた音楽家、戦術家等々になりうる多くの才能をもっていた。しかし、彼は賛成と反対の間の愚かな闘いを軽蔑していたように私は思うのだ。

赤いひげとごつごつした額をそなえたラニョーは、あたかも沸騰した水から湧き出るように、こうした賛成と反対の論争から、まずは姿を現わした。彼は思想家たちのなかで考え、そして彼らを越えて考えていたのである。彼は〈思考《パンセ》〉であった。もっとも、すぐさま思考そのものになってしまい、思考状態へとつねに遡ることになる。つまり、思考の運動から状態へとまっすぐに遡るのである。幾つかの小さな学説の間で、いわば陳列された流行品の間で、この近視の人の視線はぶつかり、途方にくれ、その際、食器を割っては謝るのであるが、それほどきちんと謝っているわけではない。こうした流行り廃りのある商品のような仕事はもはやなすべきでないのだ。そこで、ラニョーはゼロからやり直すことにして、やり方を知っていたにちがいない希有な人たち、つまりプラトン、スピノザ、デカルトの助けを借りて、そして彼らを蘇らせることで、一種の〈最後の審判〉を下すことになる。つまり、正すことのできる者たちをすべて正し、ついには天と地を、また、どこにも存在せずに神であるような、神としての神をも整えるのである。その姿はわんぱく少年たちを前にしたコレージュのミケランジェロ（大天使ミカエル）だ。加えて彼は、日々の試験に最終試験、フロックコートとたくさんの眼鏡、さらには入念に直された答案をも前にしている。こうした姿を見れば、人間とは光り輝く動物なのだ、とあなたも認めることだろう。そのラニョーは四十代で、疲弊でか喜びでかはわからないが、亡くなった。アランはといえば、死に際に「二足す二は四であると私は信じる」と言って亡くなるような別のアランになっていたかもしれない。そんな彼は高校時代、食器が割れるたびにおそらく笑い、また、心理学と（いわゆる）論理学と形而上学とを混同し融合させてしまう率直で崇高な人、ラニョーをおそらく笑ったであろう。この混同と融合により、細分化されてはいるが全体としては完全なプログラムができあがる。幼いエミールは荷馬車に揺られながら、父から牛飼い座、アンドロメダ、オリオン座の三つ星について教わっていたときに、見ることと知覚することがすべてであり、世界以外の何ものも存在せず、すなわち、夢見ているときでも精神が知覚しているのはこの世界である、ということを見抜いたのであった。人は二十歳のとき、これから人生で経験するであろう数え知れないほどの出会いを期待するものだ。では丘の上に灯ったラニョーという火、歓喜に身を焦がす神のような精神はどうなるのだろうか。あのプログラムを哲学への嫁入り道具として携えた当時のアランには知る由もなかった。実のところ、丘に灯ったラニョーという特別な火から見ると、学位も軍隊の階級も単なる学位や階級であり、学校もただの学校にすぎないのである（たくさんの丘が頂をなしたとしても、そこにはもはや何もないのだ）。そもそも三〇〇〇ある『プロポ』でさえ、特徴的な筆名を用いることなく、ブルターニュ地方でよくある名において書かれているのである。

一方、授業においては、学位を付した書名のもと、アランは敬虔な面持ちで説明を加え、おそらくは聞き手の心をつかもうとしていた。さらには火のような言葉を語り、命令しようとしていた。これに対して私たち生徒はといえば、我慢し、言葉を話すだけで、読むということはほとんどなかった。三〇人のわんぱく少年を想像してみてほしい。私たちは下品な言葉を刻み込む中等学校の生徒にすぎなかったのだ。上品な鶏のクリーム煮、つまり選り抜きの名士をとりまく粗野な料理だったのである。私たちは重々しい感じでうなずいていた。そうすることで、成長することもなければ師を忘れることもない、この頑固で大きな子供、アランに、私たちは心から名残りを惜しんでいたのである。ああ、何と豊かな才能であったことか。なんといっても、小熊座から大熊座を区別できる人など稀であるのだから。そして、彼が承諾するとしたらどんな仕事であろうか。彼は反抗する県であるオルヌ生まれの頭脳の持ち主である。そんな彼がアムランを称揚するならば、それはベルクソンに反対すると言うためである。ベルクソンを称揚するならば、すべてに反対すると言うためである。そこでは、アランのものではまったくないような野蛮が、狼男じみた彼の風貌を好き勝手に振り回していたのだ。確かにこれは、堪えがたい知ったかぶりの上っ面である。そこで彼は少しずつそこから離れ、自己のうちに引きこもることになる。ピアノとヴァイオリンを演奏し、油絵と水彩画を描き、読み書きにふけるのだ。そうすることで彼の『プロポ』はますます彼のものになっていき、彼の生徒も熱を帯びて彼のものになっていく——もっとも、幾つかの頭はうなずかないままではあるが。あまりにも幸せであった。何といっても彼が自然な幸せを感じていたのだから。私たちはこの審判者を見つめる。適切なときに彼が誉めてくれるのを知っていたのだ。しかしまた私たちは恐れ、そして認められることを望んでもいた。理事も教室のざわめきに耳を貸し、彼を信用していた。そしてフランス共和国よ、彼が教えているアンリ四世校において、こうしたことは神というただ一つの栄光のために今後も存在するだろう。この栄光は戦争をも喚起するのではあるが。

アランは、ジャーナリストとしてできうるかぎり説明し、また節度を保っていた——少なくともそうであろうとしていた。彼はジャン・ジョレスとともに、時代の良心そのものであった。アランは、自分が教えていた若者たちをけっして忘れはしないだろうし、二人か三人は奇跡的にも助かった。そして彼が言うには、他の人はソンム県の亡骸となってしまった。★05 いったい彼が、人類は物惜しみせず、最初に飛躍する雄々しさが若者を犠牲に捧げるのだ、などと書いたことがあっただろうか。彼は四十七歳になっても、この種の突風に身をゆだねることなどなかった。アランはまた、自分の世代に割り当てられている徴募員の役割を拒否した。そう、彼は自由なしかたでしか語らなかったのである。たしかに、服従をそのまま受け入れることはより簡単でもあり、より素直でもある。そして服従は少なくとも、鶏のクリーム煮(諸々の名士)、社会、議会、書斎の哲学者を解放する。そうした人たちはそこにとどまっていればよかろう。しかしアランは、力強く歩み、熱くなることのない、偉大なる砲兵として、戦争に行ったのである。出征は身を守るためでもあり、また見て感じるため、つまり知るためでもあった。彼の背後には人生が、そして仕事があった。すなわち、箪笥のなかの原稿の束が、乱雑なままの『プロポ』が、そして最初の何年かのうち最良のものをまとめた優雅な(すでに稀覯本となっていた)四巻本があったのである。これらはたちまち消え失せてしまう仕事であり、日一日と消えていくジャーナリズムの仕事であった。挿絵と歌うような散文とでくまなく埋め尽くされた娯楽誌。孤独な冒険の日記といえる『力学についての省察』も挿絵と散文の二つを含み、高い源泉はこのように巧妙に隠されている。これに対して、『第一哲学についての手紙』は、最終的には、手紙というよりも一連の命題がつらなる命題集である。それは(執筆された)一九一一年以来出版が待ち望まれていた。砲兵アランは、その仕事に戻るより前に、原稿を読みなおし、自分のものと認めた。★06 普通なら、筆者が誰か判明したならばその名で出版するべきであろう。しかし彼は、かつての対話をしるしづけておくべく、筆名であるクリトンの名を表紙に残した。この対話は、多くの頭脳から祝福をではないにしても、尊敬を得ていた。この人は大いに書いたが(彼は一九〇五年に『一般分析論』の三〇〇頁を焼いてしまった)、最初の深刻な困窮状態にあってさえ、これらの短い手紙にしか真の価値を認めようとしなかったのである。これら一群の手紙はあまりに濃密であり、つながりあっているので、解きほぐし、明確にし、読解を可能にするためには一つの新しい仕事がまるまる必要となることだろう。

こうした仕事をどう考えるべきだろうか。それはいわば、ラニョーの上澄みを綺麗にすくうことである。そこでは、原理、あるいは周知の必然性と言ってもよいが、そうしたものがきわめて連続した系列をなしているので、どんな考えも、口に出されるときには、他のあらゆる考えを確証し、また己れの内に書き込んでいるのである。ラニョーが定義していたような〈反省的分析〉の厳格なモデルがここにある。これはまさしく、人が考えているときに、つまり人が知覚しているときに、自分が何を考えているのかを知るということである。対して、知覚以外のことについていえば、寄せ集めることのほうが順序よりも重要である。というのも、順序とはなお言説であり、失われた思考であって、つまり、それが分離され飛び去るや否や私たちから失われてしまうような、そうした思考であるからである。反対に寄せ集めは、現在の対象や知覚された対象へのきわめて生き生きした反省そのものである。厳密を期すならば、『手紙』というこの薄い選集において、知覚の〈形而上学〉は、伝統的〈存在論〉と決して同一視されてはならない。伝統的〈存在論〉とは、対象の〈形而上学〉であって、対象における精神の存在が問題である。ところがここでは、精神は己の場所で自由である。つまり精神はしかるべき己れの場所にあり、その場所とは、世界という現実存在する対象を知覚すべき場所にほかならない。ラニョーの講義から『手紙』へと至る、『力学についての省察』の冒険があるのであって、この省察は危険と災禍を自ら担った弟子の冒険なのである。『省察』はそれにふさわしく未完成である。実際、二次的な哲学にすぎないもののうちに突き進み、そこで満足してしまうことなど不要であろう。しかし、第一〈哲学〉のうちに身を落ち着け、つねにそこへと戻りつづけることは、危険なしにはなしえないことである。これは、活動している精神、あるいは知覚する精神についての反省によって、精神が自己把握することであり、精神の絶対的なものを自己把握することでもある。こうしたことに対してソフィストの言説は無力なのだ。たとえソフィストが物理学者や幾何学者のなかで最も光り輝く存在であったとしても、何もできまい。鶏のクリーム煮(選り抜きの名士たち)の周りでは、その精神を観照する者にしか人はほとんど出会わないだろう(しかもそれはつねに同じようなしかたで出会うのである)。たとえば、そうした観照者のなかのある者は科学の名のもとにいて、そこでは精神は事物の条件に(そして心理現象に――心理現象は彼らが言うように、諸々の事物と並ぶ人間的事物のアスペクトである)あきらめて従属してしまっている。それ以外の者はといえば、精神の内面性や心霊術といったなんとなく曖昧な神秘性に従うことになる。ほとんど全員が内気で心配性な彼らは、根本的には反対ばかりするのだが、それでいて機械や階級章などの力を振りかざされるとあっさり膝を屈してしまうのである。それでいて鶏のクリーム煮(選り抜きの名士たち)を密かに崇拝もしているのだ。こうしたことは、フランス共和国を擁護するかなりまずいやり方であった。

これは卑劣な精神なのだろうか。「ああ、私の軽蔑すべき若さよ、私はようやく君を認めよう」[★07]。では闘う精神か。いや、今挙げた以外にも多くの精神が存在したのだ。戦争をするのは精神ではない。砲手こそが、狙いを定め、引き金を引くのである。精神、それは飛翔するのだ。至るところにいるが、どこにも姿を現わさないラニョー、それは戦争中の世界においては無にすぎまい。神は、それが神であるならば無でしかないのと同じことだ。重要なのは、大砲と言説の喧噪から精神を救うことである。『大戦の記憶』は、最も読まれていないアランの本の一つだ。出版社によれば、これは良いタイトルではない。実際、これでは人は記憶しようとしないだろう。われわれの時代の最も高度な思考は、汚泥と死の国から立ち上がったのだ。前に述べたように、われわれの時代の敬意のあり方といえば、金で雇われた嘘つきが「あなたはマルクス・アウレリウスを尊敬しているのだ」と信じ込ませるようなものであった。これに対してアランは、戦場の泥のなかで、人間の高さにまでとうとう昇った鳥猟師である。

そう、あらゆる人間の高さにまで昇ったのだ。戦場ではあらゆるものが厳しく、また明晰でもある。死、はたしてこれ以上に、明晰なものがあるだろうか。そしてそのとき、死と同じく人間の生も、誇示や目的のない、崇高なものとなる。戦場においても、高等師範学校卒のこの教師は、朝靄のようにすぐに晴れ渡る。きわめて簡潔な声をもち、つねに一市民である兵士、アランだけが残るのだ。彼は膝の上で書く。一気に線を引いて、マフラーやチョコレートのことでもあるかのように並べ挙げていくのである。彼は章の最後までこの線をのばし、最初の章を書き上げる。『マルス―裁かれた戦争―』は、このように即興的に作られた。不変にして最上の美をそなえ、それはたとえばゴルゴタの丘の慟哭に並ぶ荘厳さをそなえた「自己欺瞞」の章がそうだ。この章は『マルス』のなかの一試論にすぎない。裁きと節度、どちらも念頭に置きながら、彼は、凱旋門を通る栄光と行進の後にこの部分を取り上げなおすことになるだろう。この『マルス』は、さらに言えば、人を恐れさせさえする。裁こうとする者にとっての試金石となる本であり、頁は燃え上がる。不平不満を口にする兵士は、この本を嘲り笑うだろう。しかしこれは戦う人間に敬意を表した論攷以外ではない。実際のところ、闘士はより良く判断できるものだ。たとえば、「彼の階級は何だね」と尋ねた一人の将軍は、「砲兵伍長です、将軍」という返事を聞いて、「ならば彼は指揮の理論をよく知っている」と述べている。実行するのなら、実行すべきことを知っていよ、ということだ。戦争、そう、もし戦争ならば、伍長か将軍こそそのように振る舞える人物である。また、『デペシュ』の「プロポ」がそうであったように、『マルス』のどの章も短い。一つが終わるとまた次が来る。それはもはや〈反省的〉あるいは〈第一〉哲学ではない。ただし、朗唱する無知な歩兵隊、司祭、英雄、後衛たちに対しては、変わらず、しかも直接的にそのようなものである。「賛美について」や「テオドオル」といった章が広まるならば、すぐのことではないだろうが、私たち皆を平和にしてくれるだろう。モンテーニュが言っているように、疱瘡の後の知恵である。それ〔知恵は後で出てくるということ〕が順序というものだ。疱瘡が長く続き、それを知恵が癒すのではないのだから。ここで裁かれた戦争は、名誉や体面のためにのみ、なされたものであった。さらに戦争が起こったならば、今度は誰がそれを裁くことになるのだろうか。また、もし戦争がなくなったならば、誰が戦争のことを気にかけるだろうか。アランは、最初は己自身と格闘を繰り広げていたが――自分自身に対する宿命とはこうしたものである――、こうした取るに足らない種類の人間から立ちなおった。蜜の日が訪れ、もはや戦争が起こらなくなったときでも、『マルス――裁かれた戦争――』は戦うことの情熱あるいは受苦〔情熱はすべからく戦闘的なものだ〕を忠実に検討したものでありつづけるだろう。こうした状態は、ローマ皇帝はもはやいないが、自分自身の皇帝であるマルクス・アウレリウスについてはつねに読まれつづけるのと同じことである。

その後、ローマ皇帝以上の存在が現われただろうか。アランなら笑うだろう。ただ名前が変化したにすぎず、「皇帝以上」の存在などない。物事は、それが驚くほど不変であるという点では安心だ、と言えるかもしれない。そして人間も物の一つなので、人間についても同じことが言えよう。たとえば、民主的な軍隊など存在するだろうか。いや、やはり軍隊であることに変わりはないのだ。陸隊長やファラオは、この種の権力のなかで永遠に変わらぬものである。奴隷制もまた変わらなかった。人がいつだって見るように、そしてタレスがピラミッドを眺めていたように、見ること、そして言うことはそのままである。だからといって、人間により良いものがあると期待したり、進歩と呼ばれるものを期待したりするのはおかしなことではない。アランは、小さな変化だけで十分であり、あとは物事の本性からいつも出てくる、という考えをオーギュスト・コントから受け取っていた。言い換えれば、それは、別のしかたで乗り出す、ということである。最初の一歩が、そのあと無際限に続いていく列を、それ以外にありえない列を決めるのだ。たしかに、人はいつも正しい戦争を夢見、それを実行することに身を投じることができる。だが、人は不正な戦争しかなしえないのだ、ということを知らねばならない。戦争で変わらず存在するのは、ただ、狩人たちの指揮官に秘められた世界の深さである。指揮官の深さそのもの、と言ってもよいかもしれない。他方で、司祭氏はといえば、ほほえみ、祝福を与えるだけだろう。指揮官が指揮官の振る舞いをするようにして、彼もまた司祭の務めを果たすにすぎない。神自身は、神である以上、こうしたことを何もできない。そして勝利を満喫する者は、きっちりとその対価を払うことになる。これはプラトン主義的な省察だ。要するに、無垢なる神は必然性を永遠なままにし、必然的なままにする、ということである。そのとき人は、もはや悲惨でも情け深い存在でもなくなる。それゆえ、それと知られることなく塗られた、社会主義的な聖油あるいは家父長主義的な聖油を、私たちは戦争の指導者のうちに想像するのではなく、じかに見るように、少なくとも見ようとするようにしよう。そうした後で、『マルス』は苦い本だ、とようやく言えるようになるだろう。いったい、しぼりたてのジュースから、どのような甘美さが期待できようか。飲もうと決めたら渋面をつくらないことだ。また、神が変えてくれるだろうと望みをかけないことだ。私は、ベートーヴェンの音楽と同じくらい美しいあの頁、何年か経って『プラトンに関する十一章』を締めくくるあの頁のことを考えている。それは、プラトンが言ったことを、つまり、その哲学が最も高度で最も純粋な音楽であったということを理解させてくれるひとつの音楽である。プラトン以降、このような哲学は多くはなかった。もし哲学者が意義申し立てだけして逃げ出す(それは音楽から逃げ出すことでもある)のだとしたら、哲学はそれ自身裁かれるものとなろう。すると、哲学者といっても色々あるということになるのだろうか。そうなのだ。

ときおり見抜かれてきたことではあるが、フランス語で書かれた散文、いわばワイン風の散文と、われわれフランス人に固有の哲学(それは定義しがたく、そのようなものだと感じとることさえ困難なものだが)との間に、本性上のある協定が存在するのである。私たちの国では、土台は色々な体系の下に隠れてしまっている。そこで、最も奥深い精神が提示するものはほとんど、(土台を取り出すための)方法なのである。たとえば、有名なデカルトの『方法序説』は、序文にすぎず、いわばひとつの弁解である。さらに、アランが著書『デカルト』のなかで示しているように、デカルトのなかで最もデカルト的なものは、理性の完成ではなく、また方法でさえなく、デカルトという、身をゆだねかつ身を守るこの親密で引きこもった人間自身なのである。私たちのこうした考えに対し、人は次のように非難するかもしれない。「いや、そうではない。欄ごとに割り振っていく熱心な会計係のような、過剰に一貫した明晰性のゆえにデカルト主義はそう呼ばれるのだ」と。しかしこの人はいったい何を笑っているのだろうか。アランの考えでは、デカルトはデカルト主義者ではなかったかもしれないのだ。彼はデカルト主義者ではなくデカルトなのであって、それはつまるところ存在と思考のなかに身を置くある仕方なのである。散文がデカルトなのであり、散文とは目と手、気分、そして線の大胆さと自由と絶対性といったものである。デカルトは、自身が神と呼ぶ高みよりも高いところからすべてを判断する。この場所は秩序づける理性であるが、さまざまな理性の秩序ではない。要するに、アランはその人間像のところでデカルトを迎えるのだ。その際彼もまた、高さを見渡す高さから、ただソルボンヌだけに依存しているようなさまざまな理性の秩序を判断する。哲学者とモラリストの間の唯一の差異は、フランスにおいてはこの〔モラリスト文学のなかにある〕高さを見渡す高さであり、これこそ、どの線のうちにも存在するか、さもなければ何ものでもないという第一〈哲学〉なのである。大雑把に言えば、ヘーゲルは、フランス人は〈裁き〔判断〕〉の〈国民〉であると述べていた[★08]。いったい何という賛辞だろうか。彼はこう述べることで、彼自身の体系のことを、換言すれば、雲の上にさらに重なる雲のことを考えていたのだが、私たちはその雲を前にしてぽかんと口を開けていることしかできない。そこに見えるのは一面、雲だけなのだから。これに対して私たちのアランにおいては、いかなる雲もない。彼においては、これはこれであって、あれはあれであり、どちらも物にすぎない。砲手がいて、司祭がいる。役割は役割であり、物は物である。体系は崩壊しているのだが、精神はつねに考えている〔この場合、神とは思考する神でしかないだろう〕。そしてこれが、事物を描くことと同義なのである。実際、機敏な散文にはこれだけで十分であって、それはいかなる神学的な支えも必要としない。散文は走り、行きつ戻りつするのであって、彼の言によれば正義のように足をひきずるものなのだ。裁きとしての判断は至るところにあり、どんな裁きもあらゆるもの〔何でもないもの[★09]〕についてのものである。稲妻、しかも散文の稲妻のような稲妻、ただそれだけがすべてを照らし出すことができるのである。

『マルス』以来、同じ勢いで主要著作が続いていく。〔防水靴とジャムを激しく求め、つねに疲労困憊している〕電話交換手の地位にあるとき、『精神と情熱とに関する八十一章』は書かれた。それは第一〈哲学〉に関する別の論考であるが、第一〈哲学〉とのどんな結びつきも見かけ上断ち切られている。彼がゲーテについて書いた言葉を使えば、これは原石の溶けたスープである。一九一一年の『手紙』と一九一七年の『八十一章』とを比べる人は、直接語られることのない本質的な差異を見て取ってほしい。有り体に言えば、この散文はもはや教師のものではない。大砲が唸っている最中に書かれた、急ぎ足の人間のものだ、と言えるだろう。不満げな目つきをそなえた散文「デカルト讃」はトラックに乗り込んでいる中で書かれた。しかし彼はそこですべてを言っていたろうか。否、もっと豊かに、言葉を尽くして言わねばならないだろう、と彼は考えていた。そこで、膝の負傷で病院送りになると、彼は結び目をほどきはじめる。ヴェルダンの砲鳴の聞こえる最中、音楽家であり、画家であり、詩人である彼は徐々に思い出すことができた。他方、彼の大尉は、大尉という階級ゆえに暴君であらざるをえなかった人なのだが、その大尉の懇願と挑戦を受けることで、彼は芸術の体系を寄せ集めつつ分離し、省察し、構築することができた。この一つの体系の内部では、どんな芸術も個別の芸術であり、各々が自分自身に閉じている。たとえば、描き手が大尉であることを示す絵画があり、また、砲兵伍長独自の散文がある。『諸芸術の体系』は幾つかの原因によって、以下のことを考えさせる。すなわち、正義が不可避に足をひきずるようにして散文は散文であり、寺院は寺院であるのだが、これと同じようにして、どんな芸術もまたその物質によって芸術なのである、ということを。物質がなければ、芸術とは技巧の上に立ちのぼる煙にすぎないであろう。どこでもとらえることのできない光たる精神が、物質のなかの精神である芸術を、あまねく照らし出すのである。もっとも、より正確に言うならば、事態は逆であろうが。つまり、物質と出会うたびごとに精神が自由になるのであって、精神のほうが解放されるのである。これが、物体の形而上学と言われるものである。それほどまでに芸術は物体のものなのであり、美以前に堅さであり実際に在るものであり、こうしたことが建築用硅石やソネットができあがるための最低限の条件である。というのも、これらすべては、磁石がもつと言われるような方向〔意味sens〕をもっているからである。肝要なのは物質と物質主義である。なぜなら、精神は鑿《のみ》も絵筆ももっていなければただ単に可能なものにすぎないが、そうした精神が存在するために必要なこの結びつきこそ、物質主義の真実そのものであるからである。

　ところで、芸術家は思想家であるべきだし、思想家は芸術家を模倣すべきであろう。しかも、無知を装うことで模倣すべきなのではなく、アランという砲手のスープに溶けた原石を通してそうするべきなのだ。一九一七年以来の『若きパルク』[★10]と一九一七年の『諸芸術の体系』、両者の出会いについては、神もそれを偶然と名づけるのに躊躇されるのではないか。むしろ、親愛なる歴史家たちよ、神はあなた方に断言するだろうが、これらは完全な孤独からできた二つの孤高のダイヤなのである。時代は『プロポ』のような目録に、少しばかり何かを加えたものを要求していたのだろうか。ラニョーでさえ、プログラムや目録に別のものを付け加えるという点まで進んではいなかった。冒険を運命づけられたかのような弟子の前に、大砲が沈黙しているときに新たなる宇宙が現われたのである。それゆえなお〔これまでの『プロポ』と同様〕あらゆることを言わねばならないことになるのだろうか。短い章は、もはや『八十一章』のように大砲の轟音の最中にではなく、今や音楽の内で鳴り響く音楽の只中で生まれた。「『思考と年代』は一連なりの花飾りである」とアランは述べていた。手始めに「夜」の章のことを考えてみてほしい。ベートーヴェンの『田園』と同じくらい美しいものをフランス的なフランス語のうちに望むならば、赴くべきは他ならぬこの場所である。音楽ではなく、散文という形でこのことを言う必要があったのだ。田園、つまり地から天へと向かう思念や思考が重要であって、戦争が終わるべき年代がとうとう来たのである。しかし生徒たち、彼らはあまりに若かった。それゆえ皆自問することになる、どのようにすれば彼らが一人も死んでいないなどということがあろうか、と。あるいは、彼らは誤っていたのか、と。平和は戦争と比べて難しいものだ、と勝者は告げるし、アランも彼に、そうだ、と言うだろう。第一次世界大戦後、愚かな流れが再び昇ってくる。変わらぬ熱狂者たちの頭であるミシェル・アレクサンドル[★11]を筆頭に、光に浮かぶアランの美しい頭を消すために、この熱狂者たちは『アラン日誌』とも題された『プロポ』をにわかに仕立て上げたのである。一九二一年のことである。この年を記憶にとどめてほしい。

その後も、彼は日々何人かに向けて、あるいは万人に向けて、傑作を書きつづけた。たとえばロマン・ロランは、「親愛なるアラン、君は三、四人のために新たに書きはじめた」と述べていた。戦争が終わって以降のアランは、いわばキリストの手により復活した一人のラザロであった。普遍的に書くための手法はただ一つであり、変化はない。文体が異なるのは、時期が異なるためである。いったい、「ナイチンゲール」と題されたプロポがまさにナイチンゲールそのものとして響きわたらないような人が、私たち皆のなかにいるだろうか。[★12]文学者たちの文学とは、足下で踏み固められてしまった大地にすぎない。『デペシュ』の「プロポ」はもはやそのようなものではない。聞いてもらうために誰かを必要とすることなく、自由闊達で親しみのある『プロポ』は、歌があふれ出るようにして、あらゆる本の周りを飛びまわるのだ。『プロポ』では、精神の流れがあふれ出るからである。彼はあらゆる物と人について書き、そして歌うようになる。来るべきであった詩人としてのアランが来たのだ。ところで、ヴァレリーが、どんな散文も彼の前で身を屈める王子であるのに対して、詩人の側は「あなたは私に匹敵する」と言える相手をもつことはなかった。そこに至るまでに詩人は何世紀も必要としたのであり、詩の批判者たるプラトンが二千年以上のものあいだ変わらず君臨してきたのである（プラトンなら、それは当然のことだ、と考えるであろう）。したがって、アランは彼のものでしかありえない二つの詩を歌うことになる。それが『海辺の対話』と『神々』である。読んでみてほしい。読む以上のことはできないのだ。海、それはまさしく海なのであって、仮象でもなければ神でもない。海神ネプチューンのような神でさえないのだ。読者はだれでも、これは海であって、ネプチューンではないと心のなかで思う。すなわち、存在するとはそれであり、そして考えるとは、存在を、それを、海を考えることであって、他のものを考えることではない。別の言い方をするなら、人が考える際には、直線、三角形、円、こうしたものが実は思考しているのであるが、しかもそれは海を考えるため、海のように運動する全体を考えるためなのである。また、振り返れば、〔一九一一年の〕『手紙』が、特にまた『力学についての省察』があるが、それらは海を前にしたアランなのである。人生の海に相対するようにして絶壁の海を前にしたアランがそこにいる。人生、つまり、年齢、戦争、死、こうしたすべてがそこにあり、また散文の特色がその至るところに見出される。加えて、急進社会主義の最終的な根拠も『海辺の対話』のなかに見出されるが、そう見えるのは権力を海のようなものとして理解しようとしている者にとってのみである。それはつまり、波打ち際にいて、思想という小舟を危険にさらしている私たち市民のことだ。偉大なる生存術や思考術に含まれる困難とは、つねに、そして至るところで、思考と物とを、また自由と服従とを分離しながらも接合しなければならない、という点にあるのである。

そして、神の許への別れの歌が必要であるように、もう一つの詩編『神々』が必要であった。〔『わが思索のあと』でさえこの本の序文にすぎないだろう。〕彼はこの本を、『プラトンに関する十一章』とあわせて、自著のなかでも気に入ることになる。もっとも、プラトンは、この詩篇においては神であることもできたというのに、神々のリストのなかにはない。『神々』は高みを見晴らす高みの本であり、高みを見晴らす高みとは、光と赦し、そして判断〔裁き〕に他ならない。これは『マルス』と同じくらい荒々しい本だ。そして、不満はあるものの出来に非常に満足している砲手に、相変わらず欺かれないようにすることが肝要である。いったい、相互に申し分なく支えあっている『海辺の対話』と『神々』が、実は同じ本でない、と誰が知りえようか。というのも、一つの思考は同時にあらゆる思考でなければ、それはもはや思考ではまったくないのだから。いわば海風が、〔神についての思考を通してあらゆることを思考する〕神学を吹き飛ばしたのである。そこには物を相手にした学しかなく、したがって神学は神という物の学になるだろう。それは、過度に敬虔であるがゆえに逆に不敬虔となってしまう学なのである。〔プラトンの『ティマイオス』におけるように〕創造がなされると引きこもる〈父〉というこのイマージュは、哲学者にお気に入りのものだ。つまり、神はすぎ去ってしまい、そうなると人が呼びかけても神は答えない。それは神が無垢であるからだろうか、それともいなくなってしまうからだろうか。神が答えないのだとすると、『神々』のあらゆる神々は実は偶像にすぎないことになる。たとえば、ジュピターとは一人のジュリアス・シーザーにすぎないのである。そこにはシーザーの真面目さ、シーザーを前にした私たちの真面目さがあるが、同時に、その真面目さは大尉や中尉といった戦争中の神々を引き留めたままであり、加えてイソップ物語のような永遠性をそなえ、さらには散文、寓話、プロポなどの断片も忘れることなく保持している。このような本をどう読むべきだろうか。要するに、すべては神であり、神であったし、また神であるだろう、ということである。この本には、茂み、源泉、雄ヤギ、顔をもたない神、あるいは、顔をもつことにもはや苦しまない一人の聖人としての神がいる。ところで、人が物語のようなものを読むとき、その人は物語の進行とともに何をすべきだろうか。結論の何頁かに眼を向けつづけるのか、それとも物語の続きを作り出すのか。『神々』は一つの物語ではない。むしろ童話のように、それはつねに新たに始まるのである。真なるあらゆる神々すべて、彼らは神々以外の物であることはできない。そこでは精神さえ、他の物を燃やそうとする。いや、精神こそまさに燃やすのだ。あらゆる神々という物たち、そう、それらは同じ一つの大文字の〈神〉でもある。つまるところ、神々は、寺院とその壁が不可分なように互いに混淆しているのであり、そうでなければ、神々とはある一人の〈神〉を年代ごとに反映したものなのである。

老いや死は偶発事にすぎない。だから私は老いや死について語るつもりはない。永遠への情熱をもっている読者よ、永遠の頁にきざまれたアランの先見の明を読んでみて欲しい。永遠の頁——そう、書かれた無数の頁はすべて同じ頁であり、また、われわれの時代は他の諸時代と同じ一つの時代なのである。人間、あるいは人間の視線は神を超える。なぜなら、一人の人間にすぎないという謙虚を装った傲慢を受け入れるや否や、われわれは探し求めている神を追い越さざるをえないからである。

〔モーリス・サヴァン（パリ、ルイ＝ル＝グラン校第一高等教員）〕

訳註

★01 反革命王党派はふくろう党と呼ばれ、フランス革命期に反乱を起こした。過激な革命派とは同じく革命期のジャコバン派のこと。

★02 たとえば、パスカルの『プロヴァンシアル』が論じられている『文学論』の第五十一プロポを参照。

★03 自然から離れず、自然を模倣しようとしたゲーテのまなざしは、専門用語の練り上げという技巧的かつ人為的なおこないと対照的である、ということか。

★04 ラニョーはアランの高校時代の師で、アランは彼から多くを学んだ。『ラニョーの思い出』に詳しい。

★05 ソンムは第一次世界大戦中最大の激戦地とされている。

★06 『第一哲学についての手紙』はクリトンという筆名で書かれた。

★07 これは『マルス—裁かれた戦争—』の一節である。

★08 どこを指すのかはっきりしないが、たとえばヘーゲルは『歴史哲学講義』の最後で、理性の法則のうちに真理を見出す啓蒙思想がフランスからドイツへ伝わったこと、そして、ドイツにおいて理論は抽象的で静的なものに留まったのに対し、フランス人だけが自由の理論を実践に移して、人権の思想と概念をもとにフランス革命を起こしたことを指摘している。

★09 「à propos de tout」で、文字通りに訳せば「あらゆるものについて」であるが、熟語的に「何かにつけて、何でもないことで」といった意味もあり、この二義性がかけて使われていると思われる。

★10 これはヴァレリーの『若きパルク』への注釈の仕事である。一九三六年に出版された。

★11 ミシェル・アレクサンドル（Michel Alexandre, 1888-1952）はラニョーおよびアランの弟子であり、後にルイ＝ル＝グラン校やアンリ四世校の教師となった。

★12 「ナイチンゲール」は『美学についてのプロポ』所収のプロポの一つである。

補記

モーリス・サヴァンによって書かれたアランの《肖像》は、臨場感あふれる教師エミール・シャルティエの描写と、弟子ならではの感性および文体による哲学者アランの分析とが一体となった濃密な内容である（なお彼は同姓同名の芸術家とは別人である）。

この補記では、主に〈哲学者としての〉アランを研究した文献を、欧文のものを中心に紹介したい。

まず古典的な価値をもつのは、アランが亡くなってすぐに出された三つの雑誌の特集である。

——*Mercure de France*, n. 1060, décembre 1951.

——*La Nouvelle Revue Française*, septembre 1952.

——*Revue de Métaphysique et de Morale*, 57e Année, n. 2, avril-juin 1952.

「アランに捧げる（Hommage à Alain）」と題された最初の論集では特に「アランと神々」と題されたジャン・イポリットの論攷が、また次のNRFのアラン追悼号では、レイモン・アロンの論攷「アランと政治学」が、そして最後の道徳形而上学誌の特集号では、同じアロンの「アランの政治思想についての考察」、及びジョルジュ・カンギレムの「アランによる芸術的創造についての省察」といった論文が眼を引く（ちなみにカンギレムは一九九二年に開かれたラニョーとアランについてのコロックでベルナール・ブルジョワと共に議長を務めており、その模様はコロックの論集*Jules Lagneau, Alain et l'école française de la perception*, Paris, Institut Alainで確認できる）。

次に、アランに関するモノグラフィーとしては以下が基本である。

——Georges Pascal, *La pensée d'Alain* [1957], 3e édition, Bulletin de l'association des amis d'Alain, n. 87, juillet 1999.（ジョルジュ・パスカル『アランの哲学』橋田和道訳、吉夏社、二〇一二）

この著作では、ラニョーからの影響を扱うアランの人物紹介に始まり、知覚、想像力、判断、世界などの「外的秩序」の問題を介して、魂、心、身体、人格へと議論が移り、さらには良心や徳の問題が論じられる。そして最終的には、戦争、権力、政治、宗教、教育、芸術といった「人間的秩序」が考察されることからも分かる通り、アランの思想圏を包括的に論じた著作となっている。

さらに《Passion》にまつわる問題系でアランの思想を位置づけた浩瀚な著作として、

——Olivier Reboul, *L'homme et ses passions d'après Alain*, Paris, PUF, 2 tomes, 1968.

がある（なお後掲の参考文献にあるようにルブールについては別の著作の邦訳がある）。また日本人による本格的な研究書として、

——新田昌英『アランの情念論』（慶應義塾大学出版会、二〇一四）

も出版された。この著作は、いわばアランがアランになる前の一八九〇年代から一九一〇年代前半までのテクスト群を検討することで、哲学者アランの生成を扱うものである。新田は、「情念」をアラン思想の中心概念として見定め、アランの思想的転回をこの概念をめぐるさまざまな歴史的文脈から明らかにすることで、最終的に彼の哲学観を「魂の医術」ととらえるに至る。また、フランス文学研究における生成研究の手法をアラン哲学の分析に導入した点でも注目される。

フランスにおいて、アランについての研究は多面的に進んでおり、哲学的な観点からとりわけ重要なのが前世紀最後の年に出版された以下の著作である。

——Thierry Leterre, *La raison politique. Alain et la démocratie*, Paris, PUF, 2000.

ティエリー・ルテールはこの著作で、ラヴェッソン、ラシュリエ、ベルクソン、ラニョーら、当時の哲学的風潮を背景に据えて、政治思想と民主主義の問題を軸にアランの合理主義的な哲学を読み解くことを試みている。また、訳者は未見であるが、ルテールがジャック・ブランシュヴィック指導のもと一九九五年にパリ第一大学に提出した博士論文 *L'éveil et la rupture. Alain et le problème du rationalisme* も二巻本の大作である。

また、個人的なことを語ることの少ないアランの伝記としては以下のものがある。

——André Sernin, *Alain. Un sage dans la cité, 1868-1951*, Paris, Robert Laffont, 1985.

著者セルナンはアランの二人の弟子ミシェル・アレクサンドルとジョルジュ・ベネゼにアンリ四世校で教えを受けており、亡くなる何年か前のアランとも会っている。

最後にアランに関するコロックの記録を二つ挙げておく。

——*Alain lecteur des philosophes. De Platon à Marx*, présenté par Robert Bourgne, Paris, Bordas, 1987.

——*Alain, littérature et philosophie mêlées*, sous la direction de Michel Murat et Frédéric Worms, Paris, Edition Rue d'Ulm, 2012.

最初の記録では、タイトルからわかるとおり、さまざまな哲学者がアランと彼の扱った哲学者との関係を論じている。これまで名前を挙げてきた人であれば、ブランシュヴィックがプラトンとの関係を、ルブールがデカルトとの関係を、パスカルがカントとの関係を、そしてブルジョワがヘーゲルとの関係を、それぞれ検討している。

後者では、アランの哲学的側面と文学的側面が多様に研究されている。哲学の側からは、フレデリック・ヴォルムスやジュゼッペ・ビアンコの論攷が興味深い。ビアンコは、カンギレムの『正常と病理』のうちにカンギレムとアランの断絶点を見出している。

なお「アラン友の会(Association des amis d'Alain)」のウェブサイトは充実しているので、参考にしていただきたい(http://alinalia.free.fr/index0.htm)。会報の第百号にはそれまでの会報の内容がまとめられている(http://alinalia.free.fr/SOMMAIRES%201-100.pdf)。

＊この補記を書くに当たって、アランを専門とする東京大学の新田昌英氏の協力を得ることができた。氏のおかげで日本では入手し難い文献を閲覧することができただけでなく、貴重な意見を聞くこともできた。記して感謝する。

主要著作

▼アラン『スピノザに倣いて』、一九〇一(神谷幹夫訳、平凡社、一九九四(エミール・シャルティエ名義での唯一の刊行著作))。
▼アラン『精神と情熱とに関する八十一章』、一九一七(小林秀雄訳、創元ライブラリ、東京創元社、一九九七)。
▼アラン『諸芸術の体系』、一九二〇(桑原武夫訳、岩波書店、一九七八。長谷川宏訳、光文社古典新訳文庫、光文社、二〇〇八)。
▼アラン『マルス—裁かれた戦争—』、一九二一(加藤昇一郎・串田孫一共訳、思索社、一九五〇)。
▼アラン『幸福論』、一九二五(神谷幹夫訳、岩波文庫、岩波書店、一九九八(その他にも、白井健三郎訳(集英社文庫、集英社、一九九三)、串田孫一・中村雄二郎訳(白水uブックス、白水社、一九九〇)、大木健訳(評論社、一九七二)など、多数の翻訳がある))。
▼アラン『ラニョーの思い出』、一九二五(中村弘訳、筑摩書房、一九八〇)。
▼アラン『デカルト』、一九二七、一九二八(桑原武夫・野田又夫訳、みすず書房、一九九八)。
▼アラン『プラトンに関する十一章』、一九二八(森進一訳、ちくま学芸文庫、筑摩書房、二〇一〇)。
▼アラン『神々』、一九三四(井沢義雄訳、弥生書房、一九五六)。

▼アラン『プロポ』、一九五六（山崎庸一郎訳、みすず書房、全二巻、二〇〇〇－二〇〇三（サヴァンが編集したプレイヤード版のPropos Ⅰから訳者が精選したプロポを収める））。

▼『アラン著作集』（中村雄二郎他訳、白水社、全十巻、一九八〇－一九八三（日本独自編集の著作集））。

参考文献

▼ジョルジュ・パスカル『教育者アラン』、一九六四（橋田和道訳、吉夏社、二〇〇〇）。

▼オリヴィエ・ルブール『人間的飛躍――アランの教育観』、一九七四（橋田和道訳、勁草書房、一九九六）。

▼小林秀雄「アランの事」、一九三四（『小林秀雄全集』第三巻、七〇～七四頁、新潮社、二〇〇一）。「アラン「大戦の思い出」」、一九三九（同第七巻、一一～一二頁、二〇〇一）。「アランの「藝術論集」」、一九四一（同第七巻、二六二頁、二〇〇一）。

▼神谷幹夫「ラニョー／アラン／ペトルマンの宗教について」（法政大学教養部紀要、第六二号、一七七～二〇一頁、一九八七）。同氏については、訳書『スピノザに倣いて』『アラン、カントについて書く』『アラン定義集』『四季をめぐる51のプロポ』『幸福論』における含蓄深い解説や訳者あとがきも参照していただきたい。

▼金森修「生命と美的創造理論との交錯――カンギレムとアラン」（『フランス科学認識論の系譜――カンギレム、ダゴニェ、フーコー』、五一～八一頁、勁草書房、一九九四）。

▼新田昌英「19世紀末フランスにおける形而上学と心理学――アランの知覚論を中心に」（『フランス語フランス文学研究』第九四号、一〇七～一一八頁、日本フランス語フランス文学会、二〇〇九）。

〔翻訳・補記＝中村大介〕

ヘーゲル学派とマルクス主義の再興

ブラッドリー、フランシス

❖Francis BRADLEY 1846-1924

オックスフォードで教鞭をとる。たとえ彼が実在性の問題を自らの考察の中心だと考えていたとしても、彼は絶えず、かなり曖昧な弁証法という形式と、われわれがそこにとどまるべき経験の哲学とのあいだで、揺れ動いていたように思われる。この経験の哲学に対応するのが、『論理学原理』(一八八三)で展開されている、関係なるものについての批判である。それだけで独立に存在するような外的な関係というのは不可能であって、諸関係は、それが関わっている諸々の項から切り離されたところには存在しない。また、諸々の関係は突き詰めれば、〈全体〉の統一なるものを含意している。「実在するものは経験である」、つまり、実在が現に存在するということ自体が直接経験なのであって、この経験において、主観は客観から区別されない。この根源的な経験のうえにこそ、あらゆる認識がその根拠を置いているのであり、思考は懸命にそうした経験がもつ無限の豊かさを取り戻そうとする。とはいえ、こうした企ては、最初から有罪判決を受けている。認識は分解によって行なわれるものであり、実在するものを決定する判断(例えば、「それはリンゴである」)は、主語〈それ〉から属詞〈なに〉を区別することで、経験の直接的統一を破壊してしまう。そしてそれによって判断は、実在に達することを禁じられてさえいる。なぜなら、部分が全体に対立するように、仮象は実在に対立しているからである(『仮象と実在』一八九三)。とはいえブラッドリーは、純粋な生成への回帰を主張するわけではない。なぜなら思考というものは、なにか必要があるから生じるのであり、直接経験そのものに内在する不安に応えて生じるからである。つまり直接経験は、事実として「複数の有限な中心」をなし、この複数の有限な中心が、変化と矛盾に従いながら、しかし、一つの全体的経験を切望するのである。こうして実在は、諸々の認識の手前にあり、かつ、その先にあることになる。思考は、ある絶対者を目指しているわけだが、その絶対者というのは、思考が自らを乗り超えることで自らを実現するような場所にある。しかしもし、あらゆる区別が、より深奥な統一性を含意しているとすれば、仮象と実在は、相関する二つの項として考えられねばならない。哲学の中心をなしているのは、次のような「二重の真理」なのだ。すなわち、

「仮象が実在を規定するかぎりでのそれぞれの仮象と、仮象のただなかにあらわれる実在との肯定的な関係である。これは、さまざまな段階でさまざまな価値をともなってあらわれてくる」（デュプラ〔Émile Duprat〕がブラッドリーを扱った論文"La Metaphysique de Bradley". *Revue Philosophique de la France et de l'Etranger* T.102（JUILLÉT A DÉCEMBRE 1926）. pp. 31-69からの引用）。ここから、「絶対者の部分的で一面的な仮象」という、この種の哲学の両義性が出てくるのであり、これは「ゆるぎない懐疑主義」に基づいている。この哲学は、認識や反省の根源そのものへと遡ろうとし、思考という実践の諸条件を解明しようとする努力する。そして、個物についてのあらゆる規定をもち、経験そのものの地平であるかのような「具体的な普遍」を定義しようと試みる。われわれはこうした努力や試みを忘れないようにしたい。〔H. D.〕

ボーザンケト、バーナード

❖Bernard BOSANQUET　1848-1923

スコットランドのセントアンドリュースで教鞭をとり、ブラッドリーに非常に近い観念論を唱えた。だが彼はブラッドリー以上におのれの観念論を、最も具体的な経験に触れ合わせ、試練にかけることに没頭した。つまり、個人をどう位置づけるのか、個人が現実化するためにはどのような条件が必要か、価値とはどういう意味を持つか、を明確にすることに専心した（『個別性と価値の原理』『個人の価値と運命』一九一三）。もしもわれわれが、ボーザンケトのいう「英雄的」努力を払って、精神を矛盾から解放し、精神に満足を与えるような、ある首尾一貫した全体のうちに、社会的、科学的などなどの経験をうまく配置することができれば、われわれは自らのうちに無限者を実現していることになる。ボーザンケト曰く、「個人が生み出したものにおいてこそ、われわれは個人の現実化を探求せねばならない」。たとえば、作品を通して宇宙を写す芸術家の「細部を含み込んだ体系がもつ可塑的な統一性」のように（『美学講義』）。〔H. D.〕

ロイス、ジョサイア

❖Josiah ROYCE　1855-1916

ロイスの著作のうちでは、論理学についての考察が道徳的な思弁と結びついている。ロイスによれば、絶対精神の肯定が、思考の実践の諸条件に応えるものだとすれば、絶対精神は、実生活のさまざまな要求を抽象的な一元論の犠牲にしてしまわないように、具体的な個人からかけ離れたところに絶対者を立てるようなことがないように、絶えず配慮する。つまり、絶対的自我とは、諸々の人格からなる社会である。なぜなら、諸人格が互いに行なう対話によって世界が、すなわち、「単なる自然を超越した、霊的な統一性」が、構成されるからである（『世界と個人』〔一九〇〇〕）。『忠誠の哲学』（一九〇八）では、「人格」が、自由意志による主義主張(cause)への誠実さによって定義されている。こうした「忠誠心」が道徳性の基盤をなすのであり、究極的な価値を表わしている。人間はこの究極的価値を、主義主張の違いや価値の多様性を超えて、人間のうちに見出し、尊重すべきなのである。〔H.D.〕

クローチェ、ベネデット 1866-1952

❖Benedetto CROCE

*『メルロ＝ポンティ哲学者事典』第三巻《肖像》参照。

エール、リュシアン 1869-1926

❖Lucien HERR

アルザス地方南部の町アルトキルシュに生まれ、パリで亡くなった。一八八八年から一九二六年まで高等師範学校の図書館司書を務め、ジャン・ジョレスやシャルル・ペギーらが属する社会主義者世代の良心的存在だった。彼の著作はそれほど多くはないが、まとめられて刊行されている。

ジョレス、ジャン 1859-1914

❖Jean JAURÈS

フランス南部の町カストルに生まれ、パリで亡くなった。主な著作は『感覚世界の実在性について』、『社会主義と人民』(一八九九)、『社会主義研究』(一九〇二)。

ヘーガーシュトレーム〔ヘーゲルストレム〕、アクセル 1868-1939

❖Axel HÄGERSTRÖM

スウェーデン哲学を代表する主要人物のひとりであり、相対主義的傾向をもつウプサラ学派を率いた。エルンスト・カッシーラーが彼について重要な研究を行なった〔『アクセル・ヘーガーシュトレーム──現代スウェーデン研究』一九三九〕。公刊されたドイツ語での著作には『学の原理』(一九〇八)、英語の著作には『法と諸道徳の自然本性についての探求』(一九五三)がある。

ストルーヴ、ピエール 1870-1944

❖Pierre STROUVE

『社会発展についてのマルクス主義の理論』(一八九九)、『多元論哲学試論』(一九二二)の著者。

ロースキー、ニコライ・オヌフリエヴィチ 1870-1965

❖Nikolas Onuprijervirschevic LOSSKI

『有機的全体としての世界』『直観、物質、生命』(一九二八)、『意志の自由』(一九三二)、『価値と現実存在』(一九三五)の著者。

ジェンティーレ、ジョヴァンニ

❖Giovanni GENTILE　1875-1944

カステルベトラーノ（シチリア）に生まれる。『純粋活動としての精神についての一般理論』（一九一六、仏訳版『純粋活動である精神』一九二五）の著者。フィレンツェで亡くなる。

フランスでのヘーゲル哲学研究は、政治的であるよりも論理的で、歴史的であるよりも存在論的だった。イタリアでヘーゲル主義が現われたのは、占領からの国の解放と統一の運動が始まった頃だった。イタリアの思想家たちは、〈法〉哲学の諸原理や、国家の概念に関心を示していた。ベネデット・クローチェは「歴史的ヒューマニズム」を唱え、その力強さが賛同者たちを動かして、一九〇三年には「クリティカ」誌を刊行させている。クローチェもジェンティーレも、厳密にイタリア的な哲学の伝統をよりどころにしている。クローチェはジャンバッティスタ・ヴィーコの哲学の線上に自らを置き入れようとするし、ジェンティーレはジョルダーノ・ブルーノを自任している。両者とも、いくら深めても精神に到達できない「コギト」の哲学に反対している。コギトに内在する哲学的反省という制限のせいで、精神が、もっぱら歴史のうちでしか、しかもきわめて具体的な歴史のうちでしか、知られえないということが無視されている。ジェンティーレは、現実そのもののなかに〈絶対者〉を、精神の創造者である〈絶対者〉を探し求める。絶対的なものは歴史と切り離せない。こうした歴史は「前提にされているものではなく、精神活動の現実的で具体的な形式であ」り、このようにして精神活動の自由が確立される。彼自身の学説も、そうした歴史の生成のうちに位置づけられるが、彼の理論はそれに対して観想を決めこもうというのではなく、参与しようとするのだ。歴史のうちへの道徳的政治的な参与は、創造活動に能動的に参加しようとする場合に、とりうる唯一の形式であるだけに、ますます重要である。しかしそこから、ジェンティーレが「歴史的アンチノミー」と呼ぶ二律背反が生じる。一方で精神は、その最も深い奥底に至るまで、歴史の発展と連動している。他方で精神は、それが永遠の活動であるかぎりで、歴史的ではない。そうした二律背反は、哲学においてしか、また、哲学によってしか解決されない。「歴史が真に具体的であるのは、歴史を永遠なる歴史として考える、そういう歴史者の行為においてでしかない」。歴史や哲学、歴史哲学は、唯一にして同じ現実存在に他ならない。こうしたことから、現実存在の主観的な契機である芸術、および、その客観的な契機である科学が、その絶対的な契機である哲学のうちで和解する、ということが理解可能になる。

[P.H.]

＊イタリアで大学教授を歴任、ファシスト政権で要職を得てファシズムを規定した全体主義の理論家として知られる。

ド・マン、アンリ

❖Henri DE MAN　1885-1953

アントワープに生まれる。彼のいくつかの著作は、社会主義運動の議論をより混乱させるのに一役買った。ド・マンはマルクス主義の「止揚」を主張しており、『マルクス主義を超えて』では、労働運動の衰退の原因はマルクス主義にある、と明言している。彼は、マルクス主義が前提する――と彼が見なす――経済の快楽説を批判し、「社会主義思想の精神分析」が必要であると、訴えた。「労働者階級が劣等視されるのは、劣等視されていると労働者階級自身が感じるからだ」。そうした「コンプレックス」から「補塡概念」が生じている。たとえば階級闘争という概念は、事実のうちに刻み込まれているものではなく――まず労働運動の指導者たちから、次いで――労働者階級の側から出される、資本主義社会への順応の拒否を表現している。ここから、労働者運動の精神の面での改革や、〈社会主義の理念〉への回帰を急ぐ必要が生じる。ド・マンは「ファシズムを追い抜」こうとしていた。いや、急いで「取り入」ろうとしていたのではないだろうか？　先の大戦中のド・マンの役割を思えば、そう考えてもよいだろう〔ド・マンはナチスに協力していた〕。才能に恵まれているものの、行動においては「誘惑」に左右されやすいこの思想家は、亡命先のスイスで孤独に亡くなった。〔H.D.〕

プレハーノフ、ゲオルギー

❖Georges PLEKHANOV　1856-1918

「〈マルクス主義〉哲学および史的〈唯物論〉の諸問題に関する最もすぐれた解説は、プレハーノフの著作に見出されるであろう」とレーニンは言った。プレハーノフは最初、無政府主義とスラブ主義の傾向を持った「人民主義」の派閥に所属し、「土地と自由」運動の指導者のひとりになる。ロシアを逃れざるをえなくなって、彼はベルリンやジュネーブ、一八七六年にはパリへと逃げ込んでいる。徐々にマルクス主義の立場へと近づき、一八七八年には社会の経済的発展法則についての一連の論文を発表する。一八八三年には公然とマルクス主義に参加し、マルクスやエンゲルスのほとんどの著作をロシア語に翻訳している。一八八三年の『社会主義と政治闘争』で、彼は人民主義の立場を攻撃し、革命における労働者階級の役割を明らかにする。プレハーノフはその頃から、社会民主主義の活動においてとても重要な位置を占めるようになり、第二インターナショナルのさまざまな会議に出席している。彼は、西ヨーロッパの無政府主義者や修正主義者、ロシアの人民主義者や合法マルクス主義といった、マルクス主義の敵たちに激しい戦いをしかける。『無政府主義と社会主義』(一八九四)は、彼が夢想主義だとか、無政府主義者のプチブル的個人主義と呼ぶものを告発している。プレハーノフは一八九五年にレーニンと知り合い、数多くの論文で、エドゥアルド・ベルンシュタインの経済主義や修正主義を攻撃する。『一元論的歴史観の発展についての試論』(一八九五)は、「ロシアの革命家たちの愛読書」(レーニン)となる。一九〇〇年以降、いくつかの見解の相違がレーニンとプレハーノフとのあいだに生じ、彼は次第にメンシェヴィキに近づいてゆく。それでも、プレハーノフは社会民主主義者たちの間違いを批判し続け、エルンスト・マッハに宛てて、戦闘的唯物論についての自著を送っている。この頃(一九〇八–一二年)彼は、〈社会主義〉と〈宗教〉についての諸研究を発表し、未完となる『ロシアの社会思想史』に着手する。プレハノフは一九一七年、ドイツとの戦争続行に賛成し、「ブランキ主義的」だと評して〈十月革命〉には反対する。彼は一九一八年に病没している。

グラムシ、アントニオ

❖Antonio GRAMSCI 1891-1937

マルクス主義の理論家、および、イタリア共産党党首。サルデーニャに生まれたグラムシは、トリノで学業を終え、一九一一年に社会党へ入党する。一九一五年には日刊誌『アバンティ』の指揮を取り、一九一九年には『新秩序』誌を設立している。それらの中の記事で彼は、社会主義を刷新して、労働者階級に指導的階級となる覚悟を持たせようとしている。次第に増大するファシズムの危機を前にして、グラムシは改良主義者たちが支配する社会党の無能を知る。リボルノ会議では分裂が起き、イタリア共産党が誕生する。この新党の内部でグラムシは、アマデオ・ボルディガの「トロツキー化する」傾向を攻撃し、彼を排除することに成功した。一九二六年ファシスト政権によって捕らえられたグラムシは、一九三七年に獄中で死去した。

活動家であると同時に理論家でもあるグラムシは、イタリアの知的世界において注目すべき役割を演じた。『南部問題』で、彼はベネデット・クローチェの哲学を批判して、その政治的保守性を告発している。彼が獄中で書いた三二冊の手帳は、きわめて多様な問題を扱っているが、それらは一九五三年(出版年に誤り。以下の著作のエイナウディ出版社からの刊行は一九四八〜五一年にかけて)には次のような題名で公刊されることになる。『知識人と文化の組織』、『文学と国民生活』、『史的唯物論とベネデット・クローチェの哲学』、『マキャベリ、政治、近代国家についてのノート』、『過去と現在』、『リソルジメント(イタリア統一運動)』。それと同時に(出版年に誤り。『獄中からの手紙』は同社から初版一九四七年に刊行)『獄中からの手紙』も刊行された。政治の領域と同じく文化の領域においても、グラムシの貢献は著しい。彼はこれら二つの活動を決して区別しなかった。というのも、彼は「新秩序」の創刊号の大見出しでこう述べていたからだ。「真実を語ることは革命的だ」。

ルカーチ、ゲオルグ

❖Georg LUKÁCS　1884-1971

ハンガリーの哲学者で、はじめはドイツで、ヴィルヘルム・ヴィンデルバント、ハインリヒ・リッケルト、マックス・ヴェーバー、ゲオルグ・ジンメル、ヴィルヘルム・ディルタイに学んだ。『近代戯曲発展史』『魂と形式』（一九一一）といった初期の著作では美学の問題に取り組み、それを社会学的な観点で考察していた。一九一八年には、カール・マンハイムと一緒にハンガリー共産党へ入党するが、一九二四年の第五回国際労働者会議（第五回コミンテルン）では、彼の主張が非難され、ハンガリー共産党の中央委員会を退いている。彼の著作『歴史と階級意識』（一九二三）は、修正主義的で改良主義的だと告発され、そうした論難に屈したルカーチは、ベルリンでひっそりとした生活をおくる。一九三三年、次いでモスクワを訪れ、マルクス・エンゲルス研究所で教鞭をとる。一九四五年、ハンガリーへ帰国し、ブダペスト大学教授となる。ちょうどそのころ、ロシア滞在中に書かれた以下の著作が出版されている。『ゴッドフリート・ケラー、序論付』（一九四六）（序論なしのものは一九四〇年に刊行）、『ゲーテとその時代』（一九四七）、『帝国主義時代のドイツ文学』（一九四五）、『若きヘーゲル』（一九四八）、『文学史家としてのカール・マルクスとフリードリヒ・エンゲルス』（一九四八）、『イデオロギー』（このタイトルの著作は存在しない。『運命の転換――新たなドイツイデオロギーへの寄与論文』のことだと思われる）（一九四八）、『ドイツ文学小史』『トーマス・マン』（一九四九）、『バルザックと、世界文学におけるフランス・リアリズム』（表記に間違い。正しくは、『バルザックとフランス・リアリズム』一九五二と『世界文学におけるロシア・リアリズム』一九四九）。一九五四年には、非合理主義への批判的な歴史書『理性の破壊』を出版した。その著作は明らかに、われわれの時代のマルクス主義思想が生み出した、きわめて厳密できわめて独創的な哲学的営為である。ここでは、ドイツ社会学や実存主義といった、同時代の「ブルジョワ的」潮流への対決より（『実存主義かマルクス主義か』一九四八や『理性の破壊』で批判されている）も、マルクス主義の源泉であるヘーゲルへの回帰とでも呼べるものが、後世記憶されることになるだろう。この回帰は、「若きヘーゲル」と「若きマルクス」の姿を浮かび上がらせている。この「若きヘーゲル」は、これまで考えられてきた以上に、マルクス主義が重視しなければならない経済的で社会的なテーマにかたむいており、「若きマルクス」もまた、これまで考えられてきた以上に、よりいっそう哲学的で、まぎれもなく弁証法的である。とはいえ、それでもルカーチの最も独創的な業績が『歴史と階級意識』であることには変わりがない。青春時代のこの有名な著作はコミンテルンで否定されたが、単なるテクストへの注釈でなく、むしろ新たな反省によってマルクスを引き継ごうとする意志が、確かな哲学的炎とともに、強く表明されている。プロレタリアートは、主体でありかつ客体であって、〈歴史〉の謎を解く鍵を持っていると同時に、彼らの自覚が革命に際して行動に転化する。そうしたプロレタリアートの役割が、革命党の役割に関するマルクスの教説に対してよりも、マルクスの弁証法的なひらめきに対して、おそらくいっそう忠実に、浮き彫りにされているのである。この著作のあいまいな性格はここから来ている。この著作への非難が示しているのは、正統派マルクス主義と哲学との間で板挟みになった思想の困難なのである。

コルシュ、カール 1886-1961
❖Karl KORSCH

『マルクス主義と哲学』の著者。初出は雑誌『社会主義・労働者運動史アルヒーフ』で一九二五年、第二版は一九三〇年。

レーヴァイ、ヨーゼフ 1890-?
❖Josef REVAI

『歴史と階級意識』に対するルカーチ以上にルカーチ的な書評（『社会主義・労働者運動史アルヒーフ』所収、一九二五）の著者。その後、正統派マルクス主義へ加わる。

ルフェーブル、アンリ 1901-1991
❖Henri LEFÈVRE

『欺かれた意識』（ノベール・グッターマンとの共著、一九三六）、『弁証法的唯物論』（一九三九）、『形式論理学、弁証法的論理学』（一九四七）の著者。数少ないフランス・マルクス主義者の一人で、哲学から趣味の領域を守った。

＊日常生活批判や都市社会学で活躍し、『マルクス主義』をはじめ『都市への権利』『空間の生産』など著作も数多く邦訳されている。

ガロディ、ロジェ 1913-2012
❖Roger GARAUDY

『科学的社会主義のフランスでの出発』（一九四九）、『認識についての唯物理論』（一九五三）の著者。マルクス主義を機械論的な古い考え方から救い出すことには、あまり成功していない。

ヴェイユ、エリック 1904-1977
❖Eric WEIL

『クリティック』誌の編集者の一人。『ヘーゲルと国家』（一九五〇）、『哲学の論理』（一九五一）、『政治哲学』（一九五六）を発表した。

ボッビオ、ノルベルト
❖Norberto BOBBIO 1909-2004

トリノに生まれる。イタリアの法哲学の専門家（『法論理における類推』）であり、一九四四年には実存主義に対する論争的な試論『デカダンスの哲学』、一九五五年には、社会生活での知識人の役割についての論文集『政治と文化』を出版した。

ヴュイユマン、ジュール
❖Jules VUILLEMIN 1920-2001

ドゥー県、ピエールフォンテーヌ＝レ＝バランに生まれる。『死の意味についての試論』（一九四八）の著者。次いで『存在と労働』（一九四九）、『カントの遺産とコペルニクス的転回』（一九五四）、『カントの物理学と形而上学』（一九五五）を発表した。

レアリスム

ホジソン、シャドワース・ホロウェイ
❖Shadworth Holloway HODGSON 1832-1912

主要著作は、『時間と空間』（一八六五）、『実践の理論』（一八七〇）、『経験の形而上学』（一八九八）、『実在のふたつの意味』（一八八三）、『目にみえない世界』（一八八七）。

＊イギリスの哲学者。オクスフォード大学に学ぶ。経験から出発し、「連想」概念をもとにしながら意識内容の分析をおこない、ウィリアム・ジェームズと親交を結んだ。

ハウイソン、ジョージ・ホームズ
❖George Holmes HOWISON 1834-1916

アメリカの哲学者。カント哲学における人格主義的原理を重視し、実践理性に優位を与えた。著作には『ヒュームとカント？』（一八八三）、『進化の極限』（一九〇一）がある。

ラッド、ジョージ・トランブル
❖George Trumbull LADD 1842-1921

アメリカの哲学者。主要著作は、『生理心理学の諸要素』（一八八七）、『聖書とはなにか』（一八八八）、『心の哲学』（一八九五）、『実

在の理論』(一八九九)、『認識、生命、実在』(一九〇九)。

＊イェール大学教授。ロッツェの影響下で、精神的一元論を展開する。

パース、チャールズ・サンチアゴ・サンダース 1839-1914

❖Charles Santiago Sanders PEIRCE

ハーバード大学教授。アメリカのプラグマティズムの創始者。カント哲学とヒュームの経験論を継承した。記号論理学の発展と、帰納的論理学の形成に貢献。主要著作は、『論理学研究』(一八八三)、『著作集』(一九三一年から編集)。

＊著名な数学者ベンジャミン・パースの息子。スイスの言語学者ソシュールとともに、現代記号論の理論的な創始者と見なされている。パースとソシュールは、たがいに独立に、それぞれ「記号論」(semeiotics)と「記号学」(sémiologie)を構想した。パースは記号を、対象との結びつき方の違いに応じて「インデックス」「イコン」「シンボル」という三つの種類に分類した。

ハルトマン、エドゥアルト・フォン 1842-1906

❖Eduard von HARTMANN

マックス・シェーラーは、正当にもハルトマンの哲学を「折衷の哲学」と呼んだ。実際ハルトマンの哲学は、非常に多様な要素を、雑然とした綜合(その原理は『無意識の哲学』一八六九に出てくる)のうちに集めている。彼は「帰納によって」、有機的生と心的生の基礎として無意識を提示した。彼によれば、心的生は完全に無意識的過程によって左右されているのだ。何人かの精神分析学者が、彼を先駆者と見なすのも理解できるだろう。しかしハルトマンにはべつの主張もあって、その学説は最終的に「汎心論(panpsychisme)」にいたる。そこにおいて無意識は、ヘーゲルの「観念」やショーペンハウアーの「意志」と似たような役割をになっている。とはいえ彼の著作のうちには、まだはっきりとした形をとってはいないが、精神現象の概念を拡大し、「意識」という語では解釈することのできない過程をふかく分析しようとする努力があったのは確かである。 [H.D.]

アダムソン、ロバート 1852-1902

❖Robert ADAMSON

生涯カント主義者であったが、晩年には批判的実在論へ移行した。グラスゴー大学の論理学教授。主要著作には『カント哲学について』(一八七九)、『近代哲学の発展』(一九〇三)がある。また、ブリタニカ百科事典の多くの項目を執筆している。

ミュアヘッド、ジョン・ヘンリー 1855-1940

❖John Henry MUIRHEAD

バーミンガム大学教授。近代イギリス哲学史の主要な研究者の一人。おもな著作には『倫理学の諸原理』(一八九二)、『社会的目的』(一九一八)、『英米哲学におけるプラトン的伝統』(一九三一)

がある。

＊『倫理学の諸原理』は、わが国でも、井上円了が哲学館で教科書として使用していたが、一九〇二(明治三十五)年、当時の国家情勢のなかでいわゆる「哲学館事件」を引き起こすことになる。

ギャロウェイ、ジョージ

❖George GALLOWAY 1861-1933

神学教授。ライプニッツとバークリに近い唯心論的形而上学を打ちたてた。著作には『宗教哲学研究』(一九〇四)、『宗教と現代思想』(一九一二)、『宗教における信仰と理性』(一九二七)がある。

アレクサンダー、サミュエル

❖Samuel ALEXANDER 1859-1938

世界的に有名なこのオーストラリアの哲学者は、今世紀の数少ない偉大な形而上学者のうちのひとりである。『時間、空間、神性』(一九二〇-二七)と題された壮大な著作を出版し、自らの体系を提示したとき、彼はイギリスの大学で教えていた。その著作の出発点は、「時空とは、そこから物質と事物の全体が特殊化されて出てくる織物である」という作業仮説である。だがアレクサンダーが明示し、たえず強調しつづけているように、ここで問題となっているのは形而上学的次元の仮説であって、数理物理学がおなじ「時空」という語によって示す理論、とくにアインシュタインの理論とは、いかなる方法論的関係ももたない。「時空」は純粋運動でもある。あらゆる存在は運動のただなかにあるので、時空はただちに宇宙的な価値をもつことになる。それゆえ、すべては永遠的生成のうちにあるのだ。ベルクソンが時間と空間を分離したのに対して、アレクサンダーにとって時空は不可分であって、連続性とは空間が時間に浸透することにほかならない。空間によって瞬間が消え去ることはなく、時間によって点が無となることから救われる。こうして実在の究極的本性は、「点-瞬間」の連続体であることになる。つぎにアレクサンダーは、この分析を心理学的観点からとらえなおし、「観想すること」と「享受すること」という有名な用語的区別を設ける。ここから、精神的活動の対象は「観想され」、精神的活動そのものは「味わわれる」という形而上学的区別が生じる。このようにして、宇宙的「時空」(観想)と心的「時空」(精神的活動の享受)とのあいだに蝶番が設けられ、無限者のうちに有限な被造物を組み込むという問題が解決される。ミクロコスモスの心的時間は、「点-瞬間」のおかげで、マクロコスモスの時空と対応するのだ。こうして、つぎに創発という進化論的学説へといたる。ゆっくりと規則ただしく発展していく漸次的な段階をとおして、「時空」という織物から、まず物質を構成する個別的な運動が引き出されていく。そしておなじ過程がつづいていくことによって、物質から生命が創発し、生命から精神が創発し、精神から神性が創発するのだ。さらに、それぞれの次元は、下位の先行次元との関係では神性である。また、この過程がそこで止まらないのは確実である。私たちは、自分たちより下位の次元と、すぐ上の次元しか知らない。それゆえ、「時空」が神性の後に生み出すものは人間には知りえないのだ。こうした壮大な形而上学はふたつの大きな困難を示している。アレクサンダーはベルクソンの純粋持続の概念をきびしく攻撃する一方で、純粋持続と非常に似た純粋運動の概念にもとづいて自らの形而上学をつくりあげているが、連続性と創発との両概念のあいだには、根本的で還元不可能な両立不可能性があるように思われる。とはいえサミュエル・アレクサンダーは、哲学史の墓標のうちで、すでに第一級の地位を獲得しており、英米思想ととくに進化論的哲学に対して重要な影響を与えつづけている。　[P.G.]

ホワイトヘッド、アルフレッド・ノース　1861-1947

❖Alfred North WHITEHEAD

イギリスで、数学教授として活躍。『普遍代数論』(一八九八)と有名な『プリンキピア・マテマティカ』(一九一〇、バートランド・ラッセルとの共著)を発表。その後、一九二四年からは、アメリカで哲学教授として活躍した。実証的で科学的な教養をもつホワイトヘッドは、まず、私たちの時代の見方を一変させた新しい概念(ダーウィニズム、ボーアとラザフォードの理論、時空に関するフレネルとマクスウェルの理論、エネルギーと物質に関する新しい概念)のうちに哲学を位置づけることに取り組んだ。ホワイトヘッドの出発点は、哲学的抽象の基礎をなす誤謬を否定することであった。対象は知覚される場所に存在し、それ以外の場所には存在しないという考え方は誤謬なのだ。実際、ニュートンとアインシュタインの後を生きる私たちはいまや、対象はその影響がおよぶあらゆる場所に存在するということを知っている。他方、哲学的推論の領域では、ひとたび抽象がなされると、その抽象を生み出した具体的な事実が忘れ去られるという傾向がある。これが具体性置き違いの誤謬である。最後に、出発点の明晰さや明瞭さによって体系を評価するという傾向があるが、重要なのは、体系をなによりもまずそこから帰結するものにもとづいて評価することである。そしてそうした帰結は、科学的実在と一致していなければならないのだ(『自然という概念』一九二〇、『教育の目的』一九二九、『理性の機能』一九二九、『過程と実在』一九二九を参照)。

三世紀以上も前から哲学は、機械論的解釈(物質を単純に位置づけるという説)とデカルト的二元論という古い考え方にとらわれてきた。世界を記述する仕方にはさまざまなものがあるが、ホワイトヘッドによれば、純粋に客観的に記述しようとする学者の記述と、純粋に主観的に記述しようとする芸術家の記述とのあいだには、ふかい有機的な結びつきがあるのだ。ホワイトヘッドにとって、この事実は、自分の体系に有機体の名を与えるほどに根本的な重要さをもっている。人間による宇宙の探求は、つねに分析の次元に属してきたのだが、いまやそれを有機的に総合すべき時なのである（『科学と近代世界』一九二五、『観念の冒険』一九三三を参照）。あらゆる対象は、出来事の生起にすぎない。だが、生命のない対象が変化を欠いた反復にすぎないのに対して、生命の場合は反復が変化によって性格づけられるのだ。前者は外的な因果性によって影響を受けるだけかもしれないが、後者はなによりもまず内的な因果性によって影響を受ける。人間の場合、物的極（外的な因果性）は決定されているが、心的極は自由意志を享受する。「身体とは、各瞬間における人間経験が親密に協同してはたらく自然の一部である」（『思考の諸様態』一九三八）。ここから、人間的意味での「生きる」ということが、宇宙的な規模へと拡大される。進化という広大な観点において、この次元はホワイトヘッドが「美的次元」と呼ぶものをなす。その次元は、たんに世界の頂点であるだけではなく、現前する固有な価値と、新しさのたえざる付加の土台をもなしている。

この時代の英米圏の哲学者のうちで、最も偉大な人物の一人であったホワイトヘッドの思想は、ほとんど死の前日まで発展して豊かになった。ホワイトヘッドの講義のなかのある結論が、このことを物語っている。「素朴な諸観念や、幼稚な命題で満足しきったとたん、あなた方は哲学者であることを止めたことになる」。

[P.G.]

＊主著『過程と実在』において、自らの形而上学的体系を「有機体の哲学」として提示した。そこでは、デカルトの物心二元論を乗り越え、有機的に結びついた宇宙像を構築することが目指される。宇宙のあらゆる存在者は、「現実的契機」として説明される。それは、「物的極」をとおして他の現実的契機と因果的にかかわりあい、「心的極」をとおしてそうした関係を目的論的調和へともたらすことによって、最終的に自己自身へと生成する。宇宙は、こうした現実的契機の生成過程によって「新しさ」が付加され、創造的に進化していく。

ジェームズ、ウィリアム

❖William JAMES　1842-1910

アメリカ哲学を独立したものとして確立した人物の一人。パースが布石を敷いたプラグマティズムを手直しし、整合的な体系へと作り変え、とくに近代的な生に適合させた。さらに彼は実験心理学の領域の創始者でもあった。著作には、有名な『プラグマティズム』（一九〇七）に加えて、『心理学原理』（一八九〇）、『信じる意志』（一八九七）と題された信仰告白、『宗教的経験の諸相』（一九〇二）がある。プラグマティズムの出発点は、真理の機能的定義である。真理とは、実践的で有用で効果的なものなのだ。「方法を説明することが、ものを定義することである。こうして真理とは結局のところ方法をたどることである」。これは当然のことながら相対主義をもたらす。真理には程度があって、それは人間との関係によってのみ存在する。そしてここから、絶対者や不可知なもの、無限者といった概念をきっぱりと拒否するような態度が出てくるのだ。こうして、プラグマティズムの思想を性格づける、プラタゴラス以来の擬人論が、意識的に組織されているのが見てとれるだろう。こうした考え方は、純粋形而上学をアプリオリに排除し、それを「経験の形而上学」へと置き換えることによって、人間の反省が及ぶ範囲をいちじるしく制限する。それはまた教会が禁じるようなものでもあった。とはいえそれは、価値の切り下げをするだけではない。プラグマティズムは、形而上学と、それに結びついたあらゆる概念を消し去るが、その一方でつねに人間的な正しい知識についての綜合的な見方を獲得しようとする。プラグマティズムは、まさにジェームズがそうしているように、たえず他の学問と哲学を結びつけようとしているのだ。『信じる意志』のなかでウィリアム・ジェームズは、感情と知性は私たちの行動を決定するためにあるという理論を主張している。このようにプラグマティズムは「行動主義」の生みの親である。しかし、プラグマティズムは時間のなかにある人間のあらゆる行動の総体を目的論的にとらえている点で、はるかに遠くまで進んでいる。生そのものを中心としたこの学説は、ベルクソンのエラン・ヴィタールとの類似を思わせるだろう。実践的で、人間的で、ダイナミックであって、主知主義的抽象をきらったウィリアム・ジェームズが、自らのプラグマティズムのなかに表現したのは、産業革命と近代世界に対する、英米精神の反動であった。彼には多くの教え子がいたが、そのうちの有名な人物には、アメリカのジョン・デューイと、イギリスのF・C・S・シラーがいた。最近ではバートランド・ラッセルが、プラグマティズムの態度は、真理を対象とせず、結局のところあらゆるプロパガンダと専制政治の正当化でしかないということを示そうとした。 [P.G.]

ホブハウス、レオナルド トレローニー

❖Leonard Trelawney HOBHOUSE 1864-1929

オックスフォード大学とロンドン大学の教授をつとめ、多くの著作を残す。たとえば、『認識論』(一八九六)、『進化における精神』(一九〇一)、『社会進化と政治理論』(一九一一)、『自由主義』(一九一一)、『社会学の諸原理』(一九一八－二四)がある。

＊スペンサーの進化理論、コントの実証主義、ミルやグリーンの社会哲学に影響を受け、社会学者としても活動。人間の進歩について関心を寄せ、進歩の各段階を倫理的に評価しようとした。

マクタガート、ジョン・エリス

❖John Ellis MAC TAGGART 1866-1925

ニュージーランドに数年間滞在し、その後ケンブリッジ大学の教授になった。著作には、『ヘーゲル弁証法の研究』(一八九六)、

『ヘーゲル宇宙論の研究』（一九〇一）、『宗教のいくつかのドグマ』（一九〇六）、『ヘーゲル論理学註解』（一九一〇）、『存在の本性』（一九二一）、『哲学研究』（一九三四）がある。

＊イギリスの観念論哲学者。ヘーゲル的宇宙論をもとに時間や存在について研究。若きラッセルやムーアに影響力をおよぼした。

ヨアヒム、ハロルド・ヘンリー

❖Harold Henry JOACHIM 1868-1938

オックスフォード大学の論理学教授。著作に『真理の本性』（一九〇六）、『直接経験と媒介』（一九一九）。

＊ブラッドリーの影響を受けたイギリスの観念論哲学者。「真理」とは「体系的首尾一貫性」であるという立場をとる。

ムーア、ジョージ・エドワード

❖George Edward MOORE 1873-1958

一九〇三年の『マインド』誌に掲載されたムーアの論文「観念論論駁」は、新実在論の運動のきっかけとなり、その運動はのちにバートランド・ラッセルによって有名になった。この論文において、ムーアはとくにブラッドリーの学説を「内的関係」の学説として攻撃した。ムーアによれば関係は項から独立しており、項が関係によって変容されることはない。また関係は項とおなじく実在的であり、本質と同様にそれ自身で存在するのだ。認識的関係そのものは「外的関係」である。認識は対象の現前そのものであって、対象は知られることによって変わることはない。このようにして、ムーアは客観的な価値を認めるようになった。価値はそれ以外のものに還元不可能であって、真理と同様に善も分析したり定義したりすることはできないのだ（『倫理学原理』）。

〔H. D.〕

ホッキング、ウィリアム・アーネスト

❖William Ernest HOCKING 1873-1966

ハーバード大学でロイスとジェームズに学び その後、彼自身もハーバード大学で教鞭をとった。アメリカの典型的な絶対的人格主義論者である。ホッキングは、自分の考え方は「変貌した自然主義」であると主張している。主著『人間経験における神の意味』（一九一二）を非常に若くして出版した。

ベーリー、ジェームズ・ブラック

❖Sir James Black BAILLIE 1872-1940

リーズ大学の教授。著作には、『経験の観念論的構成』（一九〇六）、『人間本性の研究』（一九二一）がある。ヘーゲルの『精神現象学』を英訳し、注釈を加えた。

ブロード、チャーリー・ダンバー 1887-1971

❖Charlie Dunbar BROAD

自然科学を研究し、その後哲学の研究へと移った。最初は観念論者であったが、ムーアの「観念論論駁」やラッセル、マクタガートの影響を受けた。他にも、中世哲学を研究している。ケンブリッジ大学の教授で、著作には、『知覚、物理学、実在』（一九一四）、『科学思想』（一九二三）、『自然界における心とその場所』（一九二五）などがある。

レアード、ジョン 1887-1946

❖John LAIRD

エディンバラ大学で研究し、その後ケンブリッジ大学に移った。『自我の諸問題』（一九一七）、『実在論の研究』（一九二〇）、『わたしたちの精神と身体』（一九二五）、『道徳理論の研究』（一九二六）、『哲学の現代的問題』（一九二八）、『価値の観念』（一九二九）、『認識、信念、臆見』（一九三〇）を執筆。

＊意識現象に対しては内省的な方法を用いるが、同時に、知覚を越えた実在への接近法を考えた。

ラヴジョイ、アーサー・オンケン 1873-1962

❖Arthur Oncken LOVEJOY

ドイツで幼年期を過ごしたあと、アメリカで研究。ジョンズ・ホプキンス大学の教授に任命される。『二元論への反逆』（一九二九）、『存在の大いなる連鎖』（一九三六）、『観念の歴史』（一九四八）を出版した。

＊第一次大戦後に「批判的実在論」を提唱した七人の哲学者の一人。デューイを批判し、思想史を樹立する。

セラーズ、ロイ・ウッド 1880-1973

❖Roy Wood SELLARS

カナダ生まれ。ミシガン大学の教授。『批判的実在論』（一九一六）、『哲学の本質』（一九一七）、『進化論的自然主義』（一九二二）、『成熟した宗教』（一九二八）、『物理的実在論の哲学』（一九三二）を執筆。

＊客観的な実在は「形」「大きさ」「構造」「位置」などの認識カテゴリーから構成された物質であると考え、それらカテゴリーを明らかにすることの重要性を説いて批判的実在論を唱えた。

マクギル、ヴィヴィアン・ジェラルド 1897-1977

❖Vivian Jerauld MAC GILL

ニューヨーク市立大学ハンター校の教授。ケンブリッジ大学とフリブール大学で研究をした。ストリンドベリとショーペンハウアーの伝記的研究や、哲学・文学のエッセイを執筆している。また国際現象学会の幹事でもある。

＊著書に、『アウグスト・ストリンドベリ』（一九三〇）、『ショーペンハウアー』（一九三一）、『哲学者と作家との対話』（一九三二）。

プライス、ヘンリー・ハバレー

❖Henry Habberley PRICE　1899-1984

主著に『知覚』（一九三二）。

＊ウェールズ出身の哲学者。オックスフォード大学教授。パラサイコロジー（超心理学）についての著作も多い。

デューイ、ジョン

❖John DEWEY　1859-1952

アメリカ哲学に非常に大きな影響を与えた。彼の活動は、認識論、論理学、心理学、道徳、政治、美学、教育、宗教と広範囲におよんでいる。有名な著作には、『倫理学』（一九〇八、J・H・タフツとの共著）、『いかにわれわれは思考するか』（一九一〇）、『民主主義と教育』（一九一六）、『哲学の改造』（一九二〇）、『人間本性と行為』（一九二二）、『経験と自然』（一九二五－二九）、『確実性の探求』（一九二九）、『教育科学の起源』（一九二九）、『経験としての芸術』（一九三四）、『共同の信仰』（一九三四）、『自由主義と社会的活動』（一九三五）、『経験と教育』（一九三八）、『論理学――探求の理論』（一九三八）がある。デューイはいたるところで、人間の思考の有効性の理論を主張している。講義や著作をとおして、彼はアメリカの進歩主義教育の成功に大いに貢献した。彼がよく人々に求めたのは、遠くてほとんど到達できないような目標をかかげることよりも、行為において転換点となり乗り越えられていくような、目に見える目標を追いかけることである。人間の道徳は、知とまったく同じように、このようにして徐々に考案され、経験のなかで試されるものなのだ。また、あらゆる知識は前望的なものである。それは未来に向かっていて、未来で試されることを望んでいるのだ。この理論の前提にあるのは、世界は生成のただなかにあり、思考がそこで創造的な役割を果たすという形而上学的信念である。そうした世界のうちで知識と行為は、経験への順応の道具として、また経験を変形する道具としてあらわれる。こうしてデューイは、自らの学説を「道具主義」と呼ぶ。この道具主義をデューイは、伝統的なイギリス哲学の帰結としてではなく、新カント派やブラッドリー、ボーザンケトの帰結として考えていた。

サンタヤーナ、ジョージ

❖George SANTAYANA　1863-1952

デューイの道具主義に対して、知恵の理念を対置させた。そこにおいて、価値は主観的かつ公平無私な性格によって定義される。彼はスペインで生まれ、渡米してロイスとジェームズに学び、やがて同僚となる。晩年はイタリアで隠遁生活を送り、同地に没した。彼の著作は非常に多様で、そのなかには『理性の生命』（一九〇五－〇六）や『存在の領域』（一九二七－四〇）のような哲学の著作だけでなく、美学の著作、批評、さらには『最後の清教徒』（一九三五）のような文学作品がある。それらの著作において、主観主義と、物質をたんに因果的な作用因と見なす実在論とが、逆説的なしかたで重なりあう。思考は価値の起源として定義され、理性は人間的理念を規定するための努力として定義される。精神は、自分自身がその起源である価値を観想することによって照らし出される。そうした経験（たとえば芸術の経験）をとおして、人間は混沌から抜け出し、人間本来の活動へといたる。

［H.D.］

マリタン、ジャック

❖Jacques MARITAIN　1882-1973

パリに生まれ、一九一四年からパリ・カトリック学院で哲学教授をつとめた。またプリンストン大学（一九四一～四二年）とコロンビア大学（一九四一～四四年）でも教鞭をとった。さらにバチカン駐在のフランス大使（一九四五～四八年）をつとめたあと、一九四八年の九月からふたたびプリンストン大学で教授とつとめた。『信仰告白』のなかで、彼はつぎのように書いている。「私は幼年期に『自由なプロテスタンティズム』のなかで教育をうけ、後に非宗教的なさまざまな考え方について知りました。……私は聖トマス・アクィナスから影響を受ける前に、シャルル・ペギー、ベルクソン、レオン・ブロワから大きな影響を受けました。私たちは、ブロワを知って、彼を代父として選び、カトリックの洗礼を受けました。私が聖トマスを知ったのは、カトリックに改宗した後です。私は、情熱をもって現代哲学のあらゆる学説のなかを旅したけれども、結局そこに落胆とどうしようもないほどの不確かさを見出すことしかできませんでした。そのようなとき、私は聖トマスを知り、理性の照明のようなものを感じたのです。私の使命が満足を与えてくれました。私は初期のある著作のなかで、『私がトミストでないならば、私に災いあれ』と書いています。三十年来の困難と格闘のなかで、私はおなじ道を進んできました。何世紀にも渡って徐々に仕上げられ、時の流れを超えて私たちへととどく知恵の光を、現代思想へと浸透させればさせるほど、現代思想の研究や発見、不安に、一層ふかく共感しました」。ジャック・マリタンの主な著作は以下のとおり。『ベルクソン哲学』（一九一四）、『芸術とスコラ哲学』（一九二〇）、『テオナス――さまざまな現実的問題についての、ある賢人とふたりの哲学者との対話』（一九二一）、『反近代』（一九二二）、『三人の改革者』（一九二五）、『知性とその固有な生についての反省』（一九二六）、『精神的なものの優位』（一九二七）、『宗教と文化』（一九三〇）、『デカルトの夢』『統一のための区別、あるいは知の諸段階』（一九三二）、『キリスト教哲学について』『一時的な制度と自由について』(一九三三)、『存在についての七つの講義』(一九三四)、『自然の哲学』『詩の境界とその他エッセー』(一九三五)、『完全なヒューマニズム』(一九三六)、『身体的条件のうちにある精神についての四つの試論』(一九三九)、『政治における正義について』(一九四〇)、『災難をとおして』(一九四一)、『キリスト教と民主主義』『人間の権利と自然法則』(一九四二)、『ベルクソンからトマス・アクィナスへ——形而上学と道徳についての試論』(一九四四)、『ヒューマニズム政治の諸原理』(一九四四)、『勝利をとおして』(一九四五)、『岐路に立つ教育』『実存と実存者についての小論』(一九四七)、『理性と諸理性』(一九四八)、『現代的無神論の意味』(一九四九)、『道徳哲学の主要概念についての九つの講義』(一九五一)、『神の接近』『芸術と詩における創造的直観』『人間と国家』(一九五三)。

〔O.L.〕

ラコンブ、オリヴィエ

❖Olivier LACOMBE　1904-2001

リエージュ生まれ。彼は東洋哲学の研究に多くの著作をあてている。『ヴェーダーンタにおける絶対者』(一九三七)、『ラーマーヌジャの道徳説と形而上学説』(一九三八)、『人間の実存』(一九五一)を出版。現在、『インドの道とキリスト教哲学』を準備中。

*リール大学、パリ第四大学で教鞭をとった。『インドの道とキリスト教哲学』は、その後一九五六年に完成している。

ラッセル、バートランド・アーサー・ウィリアム

❖Bertrand Arthur William RUSSELL

1872-1970

たえず活躍しつづけてきたバートランド・ラッセルは、社会的にすでに長いキャリアを送ってきた。大胆で活力にあふれた多作家であるラッセルは、最も関心をひいた事柄に、けっしてためらうことなく次々と挑みつづけてきた。その結果、われわれの時代のあらゆる領域について、一貫したすばらしい注釈が生み出され、また時流に乗った、魅力的で凝縮された大量の著作が世に出されたのである。

このようにラッセルはさまざまなことに取り組み、多くの著作を生み出してきたのだが、そのことは否定的な側面も持っている。ラッセルには知的享楽家のきらいがあり、もっと野心的な構想を練り上げるべきところでも、その時々の刺激的な事柄のほうが少しずつ彼の心を占めてしまうのである。サンタヤーナが述べているように、もし哲学か政治のうち、どちらかひとつだけに全精力を注ぎ込み、好奇心を抑えて、無責任に振る舞うのをやめていたならば、哲学者としてであれ政治家としてであれ、ラッセルはもっと成功していただろう。

ラッセルの著作は、それだけで評価されると、彼の驚異的な才能にはつりあわない。彼の主な建設的貢献は、形式論理学の改良にあった。それまでの形式論理学は、衒学的で不毛ながらくたの山、解体しなければならない時代遅れの遺物でしかなかった。そうしたアリストテレス由来の形式論理学は幾人かの数理哲学者たちによって乗り越えられはしたが、その結果できあがったものは、ラッセルからすれば、専門家たちにしかわからない戯れにすぎなかったのだ。

一九一九年の『数理哲学序説』の出版によって、ラッセルはそうした形式論理学を一掃し、それを、多くの有能な研究者たちが研究するような学問分野へと作り変えた。

われわれにとって重要なのは、ラッセルが英米圏の哲学者たちに対して持った影響力である。新しい思想潮流全体に対して非常に敏感であったラッセルは、さまざまな知的方面の話題を受容し、それを増幅して世に広めた。ラッセルによって広められたそうしたさまざまな話題は、もし彼がいなければ、それほどすばやく人々に影響を与えることはけっしてなかっただろう。世俗的で非常に明晰なラッセルは、このような批判と選択の仕事に向いていたのだ。イギリス経験論の復興がつぎつぎと成功をおさめ、英米

❖ Bertrand Arthur William RUSSELL

圏においては分析的・批判的哲学がほぼ完全な覇権を握るにいたったが、そのダイナミックな推進力は、ほとんどラッセルによって与えられたのである。たしかに彼自身の理論は独創的ではなく、ほかの思想家の考えを取り入れただけのものかも知れない(実際、彼の理論のうちの大部分はそのとおりである)。しかし、彼が果たした仲介者としての働きは、まちがいなく広範な影響力を持ったのである。

一八七二年、チェプストーで、イギリスの貴族階級の名門家系のひとつに生まれたラッセルは、非常に幼くして両親を失い、祖父のジョン・ラッセル卿に育てられた。この祖父は、パーマストンの後を引き継ぎ、リベラル派の首相となった人物である。

ラッセルはケンブリッジで数学を学んだが、やがて哲学に興味を抱き、当時有力であったF・H・ブラッドリーによるイギリス化されたヘーゲル主義から最初の影響を受けた。

しかし一八九八年ごろには、同世代の友人であるG・E・ムーアの影響によって、ラッセルはブラッドリーの説を徐々に捨て去っていった。そして一八九六年には数理哲学に関する最初の著作を出版し、その後も大部分の時間を数理哲学に費やして、一九一三年に『プリンキピア・マテマティカ』(ホワイトヘッドとの共著)の最終巻である第三巻を出版するにいたった。この傑作は、形式論理学におけるラッセルの仕事の最高峰をなした。そこでは数学の全体が、基本となる五つの論理的公理から引き出される。この書物のおもな目的は、「論理主義のテーゼ」(数学は論理学の一部であり、演繹によって得られる)を証明することであった。このことは、論理学の適用範囲についての伝統的な考え方を完全に変えることを意味していた。アリストテレスの三段論法も、また、その後二千年のあいだに三段論法に加えられたわずかな改良も、いまやラッセルの形式的体系の一部分(しかも、たいした重要性を持たないような一部分)でしかない。

一九〇六年には最初の哲学的試論を発表しているが、これはわれわれにとって重要なものである。しかしそこで認識論へと向かったはずのラッセルの関心は、その後二十年のあいだに政治や平和主義、教育学へと道を譲ることになった。一九二七年から一九三六年のあいだにラッセルが出版したのは、九つの著作(結婚、幸福、科学、教育、歴史、平和問題、宗教に関する著作)と二つの試論であったが、そのなかには厳密に哲学的なものはなにひとつ含まれていなかったのである。

その後ラッセルは、一九三六年に「経験論の限界」と題された論文を発表し、少しだけ哲学へと立ち戻ることになった。そしてそのときの最も重要な成果が、『意味と真偽性』へと結実したのである。この著作は、おもにラッセルによって創始された分析哲学の運動に対して、十分なしかたによってではないが、徹底した批判を展開している。一九四〇年以降では、『西洋哲学史』と『人間の知識』(基本的には、それまでの自身の著作を要約したもの)といった著作があるが、ラッセルがあつかってきたのはもっぱら政治と社会の問題である。

このようにさまざまな方面に精力を注ぐという傾向がラッセルにはあるのだが、なにもそれは最近になってから顕著になったのではない。むしろそうした傾向は、デビュー当時からのものであり、すでに初期の作品においてもドイツの社会民主主義がとりあつかわれている。ラッセルはこのように当初から、哲学的な問題だけではなく、社会的な問題についても評論をおこなってきたのだ。だが、そうした評論の動機が、制度への順応の愚かさを告発することにあるのだという点を認めたとしても、やはり、そもそもラッセルの才能は、人間的な問題が抱える複雑さや矛盾をとりあつかうのにあまり適していないのはたしかである。彼の歴史のとらえ方はメロドラマ風であり、登場人物の意識的な決断が強調される。そこには、人間の不幸を、意識的になされた悪意ある行為の結果として説明しようとする十八世紀的な傾向があるのだ。たしかにラッセルは、人間的な事柄において、理性的な部分を評価しすぎないようにしており、その点においては間違っていない。だが結局彼は合理主義者なのであって、行動を重視するのも本質的には理性を擁護するためなのである。人間の行動が社会的な制約によって決定されているということや、意図せずにしたことが意味をもってしまうということを考慮していないのだ。ラッセルは倫理や政治について論じる際に「良い生は愛によって突き動かされ、知識によって導かれる」と述べているが、ここにはドライでありロマンティックでもある無政府主義の形跡がある。ラッセルはこの骨組みだけの定式をほとんど敷衍してはいないのだが、その主旨は、諸制度や戦争、国家、所有、結婚、教育的規律などの批判にある。このように自発性を無邪気に尊重するラッセルは、オデュッセイアの英知を考えに入れていないのだ。われわれは、制度という鎖があるおかげで、セイレーンが呼びかけてきても過ちや狂気へと導かれずに済んでいるのである。一九一四年のイギリスの倫理的に退廃した雰囲気のなかで、ラッセルの大胆で過激な主張は、人々に衝撃を与え、それゆえ貴重であった。しかしラッセルが示した社会的な抗議は、その真意を内容よりもむしろ状況から読み取らなければならず、抗議者がもはやなにも危険を冒さなくなった途端に重要性を失ってしまう。

ラッセルは、ソクラテスと同様、既存の秩序をあまり気にしないので、その代償として無責任で傲慢な態度をとることになる。

彼はストライキ参加者を威圧しようとして、イギリスへアメリカ軍が差し向けられるだろうと言い放ち、その発言のせいで一九一八年に投獄されている。ユートピアにおいてでさえも、そのような発言(扇動的発言というよりもはや暴言)に対してはある種の刑罰が定められているはずである。しかしラッセルは、自らの極端に反抗的なふるまいを、人々を唖然とさせるような傲慢な態度で正当化したのだった。一九四〇年にいたるまで、そうした態度がイギリスの指導的な階級の態度であった。ラッセルは一般に認められている意見を見下しているのだが、それは彼がケンブリッジ時代に属していたエリート集団に特徴的なものであった。彼らは、ケンブリッジのなかでもとくに才気にあふれた世代の人々である。のちに「ブルームズベリー・グループ」と呼ばれるようになったその世代のなかには、ラッセルとムーア(ラッセルを倫理学へと導いた)の他に、E・M・フォースターや、リットン・ストレッチー、ケインズ、ヴァージニア・ウルフが含まれていた。

ラッセルの身近な世間に対する態度は、軽快な思考と、読む者を感嘆させるような文体によって表現されている。彼の明晰で飾り気のない文体は、抽象的で入り組んだことがらを表現する際に最もその力が発揮される。しかしその一方で、宗教に関する時代遅れで軽薄な試論において、とくに『自由人の信仰』のような出来の悪い著作においては、あまりうまくいっていない。とはいえ、そうした機知に富んだ語り口の裏には、ほとんど目立たないようなかたちでラッセルの真意が隠されているのだ。慧眼な読者なら、「ヘーゲルにとって自由とは警察に従う権利である」というラッセルの有名な格言から、彼の人柄を見て取ることができるだろう。

ラッセルは一年ごとに哲学的体系を作り出すと言われてきた。しかし実際には、ムーアの影響によって観念論を放棄してからは、その方法も学説の一般的な方向性もほとんど変わっていない。ラッセルは膨大な量の著作を出版しているうえに、学説をとりあえず提示してから、あとでそれを無邪気に撤回したりするので、そのつど新しくなっているかのような印象を与える。そうした印象は、ラッセルの方法そのものがもつ断片的で模索的な性格にも由来する。彼の方法の根底にあるのは、哲学者によくある、哲学を科学的にしようとするもくろみである。ラッセルにとって科学的な哲学とは、個別的な問題の厳密かつ詳細な検討を意味している。哲学の特徴として、科学的な知識だけではなく日常的な知識をもふくめた、知識の全体を批判的に吟味するということが挙げられる。しかしその際に、哲学者としての個人的な「叡智」は重要ではない。生は証明したり体系化したりするにはあまりにも主観的なことがらなので、倫理や宗教の問題があつかわれる場合、それはあくまでも哲学者の個人的資質によって行なわれることになる。ラッセルによれば、ほんとうに科学的である哲学は、数学と科学における概念や議論を解明し、知識の全体を論理的に再構築することことなのである。

を究極の目的として目指さなければならない。そうした再構築によって、哲学の成果（不可疑の公理）と「具体的与件」（知覚の次元で確認されるもの）とのあいだの関係をはっきりと表現できるようになる。このように、ラッセルの目標は本質的にデカルト的なものである。

彼が目指すのは、不明確で内的整合性を欠いた日常的信念の総体を、論理的に連結され十分に基礎付けられた構造へと作り変えることなのである。

哲学は「文脈定義」を用いることによって、存在論を言語分析の問題へと変える。「宇宙の第一実体とはなにか」と問う代わりに、「宇宙についてわれわれが語らなければならないあらゆることを表現可能にする、無定義用語の最小限語彙とはなにか」という問いを立てるのだ。この時期、ラッセルの一般的な態度は、ある種の実在論（感覚と対象との区別に基づいたムーアの実在論）であった。その実在論は、心的なものと物的なものは独立しており、諸個人を超えた普遍的客観性という超時間的領域が実在することを主張した。当時ラッセルは、物質的世界とはたしかに推論によって得られたものではあるけれども、しかしそれは、その存在を仮定することによって、われわれの感覚的経験を最も単純に説明することができる仮説なのだと考えていた。しかし一九一四年以降は、完全に哲学のほうへと関心が向かい、彼の生徒でもあり教師でもあるウィトゲンシュタインと出会ったことで、それまでの二元論的な存在論は「中性一元論」へと変わっていった。中性一元論とは、外的関係によって結ばれた無数の可感的個体を宇宙の第一実体と考える学説である。そうした中性的な要素は、経験の単純な契機であるけれども、それ自体としては物的でも心的でもない。というのも、物的なものや心的なものは、これらの要素から論理的に構成されたものであり、物的・心的といった区別は、このように構成されたものが持つさまざまな面のあいだの区別だからである。それゆえここには、ヒュームやマッハのような簡素な存在論がある。それは分析的方法の頂点である。ラッセルは、以前のような感覚作用・物的なもの・心的現象という区別を放棄し、分析的方法によって、物的・心的というふたつのカテゴリーを感覚から構成されたものへと還元するのだ。こうして経験論の根本的な要請が満たされたのである。われわれは、観察可能な要素から成っているものだけを受け入れれば良いのであって、もはやそれ以外のものを受け入れる必要はない。われわれの感覚的経験の超越的な原因とかつてラッセルが見なしていたものは、いまや、経験の内在的な構造の一部となったのである。しかし、こうした存在論的な破棄にもかかわらず、ラッセルは、ある種の多元論と実在論をけっして放棄することはなかった。このふたつはムーア哲学の反ヘーゲル主義的な土台であって、一方は、関係はその項にとって外的であると考える多元論であり、もう一方は、真理の対応説によって事実と命題を区別する実在論であった。ラッセルの論理的原子論は、ウィトゲンシュタインの『論理哲学論考』において、より拡張されたしかたで補足・応用され、形式的な完成へといたった。さらに、カルナップの『世界の論理的構造』において詳述され、一九三〇年代の認識論的実証主義の基礎となったのである。

こうしてほかの人たちによって自説が仕上げられていくあいだ、ラッセル自身は別のことに関心を抱いていた。そしてふたたび戻って来たときには、自説の帰結を批判することになったのである。ラッセルは、ヒュームが「自然的信念」を素朴に信頼することによって未解決のままにしておいた帰納の問題に取り組み、そこから、完全に純粋な経験論では科学的知識の主張を基礎付けることができないと考えるようになったのだ。最新の重要な哲学的著作である『人間の知識』において、ラッセルは、かつて「確からしい推論の方法」と呼んだものを、一連の科学的推論の公準に基礎づけようと試みている(とはいえ、その公準は論点先取の虚偽と見なされうるようなものではあるが)。また彼は、実証主義の柱である検証原理をも批判した。ラッセルの論理学への貢献によって発展してきた哲学の運動は、その最終的な段階において日常言語の哲学にいたる。それによれば、哲学的主張の多くは、言葉の使用に対する点検不足から生じたのだとされる。そうした日常言語の哲学が台頭してくるのをまのあたりにして、ラッセルは、日常言語の独断論に対抗する手段をヒュームの伝統的な懐疑論のうちに探し求めたのだ。

ラッセルの分析的方法は、彼が数学者として活動した際に生み出されたもので、いまだに重要な成果と見なされている。ラッセルがその後頻繁に用いることになる還元の技法が最初に見出されるのは、『プリンキピア・マテマティカ』である。この著作の目標は、数学におけるさまざまな概念や命題を、必要最小限の無定義概念と公理へ還元し、そこから他のすべてのものを定義と演繹によって引き出すことであった。ラッセルは、「強固な実在論」の要請に従って、概念を節約せよというオッカムの原理(「論理的構築物は、推論されたものへと置き換えて、可能な限り少なくしなければならない」)を、科学的な哲学の最高原則として採用する。この観点から言って、『プリンキピア・マテマティカ』で最も重要なものは記述理論である。記述理論こそがラッセルに、彼の最大の特徴である分析の技法をもたらしたのだ。ラッセルが同書にとりいれた「文脈定義」(彼に固有の専門用語)という手法は、彼の計画を実現するために必要不可欠なものとなった。『プリンキピア・マテマティカ』が執筆された当時は、たとえば「現在のフランス国王」という語句に関して、それは意味を持つのだから、それによって名指されうるものがなんらかのしかたで存在しなければならないのだと考えられていた。しかしそれに対してラッセルは、「フランス国王は思慮深い」という文は、見掛けに反して複合的な文なのであり、この実在しない人物への直接的な指示をまったく含まない命題へと分解することができると答えたのである。通常の定義は語を他の語へと置き換えるが、それに対して文脈定義は命題を他の命題へと置き換える。そうして置き換えることによって明らかになるのは、「不完全記号」(右の例では、「フランス国王」)が名指している(もしくは名指していると考えられていた)事物は論理的に構成されたものにすぎず、それゆえ宇宙の第一実体の一部をなすものではなく、宇宙の諸要素の複合的な集合にすぎないということである。こうして「不完全記号」を間接的に排除することが可能になるのだ。

一九二〇年代から英米圏の哲学を支配している分析哲学の運動は、おもにラッセル、ムーア、ウィトゲンシュタインという三人の哲学者によって生み出されたものである。彼らのうちのだれか一人に主要な役を割り当てようとしても、彼らの関係が親密であるため、無益な試みとなるだろう。しかしながら言葉の厳密な意味での論理実証主義は、ラッセルと、ラッセル主義者であった時期の若きウィトゲンシュタインに多くを負っている。論理実証主義はウィーン学団のなかで誕生した。そのウィーン学団を生み出したのは、マッハから受け継がれてきたウィーンの科学的経験論の伝統であり、またラッセルの論理学であり、ウィトゲンシュタインの『論理哲学論考』であった。

『論考』に含まれた、言語の原子論的理論は、理論的土台を与え、われわれのあらゆる知識を表現しうる形式的体系の一般的構造を明らかにしている。ウィトゲンシュタインは、原子命題、複合命題、論理命題という、命題の三つの根本的なカテゴリーを区別する。一つ目の原子命題とは、実在の像である(実在は多元的で独立した諸事実と見なされる)。対応関係によって真理と意味を規定するきわめて厳密な理論によれば、有意味な命題は可能的な事実の像とされ、また真なる命題は現実的な事実の像とされる。また二つ目の複合命題とは、原子命題の集まり(その範囲はさまざまであるが)をたんに省略して表現したものである。それゆえあらゆる複合命題は、(ラッセル論理学において定義されるような意味での)「文脈定義」によって原子命題へと還元することができる。さらに三つ目の論理命題とは、複合命題の下位カテゴリーである。複合命題を還元して得られる原子命題が真であったり偽であったりするのに対して、論理命題は、つねに真であるという特殊な性格によって定義される。論理命題は、どのような状況でも真でありつづけるがゆえにトートロジーであり、極端なケースであって、命題の悪いモデルでさえある。論理命題は、われわれに対してなにも語らない。それが役立つのは、論理命題とは別の命題が、必然的に含むものを思い起こさせるようなときでしかない。それゆえ、論理学と数学は本質的に記憶補助装置のようなものなのであって、命題を、部分的あるいは全体的に同義である別の命題へと変換するのに役立つ。ウィトゲンシュタインの主張の特徴的な点は、彼があつかっている言語の論理構造そのものは語りえず、ただ示されるだけだという考えにある（ウィトゲンシュタインが強調しているのにもかかわらず、この点は忘れられている。ルソーで言えば、一般意志が小さな共同体のうちでしか実現されえないという考えが忘れ去られているように）。したがって彼は、自分の著作が厳密に言えば意味を欠いているということを否定しない。「哲学は学説ではなく、活動である」（『論考』四・一一二）と彼は言っている。

ウィーン学団の哲学者たちは、このウィトゲンシュタインの論理図式をマッハの理論的要素によって補い、原子命題によって記述されているものを直接的な感覚経験とすることによって、それに具体的な意味を与えた。彼らによれば、原子命題が対応する事実とは感覚与件である。そして、あらゆる有意味な命題は原子的であるか、あるいは原子命題へと還元されうるのだから、あらゆる命題が感覚与件との関係によって意味をもつことになる。命題がその意味として有しているのは感覚与件の集まりであり、そうした与件の現実化によって命題は真となるのだ。この主張は、「命題の意味とは、その検証方法である」というあいまいなスローガンのうちに要約されている。論理実証主義を有名にした、意味の領域の排除は、この原理から派生する。というのも論理実証主義は、この粗野な道具を用いることで、形而上学や宗教、倫理、美学において、意味として要求されるものを取り除こうとしたからである。これらの分野における主張は、最も良い場合でも、ある種の欲求不満の詩、あるいは感情の噴出のようなものであって、いずれにせよ、論理法則を超えたものであると見なされた。まるで聖像破壊のような、こうした情け容赦ない攻撃性は少しずつ和らいでいったが、われわれの時代の実証主義的哲学においても、科学主義（科学的言語が言説の基準をなすという考え）は依然として堅固な土台でありつづけている。

最も成熟した時期の論理実証主義は、哲学的な共同作業の見事な実例であった。それが実際に国境を超える運動となったのは、おそらく、ラッセル流の論理学を翻訳することが容易であったこと、そして、論理実証主義の支持者が政治的自由主義者であったことによるだろう。そのなかにはオーストリアのシュリック、カルナップ、ポパー、ドイツのライヘンバッハ、イギリスのエイヤー、また、ポーランドのウカシェヴィチ、レシニェフスキ、タルスキ、コタルビンスキ、アイドゥキエヴィチといった注目すべき論理学者や哲学者がいる。彼らは、さまざまな国で活動し実際のつながりは弱かったのだが、ラッセルの方法のうちに共通の示唆を見出すことによって、ある種の知的共同体を形成したのである（ドイツの野蛮な行ないによってバラバラになってしまったのではあるが）。

今日では、論理実証主義ほど野心的ではなく、もっと個別的な問題に取り組むような実証主義が展開されている。その舞台は、論理学研究のもうひとつの中心地であるアメリカである。イギリスで一九三〇年代の実証主義の正統な流れが消え去ってしまったのには、政治的な次元ではなく、哲学的な次元での要因が関わっている。とくに重要なのは、ウィトゲンシュタインが行なった授業と、彼の未刊行作品の伝播である。ウィトゲンシュタインは一九一四年にイギリスを去った後、一九二九年になってふたたびイギリスへ戻ってきた。その後二〇年の彼の活躍によってイギリス哲学は大きな影響を受け、変化を遂げたのである。その時期にウィトゲンシュタインがおもに批判したのは、かつて自らがラッセルから受け継ぎ、『論考』において輝かしく発展させた形式主義的態度であった。

ウィトゲンシュタインの初期の著作を突き動かしていた構想は、論理的な観点からすれば誤りに満ちている日常言語を、『プリンキピア・マテマティカ』の規則に従って論理的に完全な言語に置き換えるというものであった。しかし彼はいまやこの構想を捨て去り、それを、錯誤へと導く伝統的な思弁的形而上学の温床であると見なすようになったのだ。完全な論理的言語といったものは、誤った探求によって生み出される空想の産物なのである。それは、世界の脈絡のない現象の背後に、第一実体を想定するのと同種の誤りなのだ。

哲学者は難問に出会うと、完全な言語を構築したり、世界を形而上学的に表現したりして、それを解決しようとする。しかし、そうした難問というのは、われわれの日常言語や、世界に関する通常の表現方法が間違っているから生じたのではなく、むしろ、われわれが日常言語を十分に理解していないからこそ生じたのである。そうした難問は、とくに論理的類似の誤用に由来しているのだ（たとえば、「知っている」は「たたく」と同じように他動詞であるが、だからといって「たたく」のような、なんらかの動作であるわけではない）。ここにおいて批判哲学はフィナーレにいたる。こうして哲学は形而上学の構築を主張することができなくなり、ラッセルとムーアから始まった、形而上学の更迭がなしとげられることになるのだ。

〔アンソニー・クイントン（オックスフォード・ニュー・カレッジ哲学講師・特別研究員）〕

ラッセルの最大の功績は、記述理論の考案であった。ラムジーはそれを「哲学的分析のパラダイム」と評している。のちの分析哲学は、ラッセルのこの記述理論と格闘し、それを拡張あるいは批判することによって、新たな領域を切り開いていったと言えるだろう。ここでは、記述理論を中心にして、ラッセルのその後の影響について補足することにしたい。

ラッセルは、一九〇五年の論文「指示について」のなかで、記述理論を打ち出した。そこでは、「現在のフランス国王は禿げである」という命題が取りあげられる。この命題の主語「現在のフランス国王」は、実際には存在しないものを指示している（現在のフランスは共和制である）。それゆえ、この命題が有意味であるためには、「現在のフランス国王」という主語の指示対象が、実際には存在しないのにもかかわらず、なんらかのかたちで存在していなければならないことになってしまうのだ。この奇妙な事態を解決するために編み出されたのが、記述理論であった。

ラッセルはこの命題を、記述理論によって次のような「命題関数」へと置き換える。

あるxがあって、そのxは現在、フランス国王であり、すべてのyについて、もしyが現在フランス国王であるならば、yはxと同一であり、かつxは禿げである。

ポイントは、主語となっていたものが、述語の位置に移動しているところである。述語として示された性質をもつようなものが実際に存在し、それが変項x、yの位置を満たすことができる場合、命題は真である。うえの命題関数は、変項の位置を満たすものがこの世界に存在しないので、偽になる。

「現在のフランス国王」（the present King of France）のように、定冠詞をともなった句は確定記述と呼ばれる。ラッセルはそれを記述理論によって性質の束へと解体し、消し去ったのである。それによって、「現在のフランス国王」という確定記述がなんらかの存在者を指示してしまうという問題は、見事に解決されたのだ。

ラッセルのこの記述理論を、確定記述だけでなく固有名にも拡張させたのがクワインであった。クワインは、一九四八年の論文「なにがあるのかについて」(一九五三年の『論理的観点から』に収録)のなかで、「ペガサス」という固有名を取りあげる。「ペガサス」という語も、指示対象としてなんらかの存在者を要求する。そこでクワインは、ラッセルの記述理論を拡張的にもちい、「ペガサス」を「ペガサスる」(pegasize)という性質をもつxへと置き換えた。このようにして、あらゆる語句は性質へと解体されることになる。それによって、自然言語が素朴に前提している、語と対象との指示関係という難問を素通りすることができたのだ。こうして、記述理論による唯名論的路線は、分析哲学においてスタンダードなものとなったのである。

だが、この路線に対する反抗が、まずは日常言語学派から起こった。ストローソンは、一九五〇年の論文「指示について」のなかで、ラッセルの記述理論を痛烈に批判している。批判の論点は多岐にわたっているが、ラッセルの誤りは、ひとつには「使用」という次元を見落としている点にあるのだとされる。「そのフランス王は賢い」という文は、日常言語において、まず発話され、使用される。そしてそれによって、だれを指示しているのかが確定し、文の真偽が確定する。したがって、ラッセルのように使用に先立って文の真偽を決定しようとする態度は誤っているのだ。

日常言語学派からのこうした批判に続き、一九六〇年代後半以降には、「指示の新理論」と呼ばれる立場が現われ、新たな観点から記述理論への批判がなされた。

ドネランは、一九六六年の論文「指示と確定記述」のなかで、「指示的使用」と「帰属的使用」の区別を提示した。たとえば、ある人が、スミスが残忍なしかたで殺されたのを知って、「スミス殺しの犯人は異常だ」と言った場合、その人は「スミス殺しの犯人」という確定記述を帰属的に使用しているのだとされる。この場合、「スミス殺しの犯人である」という性質に力点が置かれている。他方で、裁判官が目の前の被告(ほんとうは犯人ではない)に向かって、「スミス殺しの犯人は異常だ」と言った場合には、この裁判官は「スミス殺しの犯人」という確定記述を指示的に使用しているのだとされる。この場合、「スミス殺しの犯人である」という性質はもはや重要ではない。確定記述の表現によって、目の前の人物を指示することに力点が置かれているのだ。

さらに、クリプキは、一九八〇年の著書『名指しと必然性』において、様相論理の観点から記述理論に対して批判を行なった。ラッセルに従えば、固有名は省略された確定記述である。それゆえ、たとえば「アリストテレス」という固有名は、「プラトンのもとで学んだ最も偉大な男」という確定記述に置き換えられることになる。だがそうなると、「アリストテレスが哲学の道に進まなかった」可能世界を想定することが不可能になってしまうだろう。したがってクリプキは、固有名を確定記述によって置き換えることはできないのだと考えた。「アリストテレス」という固有名は、あらゆる可能世界に共通の人物を指示する「固定指示子」なのである。この指示は、命名の瞬間から、話し手から話し手へと伝達されてきたのだとされる（「指示の因果説」）。こうして、ラッセルの記述理論が切り開いた、語と対象との指示関係の希薄化という路線は、クリプキの指示の因果説へといたって、大きく変更されることとなったのである。

ラッセルは一九五〇年に、「人道的理想や思想の自由を尊重する多様で顕著な著作群」が評価されて、ノーベル文学賞を受賞している。また、その五年後には、アインシュタインとともに「ラッセル＝アインシュタイン宣言」を発表し、核廃絶を訴えた。この宣言はさらに、核兵器廃絶を訴えて集まった科学者たちの国際会議パグウォッシュ会議の発足へとつながった。このパグウォッシュ会議もまた、一九九五年にノーベル平和賞を受賞している。

本書の原著が出版されたあとも、「大胆で活力にあふれた多作家である」ラッセルは、精力的に執筆活動を続けた。哲学に関連するものとしては、『私の哲学の発展』『西洋の智恵』（一九五九）、『哲学する方法』（一九六八）などがある。また一九六一年には、イギリスの核政策に対する抗議のために座り込みを行ない、人生二度目の投獄を経験している。さらに一九六七年には、ベトナム戦争に反対して、サルトルらとともに国際戦争犯罪法廷を開き（いわゆるラッセル法廷）、『ベトナムの戦争犯罪』という著作も出版した。このようにラッセルは、一九七〇年に九十七歳でこの世を去るまで、精力的に活動しつづけたのである。

主要著作

▼『現代哲学基本論文集Ⅰ』坂本百大編集、勁草書房、一九八六（清水義夫訳「指示について」を収録）。
▼『プリンキピア・マテマティカ序論』岡本賢吾ほか訳、哲学書房、一九八八。
▼『哲学入門』ちくま学芸文庫、高村夏輝訳、筑摩書房、二〇〇五。
▼『論理的原子論の哲学』ちくま学芸文庫、高村夏輝訳、筑摩書房、二〇〇七。
▼『心の分析』竹尾治一郎訳、勁草書房、一九九三。
▼『神秘主義と論理』江森巳之助訳、みすず書房、二〇〇八。

▼『西洋哲学史』I－3、市井三郎訳、一九七〇。
▼『私の哲学の発展』野田又夫訳、みすず書房、一九九七。
▼『ラッセル幸福論』岩波文庫、安藤貞雄訳、岩波書店、一九九一。
▼『ラッセル著作集』全14巻・別巻1、一九五九－六〇。

参考文献

▼飯田隆『言語哲学大全I――論理と言語』勁草書房、一九八七（第3章「ラッセルと記述の理論」に、記述理論の詳細な解説がある）。
▼三浦俊彦『ラッセルのパラドクス――世界を読み換える哲学』（岩波新書）、岩波書店、二〇〇五（ラッセル哲学の全体像をわかりやすく解説）。
▼飯田隆編集『哲学の歴史』〈第11巻〉論理・数学・言語 20世紀II、中央公論新社、二〇〇七（戸田山和久「III ラッセル」のなかで、一九〇一年の「ラッセルのパラドックス」の発見から一九一〇年の『プリンキピア・マテマティカ』までの十年間を中心にした、ラッセル哲学の解説がなされている）。
▼渡邊二郎『渡邊二郎著作集』〈第9巻〉解釈・構造・言語、筑摩書房、二〇一一（以前、ちくま学芸文庫から出ていた『英米哲学入門』を収録。ムーア、ラッセル、論理実証主義、クワインなどの英米哲学をテクストに忠実に解説している。8～10章がラッセル哲学の解説に充てられている）。
▼青山拓央『分析哲学講義』（ちくま新書）、筑摩書房、二〇一二（講義形式で分析哲学を非常にわかりやすく解説している。「講義3 名前と述語」において記述理論が解説されている）。

〔翻訳・補記＝飯盛元章〕

論理主義

ボルツァーノ、ベルンハルト　1781-1848

❖Bernhard BOLZANO

四巻からなる『知識学』（一八三七）のなかで、数学と論理学の仕事をした。その研究は、現代論理学の研究を予告している。実際、ボルツァーノの念頭にあったのは、心理主義からの脱却であり、彼は、心理学的過程から切り離された表象自体と命題自体を考察しているのだと主張した。こうして、観念間の論理的関係の「説得」ではなく、発見を要求する幾何学が前進することになる。あらゆる判断は肯定をふくむが、その価値は、判断を言表する主体とは独立している。わたしたちは、このように心理主義を拒否する傾向を、初期フッサールのうちにふたたび見出すことになるだろう。だがたしかにそうした関連があるとはいえ、フッサールが結局、苦心して論理主義を捨て去ることになるのに対して、ボルツァーノはずっと論理主義に満足していたように思われる。

［H.D.］

＊チェコの哲学者・数学者・論理学者・神学者。解析学の分野では「ボルツァーノ＝ワイエルシュトラスの定理」などを残した。また、『無限の逆説』（一八五一）では、無限の概念を数学に導入した。

マイノング、アレクシウス　1853-1920

❖Alexius MEINONG

フッサールとおなじく、ブレンターノに師事した。『論理学研究』におけるフッサールと近い関心をもって「対象論」を発展させた。マイノングとフッサールにとっての問題とは、経験論哲学における対象の概念をのりこえることであった（マイノングはヒューム哲学について何本か論文を書いている）。こうしてマイノングは、対象を実在の定立とは無関係に理解しようとする。そして対象を、判断だけでなく信念や感情ともかかわる「客観的なもの」として定義する。どんな対象も、経験に与えられていようがいまいが、またその概念が矛盾をふくんでいようが、認識の対象となりうるのだ。マイノングは、関係とその項とを区別することによって、このように定義された対象のうちに階層を打ち立てようとする（「高次の対象について」一八九九、『仮想について』一九〇二を参照）。

［H.D.］

＊オーストリアの哲学者・心理学者。独自の対象論・価値論の研究を行ない、グラーツ学派を生んだ。彼らの研究は、フッサールや、英米の新実在論、ベルリン学派のゲシュタルト心理学に影響を与えた。

ペアノ、ジュゼッペ
❖Guiseppe PEANO 1858-1932

ポアンカレとの論争、また「私にはペアノ主義がよくわからない」という彼の冗談は有名。ペアノとその流れを汲むイタリア学派は、数学を公理系に基礎づけて、それによって、数学が論理学へと完全に還元可能であるということを示そうとした。「数理論理学は、ごく少数の取り決めによって、数学の全命題を表現する。しかしそれは、ただ記号まみれの要約された書物になるばかりではない。それによって、記号の法則や命題の変換を研究することが可能になるのだ」(「論理数理学についての覚書」一八九四を参照)。ブランシュヴィックに同意して、「このような数学の改変は、実際は数学の再考である」ということを認めるならば、ポアンカレが言うように、そうした試みがかかわることができるのは、すでにできあがった学問だけであって、この試みによって得られた定義は、あらたに生じる数学的難問に対してなんの役にも立たないということを認めざるをえない。[H.D.]

*イタリアの数学者・論理学者。自然数を公理化した「ペアノの公理」で有名。また、人工言語の「無活用ラテン語」を考案した。

クーチュラ、ルイ
❖Louis COUTURAT 1868-1914

まだ未刊行であったライプニッツの著作を研究し、論理学に対してフランス哲学における市民権を与えた。彼はラッセルと非常に近い立場をとる。著作には『数学的無限』(一八九六)、『ライプニッツの論理学』(一九〇一)、『論理の代数学』(一九〇五)がある。

*フランスの論理学者・哲学者。ペアノやラッセルと近い立場で、数学の論理的基礎を提示。エスペラント語を改修し、人工的国際言語の「イド語」を考案。

ラッセル、バートランド
❖Bertrand RUSSEL 1872-1970

*『メルロ=ポンティ哲学者事典』第三巻《肖像》参照。

ウィトゲンシュタイン、ルートヴィヒ
❖Ludwig WITTGENSTEIN 1889-1951

ウィトゲンシュタインと言えば、まずなによりも「論理実証主義」や「ウィーン学団」と結びつくだろう。しかし彼の思想は、『論理哲学論考』の時期から『哲学探求』の時期への移行によって、このふたつの時期をはっきりと区別しなければならないほどに大きく変貌した。『論考』では、彼は自らの哲学を、思考の根本的な解明をする革新的な試みとして提示している。哲学は、その方法において自然科学と異なる。哲学の役割とは、哲学的問題とその伝統的解決が、いかにして言語の誤用によって生じてきたのかを示すことである。この著作は、論理学の記号体系にもとづいている。とはいえ、意味を実在論的にとらえており、

観念を事物の像としている。語とそれが示す事物とのあいだには必然的関係があるのだ。また像とそれがかかわる実在とのあいだに、ある種の「分有」がなりたっている。『論考』で展開されているこうした論理学的議論のうちには、『プリンキピア・マテマティカ』でラッセルとホワイトヘッドが提示した概念がつよく刻み込まれているのだがその価値はどうあれ、実際ウィトゲンシュタインの議論は、世界や認識についての実在論的な考え方にもとづいている。だがそれは、まさに彼が追放しようとした形而上学をふたたび呼び込んでしまうのだ。

『哲学探求』の主張は、言語分析としての哲学という考え方をより洗練させているという点で、『論考』とは異なる。そこでは、世界や思考について説明を与えるという『論考』での試みが非哲学的なものとして否定され、哲学はもっぱら記述の役割のみを担うものへと制限される。哲学者は、言語一般の本性について問いを立てるべきではない。まずは、個々の言語の意味を分析しなければならいのだ。こうしてウィトゲンシュタインは多元論的な観点へといたる。言葉は、文脈に応じてさまざまな役割をもつが、その分だけ多くの意味をもつのだ。

しかし、もし哲学者が言語の本性について事前にどんな見解も持たないのだとしたら、どうして彼は、言語のなかに哲学的問題の答えを見つけるのだという確信をもって、言語を調べたりできるのだろうか。もし「言語＝思考」という方程式をあらかじめもっていないのだとしたら、どうしてウィトゲンシュタインは、哲学の役割を語句の検討に制限することができるのだろうか。結局、言語にかんする予断が正当化される必要があるのだ。というのも、まさに言語の概念そのものが、根本的に異なるふたつの実在を要請するからだ。発話中の言葉は、いちど発話された言葉が持つ凝固した意味とおなじ次元には属さない。この区別は、論理的カテゴリー内のたんなる差異以上のものであって、実存の次元と本質の次元との対立を示している。ウィトゲンシュタインはけっしてこの区別をしない。それゆえ彼は、本質の哲学者たちとおなじ難問にぶつかってしまうのだ。ウィトゲンシュタインが言うように記述的な役割だけにとどまっていたならば、この難問を解決することはできないように思われる。

こうした深刻な難問にもかかわらず、ウィトゲンシュタインの著作は、読者との絶え間ない対話によって、またその豊かで味わい深い分析によって、二十世紀の哲学のうちに数え入れられているということに変わりはない。[J.G.]

*『メルロ＝ポンティ哲学者事典』別巻《肖像》参照。

カルナップ、ルドルフ

❖Rudolf CARNAP　1891-1970

ドイツの論理学者。ウィーン学団の創始者であるモーリッツ・シュリックによって、一九二六年にウィーン大学に招聘される。

ウィーン学団の最も急進的なメンバーであった。一九三一年にプラハ大学の自然哲学の教授に任命され、一九三六年からはシカゴ大学で教鞭をとっている。カルナップによれば、わたしたちのあらゆる知識は、さまざまな次元をふくんだ体系をなしている。その体系は、原初的経験と概念（「いま、ここ、青い」のようなプロトコル命題と呼ばれるものによって記述される）、そして「類似性の記憶」という唯一の関係によって構成されている。これらの経験は必然的に個人的なものなので、この考え方は方法論的独我論をふくむことになる（形而上学的独我論ではない）。この知識の体系を正確に記述することができるのは、精密な人工言語だけである。したがって、日常言語は乗り越えられなければならない（シュリックにとって日常言語は非常に重要なものであった）。また、定義上、経験を超えでる形而上学も、カルナップからすれば当然のこととして、排除されることになる。哲学は、統一的な学にならなければならない（「哲学」という語自体が、語彙から追放されるべきものである）。わたしたちが語ることができるのは、ある言語内のさまざまな語同士の関係だけであって、語と事物のあいだの関係を語ることはけっしてできない。哲学は論理的構文論にすぎず、それはトートロジー（分析的等値関係）だけから成っている。あらゆる学は、普遍的言語として、物理学の言語を用いなければならない。またその言語は、物質的な様式から形式的な様式へと翻訳されなければならない。カルナップが与えている単純な例で言えば、「『バラは赤い』は事実である」は、「『バラは赤い』は句（命題）である」へと翻訳されなければならないのだ（『世界の論理的構築』一九二八、『言語の論理的構文論』一九三四を参照）。だが、論理実証主義の極端な性格によって、こうした考え方の誤りが明らかになった。そしてカルナップ自身もこの誤りをうすうす感じ始めていた。こうして彼は、『意味論序説』（一九四二）のようなその後の著作のなかで、それまではタブー扱いしていた、まさに言語と事実の関係を研究したのだ。『論理学概論』（一九二九）や『論理学と数学の基礎』（一九三九）、『蓋然性の論理的基礎』（一九五〇）のようないくつかの重要な著作では、より専門的な論理学の問題があつかわれている。

［A.S.］

シュリック、モーリッツ

❖Moritz SCHLICK 1882-1936

ウィーン学団の論理実証主義の創設者。ベルリンで生まれ、科学哲学の研究に取り組む。マックス・プランクの指導のもとで学位論文を準備する（一九〇四年）。ロストックとキールで十二年間教鞭をとった後、一九二二年にウィーン大学に招聘され、「帰納的科学の哲学」の講座をうけもつ。そしてその場所で、十四年後、精神異常の学生によって殺害されることになる。ドイツ哲学にあってはめずらしく、シュリックの思想と文体は明晰で直接的である。彼は、ドイツ語だけでなく、英語やフランス語でも著作を書いている。ウィーンの根本的経験論者たちのなかでほとんどただ一人、美学と道徳をあつかった人物である。『倫理学の諸問題』(一九三〇)のなかでは、絶対的価値の理論や義務の道徳と対決し、心理学的・社会学的な分析の重要性を強調して、善の快楽主義的な道徳を提示している。だがシュリックが影響を与えたのは、むしろ科学哲学(『現代物理学における時空』[一九一七]、『自然哲学』[一九二五]など)や、とりわけ認識論の分野においてである。『一般認識論』(一九一八、第二版一九二五)は、ヒューム、マッハ、ポアンカレの経験論的・実証主義的伝統と、フレーゲ、ラッセルの論理数学的発見との綜合を提示している。そのなかでシュリックは、決定的なしかたでカントの先験主義を論駁している。彼は、「感じられたもの」(直接的に体験されたこと)と認識(記述的なもの)のあいだに根本的な区別をたてる。前者は厳密には説明不可能であり、後者だけを言語で表現することができる。こうして、シュリックは形而上学的な二元論を解消する。宇宙を認識するためには、実際にはいくつかの体系が必要だが、理念的にはたったひとつの体系、しかも形而上学的ではなく概念的な体系だけがあれば良いのだ。シュリックは『論文集』(一九二六-三六)のなかでなおも実証主義の思想を深め、形而上学全体に対して論理的な観点から異議を唱えている。彼によれば、形而上学者はある誤解による被害者なのだ。観察的経験の参照によって解決できないのにもかかわらず、さまざまな哲学的問いが、あやまって事実の問いであると見なされてきた。そうした事実があったとしても、それらはまったく経験を超え出てしまっていて、べつの次元に属することになるだろう。じっさい、認識過程において重要なのは、つぎのようなふたつの態度だけである(それらはたがいに結びつき、依存しあっている)。「哲学者が目指すのは命題の意味の解明であり、科学者が目指すのは命題の真偽の決定である」。懐疑論もまた、論理的に支持することはできない。というのも懐疑論は、問うことさえできないのにもかかわらず、それを疑うのだと主張するからだ。問いの意味は、実際には、問いに答えるための使用法を記述することによってのみ与えられる。使用法が記述できないならば、その問いはまったくの無意味である。そうした問いに答えを与えることは、原理的に不可能である。

[A.S.]

ネーゲル、アーネスト 1901-1985

❖Ernest NAGEL

今日のアメリカの重要な論理学者の一人。『蓋然性の理論の諸原理』(一九三九)の著者。また、M・R・コーエンとともに『論理学と科学的方法への入門』を出版している。

*アメリカの哲学者。チェコスロバキア生まれ。一九一九年にアメリカに帰化。専門は科学哲学で、その立場は論理実証主義の流れのなかにある。デューイやラッセルとともに、『国際統一科学百科全書』の編集顧問を担当。

エイヤー、アルフレッド・ジュール

❖Alfred Jules AYER 1910-1989

ロンドン大学教授を経て、オックスフォード大学教授。以下のふたつの有名な著作がある。『言語・真理・論理』（一九三六）、『経験的知識の基礎』（一九四〇）。

＊イギリスの哲学者。ウィーン学団の思想をイギリスに紹介した『言語・真理・論理』で有名。同書は、イギリス経験論、ラッセル、論理実証主義の思想をもとに、論理的に解決できる問題と経験によって正しさが決定できる問題しか本当の問題は存在しないと主張し、伝統的な哲学の問題を擬似問題として断じた。非常に明快なため、青年を中心に広く読まれることになった。

フッサール、エトムント・グスタフ・アルブレヒト

❖Edmund Gustav Albrecht HUSSERL

1859-1938

時が経つにつれてますます、フッサールの著作は、謎めいた特徴をおびて、私たちのまえに姿を現わす。気取らず、つつましく、自分を疑うこの人物が熱望したのは、哲学を新たに始め、デカルト主義をとはいかないものの、コギトを正しい形で創始することであった。この壮大な企画は、フッサールがこの企画に抱いていた自信を損なうことなしに、絶えず、そしてきわめて深く、変更されていった。半世紀を経ても、私たちがその意味と射程を計ることができないほどに、変更されていったのである。フッサールは、哲学者、それも偉大な哲学者になった。彼が、そうなるのを望んだのではない。数学の対象の実在的な身分が、数学者に提起する諸々の問題を通じて、そうなったのである。彼が思索を始めたころ、当時の支配的な風潮は心理主義であった。心理主義は、思考の諸法則を、思考作用の心的な諸条件に還元しようとしていた。

数学者ならば、心理主義の方法に立ち止まっていられないはずである。この方法は、実際に問題となっているものを理解していない。数学者は、証明の作業を効果的に行ない、それにより、概念の構築可能性を提示する。こうした作業が、数学者には、要求されている。この種の要求と、自然法則として受け入れられている、この数学という科学が、何を意味しているのかを知ることが、本当の問題である。私たちの精神は、思考の諸法則を心的な諸条件に還元するようなかたちで作られていると頑なに主張するなら、この問題とそれに答える作業は、放棄されてしまうはずである。フッサールが語っていたように、計算機の働きは、数の法則によって立証されるのであり、計算機の故障を補修するのにだけ必要な力学法則によって立証されるわけではないのである。さらに、フッサールは、心理主義に反発する二人の哲学者のもとで、反心理主義的な学説を研究した。彼は、ブレンターノのおかげで、志向性という発想を獲得した。ボルツァーノのおかげで、心的作用を、この作用によって志向され、確立された意味から区別するという発想を獲得した。しかし実際のところ、彼の哲学のこうした二つの基本原則〔志向性と、作用・意味の区別〕は、上記の二人の哲学者が考えていたものとは違う方向に進んでいった。フッサールにとって、志向性は、意識の本質そのものである。意識は、ある存在様態によって存在している。意識の存在の仕方は、自分とは異なる存在を志向する点にある。この志向のなかで、当の意識のあり方が探求される。認識される存在なしに認識という行為が存在しないのと同じく、意志の対象となった存在なしの意志や、愛される

❖ Edmund Gustav Albrecht HUSSERL

存在なしの愛、憎まれる存在なしの憎しみ、等々は存在しない。以上のことから、意識というものは、何ものでもありはしないことが推論されるはずである。というのも、意識は全体的なものでありえるが、存在しないというかたちを取るからこそ、全体的であるからだ。しかしながら、フッサールは、ヘーゲルが言う意味での否定性を、意識という概念の中心部分に置くことを認めなかった。彼の反ヘーゲル主義は、その時代の哲学的な環境から着想を得ており、確固たるものであった。だが、時として、不当なものでもあった。

作用とその対象の区別に関して、ボルツァーノは、論理的な諸連関と諸対象の独立した関係、つまり、自律主義的な理論を構築した。彼は、こうした連関と対象が、それらを思考する精神との関係から切り離されて、存在するものと考えた。それは論理主義だったのだ。他方で、フッサールの基本的なテーゼは、彼をこうした論理主義から守ることになる。このテーゼ——認識の秩序における知覚の優位、客観的な秩序における知覚された対象の優位というテーゼ——は、かなり早い時期から、彼の精神のなかにあった。しかし、その課題を明らかにするには、長い期間が必要であった。

彼は、自分を虜にした問題に対する、多くの古典的な解決方法が無益であるのを確信していた。したがって、彼は新しい方法でやり直すことにした。伝統のなかの偏見や、理解不可能となった問題系により全面的に作られ、着想を与えられた解決方法には目もくれず、彼は、哲学が「事象そのものへ」回帰することを主張した。彼が望んだのは、この哲学が、第一に、記述的であり、公平無私の傍観者の視点から始まることであった。哲学が、この作業によって、厳密な学知に到達することに、彼は期待したのである。彼は、学知の理念が類推にもとづくとはまだ考えておらず、また、対象とその探求方法との間の平行関係が、量的なものについての科学と全体そのものについての科学との間に、重大な相違を必然的にもたらすに違いない、などとは思いもしなかった。

フッサールの初期の著作が、『論理学研究』と命名されていることが、以上のことから説明される。問いをイエスかノーで解決するよりも、諸々の用語の意味を、これらの用語が提示されるままの状態で、明らかにしてみよう。フッサールの哲学は、例えば、質料的にせよ、形相的にせよ、最も広い意味で論理学的な意味を綿密に分析する作業である。哲学者が、学知、真理、判断、本質について語るときに、彼が、現に考え、志向している事柄を明らかにすることが重要となるわけである。次いで、これらの観念が意味のなかで構成されるためにも、実際に提示されている諸条件を、引き出すことが重要となる。人間の認識と学知が、事実としてそのままの形で、提示されるためにも、現象学者は、そこに必然的に示唆されているすべての事柄を、少しずつ追及してゆかなければならない。この探求の最終段階で、現象学――というのも、問題となっているのは、現象学なのであるから――は、科学と知に関する学知、つまり厳密な論理を打ち出すことができるのである。

　この種の企ての存在論的な方向性は、決まって誤解されてきた。この企てのなかに、ある者は、一九〇〇年当時に流行った、過去の実在論が復権されているのを見て歓喜した。しかし、『イデーン』の時期、一九一三年頃になると、フッサールの思想の「観念論的な」展開に驚かされることになった。彼らは、二度、誤解したのである。実際のところ、それまでどうにもならなかった観念論と実在論の対立を、志向性によって、乗り越える意図が、あらゆる現象学の本質的な目的として考えられねばならないのだ。たしかに、この目標が、フッサールの意識にはっきりと届いたのは、かなり後になってからである。さらに、その間に、彼は、観念論をかつぎ出すような主張――とりわけ、『イデーン』における主張――を著作上でしていた。つまり、この目標に反することを言っていたことも認めねばならないのである。それでも、この目標は、フッサールの最初の大著〔『イデーン』〕の背景には、すでに存在していた。そして、この大著に、その真正の意味を与えていたようである。『論理学研究』の主要な議論は、意味の分析である。この意味そのものを分析する試みを、フッサールは、適切であると考えた。なぜなら、意味を「外部の実在的な質料」に「適用する可能性」という問題は、フッサールにとっては、しごく無意味で、実際のところ、意味とその分析に、関係のない問題だったからである。私が、学知や真理という用語によって、実際に理解しているものを問うなら、そして、この分析が、これらの用語の実在的な意味を、定義どおり、明らかにしてくれているなら、完全に自分の外部にある質料や実在についての、学知や真理の重要性を問う作業は、もはや科学的〔学知的〕でも、真正の〔真理の〕問題でもない。フッサールは、意味が、次のような事柄と切り離せないことに気づいていた。意味は、意識に対しての意味であるから、当の意識から切り離せない。それと同じく、意味は、ある事柄に対しての意味であるから、その事柄から切り離せないということである。このテーゼを通じて、観念論と実在論は背中合わせの状態に戻る。『論理学研究』では、このテーゼが鍵になっている。この著作を早い時期に読んだ者たちに、このテーゼは理解されず、この書物そのものについても、まともに考察されることはなかった――このテーゼは、『論理学研究』なかの個別の議論において、時に顕著である。というのも、『論理学研究』におけるフッサールは、用語面でも、思考面でも、ボルツァーノ[★01]の考え方に依然として囚われていたからである。彼は、論理的な秩序の内部のいたるところで、意味と意味を与えられた存在との強い結びつきに気づいていた。ところが、この論理学上の結びつきが、実在的な枠組みでも妥当するということを、彼はまだ理解していなかった——そうではあるものの、彼は、すでに、このことを認めることになる運動のなかにいた。

一九〇七年ごろに初めて現われた、現象学的還元という考え方により、彼は、こうした方針に向かう重要な一歩を踏み出すことになる。

以上のことを、時代を遡ってよく考えてみると、現象学的還元——この理論をフッサールは絶えず手直ししており、この理論は、例外的に複雑である——は、心理学主義の批判であり、当時支配的であった哲学に対する決定的な一撃となったことがわかる。当時の哲学は、認識という問題を、哲学だけの問題と考えていた。ところで、還元の第一の効果は、この問題を廃棄し、拒絶することでもあった。科学的な認識が、与えてくれる世界像と、自然な経験が私たちに与える世界像とは、対立しあう。認識という問題は、両者の対立が増幅し、悪化した状態を前にした、哲学の狼狽を表わしている。太陽が、毎朝、地平線上に上ってくる世界と、地球が太陽の周りを周回する世界との間で、どのように認識行為を行なうべきなのか。かつて、客観的な第一性質と主観的な第二性質の区別★02という考えがあった。この考えは、科学的な認識のために、この問題を解決しようとした。ところが、この解決は、表象を行なう意識という考え方に直行してしまった。実際に、対象を知覚する経験は、矛盾に満ちており、欺くものである。そうであるから、この経験は、自分の対象に、まっすぐに到達することはないし、それは、意識の「内容」や表象にすぎない。そこから出現するのが、三世紀にもわたる哲学の歴史が解消できずにいた矛盾である。つまり、「真の」表象を「偽の」表象から区別する基準をどこに見出すべきか、という矛盾した問いである。

志向性という発想は、第一性質と第二性質、真の表象と偽の表象の間の「架橋」という問題を解消することになった。現実の経験こそが、当の経験を正しく判断する場となる(そうした場が、しかしながら、存在しているならばのことであるが)ことが明らかとなったのである。フッサールは、認識という古典的な問題が無意味であることを、躊躇《ちゅうちょ》せずに主張する。ところが、彼は、この問題が、すでにひとつの結論に到達していたことにも、気づいていた。現象学的還元という発想がある。彼は、この発想が、認識論に革命を起こすことを予測していた。この還元という発想により——そして、それに固有の変更の作用によって——、彼は、認識という問題に取り組んだのである。認識論の革命こそが、現象学なのだ。フッサールが言うには、哲学者たちは、諸事物が存在するのかしないのかを決定する権限を、私たちに与えない。諸事物が存在するのかしないのかにこだわるのをやめて、こうした事実を括弧に入れておこう、というわけだ。経験が現実に存在するのかどうかについて、判断を下すのは私たちではない。私たちの前に、現われてくるままの経験を記述しよう、というわけだ。私たちの記述作業は、それによって、何かを失ってしまうということはない。というのも、思惟《しい》と思惟対象の分割できないつながりは、私たちが普段経験している対象を、その主題と一緒に、私たちにもたらしつづけるからである。簡単に説明すると、この「還元された」主体と対象は、私たちが、通常の意味で、抱いている現実の存在への確信を、絶えず試練にかける。こうして、唯一の本来的な実証主義を忠実に守ることにより、意識の生を形作る、あらゆる型の志向性の性質と諸様態が、検証されるようになる。そして、同じく、その型に対応するあらゆる型の対象の性質と諸様態が、検証されうるようになる。

以上が、『イデーン』のプログラムである。

この相当量の書物について語るのは、たいへん難しい。この書物は、上手く組まれておらず、バランスも悪く、数年ほど前までは、その大部分が公刊されていなかった[★03]。その結果、この書物が与えた甚大な影響すらも、不明瞭であったことは否めない。さらに、この書物は、あらゆる現象学の中心概念と久しく考えられていた、有名な本質直観という問題に多くのページ——第一巻の多くのページ——を割いている。本質直観の問題系は——この問題に関するフッサールの最終的な沈黙が、そのことを証明しているように——、フッサール現象学の一要素にすぎない。確かに、二次的な要素ではない。しかし、それは、この学説〔現象学〕が哲学に対して果たした真の貢献とそれほど関係してはいない。

この書物のなかで、フッサールは、現象学という学問の「創設」に関する、正確な視点を提示しようとしている。この「創設」において、現象学者は、自然的な態度のなかで、対象を判断することをやめる。それにより、現象学は、反省的で、理念的なものに関わるようになる。現象学者は、自然的な態度を「まなざす」ためにも、そこから身を引くわけである。現象学者は、意識をその対象に因果的に結びつける運動から身を引き、この運動そのものを検討する。そして、この運動に関わる対象が、当の運動にとって重要なものである場合にだけ、その対象を考察する。これは、心理学者の視点なのだろうか。決してそんなことはない。そう考えてしまうこと以上に最悪な取り違えはない。心理学者は「心的な内容」を操作し、その効果的な発生を検証する。現象学者は、意識が対象を志向するときのさまざまな方法を研究する。そして、この志向された対象の意味を、この対象が提示する類型とともに、明らかにする。そうした立場は、本性上、反省的である。なぜなら、それは、自然的な態度から身を引くことによって、観察領域を獲得し、この領域を定義するからである。現象学は、最終的には、理念的なものである。このように示された視点は、現象学を、個々の経験的な事実から分離することになる。例えば、想起という経験のなかで、私は、任意の事物を思い出そうとはしているわけではない。何が、この思い出そうとする行為を想起として構成しており、何が、私の思い出そうとする志向と思い出される対象のなかで、想起という現象の意味を作り出しているのかを、私は解明しようとするのである。そのためにも、私は、思い出すべき個々の事物だけではなく、思い出している自分も見ようとする。この時、私が、良くも悪くも、表現しているものは、明らかに、ひとつの性質であり、一事実ではない。というのも、私が関わっているものは、思い出された対象ではなくて、「思い出す」という行為が、私の経験の実在性のなかで、意味している事柄であるからだ。記憶しておかなければならない諸々の事柄は、意味というものにとって重要なものである。切り捨てねばならないはずの諸々の事柄も、意味にとって重要である。というのも、これらの表現は、この意味そのものに属するもののようには現出しないからである。

　こうして、現象学的還元は、「形相(エイドス)」への還元であろうとする。フッサールの著作のなかで、これは、還元という語の第二の方向性を示している。還元はエポケーであり、エポケーは「形相(エイドス)」を目指す。この点を明確にしつつ、フッサールは、本質(つまり、意味そのもの)への到達を可能にしてくれる、諸々の手続きを提示する。次の二点の考察を、ここでは、採りあげなおすべきだろう。最初に、この抽象化(あるいは還元)という方法は、変更の働きによって作動すること。次に、こうした変更の働きは、架空のものでありえる――むしろ、架空のものであるだろう――ということ。私が、(他の意味を排除した)ひとつの意味を構成している、諸々の特徴を引き出そうとするならば、私は次のような決定をする。つまり、ある特徴が存在しなくなると、懸案となっている意味は志向されなくなるという条件で、当の特徴は本質的なものであると決定するのである。広がりのない色は、もはや色としては考えられない。どのような因果性も行使されることがなく、どのような因果性も提示することがない事物は、もはや事物とは考えられはしない。これらの特徴は、ゆえに、構成的な特徴である。さらに、私たちが提示した例であるが、こうした変更の働きは、空想[★04]のなかで企てられる。そうしたことは、「思考の経験」であり、自然に存在するような確認事項ではない。というのも、広がりのない色や、因果性の抜け落ちた事物というものは、まさに、存在しないからである。

私たちは、ここで、現象学が示唆しているもののすべてが示されているのを、目の当たりにしている。結局のところ、ある意味が、当の意味を志向する意識のなかで、現前していることが、明証性の決定的な基準となる。フッサールの弟子のフィンクの諸研究は、洞察力に溢れている。そのなかで、彼は、次のように言っている。「見ること」は、フッサールにおいて、原初の明証性である。それは、彼においては、意識様態《ようたい》のことである。この様態のなかで、存在者は、自分を提示し、自分が存在するままのかたちで、自分を、具体的な人物として顕現させる。見ることへの信頼がなぜ正しいのかを、フッサールは決して説明しようとはしなかった。この種の問いは、彼にとっては、まったく意味がなかったということだ。なるほど、彼が、説明を拒否する理由も理解できる。意識が、その究極的な性質において、他の意識への開放性、思考、そして序列化であるならば、他の意識の現前がすべてを決定することになる。そして、自ずから変貌するものでもあれば、意識によって変貌させられるものでもある「他なる意識」という考え方は、用語面では、矛盾しているのである。この点を理解しておこう。この認識に関する古典的な問題を除去することで、難点がすべてなくなるわけではない。それは、むしろ、別の難点を生み出すことにもなる。これらの難点は、ところが、もはや古典的な難点ではない。それらを検証する前に、フッサールの哲学的な「状況」を理解するうえで重要な、次の二点を確認しておこう。まず、フッサールの立場は、ヘーゲル主義的な形式と区別される。確かに、考えられることではあるが——フッサール本人の意図に反してはいるが、それでもやはり、彼は褒められた哲学史家ではない——、現象学とヘーゲル主義は、多くの点で接近し合っている。しかし、唯一の——しかも重要な——部分で、フッサールとヘーゲル主義の対立は、調停不可能なほど、顕著となっている。直接的な現前は、真理の場であり、「それ（Ceci）」[★05]（事物、観念、感情、歴史的な出来事にせよ、望まれるすべての事柄であるにせよ）は、一回きりの事実性、単純に開かれた事実性のことである。この点に関して、構成的な現象学——『イデーン』において、フッサールはこの現象学をすでに示唆していた——も、何も変えることはないし、変えることはできないはずである。

意識は、自分が出会っているものを観想する活動である、という考え方——なぜなら、意識は、最終的には、志向性であり、開放性であるのであるから——は、他方で、開放性という存在に関する存在論のなかで発展してゆく。ところで、フッサールには存在論の用語がある。彼は、こうした存在論的な法則を受け入れている。ところが、彼は、この問題を考察することはなかった。この点に関して、ハイデガーの思想は、フッサールの思想と関係を持ちつつも、それを全体的に変形し発展させた。

そうではあっても、「現前－視覚」を、あらゆる明証性の最終的な場とすることで、十分なわけではない。他のさまざまな類型の「対象」が、いかなる点において、具体性を伴って現前しているかを明らかにすることも重要である。そこから、現前のさまざまな様相のなかでも、根本的な様相は知覚という様相ではないのかどうか、その他の様相は重要ではないのかどうかを、明らかにしなければならない。対象と志向の様態の間には、種的な相関関係が認められるのであるから、最終的には、対応するさまざまな型の志向性を記述することが重要なのである。

『イデーン』が探求しているのは、まさに、以上の問題である。

『イデーン』が提示している第一の重要な区別は、内的対象と外的対象の区別である。この区別は、還元によって、決して無効になったわけではない。実際のところ、私たちは、内的知覚や外的知覚について語っているわけである――そして、この議論が意味するものを理解することが重要となる。私が自分の考えを表現しなければならない苦しみとその思索が表現される場所である紙片、煙草をくゆらせる喜びと口もとで燃え尽きてゆく煙草――これらのそれぞれを、私は、同じように、志向しているわけではない。これらの対象は、同じかたちで、私に「与えられて」はいない。紙片や煙草は、「射影《しゃえい》」を通じて、私のもとに来る。私は、紙片の表と裏を同時に見ることはできない。むしろ、二つの面の一方を見ながら、もう片方の面――というのも、幻影ではなく、実在として志向された紙片が問題となっているからである――が存在するはずだと主張する。実際に、紙を裏返してみれば、予想が裏切られるかもしれないのに、私は、このもう一方の面が、同じ色をしているだろうと推測する。言い換えるなら、実際のところ、この紙片を知覚する場合に、そこで必然的に示唆されるすべての事柄を見ることができるような「視点」は存在しないのである。事物は、可能となるすべての志向の彼方にもあれば、その内部にもあるわけである。実際に、私が見ているのは、事物の外観や部分ではない。紙片の片面は、この紙片の全体である。逃走する車の後部は、この遠ざかってゆく車の全体を指し示している。したがって、次にように言わねばならない。知覚は――事物そのものの現前であるにしても――、本性上、決して、その対象の全部分を網羅しない。そして、その事物を知覚することの明証性は、本性的に、不十分なものなのだ。

反対のケースもある。たとえば、愛する女性が自分のもとを去ったとき、私は後悔の念を抱く。この後悔の念がどれほど言い表わしがたいものであっても、それは現われてくる瞬間に味わい尽くされる。この後悔の念について私がいつか語りうることがあるとして、私がそれをすべて正しく語るとしても、このように語りうることすべては、後悔の念という、一瞬の体験に集約される。つまり、その後悔は味わい尽くされたとおりのものであり、それ以外の何ものでもないのだ。その後悔が、明日には、別のものになったとしても、それもまた、ある別の後悔の念となる。これとは違って、ある家の裏側は、正面と異なっており、正面から見たときとは別の志向のなかで把握されている。したがって、それは、ある別の家の裏側ではないのである。内的対象が、完全に、自分自身のことを証言しているのに対して、超越的な対象は、「みずから」姿を現わすときに、その現前が不完全であるのを証言している。超越的な対象を知覚する行為は、いつも、別の可能となる知覚行為に関わっている。内的対象を知覚する場合は、そうではない。この対象を把握する方法は、別の対象を把握する方法ともなる。例えば、Xという女性が私のそばにいないという後悔の念のおかげで、私は、彼女のイメージ、最後に会った時の思い出、自分が彼女に抱いた情感、次の逢瀬《おうせ》の期待とつながっている。これらのことがらは、それでも、今、彼女と離れ離れになっていることへの後悔の念に収束する。

「対象」の現われ方と対象を志向する方法に応じて、内的な対象と超越的な対象の区別が打ち立てられる。この基準は、古典的な展望のなかでは、解決されなかった困難に終止符を打つ。古典的な思考は、表象という名のもとで、すべての対象を混同していた。そして、表象作用の明晰さ、力、拘束力といった、外的もしくは段階的な違いだけを基準にして、ある表象を別の表象から区別しようとしていた。

以上のことに基づいて、フッサールは、内的もしくは外的な対象の主な類型の記述を試みることになる。この問題に立ち入ることはせず、いくつかの重要な原則を示しておこう。

この時期から、知覚行為と知覚された対象の優位という、重大なテーゼがフッサールの思想に見られるようになる。いかなる想起やイメージも、また、別の領域では、例えば、いかなるカテゴリー対象[01]も、少なくとも何らかのかたちで、また文字通りに(その対象の実在的な成分《ノエマ》に関しては)知覚対象と(その思考《ノエシス》に関しては)知覚行為に由来する。そうでなければ、想起、イメージ、そしてカテゴリー対象は、決して、志向されはしない。この知覚の優位は、フッサールにとって、揺るぎないものである。この優位は、現象学を、過激な経験論のようなものにしている。さらには、フッサールが言うように、唯一の正しい実証主義のようなものにしている。

この第一の点は、認識に対する知覚の優位を述べている。他方で、同じく重大な第二のテーゼは、認識や理論的なことがらが、他のあらゆる領域、つまり、全体として見れば、実践的な領域に対して優位に立っていることを主張している。望まれ、感じられ、働きをこうむる対象が、志向されなければ、意志も、感覚も、行為も存在しない。ましてや、これらの作用を体験する主体は、それらを、理論的意識の対象として、あるがままの形で眺め構成する。そのためには、これらの作用から身を引くことができるという可能性が、当の作用のなかに含まれている必要がある。そうでなければ、そもそも、そうした作用は成立しないはずである。こうした主張がフッサール現象学の基盤そのものであり、構成の途上にある現象学の一つの要素となる。このことこそ、現象学者の位置づけと還元の重要性という問題を提起している。この問題は、決定的であるものの、当初は、解決済みと考えられていた問いであった。

『イデーン』は、フッサールの不朽の業績であるが、以上のことこそ、この業績に対するあらゆる反響を生み出した要因である。『イデーン』が、私たちにもたらしたものは、思惟《しい》（コギト）、その志向、そしてその対象を、完璧に記述する作業である。志向対象は、その構成要素に応じて、領域存在論にそれぞれグループ分けされる。この領域存在論は、質料存在論を形式存在論[02]から区別する分類法則に属している。

かたや、この壮大な構築物（『イデーン』）は、思惟《しい》（コギト）という問題を提起している。そこに、現象学の際立った難しさがある。思惟（コギト）とその対象を記述する現象学者は、対象のなかに、人間を発見する。この人間は、思惟（コギト）を表明できる存在のことである。現象学者は、人間というものが、時間＝空間のなかに現われる、実在の存在者であることを理解している。この存在者によって明らかになった諸現象は、因果的な関係に回収されない。これにより、現象学者は、人間が魂を備えていることに気づく。ここで問題となる人間は、文化、言語もしくは理性、等々の名で描かれる諸現象に関わっている。この意味で、現象学者は、人間が、精神を備えていることにも気づくはずである。最終的に、この精神は、思惟する存在と記述されるはずである。今や、この人間に関する記述と分析が、達成されているのかどうかを確認する必要がある。フッサール本人が、この問いを提起していないとしてでもある。現象学者の思惟（コギト）が、現象学を築き上げたときに、例えば、フッサールが『イデーン』を執筆したときに、彼の思索が完成させたものと、この実在の人間に関する分析と記述は、一致するはずである。言い換えるなら、還元のなかで、自分と対象をまなざし、両者を記述する。これにより、思惟（コギト）は、思惟することができる存在としての人間を記述し確認する。

この場合に、現象学者の思惟（コギト）は、この究極的な対象の出現により、自分自身の思惟（コギト）を完成させた。では、現象学者の思惟は、実在の人間に関する記述と一致するのだろうか。それとも、一致しないのだろうか。一致しているとすれば、すべての現象は、少なくとも理論上では、解消されてしまうはずである。そして、現象学は、完璧な反省行為のなかに（あるいはむしろ、反省が完璧に外部化した状態に）閉じ込められるはずである。一致しないのならば、隔たりは、際限なく広がっていくはずである。この場合に、現象学は、思惟（コギト）というかたちで、自分自身を記述する、唯一の公平無私の傍観者だけしか認めない哲学となってしまう。そのうえ、この哲学が、現実に存在するのかどうかという問題は、文字通り、説明できなくなってしまう。実際のところ、現象学者の思惟は、（例えば、私のように）歩行し、食物を摂取し、伝記に取り囲まれ、読書し、哲学するような、具体的な個人と同じものではないのだ。仮に同じものだと考えてしまうと、一度は解決されたはずの難点が、再び出てきてしまう。なぜなら、具体的な個人は（この難点の）修復作業をやりなおす――おそらく、いやむしろ絶対に、自分自身のためにやりなおす――はずであるからである。こうした問題点を踏まえ、フッサールは、自分の現象学の理論的な難点を修復しようとする。

一致か不一致か――この問題に対する肯定的な答えも、否定的な答えも、破綻する。しかし、それが現象学の進化を促すことになる。

実際のところ、私たちは、一致という仮説を受け入れることができない。なぜなら、人間は、自分のことを振り返り、思考する存在であり、かくして、自己の根源に絶対的に見出される思考であるということを承認する――場合によっては証明する――という利点が、この仮説にはあるとしても、この仮説は、還元を無益なものにしてしまい、したがって、還元によって消えたと思われていた困難をすべて元に戻してしまうことになるからである。実際のところ、人間――現象学者の省察に提供された、思惟する客体――というものが、現象学者が自分自身の考えを記述するのと同じように、記述されてしまったら、人間は、客観化されてしまう。そして、現実の世界のなかで思惟する者と還元された純粋な思惟（コギト）の間の差異はなくなってしまう。この完璧な一致は、確かに、諸手を挙げて受け入れられるだろう。ところが、そうなると、フッサール現象学が伝統的な観念論に向けた非難が、今度は、当のフッサール現象学に浴びせられることになる。私たちは、世界内で、絶対的な存在の視点に到達することはできない。なぜなら、絶対的な存在はもはや視点ではなくなるし、世界内には複数の視点があるからである。絶対的な存在への到達は、矛盾である。絶対者の内部にいながら、絶対者へといたる道を忘れてしまうならば、それは自己欺瞞であり

——なぜなら、この道も絶対者に属するからである。ところが、絶対的な存在が承認され、結果として、それが、この道のりの果てにあるのが認められるなら——、不条理そのものとなる。

フッサールが選んだ不一致という仮説も、今のところ、破綻する。というのも、この仮説により、哲学者は、還元理論をすべて手直ししなければならなくなるからである。不一致は、実際のところ、記述が、自分自身へと閉じられたものにはならないことを示している。結論として、現象学的な学知《がくち》は、厳密でも、実在的でもないのである。[03]

この二律背反は、フッサールにおける合理論と経験論の対立以外の何ものでもない。両者——古典的な合理論と経験論ではない——は、ともに重要で、必要不可欠なものであった。しかし、ともに（少なくとも合理論は）、その真のかたちを獲得することはなかった。一方では、自分自身（とその「根拠」）を完全に所有しようとする理性と、数学的な明証性になお囚われたままの知がある。他方では、事実や事実性としての明証性という考えがある。この考えが存続するのは、それが、事実性という性質を——ヘーゲルの場合と違って、それを乗り越えることはせずに——保持している場合だけである。この二つの立場の間にこそ、最終的な二律背反があるのだ。

こうした予期せぬ事態が、私たちに次のようなことを教えてくれる。現象学的還元は、確かに、根本的なものである。ところが、還元された思惟（コギト）を、あたかも、実在する世界から身を引いた思惟（コギト）に由来するかのように理解するのは、無益である。はっきりと言えば、還元された思惟（コギト）は、決して、デカルト的な思惟（コギト）のことではない。デカルトがそうしたように、主観性は、世界から身を引くことはない。主観性は、世界内で必要とされるものなのだ。したがって、自我というものを作りなおさなければ——そして、それを新たな還元に従属させなければ——ならない。ところが、その結果、一致という問題は解消されてしまうのであるから、構築された哲学の意味が変わってしまう。

純粋な思惟《しい》と現実の人間の関係は、一致でも不一致でもない。この矛盾を克服するためにこそ、現象学は構成的な現象学になる。これこそ、認識論の革命なのだ。では、この用語は何を意味しているのか。『イデーン』の時期のフッサールは、すでに、「構成的現象学」という表現を使っていた。もっとも、当時の彼は、「構成」という問題を十分に理解してはいなかったのだが。

この構成という表現は、古典的な観念論への回帰のことではない。フッサールの考え方は、次の通りである。経験を徹底的に記述する作業——これは、彼の試みのなかでも、第一目標であり、最終的でもあれば、変わることのない目標でもあった。しかし、彼は、ある意味において、また結局のところ、それを到達不可能な目標と判断した——を達成するためにも、当の記述作業がたどった道筋とは、逆の道筋を進んで行かなければならない。つまり、記述作業は、最も根本的な意味——つまり、還元できない意味——を基点に、経験の意味を、当の経験が与えられるようなかたちで、構成しなおさなければならないのである。フッサールが繰り返すには、そうした作業——この作業に、彼は「記述」という用語を適用しつづけた——は、創造的ではなく、どうあっても、論述的である。現象学が、このように理解されるならば、それは、実在する主観性——さらには、架空の水準で実在する主観性や、程度の差はあるにせよ、世界から不自然に身を引いた主観性(『イデーン』における思惟《コギト》がそうであった)——という水準に位置づけられることはもはやありえない。なぜなら、そうした主観性は、それ自体が構成された主観性にすぎないからである。

以上のことから、先に直面した、一致か不一致かという問題は消え去った。経験は、超越論的主観性によって、というよりも、超越論的主観性のために構成される。したがって、超越論的主観性は、どのような形にせよ、構成されたもののなかで現われることはない。このことが、今や理解される。

この超越論的な主観性は、カント的なものでも、フィヒテ的なものでもない。それは、経験を可能にするものではない。むしろ、経験を、その具体的なかたちのなかで、少しずつ構成しなおすものである。それは、絶対的な自我ではない。つまり、自分が諸々の対象を作り出しながらも、自分の意識へと向かっていくような絶対的な自我ではない。むしろ、フッサール的な意味での主観性は、どのような具体的な自我の意味も、最終的には、そこから理解され、すなわち、再構成されるような主観性のことである。

点のように存在し、自分自身に還元される自我は、決して、超越論的主観性を指し示してはいない。あえて言うならば、この自我は、元来、時間の構成における自己の流出である。あるいはむしろ、自己の起源は、現在=現前の湧出のなかにある。この湧出は、「先行する」存在を、現在という時制のなかで、保存〔過去把持〕する作業でもあれば、予期される存在を、現在のなかで 予期〔未来予持〕する作業でもある。具体的に説明すると、次のようになる。私がこの原稿を文字で埋める。この執筆作業を通じて体験している瞬間もまた、私にとって、現象学的な生と志向を表わしている。つまり、さきほど私が記した文字の射影Aを通じて現われた、生と志向である。しばらくすると、すぐに、別の文字が記される。これらの文字を通じて、私は、射影Aから現われる文字を、新たに体験し、「志向」する。射影Aにおいては、今、当の射影を通じて表現された文字が、同じように、しかし今度は、射影A'によって、姿を現わす。このように、連続していくわけだ。同時に、主観性の生は、ひとつの志向である〔例えば、これらの文字は、一つの文章の意味を作り出している〕のだから、私は、すでに記された文字から生まれた射影Bを通じて、まもなく書くはずの文字を志向する。この志向は、これから記される文字や、さらには、論文全体に対する私の考えを、今度は、射影B'を通じて表現する。そして、私は、実現されつつある未来への志向に従って、これから私の生が射影する地平を、手に入れていく。物や文字が現われるたびに、私の生は、全体的に変化してゆく。別の形を取るものの、同じ対象への志向に従って、私の生は変化してゆくのである。時間は、非連続的に継起する出来事や瞬間ではない。むしろ、ある現在の出来事が、感知されずに、横滑りして、最終的には、完全に消滅する事態なのである。しだいに明確になりつつある、ある予期された事柄が、現在に向かって前進する。当の事柄が現在のなかに現われると、今度は、その事柄への予期が消滅する。ある出来事が過ぎ去ってゆく〔過去となる〕。こうした事態は、その出来事が消滅することではないし、私が、その出来事を、かつてあったようなかたちで、もはや志向できない状態でもない。むしろ、この出来事は、少しずつ、私を逃れていくのである。なぜなら、私は、媒介手段や時間のような層を通してのみ、その出来事へと向かうからである。ゆえに、この層のおかげで、私の志向はいっそう潜在的となる。こうしたことは、次の例と同じである。私は、川底に横たわる小石を見る。その小石を覆い隠してはいないが、その上を絶えず流れる大量の水を通してのみ、私は小石を見ることができるのである。過ぎ去ること、それは消失することではなく、撤回できないという事態へと進むことなのだ。

この消滅、諸々の期待が現在へと「前進する事態」は、「現在＝現前」の途切れることのない湧出によって、実現される。時間を定義するならば、それは、現在の生き生きとした流れ、現在＝現前の湧出する流れなのだ。そして、主体自体も、そうした流れの一部なのである。

こうして、主体は、二重の志向性から識別されがたいしかたで現出する。この二種類の志向性のうち、一方の志向性は、現在起きていることを志向する。つまり、顕現した「外部性」を志向するのである。もう一方の志向性のなかで、諸々の出来事は、過去のなかで保存〔把持〕され、未来に予見〔予持〕される点において、互いにつながっている。二つ目の志向性は、この結びつきの運動のなかから、順々に生まれてくる自己への志向性である。自己は、自分自身が散逸してゆくことに対する征服努力から、生成するのだ。

こうして、構成的現象学は、自らの使命を遂行し、経験の意味を少しずつ構成しなおし、経験の意味を取り戻すための、基盤を獲得することになった。ところが、フッサールは、構成を通じて生まれる具体的な主体に関して、それ以上考えようとはしなかった。むしろ、彼は、学知《がくち》に関する考え方そのものを変え、最終的には、理性の創設という問題を考えるようになった。

なぜ理性なのか。現象学は、構成が達成されて、勝ち誇るはずではないのか。しかしながら、現象学者自身の立ち位置を決定する作業は、それでも残されている。確かに、超越論的な自我と、その自我から構成されることもなければ、その自我のために構成されるわけでもない対象＝人間が、今や、存在する。そして、すでに見たように、両者の一致を探求する試みは、無意味である。しかし、そうであるとしても、この哲学――超越論的自我のなかに起源をもつ構成的な記述としての哲学――が、歴史のある時期に、誰かにより記録されていた事実は残る。世界、諸事物、人間たちの原初の意味に到達するための道筋は、この誰かよりも前に、さらにはこの誰かによって、素描されていたのである。この源泉への回帰は、独自の展開を新たに示し、今度は、この展開に一つの意味を与えることができるのだろうか。歴史の全体のなかで、現われないままであった、哲学や理性とは何なのか。理由も手段もわからないまま、現象学が、いつの日か、棚からぼたもち式にやってくる。こんな考えは、すべての現象を明らかにしようとする現象学という哲学にとっては、問題外のことである。文化、哲学の歴史、そして人間を解明することで、明らかにしなければならないのは、現象学が歴史のなかで現われることの意味である。

以上が、後期フッサールの諸問題である。最終的に、その全思想が彼に課したのは、理性の役割とその歴史上での意味を考えることであった。迫害と野蛮に満ちたナチズムの喧騒を耳にしながら、彼は、理性という問題に取り組んだ。★06 かたや、ナチズムの側も世界史の意味を完成させると不当に主張していた。

新たな還元が、この問題を解く方法となる。現象学者は、それを、自我の「客観的な」相関項である自然の世界（生活世界）への還元と命名した。この還元を実行すれば、超越論的な存在への到達が可能となり、正当なものとなる。理論的な構築物を還元することで分離され、抽出された原初の所与、経験がそれ自身の反復から引き出す獲得物、さらには、後続する志向性の諸形式（この形式は、一体となって、私たちが見ている世界が私たちに対してもつ意味を、その世界に与えるのであるが、それ自身は根源的に付与されたり現前したりすることはない）――、これらを、私たちが目の当たりにしている現実のなかで、明らかにすることが重要なのである。「前述語的な存在」への還元は、事実上でも、権利上でも、本来的に知覚されたものと、本来的な知覚への還元という形を取る。私たちが暮らす文明社会で、大人が知覚対象と呼んでいるものや、知覚していると信じているものがある。こうしたものは、事実上は、悟性の対象、つまり、知覚された所与である。この所与は、私たちが当の所与に関して考えている事柄、とりわけ科学が教える事柄によって、変形されている。私のような一般人が科学のことをよくわかっていないにしてもである。ところで、私たちが考えることができる事柄や、科学が説明する事柄（つまり、判断行為が事物に付与する諸々の述語）が正しいのは、それらが、生活世界（「自然の世界」）に基礎づけられている場合だけである。思考や科学自体は、合理主義や「哲学」学者たちの主張とは反対に、生活世界を、基礎づける必要はない。リンゴは木から落ちる。川の流れは、後戻りせず、山の傾斜を下ってゆく。こうしたことを、最終的に説明できないのであれば、物理学（自然学）には、何の意味もないのだ。私たちは、思考や科学から、生活世界を引き出すのではない。思考や科学によって、私たちができるのは、さまざまな水準で、生活世界を説明し、理解し、変形することなのだ。

この還元のなかで、フッサールは、いくつもの連続した層を、繊細に区別しながら、提示している。最終的に、この還元は、絶対的に異論の余地なく現前する、ある外部の存在を純粋に知覚する行為に結実する。この還元のなかでは、特定の事柄に対する異議申し立ては、ある別の事柄を肯定するために行なわれる。そうであるから、すでに、この種の異議申し立ては、還元を想定しており、還元に依拠しているのである。この意味で、フッサールは、生活世界への還元が、信念の対象を作り出すと言う。例えば、私たちが、夢や幻覚に異議を差し挟むこと（そしてこれらを夢や幻覚と呼ぶこと）ができるのは、異議を差し挟むことのできない生活世界と関わっているからである。ゆえに、意味は出会いである。これこそ、現象学が、私たちに見せてくれる、究極的な現象なのだ。主観性は、自分自身の内面を把握するためにも、自分自身を外部に表現する。内面性は、外部にいる、他の内面性を備えた存在を志向するわけである。ゆえに、現象学は、私たちに、次のことを明らかにしてくれる。主観性は、つねに自分自身を突き出ており、つねに更新される裂開の統一でしかない。そうであるから、反省行為とは、最終的には、不完全なものになる。そして、科学というものが、諸々の基盤を、絶対に明白なかたちで、所有する作業ならば、最終的な存在についての厳密な学知《がくち》というものは、存在しないということである。

そこから、理性という問題も形を変えるようになる。一九三〇年代のフッサールは、ヨーロッパ諸科学の危機と、この危機に関わる合理的な理念の問題に対峙していた。ゆえに、彼は、理性という問題を提起する。理性は、知の規範のようなかたちで、人間に対して提示されはしないことを彼は発見した。こんな規範は、知から切り離され、知の外部にあり、知に先立って必要とされるようなものである。理性は、西欧思想の黎明期《れいめいき》に生成した。この出現を通じて、理性は、絶えず自分を構成し、創設してきた。理性は、支配ではなく、自分を支配する要求として現われた。理性は、このように形成されたのであり、こうしたかたちを取るからこそ、西欧の歴史のなかで、絶えず出現したのである。そして、理性は、他者や外部の物ではなく、自分を支配することを要求する。西欧の歴史の意味とは、この要求に答えることにある。しかし、この意味は、個々の諸事物や私たち人間の生以上に、必然でもなければ、偶然でもない。私たち人間にそなわる自由は、西欧の歴史の意味〔自己の支配〕を、極限まで、請け負いなおす。そうすれば、この意味は、事物および私たちの生の意味と、ついには重なる。そして、私たちの自由がその意味の要求に応答すればするほど、それはますます自分自身への呼びかけとなり、反響するのである。

同時に、西欧は他の人類の人々に、彼らに独自にそなわる運命を選び取る機会を提供する。西欧は、理性とその歴史の創設に成功した。このことは、西欧というものが、他の文明にとって、そして他の文明によって、人類の歴史の一部になることへの誘いとして、出現したことを、ここでもまた徐々《じょじょ》に正当化することになるであろう。こうした意味＝方向こそ、フッサール現象学が、みずから明らかにしようと望んだ意味＝方向であり、同じく、この現象学が解明した経験を通じて、明らかにしようと望んだ意味＝方向なのである。

〔アルフォンス・ド・ヴァーレンス（ルーヴァン大学教授）〕

＊《哲学史要覧》の列伝項目〔本書三六四頁〕の書誌を参照。

原註

01 カテゴリー対象は、この対象の基礎となる他の対象の上に確立された対象のことである。判断の対象は、必ずしも、カテゴリー対象ではない（そうありえることもあるが）。むしろ、認識形式としての判断が、思考対象となる場合に、それはカテゴリー対象なのである。関係はカテゴリー対象の類型であり、カテゴリー対象は、すべて、関係の領域に属している。

02 存在論が存在する対象を扱う場合、それは質料存在論である。存在論が、そのものとして存在することはないものの、存在する対象のなかに現われる対象を扱う場合、それは形式存在論である。

03 この最後の表現を明確にしておこう。フッサールは、現象学的な学知が、物理学や社会学のような現実的な科学であると主張しはしなかった。それどころか、いつも否定していた。むしろ、現象学は、彼が言うには、人間の実在的な思惟（コギト）の説明を目的とする。

訳註

★01 Bernhard Bolzano（一七八一―一八四八、プラハ生まれ）。哲学者・数学者。カント的な立場に反対し、非ユークリッド幾何学の可能性を探求した。数学、哲学の分野で先駆的な研究を発表した。フッサールは、『論理学研究』で、彼の論理学を称賛した。これにより、彼の研究は、世の関心を集めるようになった。

★02 第一性質と第二性質は、イギリス経験論の父と呼ばれるジョン・ロックが『人間知性論』で提示した区別。ヴァーレンスが指摘するように、第一性質は、物の客観的な性質である。第二性質は、人間が第一性質に付与した観念や想起である。ロックによると、人間は第二性質の水準でのみ経験活動を行なっている。

★03 『イデーン』は、三巻から構成されている。フッサールの生前に公刊されたのは、第一巻のみであり、ヴァーレンスの議論の内容は、この第一巻に依拠している。第二巻と第三巻は、一九五二年に公刊された。

★04 対象の理念的な意味を取りだす作業を、『イデーン』におけるフッサールは、「形相的還元」と呼ぶ（第一巻七十五節）。フッサールは、この純粋な意味を取り出すうえで、「空想（Phantasie）」（一一一―一一五節）とその自由な変更機能を導入する。『イデーン』第一巻の仏訳者であるポール・リクールは、ドイツ語のPhantasieをimaginationと訳出した。ヴァーレンスも、リクールの仏訳に合わせつつ、この訳語を使用している。ただし、今日では、空想という訳語（最近のフランス語訳ではphantasia）が一般的である。したがって、この文脈のimaginationは、「想像力」ではなく、「空想」と訳出した。

★05 ヴァーレンスは指示代名詞を括弧に入れているが、フッサールの偶因性（『論理学研究』第一研究第二十六節）という概念を念頭に入れていると思われる。フッサールによると、指示代名詞の「それ（dies）」は、指示対象を十分に特定していない点において、偶発的な表現である。「それ」という語を耳にした者は、「それ」が指し示しているものと同じく、「それ」を発言した人（「人格」）のことも考える。指示されるものが、指示されたものに重なり合う現象が偶因性である。ヴァーレンスによると、構成的現象学の根本にある経験の事実性は、その経験が指示するものだけではなく、その経験の当事者（ヴァーレンスの文脈では、「人間」、「現象学者」、そしてその「思惟（コギト）」）を問題とする。こうした視点から、ヴァーレンスは、事実性を偶因性という視点から説明していると思われる。

★06 「野蛮」、「喧騒」、「迫害」は、当時のフッサールの政治的状況を示している。フッサールはユダヤ系の出自であったので、一九三〇年代に台頭したナチズムによる迫害を免れえなかった。この迫害により、ドイツ国内での著作の出版は不可能となった。『ヨーロッパ諸学の危機と超越論的現象学』と死後間もなく弟子のラントグレーベが編纂した『経験と判断』は、「生活世界」を主要なテーマとして論じているが、前者はベオグラードで、後者はプラハで出版された。

★07 以下、本文中で言及される著作の出版年は、原著のものである。「未邦訳」と明記されていない限り、翻訳が存在するので、参照していただきたい。

補記

ここに訳出したアルフォンス・ド・ヴァーレンスのフッサール論は、今から六〇年近く前に出版された。ヴァーレンスは、フッサール現象学の精髄となる概念（還元、志向性、自我、知覚、時間、等々）を一般読者向けに紹介しており、彼の的確な概念把握と明晰な叙述は、今日の専門家から見ても決して色あせたものではない。とはいえ、六〇年近い歳月が経過し、フッサール現象学の状況は、ヴァーレンスの時代と比べて、随分と様変わりした。彼の議論を補うために、ここでは、フッサール現象学の現在の動向を簡単に紹介したい。

I――フッサールの著作

パソコンで文書が作成される現代から見るとイメージしにくいが、フッサールは四万枚以上の手書きの草稿と弟子たちが転写した一万ページに及ぶ原稿を残して逝去した。

第二次世界大戦後、彼の弟子たち（オイゲン・フィンク、ルートヴィッヒ・ラントグレーベ）が遺稿を整理・編纂し、ユネスコ、欧米の各学術機関、出版社、等々、多方面からの協力を得て、フッサール全集（Husserliana）の出版プロジェクトが立ち上がった。全集の第一巻は、フッサールのパリ講演『デカルト的省察』であり、公刊は一九五〇年である。以来六〇年の月日を経た現在も出版作業は続けられている。ヨーロッパの研究者たちから話を聞いたかぎりでは、間もなく全集の出版は完了し、その後は、電子版も出るようである。

フッサールが生前に発表した著作――つまりヴァーレンスが言及した著作――は、幸運なことに、そのほとんどが日本語に翻訳されている（末尾の参考文献を参照）。後から見るように、日本におけるフッサール研究の歴史は長く、翻訳はそうした深い伝統のなかで為されてきた。どの訳書も、当然のことながら、信頼性の高い水準にある。さらに幸運なことに、彼の現象学の主要な概念は、そのほとんどが生前に出版された著作のなかに確認される。

したがって、フッサール現象学に興味のある者は、まず既刊の邦訳から読みはじめるのがよいだろう。そして、そのなかで提示されている概念の成立や進展に対する関心が芽生えたら、草稿の読解に移るのが一般的な研究方法である（未翻訳の遺稿を読むにはドイツ語が必要となる。これはもはや研究者の仕事であるから、もちろん、生前に出版された著作を読むだけでも、フッサール現象学のアウトラインを把握することはできる）。

2――フッサール現象学の研究

フッサールの現象学は、生前から多くの哲学者に注目されていた。そのなかで生まれた画期的な仕事は、まず、弟子のマルティン・ハイデガーが著わした『存在と時間』（一九二七）である（以下、本文中で言及される著作の出版年は、原著のものである。「未邦訳」と明記されていない限り、翻訳が存在するので、参照していただきたい）。この著作――未完成の著作――で、ハイデガーは、フッサール現象学が提唱する意識のあり方を「実存」という概念に編成し直し、「死への存在」という概念を提唱することで、過去に偏向した（と一般的には考えられていた）フッサール時間論のヴェクトルを未来へと向けなおした。

次に挙げられる仕事は、オイゲン・フィンクの『第六省察』（一九三一―三二）である。一九三〇年代のフッサールは体力の衰えから、原稿の執筆を高弟のフィンクに委任し、それに書き込みをしながら、自らの思索を練り上げていった。『第六省察』のフィンクは、フッサールとの議論を通じて、超越論的還元を経た主観性の成立と世界の発生を分析している。この著作は、題名が示すように、『デカルト的省察』の深化も企図している。

戦後のドイツ語圏で一冊を挙げるとすれば、クラウス・ヘルト『生き生きとした現在』（一九六六）である。ヴァーレンスも述べているように、「時間」はフッサール現象学の中心となる概念の一つである。フッサールは、十九世紀末から晩年まで、自らの時間論を絶えず練り直し、死後には膨大な草稿が残された。ヘルトは、C草稿とよばれる一九三〇年代の草稿群を丹念に解読し、フッサール時間論の核心部分にある「生き生きとした現在」という概念を抽出した。ちなみに、ドイツで現象学を学んだ日本人研究者の多くはヘルトに師事しており、彼の著作は、一九八〇年代以降の日本のフッサール研究に、一つの方向性を与えたと言っても過言ではない。

3——フランス現象学

フッサール現象学はドイツ語圏で生まれた。ところが、不思議なことに、この哲学が戦後から今日にかけて最も発展した場所は、フランス語圏(フランス、ベルギー)である。本書で訳出したヴァーレンスの仕事も、この発展の一翼を担っている。

後に他者倫理の思想家として注目されるエマニュエル・レヴィナスは、一九二〇年代にフッサールのもとで現象学を研究し、『フッサール現象学における直観理論』(一九三〇)という博士論文を執筆した。戦後に実存主義ブームの火付け役となった、ジャン＝ポール・サルトルは、社会学者のレイモン・アロンから現象学という学問の存在を伝え聞き、ベルリン留学中にフッサール現象学とハイデガーの存在論を学んだ。その成果は、『自我の超越』(一九三七)、『想像力の問題』(一九四〇)、『存在と無』(一九四三)、等々の著作に結実した。サルトルの盟友であるモーリス・メルロ＝ポンティは、一九三九年にベルギーのルーヴァンにあるフッサール文庫で、後期フッサールの草稿を閲覧した。『知覚の現象学』(一九四五)はその成果であり、彼は「身体」の哲学者として知られるようになった。

彼らがフッサール現象学をフランスに導入してから現在まで、フランスでは現象学が盛んに研究されている。ミシェル・アンリ(『顕現の本質』一九六三)、マルク・リシール(『現象学的省察』一九九二、『射影する現象学』二〇〇八年、ともに未邦訳)、ジャン＝リュック・マリオン(『還元と贈与』一九八九)は、フッサールの現象学の内部からフッサール現象学を乗り越えることを試みている。アンリ・マルディネ(『人間と狂気を考える』一九九一、未邦訳)やジルベール・シモンドン(『個体とその物理＝生物学的な発生』、未邦訳)は、精神病理学や技術の問題を現象学的な視点から考察している。さらに、フランスでは、フッサールの著作だけではなく、その草稿も多数翻訳されている。

ドイツの現象学者もフランスの現象学運動に敏感に反応している。晩年のメルロ＝ポンティに師事したベルンハルト・ヴァルデンフェルスは、『フランスの現象学』(一九八七)において、一九八〇年代までのフランス現象学の動向を網羅的に紹介している。二〇一一年には、ラズロ・テンゲイとハンス＝ディーター・ゴンデックが、ヴァルデンフェルスの本の続編とでも言うべき『フランスの新しい現象学』(未邦訳)を著わした。

4――国内の研究動向

最後に国内の研究状況を見てみたい。フッサールがフライブルクで教鞭を取っていた一九二〇年代から三〇年代にかけて、多くの日本人留学生(田辺元、高橋里美、務台理作、三宅剛一、等々)が彼のもとで現象学を学んだ。フッサールも『改造』という雑誌に倫理学に関する論文を寄稿している。この事実からも明らかなように、日本のフッサール研究には、深い伝統と豊富な研究実績がある。紙幅の都合もあり、そのすべてを説明することはできないので、詳細を知りたい方は『現象学事典』(参考文献を参照)の「日本における現象学の受容」の項目を参照してほしい。また、現代の現象学研究の代表的な場として、日本現象学会(http://wwwsoc.nii.ac.jp/paj2/)を挙げておきたい。この学会は一九八〇年代前半に設立され、毎年十一月の二日間、現象学に関連した研究発表、シンポジウム、ワークショップが催されている。フッサールの草稿研究、ハイデガーの存在論と現象学に関する研究、現代フランス現象学を扱った研究、等々――優れた基礎研究が数多く発表されている。こうした基礎的な研究活動ともに、近年特筆されるべき研究傾向は、医療、看護、フェミニズム、等々の現代的な問題に現象学の視点からアプローチする試みである。現象学の専門家がこれらの問題にアプローチするだけではない。現場でこれらの問題に直面する人々が、現象学に関心を持ち、現象学的な視点からを医療現場や社会生活の問題を議論している。フッサールが創設した現象学という学問は、このように、哲学の研究対象から他の諸科学へと拡張され始めている。つまり、現象学は、哲学者だけではなくあらゆる人々にとって、世界を見て理解するうえでの普遍的な基準値となりつつあるのである。

主要著作

▼『論理学研究』
▼『論理学研究1――純粋論理学序説』立松弘孝訳、みすず書房、一九六八。
▼『論理学研究2――現象学と認識論のための諸研究』立松弘孝/松井良和/赤松宏訳、みすず書房、一九七〇。
▼『論理学研究3――現象学と認識論のための諸研究』立松弘孝/松井良和訳、みすず書房、一九七四。
▼『論理学研究4――認識の現象学的解明の諸要素』立松弘孝訳、みすず書房、一九七六。

▼『内的時間意識の現象学』立松弘孝訳、みすず書房、一九六七。
▼『現象学の理念』長谷川宏訳、作品社、一九九七。
▼『イデーン――純粋現象学と現象学哲学のための諸構想』
▼『イデーンI-I――純粋現象学への全般的序論』渡辺二郎訳、みすず書房、一九七九年。
▼『イデーンI-II――純粋現象学への全般的序論』渡辺二郎訳、みすず書房、一九八四年。
▼『イデーンII-I――構成についての現象学的諸研究』立松弘孝／別所良美訳、みすず書房、二〇〇一。
▼『イデーンII-II――構成についての現象学的諸研究』立松弘孝／榊原哲哉訳、みすず書房、二〇〇九。
▼『イデーンIII――現象学と諸学問の基礎』渡辺二郎／千田義光訳、みすず書房、二〇一〇。
▼『デカルト的省察』浜渦辰二訳、岩波文庫、二〇〇二。
▼『ヨーロッパ諸学の危機と超越論的現象学』細谷恒夫／木田元訳、中央公論社、一九七四。
▼『経験と判断』、長谷川宏訳、河出書房新社、一九九九。
▼『幾何学の起源』付ジャック・デリダ『序説』田島節夫／矢島忠夫／鈴木修一訳、青土社、二〇〇三。
▼『間主観性の現象学』（第一－三巻）浜渦辰二／山口一郎監訳、ちくま学芸文庫、二〇一二－二〇一五年

参考文献

▼加藤精司『フッサール』、清水書院・人と思想センチュリーブックス、一九八三。
▼木田元『現象学の思想』、ちくま学芸文庫、二〇〇〇。
▼谷徹『これが現象学だ』、講談社現代新書、二〇〇二。
▼『フッサールを学ぶ人のために』、新田義弘編、世界思想社、二〇〇〇。
▼『現象学事典』、木田元／野家啓一／村田純一／鷲田清一編、弘文堂、一九九四。

〔翻訳・補記＝澤田哲生〕

シェーラー、マックス

❖Max SCHELER　1874-1928

一九二八年にマックス・シェーラーが五十四歳にも満たずに突然亡くなったとき、友人オルテガ・イ・ガセットは、見事な弔辞を捧げている。彼によれば、シェーラーは、フッサール現象学によって開拓された、形相的直観という新天地におけるアダムだった。この始祖シェーラーには、あらゆるものが、われわれに最も馴染み深いものでさえ、その意味と本質を明らかにした。あらゆるものが新たな光のもとで、夜明けの山々の稜線のようにくっきりとした輪郭とともに現われた。シェーラーは自らが発見したものの豊かさに浸っていた。夥しい数の輝かしい思想を公表せねばならなかったので、知識に酔ってふらつき、明晰さと真理に酔いしれていた。シェーラーはプラトンがいうような「陶酔」状態の哲学者であったのだ。しかしその思想は絶え間なく激変した。だからこそ彼の幾多の著作は明晰でありながら無秩序で、形式も構造も欠いたまま矛盾に満ちたものとなっており、欠けている骨組みと秩序を彼の著作に与えることが来たる世代の課題となると言われている。

ニコライ・ハルトマンも似たようなシェーラー像を残している。いわく、生はシェーラー哲学の主題ではなかったが、シェーラー哲学は、活気に満ちたシェーラーの生に由来するものであった。彼は、哲学体系をうちたて無理やり統一した観点から生を見ようとはしなかった。統一と体系を公準として自らの探求に足枷をはめるようなことはせずに、自分が出会った問題を一つ一つ取り上げ直し、彼独自の論理と彼固有の活力に従って分析し、問題に孕まれた意味を明るみに出し、そうした意味の独自性をその起源に辿り着くまで追求した。自分が見出したままの世界、幾多の矛盾を抱えた世界を受け入れ、そうした矛盾を正当に評価することでこの矛盾が現われてくるようにした。シェーラーは、人としても思想家としても、つねにやり直し学び直すことができる人だったというわけだ。

傑出した二人の同時代人によるシェーラーの業績へのこうした評価は、シェーラーという豊かな精神が論じた事柄の豊富さによって裏づけられる。新たに出版されるシェーラー著作全集は、分厚い本で十三冊を下らないだろうが、そのうちの四冊は遺作にさかれている（現行版では全十五冊、うち六冊が遺稿）。シェーラーの関心領域の広さは現代では類を見ず、理論生物学から心理学、物理学に及ぶ。壮年期には、認識論、道徳哲学、宗教哲学、情動的生の現象学がとりわけ彼の関心を占めた。より後年になると彼は次第に、

❖ Max SCHELER

社会や実在の存在論に係わる諸問題に没頭するようになり、新たな知識社会学、すなわち人間の物質的かつ精神的な生を支配する諸要因と知識の関係を研究するための基盤を打ち立てた。晩年シェーラーは、自らの思想を形而上学と哲学的人間学に関する二つの作品でもって要約しようとした。そのうち生前に出版されたのは、宇宙における人間の位置づけを論じた哲学的人間学の序論だけだった。

ほとんどのシェーラー研究者が、彼の思想の発展のうちに幾つもの段階を見て取っている。彼は精神的生の哲学者ルドルフ・オイケンの私的な学生として第一歩を踏み出したが、オイケンはこの弟子にアウグスティヌスとパスカルへの賛美を植えつけた。ニーチェ、ディルタイ、ベルクソンと、とりわけフッサールが彼に深い影響を与えた。その解釈は正統派とは言いがたいにせよ、フッサールの範疇的直観の理論、形相的方法、理念的対象についての学説が、シェーラーの手のもとでは、価値や感情の領域を踏査するための卓越した道具となった。カトリックに改宗したシェーラーは、信心深いキリスト教徒として、人格主義者かつ有神論者となった。しかし彼の宗教哲学が公けになってみると、彼の神概念と宗教的態度は根底的に変化してしまっていた。このことは彼の研究者たちを驚かせた。W・スタークは、シェーラーによるキリスト教からの離脱についてさえ語ることになる。この方向転換は、たんにある個人的な経験の帰結でも、ジャック・マリタンが考えるようなある宗教的危機の結果でもなく、むしろシェーラーの生全体を貫く対立から生じたものである。その対立とは、人間の条件の相対的構造についての彼の社会学的考えと、御業を通して露わになる人格的神の存在を含む絶対的価値の存在への彼の信仰との対立である。最終的には汎神論的立場にたって、世界の歴史の発展を言葉に先立つ盲目的な生の衝動から、諸価値と精神的実在の領域のうちでの人間の運命の成就へ進むことと見なすことになる。彼にとってこの過程は、世界における神的力の顕現と神の生成という意味を有しているのである。

できることならシェーラーという瞠目すべき精神の展開を一歩ずつ辿りたいのだが、シェーラー思想の指導原理の幾つかをきわめて簡略に要約するためには、こうした試みを断念せざるをえない。筆者の目的は、シェーラーの幾つかの根本的な教えを紹介することであるが、この教えは彼の同時代人に映ったほど矛盾しているとは思われない。その際、筆者が以下の二人の論考に非常に多くを負っていることを記しておきたい。すなわち、シェーラーの学生のなかで最も天賦の才に恵まれ、フランスではつねに生きと思い出されるパウル・ランツベルクの諸論考と、卓越したカトリック系ドイツ人哲学者アロイス・デンプの「哲学的人間学」と「学の統一」という注目すべき二つの論考である。この二人の仕事は、オルテガ・イ・ガセットが述べた希望、すなわち未来の世代がシェーラーの思想の内的秩序と骨組みを露わにするという希望を、少なくとも部分的にではあれ成し遂げている。本稿の狙いからして、シェーラーの非常に素晴らしい成果の幾つか、例えば恨み、悔い、謙り、恥じらい、認識の実践的動機についての分析や、とりわけ有神論的立場からなされた宗教的経験の哲学については、残念ながら割愛せざるをえない。

シェーラーの中心的な問題は、宇宙における人間の実存と人間の位置づけという問題である。人間は広大な世界のただなかにいるが、たんに観客としてではなく、世界のうちの存在、そして世界に属する存在としてある。シェーラーに強い影響を及ぼしたユクスキュルとドリーシュが発展させた理論生物学によれば、各々の種は環境の経験を形づくる特有の仕方によって定義される。そこでシェーラーはある二重の問題に直面する。一方で彼は、人間による経験世界の形成がたんに人間に特有のものにすぎず、人間が生命のうちでは幾つもある種の一つにすぎないということを示すことで、当時認められていた生物学的進化論を用いて人間の実存を説明しようとする。他方、人間が他のあらゆる生物とは対照的に、ある意味で自らの環境から独立しており、環境を「世界」に変える力をもっていることを示そうとする。この点に関してシェーラーは、心的実存が有する五つの相互依存的な水準を区別する。(一)植物の栄養摂取的生が位置づけられる、意識をもたず、したがって知覚と感覚をもたない情動的衝動の水準。(二)下等動物に特徴的な本能的行動の水準。本能的行動は、それがある目的に方向づけられている、つまり環境の特殊な要素に向けられているという理由で意味を有する。ただしそれは、成果に達するために必要な数多くの試行に依存するものではない。その行動はいわば定型的なものなのである。(三)条件反射に関する連合記憶の水準。この水準にあてはまるのは、成功・失敗の規則のもと、試行が成功するたびに裏打ちされていく行動や、習慣や伝統をつくりだしていく能力である。(四)実践的知性の水準、先行する数多くの試行に依存せずに、新たな状況に適応する自発的行為の水準。このような行動は、環境とその諸要素との相互依存的な連関の直観的把握、したがって、前もって経験されたことのないものを先取りし、諸々の関係を「類似的」、「類比的」、「〜のための手段」等々として理解することができる(たんに再生産的ではない)産出的思惟を前提とする。人間の自然本性が生命という領域に属し、人間の心的生が衝動、本能、連合記憶、知性、選択能力を示す限りで、人間の自然本性は、有機的生が孕むこれら四つの水準に関与している。(五)しかし、人間はさらに異なるものである。人間はたんに魂であるのではなく、精神である。精神は生の現われの一つであるのでも、進化の産物の一つでもない。むしろ精神は、生と生の現われに対立するものである。精神(Geist)はたんに「理性」、すなわち観念を用いて思惟する能力を含んでいるだけでなく、諸本質(Wesensgehalte)を直観する能力、善良さ、愛、悔い等々といった類の意志作用や情動作用を含んでいる。シェーラーは、精神的水準に対応する活動の中枢を〈人格〉と呼ぶ。それゆえ〈人格〉という中枢から、シェーラーが「心的中枢」と呼ぶ、生命活動の他の諸中枢を区別しなければならない。

精神の領域は自由の領域、すなわち有機的生、衝動への隷属から自由な領域、さらには動物が浸っている環境から自由な領域をなす。人間とは自らの生と衝動に対して「否」と言える者である。人間は生や衝動を方向づけ統率することができる。動物は抵抗と反作用の中枢系としての環境を生きており、カタツムリが自らの殻を背負うように、自己と一緒に体系の構造を背負う。これに対して精神、したがって〈人格〉は、これら抵抗の中心を「対象」化したり、閉じた「環境」を開かれた「世界」に変える力を有している。動物とは逆に人間は、自分自身の物理的経験と心的経験を対象化することができる。動物は、自分が見聞きしているということを知らずに見聞きし、環境の諸要素から来る引力や反発力として自分自身の衝動を感じる。このようにして動物は意識をもつが、自己についての意識はもたない。動物は自分自身の主人ではないのだ。人間のみが〈自己〉でありえ、世界だけでなく自分自身の上に自らを位置づけることができる。その理由は、人間がたんに魂(anima)であるのではなく、〈人格〉、超越論的統覚についてカントが述べている意味での「思惟する人格」(Persona cogitans)であるから、つまり内的であれ外的であれあらゆる経験の可能性の条件である「私は思惟する」であるからだ。けれども、このことは同時に、精神とその対応物としての〈人格〉が本質的に対象化しえないものであるということを意味している。

シェーラーによると、人格と作用は不可分なものである。人格は諸作用が発生して来る空疎な場所ではない。人格は志向作用の遂行においてのみ実存し、生きている。志向作用のなかには、愛、憎悪、賛美、称賛、拒否等々といった情動的生の作用があるが、そのすべては価値に差し向けられている。けれども、これら諸作用はたんに価値についての感情であるのではなく、価値の発見である。フッサールは、実在的対象とまったく同様に、認識主体から独立している理念的な認識対象があるということをすでに示していた。シェーラーはフッサールのこの直観を用いて、カント的な形式主義でもニーチェ的な相対主義でも接近しえない領野に新たなしかたで接近し、具体的な諸価値の領域を発見する。シェーラーによれば、価値とは感情作用の志向的対象(intentionale Gegenstände des Fühlens)であるが、このように理解されることで価値は情動的状態から完全に区別される。価値は経験に先立ち客観的であり、永遠で不変なものである。色が視覚においてかつ視覚によって与えられるのと同様に、価値は感情においてかつ感情によって与えられる。価値を対象とする知覚的ありかたと価値の永遠的な序列は、知性を越え出るものである。耳が色に対して盲目であるのと同様に、知性は価値に対して盲目であるからだ。精神の情動的なあり方は、推論に基づいているのではなく、論理学からは独立に、道徳によって認められねばならない。シェーラーが、パスカルに倣って、経験に先立つ生得的な「心情の秩序」ないし「心情の論理」を提起するのはこのためである。

シェーラーは、自らの根本的な立場を倫理絶対主義、倫理的客観主義と定義するが、その際この立場が情動に関する直観主義、実質的先験主義(Materialer Apriorismus)と規定されうることを強調する。どちらの名で呼ばれようとも、この立場こそが厳密に人格主義的な理論をなす。この立場はカントの道徳的形式主義の対極にあるのだが、残念ながら本稿の範囲のうちで、シェーラーのカント批判を検討することも、価値の相対主義に向けたシェーラーの諸批判について議論に取りかかることもできない。永遠で普遍的な諸価値が、ある時間的観点においては、各々の社会に対して各々の歴史的時期区分に対して現われることをシェーラーも認めている。こういう現われ方をするのは、個別的な見地から知覚可能なのが、諸価値の世界の一部に限られるからだ。それゆえこうした見方は、諸価値についての相対主義ではなく、遠近法主義と呼ばれねばならない。

価値の諸様態の序列、客観的で証明可能なものとされる序列に関するシェーラーの学説は、その哲学においてきわめて重要である。最も基底的な水準には、喜びや快さ、外的活動に有用なものの価値がある。次いで生命的価値、つまり感性と理性、肉体と精神の葛藤において生まれる、高尚さや健全さをなす価値が来る。その上に美や善といった精神的な価値があり、聖性、崇拝、謙譲がもつ神聖な価値が最も高次な位階を占めるとされる。

宇宙における人間の位置づけに関するシェーラーの見方が、諸価値の序列理論とどのように結びついているかを、見て取ることは容易である。有機的生の多様な領域への人間の関与と〈人格〉としての人間の実存が、充足されるべき欲求、すなわち生命的欲求、知的欲求、救いへと向かう精神的欲求を規定しているのだ。

シェーラーは、価値の諸様態からなる秩序の発見が、自らの思想全体のうちで果たすべき決定的役割を充分自覚していた。この発見こそが、彼のその後の探求全体を動機づけている。愛の諸様態、知の諸形態、生命的な諸力と社会文化的生の係わりの諸形態についての教えは、こうした発見に呼応するものなのだ。

シェーラーによると愛とは、何らかの価値を有する個別的で具体的なもの一つ一つを、その自然本性にふさわしい最も高次な価値へと導く運動である。よって、観念だけでなく価値にも盲目である衝動のうちに、愛の起源があるとする唯物論をシェーラーは批判する。諸傾向の本能的な体系が役に立つのは、愛される価値がいかに選別されるかを説明するためであって、愛の作用それ自体を説明するためではない。諸々の作用が分割されて、身体に属する生命的作用、自己が管轄する純粋に心的な作用、人格の精神的作用となりうるのと同様に、愛も生命的愛ないし情念、個別的自己の心的愛、〈人格〉の精神的愛という三つの形をとる。情動作用における三つの形は、その本質からして、それぞれ固有な類型の価値に対応している。つまり生命的作用は高貴さの価値に、心的作用は知識と美という価値（文化的価値）に、精神的作用は神聖なものの価値に対応している。例えば、快適さの価値しかもたないものは、喜びの感情を引き起こすことはあるが、愛を生み出すことはない。シェーラーは、マルブランシュの『真理の探究』を引き合いに出して、そのように主張している。

隣人を人格として愛することは、隣人を自己とは別の自立した存在として愛するということを意味する。物理的なもの、身体的なもの、心的なものに伴う諸価値はつねに対象として与えられうる。これに対して〈人格〉のもつ最終的な道徳的価値は、他人への愛の作用に参与することによってのみ発見されうる。どんなしかたでわれわれが他人を対象化するとしても、〈他人〉の人格性はわれわれの把捉から逃れてしまう。われわれが他人の愛するものを愛し、他人とともにそれを愛するのでなければならない。どんな愛も愛に満ちた応答を喚起し、そのようにして新たな道徳的価値を生み出す。以上がシェーラーの言う「道徳的存在の連帯原理」の基盤をなす。この原理は、道徳的価値に係わるなら、原理的には各人がすべての人に対する責任を負い、すべての人が各人に対して責任を負うというものである。各人が他人の罪責感を打つ叱責の一部を担わねばならず、各人は初めから他人一人一人の道徳的価値の部分をなすのだ。

シェーラーにおける間主観性の理論は、このようにして彼の人間学および人格主義と緊密に結びついている。『共感の本性と諸形態』のなかでも最も鮮やかな章の一つで、シェーラーは他人の理解についての従来の理論のうち、類比による推論説と移入（Einfühlung）説を反駁している。議論の詳細に立ち入ることはできないので、簡潔にまとめておこう。彼によるとこの二つの理論は、身体と魂の諸関係に関する伝統的で形而上学的な既成の考え、すなわち実体間の相互関係という考えと、心と物の並行説という考えに由来する。しかし前提をなすこれらの考えのいずれも、私が他人の経験を知覚する可能性そのものを排除してしまう。この二つの考えは、人間を心的現象という牢獄へと閉じ込めるのだが、こうなると人間は形而上学的な因果連関によって心という独房の壁に摩訶不思議なしかたで映し出されるものを待ち構えねばならないことになる。二つの理論とも、内的経験であれ外的経験であれ、経験を選別し分析する道具という身体の役割を理解できないがゆえにこうした錯誤に陥る。シェーラーにおける他人の理解についての理論、彼が「他我の知覚理論」(Wahrnehmungstheorie des fremden Ich)と呼ぶものは、他人についての知覚が、他人の身体とその諸運動に限定されるという基本的前提を拒否する。ただし他人の知覚は、他人の魂や他人が有する〈自己〉の知覚であるわけでもない。われわれはむしろ全体を知覚するのであり、この全体の直観内容がすぐさま外的知覚や内的知覚に縮減されることはない。確かにわれわれは他人の微笑みのうちに他人の喜びを知覚し、涙のうちに苦しみを、赤面のうちに恥ずかしさを、合わせた手のうちに祈りを、発話のうちに思惟を知覚する。他人の身体と振る舞いは、外見に関する統一性を有しているのだ。ただし自らの身体、諸器官、諸器官に内在する感受性について他人が有する経験だけは、直接には知覚されえない。まさに自己の身体についての感受性こそが、他人と私のあいだの分離を形づくっている。自己の身体の感受性によってしか生きられないがゆえに、人間は他人の生への通路を一切有していない。他人の経験が可能となるのは、たんに栄養摂取的な生を越えて〈人格〉というかたちで自らを高めることによってのみである。しかし、すでに見たように、〈人格〉とその作用が対象化されえないということは、シェーラー哲学の根本的な原理の一つである。それゆえ他人の諸作用を把握できるのは、他人とともに遂行すること、先取りないし把持し直すことによってのみであることになる。

シェーラーは知のさまざまな形態とその秩序に関する理論によって、価値の序列理論を補完している。まさにこれこそ、彼の作品の頂点の一つをなすというデンプの指摘は正鵠を射ている。

人間の知には三つの根本的な形態がある。支配を目的とする知すなわち実践知、諸本質の認識すなわち文化的知、救いを目的とする知すなわち形而上学的知である。これら各形態が、存在の領域、つまり事物存在の領域、人間の文化の領域、絶対的なものの領域を変容するのに役立つ。実践知は自然と社会の技術的支配を可能にする。これは実証科学の知である。その目的は、現象に固有な時空的脈絡のうちで諸法則を定式化することにある。これら諸法則の認識が、われわれを世界とわれわれ自身の主人にする。法則は観察と計測によって発見されるが、観察と計測のほうはわれわれの欲求と傾向によって動機づけられている諸感官の行使に基づく。知の第二の形態は、アリストテレスが「第一哲学」と名づけた形態であり、存在の諸様態と存在するあらゆるものの本質的な構造の認識である。この知の形態は、諸現象の偶然的な性質と偶然的な時空位置の抽象化を体系的に行なうという点において、実践知から区別される。この形態は、次のような問いに応答することを試みる。世界とは何か。動物とは何か。変化しない自らの構造において、人間が有する本質とは何か。同様に、思惟するとはいかなることか、愛とは何かといった問いがある。思惟と愛という作用は、実際には何がしかの人間的存在の具体的、それゆえ偶然的な体験流において現われるのだが、こうした作用はすべてこの体験流から独立している。この種の知は、衝動によって決定され欲求によって動機づけられるあらゆる行動を可能な限り完全に取り除こうとする。本質の認識はどんな経験からも独立しているわけではないが、蓄積される経験の数ないし帰納と呼ばれるものからは独立している。それゆえ本質の認識は、実在世界という限られた区域を越え出ており、自己に対してかつ自己に即して有る存在に向かう。実践知が知性の働きであるのに対して、本質の認識は理性の働きである。知の第三の形態は、形而上学的というよりもむしろ「メタ人間学的」と呼ばれねばならないだろう。なぜなら哲学的人間学に明らかになる人間の本質から出発することによってのみ、万物の至高の基礎たる神が超越論的推論法（transcendentale Schlussweise）によって開示されうるからだ。人間は、そのうちで存在のあらゆる領域（物理的、化学的、生物的、精神的存在）が現われる小宇宙であるので、大宇宙の至高の基礎たる神の認識を得ることもできるのだ。言い換えるなら「小さな神」としての人間の存在が、神への第一の通路なのである。

知のこの三つの形態は、諸価値の秩序、〈愛の秩序〉、最終的に人間本性の構造と対応する客観的秩序に即して秩序づけられている。世界を実践に即して変化させ、世界の内部で成しうることを成しとげるのに役立つ支配という知から、われわれは文化的知へと自らを高める。この上昇は、〈人格〉がその唯一の個別性によって世界全体ないし少なくとも世界の本質的な構造に与ろうとする一つの小宇宙となるように、われわれが自らの内なる精神的〈人格〉の存在と実存を増大させることを可能にする。さらに文化的知から、救いを目的とする知へとわれわれを高め、この知によって〈人格〉の最も奥深い中心を通って万物の存在の至高的な基礎に与ろうとするのだ。

これら知の各形態は、人間の類型に対応している。科学者と技術者は実践知を体現し、賢人が文化的知を、宗教人ないし聖人が形而上学的知を体現している。幾つかの大きな文明においてはこうした知の類型の一つが支配的となる、例えばインドにおいては救いを目的とする知、ギリシアや中国においては文化的知、西欧においては（十二世紀初頭から）力能を目的とする知、つまり実証科学が支配的となる。

しかしシェーラーの体系のうちには、倫理的価値の秩序と知の諸形態の秩序のあいだの相関だけでなく、生の諸力（Lebensmächte）の序列と呼ばれるもの、したがって人間の社会への参与の諸様態と知の諸形態のあいだの相関関係も見出される。これが、シェーラーによって知識社会学にもたらされた注目すべき寄与の出発点である。

知識と社会的生のあいだには、二つの根本的な係わりがある。まず集団の成員が集団への自らの帰属、成員同士の相互理解、諸価値や共通の諸目的への自らの分与について有する知識は、社会集団の形態と様式をさまざまな点において規定している。逆にあらゆる知識はある意味で社会集団と集団の構造によって規定されている。シェーラーは、知の内容も知の妥当性も社会学的に規定されているのではなく、認識対象の選別が集団において支配的な社会的諸関心によって（一方的にではないにしても）ともに規定されていると強調する。それぞれの集団は幾つかの直観に与っているがこの直観は、あらゆる問いを越えて与えられ、いかなる正当化も必要とせず、いかなる正当化も受け入れる余地がないとされる。シェーラーは、ある集団によってこのように前提とされている「真理」の全体をこの集団の「相対的に自然な世界観」と呼ぶ。この世界観の内容は、同一の集団の歴史的進展の只中で変化するのと同様に、集団ごとに変化するからだ。

ある集団の成員に共通する価値と目標は、共同の思惟作用、共同の意思作用、共同の愛の作用等々において現われる。これらの作用はひとりでに遂行されうるか、自動的ないし半自動的な心理・物理的活動というかたちで現われうる。神話や民話等々のような自然発生的でない現われの担い手は、匿名の集団である。統治の形態、法、芸術、哲学、科学、世論といった自然発生的な現われは、少数者、「選ばれし者」を体現する者たちの介在を必要とする。

シェーラーは、あらゆる大文字の〈社会〉理論を拒絶し、社会的生の全体をそれだけで規定するようなただ一つの要因をたてる歴史哲学を一切認めない。社会と歴史は人間の諸作用に基づいており、あらゆる人間の作用は、物質的要素と精神的要素を有する。それゆえ社会と歴史は、社会の主体であると同時に歴史の主体である人間の構造に準拠している。そこから「現実要因」（人種、親族といった要因や政治的要因、経済的要因）と「理想要因」（宗教、哲学、形而上学、科学といったもの）についての学説が出てくる。「現実要因」が下部構造をなし、「理想要因」が上部構造をなす。「現実要因」は人間存在の基本的衝動にもとづいており、シェーラーは個人の生命循環における諸々の衝動の秩序と、社会と文化の統一体がその進展過程で経なければならない歴史的な諸局面のあいだの対応関係を発見したと考えた。こうした衝動のなかに、種を保存するのに役立つ性行動、個の保全に役立つ力の欲望、最後に栄養摂取の欲求が見出される。また文明の歴史のなかに、統合の三つの形態を再び見出される。最初に血縁関係と親族関係の優位、次いで（国家の）政治的権力の優位への移行があり、第三に経済的要因の漸進的な優位がある。諸々の「現実要因」は精神の流れがもつ諸理念のどれが有効となり、どれが有効とはなりえないかを決定する。現実要因はいわば水門を開き、幾つかの理念に対してのみ、それが社会的現実において成就することを許すのだ。けれども「現実要因」はそれだけでは、盲目でそれぞれ自立した傾向であり方向を欠いている。オーギュスト・コントの言葉を用いれば、「現実要因」は一つの「変更可能な運命」をなすのだ。逆に「理想要因」は潜在的な自由と行為の自立性によって規定される。「理想要因」は、物質的展開の盲目的な諸力を方向づけ導くがゆえに、「変更可能な自由」を証示していると言うことができよう。

このように、社会と歴史を規定する生の諸様態は、人間本性が有する諸衝動と諸欲求の構造のうちにその起源を有する。シェーラーの言う「欲求」とは、たんに生物学的な諸欲求だけではなく、救いの欲求も含んだ精神的な諸欲求でもある。人間の諸欲求の秩序が打ち立てられるのは、人間本性の構造によって、人間の身体的な実存によって、社会の多様な形態における人間の他人との共存によって、そして〈人格〉として神との関係のうちに入る人間の能力によってである。諸欲求の客観的秩序は道徳的価値の秩序、知の諸形態の秩序、そして愛の秩序に対応している。確かにシェーラーは晩年には、歴史における「現実要因」の優位を認めることになった。しかし彼は、あらゆる価値の実現を可能にする精神的連帯という意味での形而上学的人間学を展開し続けた。これは、デンプがシェーラーによる全面的人間主義の要請と呼び、不幸にも未完に終わったこの哲学者の体系の中心的な考えとみなしたものである。シェーラーの形而上学的人間学が辿りついたのは、「生の領域に起源をもつ傾向的構造の優位にもかかわらず、生ける精神は自らを確立する」という原理なのである。

〔アルフレッド・シュッツ（ニュースクール・フォー・ソーシャル・リサーチ、ニューヨーク）〕

補記

この《肖像》の冒頭にもオルテガ・イ・ガセットやニコライ・ハルトマンによる人物評が取り上げられているように、シェーラーの影響は、すでに同時代人に対して顕著に表われていた。ハイデガーの「世界内存在」には、ユクスキュルの環境世界論とともに、シェーラーの「世界開在性(Weltoffenheit)」の概念が反映していると考えられるし、さらに彼の「価値位階論」は、メルロ＝ポンティの『行動の構造』における「行動の三形態」や「構造の三秩序」にも影響を与えている。とりわけ、ニーチェが『道徳の系譜』で展開したキリスト教道徳による「価値の転倒」を反駁する際、メルロ＝ポンティが援用したのも、シェーラーのルサンチマン論であった。それによれば、ニーチェは彼岸的価値を目指すキリスト教道徳を「生の衰弱」に由来するものと考えるが、そうしたニーチェの解釈こそが、むしろ生そのものの多様性を切り縮めてしまう生物学的一元論の価値狭窄化的態度に陥っているということになる。ここから、何かに対する反作用的性格をもって制限し切り下げを行なうルサンチマンのあり方に対し、キリスト教には超自然的な信頼と自発性とが認められることになるのである。

ともあれ、シェーラーの著作のなかで後代に最も影響を与えたのは、彼の死の前年に行なわれた講演「宇宙における人間の地位」(一九二七)であろう。人間の特殊地位を「生命的・心的世界の全体構造」のうちで明らかにしようとするシェーラーの発想は、H・プレスナー『有機的なものの諸段階と人間』(一九二八)やA・ゲーレン『人間』(一九四〇)らによって受け継がれ、生物学的知見を活用して人間の特殊性を考察する「哲学的人間学」という一思想潮流を形づくっている。

他方、世界のうちに存在する「価値」の認識が行為への意欲を基礎づけるとするシェーラーの実質的価値倫理学は、シェーラーによる価値秩序の階層化をさらに細分化しつつN・ハルトマン『倫理学』(一九二五)によって批判的に継承された。

第三にシェーラーの他我論は、本論執筆者のA・シュッツによってフッサールの間主観性の議論の延長線上で検討され、現象学的社会学の試みへとつながっていく。この流れに掉さすマンハイムからは、シェーラーのカトリック的階層秩序の枠組みが、やや形式的であり過ぎるのではないかという疑義も提出されている。

もちろん、シェーラーの哲学とりわけその価値倫理学や人格論には、こうした思想潮流に汲み尽くされえない豊かな記述が残されている。シェーラーにおいて価値は一方で客観的なものとされつつも、価値はあらゆる人に感得可能だとは考えられておらず、シェーラー独自の徳倫理が説かれている。こうした価値倫理学は、今日英米圏で議論されている徳倫理学や道徳的実在論の議論と親縁性を有するばかりか、今日なお熟慮に値する論点を提出しているように思われる。

主要著作

ドイツにおけるシェーラー全集は、当初ハイデガーやコイレの助力を得て、三番目の妻マリアの下で編集されていたが、彼女の死後はマンフレート・フリングスによって引き継がれ、計十五巻が刊行されてきた。現在、わが国において、シェーラーの主要な著作は、白水社刊行の『シェーラー著作集』（飯島宗享・小倉志祥・吉沢伝三郎編、一九七六－七八、新装復刊二〇〇二）全十五巻に翻訳されている。

▼「論理的原理と倫理的原理との関係確定への寄与」、「超越論的方法と心理学的方法－哲学的方法論のための根本的論究」、「カントと近代文化－記念帖」（『シェーラー著作集15』、飯島宗享編／浜田義文・水野清志・田島孝・小林靖昌訳、白水社、一九七八、新装復刊二〇〇二）。
▼『倫理学における形式主義と実質的価値倫理学』（一九一三－一九一六）、吉沢伝三郎・岡田紀子・小倉志祥訳（著作集一－三巻）。
▼『価値の転倒』（一九一九）、林田新二・新畑耕作・大谷愛人・小泉仰・柏木英彦・小松光彦・樽井正義・大久保正健訳（著作集四－五巻）。
▼『人間における永遠的なもの』（一九二一）、小倉志祥・亀井裕・柏原啓一・岩谷信訳（著作集六－七巻）。
▼『同情の本質と諸形式』（一九二三）、青木茂・小林茂訳（著作集八巻）。
▼『知識形態と社会』（一九二六）、浜井修・弘睦夫・津村裕三訳（著作集十一－十二巻）。
▼『宇宙における人間の地位』（一九二八）、亀井裕・山本達訳（著作集十三巻）、（白水iクラシックスの一冊として二〇一二年に再刊）。

参考文献

▼越智貢「道徳の知とエキスパート」、『現象学と倫理学』（日本倫理学会論集27）所収、一九九二。
▼金子晴勇『マックス・シェーラーの人間学』、創文社、一九九五。

▼五十嵐靖彦『愛と知の哲学　マックス・シェーラー研究論集』、花伝社、一九九九。
▼奥谷浩一『哲学的人間学の系譜 シェーラー、プレスナー、ゲーレンの人間論』、梓出版社、二〇〇四。
▼畠中和生『マックス・シェーラーの哲学的人間学―生命と精神の二元論的人間観をめぐって―』ナカニシヤ出版、二〇一三。
▼宮村悠介「M・シェーラーと「悔い改め」の現象学―再生の倫理学のために―」、『倫理学年報』第六三号、日本倫理学会、二〇一四。
▼横山陸「マックス・シェーラーにおける愛の概念のアクチュアリティ」、『倫理学年報』第六四号、日本倫理学会、二〇一五。

〔翻訳・補記＝小手川正二郎〕

ハイデガー、マルティン

❖Martin HEIDEGGER 1889-1976

その独自の展開から見て、マルティン・ハイデガー(一八八九〜一九七六年)の(哲学的)営みが現在(本書刊行時の一九五六年頃)向かっている方向と、彼の主著である『存在と時間』(一九二七)が、その刊行時に及ぼした絶大なる影響のもとで表明した方向、この(ふたつの方向の)あいだにはひとつの対立があり、それはますます高まっているようである。『存在と時間』の刊行時には、(その著作が未完成なのだから、たとえ不完全な定義だとしても)一つの哲学のほぼ決定的な表現が提出されたと思われていた。その著作では、一つの哲学の重要な諸特質と本質的な立場決定――一般的な見解では、断固とした立場決定――が姿を現わしていたのである。『存在と時間』では、ハイデガーの教説は、とりわけ人間やその行動についての具体的な経験を解明する実存主義と名づけられたもの、すなわち、不安の哲学の源泉のひとつ――というよりも、まさにその原理そのもの――であった。そして、こうしたハイデガーの教説は、現象学によって規定された方法論的指示から保証され、普遍的なものの水準にもたらされるような、「状況」の「記述」、態度や「制度化」(フッサール的な意味における態度[Einstellung])といったものに全面的に基づけられていたのであった。しかし今日(一九五〇年代)において、ハイデガーの思索全体を検討するばあい、それは、西洋の思索全体の骨子を組み立てている、「現在では忘却された」問題、すなわち存在問題(le problème de l'être)を再び活性化させるだけにとどめておこうと、決意されているようである(ハイデガーにとって、西洋の思索全体とは、全哲学であり、またギリシアに由来する唯一の哲学を意味している)。

多かれ少なかれ、そこに重大な誤解があるにせよ、こうしたふたつの観点を両立させようとする主張や、ハイデガーにとっての存在問題とは、人間が存在へと関わる問題(また最近では、存在が人間へと関わる問題となるのだが)であることを明確にしようとする主張は、的外れではないだろう。さらにそのうえ、この存在への関わりこそが、人間と他のあらゆる「存在者」とを区別しているということ、また、存在了解(la compréhension de l'être)が存在者を規定し、その存在了解が、存在者の「本性(nature)」――より正確に言えば、その固有の「存在」――を解明するための基礎と基盤を提供しているということ、このことが明らかにされるならば、存在問題を扱うことと、人間の条件の「本質(essence)」を解明することとは、全く同じことであると主張することは認められてよいだろう。

人間が「生来」存在了解を備えているということには、異論の余地はない。だが、それ以上に異論の余地がないのは、この了解を

❖ Martin HEIDEGGER

解明し、その意味を語ることを探求するばあいにでも〈生き、働き、他者や自己自身と対話し、学問をする等々のためだけに、その意味を利用しようというだけでなく〉、ひとは最も曖昧で、最も一般的な通俗性から簡単には脱することができないということである。人間が「存在する」、馬が「存在する」、世界が「存在する」、芸術作品が「存在する」、そして重罪院、フランス革命、原子、そしておそらく神や天使というものも「存在する」。各人はこうした文の意味を理解し、存在するという「動詞」が、それぞれ別様に「志向されている」ことを理解しているのだが、それはまさに、こうした「諸事物」が、同じ在り方で存在していないからなのである。では、こうした諸区別の本性と意味を思索するとなると、そこへと至るのは、いったい誰なのか。そして、こうした諸々の通俗性や区別は、取るに足らないものであり、空虚な差異であるのか。こうしたことを主張すること自体、それはひとつの存在了解を言い立てることでもあり、別の存在了解と同様に明快ではあるのだが、明らかに誤った存在了解である。というのも、そもそものところ、われわれの〈理論的〉確証、われわれの態度、そしてわれわれ自身に至るまでのすべてが、この存在了解を伴っているからであり、その観点に応じて立場を決定しているからである。もっとも、このような存在了解こそが、西洋の哲学的考察すべてのなかの中心的な主題——究極のところ、唯一の主題——を提供しているのだが。したがって、存在を明確に理解することを放棄することは、存在するものを真に理解することを放棄することになるのである。

　しかし、そうした〈存在を真に理解するという〉使命の重要性と緊急性は、そのための諸方法を、あたかも魔法のように手軽にわれわれに提供してくれるわけではない。なるほど、哲学はこの存在了解たる対象を自らの探求の中心的な主題にしてきたと述べたばかりだから、そこからひとは哲学史に依拠するようになるかもしれない。ところが、プラトンからニーチェに至るまでのこの哲学史こそが、存在についての省察をひとつの方向に導いていたのである。しかもその方向とは、存在についての省察が沈黙へもたらされ、そして存在についての省察そのものの時代——それは、この方向の逸脱がまだ生じていなかったプラトンに先立つ思索の時代、つまりヘラクレイトスやパルメニデスの時代である——を見誤るほどにまで、存在問題の意味を危険にさらし、それを「忘却する」ような、そうした方向なのである。実際のところ、プラトン哲学とプラトン以後の哲学は、形相〈の導入〉によってプラトンが創始した、存在と存在者との同一化に、全面的に基づけられている。存在とは現前する実在の現前〈そしてそれは、ただ単に、この実在そのものではない〉を構成するものであり、われわれがこの実在の「姿かたち」〈そして、それはこの「姿かたち」そのものではない〉を把握することを可能にするものであるのに、プラトン主義は、イデアという名のもとで、この「姿かたち」を存在そのものととりちがえることから始めたのである。プラトン主義は、この諸々の「姿かたち」とイデアを、存在者と同一視するのであり、そのようにして存在者は「理念化される」のである。プラトン以後に確定された伝統は、イデアのこの自律的な地位を強く問い直したのだが、存在者と存在の一致に異議を申し立てることは、もはや決してなかったのである。したがって、形而上学は、存在問題という名目と見せかけのもと、存在者の位階――特に、他の存在者すべての尺度に昇格させられた、上位の存在者の本性や固有性に関わる位階――に関するアポリアに専心するだけとなった。しかし、この〔存在と存在者との〕一致――ハイデガーが思索するのは、それとはまったく逆のことなのだが――は、存在や存在者についての真理そのものを少しも定義してはいない。その〔存在と存在者との〕一致は、むしろ存在の真理の忘却なのである。ハイデガーは、形而上学の時代――より簡単にいえば、形而上学的なものの時代――を、この〔存在と存在者の〕同一性に依拠した思索による歴史の時代と呼んでいる。したがって、存在問題を再び活性化させるためには、形而上学の「破壊（destruction）」（この語は、著作のさまざまな文脈のなかで、たびたび姿を現わしており、そこに大きな重要性を与えている）が、必然的に伴わなければならないだろう。といっても、この破壊は、単なる否定的な作用ではない。つまり、破壊を古典的存在論の見解を排除し、打倒するということに制限してはならない。明らかにされねばならないのは、破壊が手にかける「忘却」が、存在問題そのものにとって、ひとつの意味を持っているということである。人間は、存在との関わりで在る。それゆえ、人間がこの関わりを熟慮するとき、存在の意味として明らかにされるものは――たとえこの明示化が非‐真理になろうとも――つねに必然的に、この関わりそのものにとって重要なのである。

　したがって、新たな苦難がともなうにせよ、存在問題を再開し、それを再び立てることが必要となる。〔だが〕いかにして存在問題に着手し、そしてどこにこの探究のための導きの糸を見出せばよいのだろうか。われわれにひとつの解決策が課されているとすれば、ここでは以下の諸々の事柄が、われわれにとっての手助けとなる。人間は、われわれにとって到達可能な、問いかけるという能力を有する唯一の存在者であり、おそらく存在との関わりを持っている唯一の存在者である。というのも、人間は、自らの固有な諸活動のうちで、内在的、あるいは超越的な項を形成する――つまり人間は、そうした諸事物に対して距離をとり、それらを存在者として思考する――というかぎりにおいてのみ、存在者や諸事物と関係しているだけではないからである。『存在と時間』期のハイデガーが述べているように、存在者を存在者として把握することは、〔存在者だけでなく〕まさに存在を把握することでもあるのである。

存在や存在の意味、そしてひとが持ちうる了解への問いかけは、したがって必然的に、この最初の問いかけを主導し、他の存在者全体のなかでも唯一、存在へと関係している存在者の存在を熟慮することを通じて始めなければならない。つまり、普遍的存在論は、〔この最初の問いかけを主導する〕人間の存在についての基礎的存在論である、実存論的分析論と呼ばれるべき導入部を通じてこそ始まるのである。『存在と時間』の既刊部は、普遍的存在論についても、古典的存在論の「破壊」についても述べていないのだが、[01]それはこの実存論的分析論を、その総体においてわれわれに呈示しているのである。

この〔実存論的分析論という〕プログラムは、認識に関する伝統的な理論を基盤とした諸考察を取り上げ直し、さらにそのうえ、他所で表明されている革新的な要請と折り合いをつけることを性急に企てていると、おそらく考えたくなるだろう。だが、こうした諸批難や諸反論は的外れであろう。というのも、全哲学の基礎として理解される「認識論」と普遍的存在論への導入部としての実存論的分析論という理念、この両者のあいだにおける観点の差異、まさにこの差異こそが――ハイデガーがこの〔実存論的分析論という〕語に与えた語義にしたがえば――ハイデガーの存在論を「形而上学」から分け隔てるものだからである。というのも、もし存在との関係が、人間的存在者の存在をなすものであるならば、あらゆる人間――単に人間の認識だけでなく――は、なんらかの資格をもって、この存在との関係に属していることになるからである。このことが、まさに実存という語のハイデガー的な意味であり、その称号が与えられるのは人間のみである。つまり実存するのは、自らの存在を問いつつ存在する〔人間という〕存在者だけなのである。この観点から見ると、認識問題は、きわめて副次的な重要性しか持っていないことになる。しかも、いうなれば認識問題は特に――それが「問題」であるかぎり――自らを隠蔽しようとする存在との関係の兆候であるわけだから、それは古典的存在論の「破壊」のなかに、なによりもまず含まれなければならないものなのである。

さてハイデガーは、現象学を自らの企てのための適切な方法とみなしている。したがって、そうした現象学は、人間的存在者の存在を、そして後には存在すべてを、明るみに出しつつ、解明するために使用されることになるだろう。また、『存在と時間』の最初の頁でわれわれに告知されているように、存在は、われわれに直に現われてくるもののすべての基礎であるにもかかわらず、たいていは自らを隠し、われわれから逃れているのだから、現象学は自らの〔人間的存在者の存在という〕対象によっても明確に制約されている。したがって、ハイデガーの定義に従えば、現象学が取り組むものは、存在、つまり基礎であるのだが、それに到達不可能であることを証明するのではなく〔なぜなら、ハイデガーは現象に関するカント的な意味づけを拒絶するからである〕、また、ひとりでに現われるものでもなく、暴き出され(dégagere)なければならないような、そうした存在なのである。

先へ進む前に、フッサール現象学を少し見ておかねばならない。度重なる留保にもかかわらず、それでもハイデガーは、しばしばっきりとフッサール現象学に言及している。フッサールの「意識とは、志向性である」という言明と、ハイデガーによる、人間存在は、気遣い(souci)であり、存在了解である、という主張——それは同時に〔フッサールの言明の〕変換であり、拡張であり、また〔発展的〕成果でもあるのだが——を比較すれば、ハイデガー本人によってなされた前者から後者への移行にある本質的なものが、およそ理解されることだろう。フッサールの問題圏——なるほど、それはすでに認識問題の克服へと全面的に向かう傾向があったのだが——は、「意識」という問題圏にとどまったままである。だが、その意識は、もはや「表象(作用)(représentative)」ではなく、自らの「内部」を所有することにおける自己自身にとっての透明性でもない。〔フッサールの〕意識とは、志向されたものにおける自己生成(devenir de soi)のことであり、つまりは、他の物についての志向性や「気遣い」(この語は、フッサールにおいては決して出現しないのだが)における自己生成のことなのである。そのばあい、非-自己への指向(そしてこの指向における自己生成)は——フッサールは、その「現実性」に属する、この非-自己の次元を決して強調しないのだが——すでに否定性によってひどく脅かされている。これに対して、実存論的分析論というハイデガーの問題は、完全に刷新された言葉のもとで、もしくはその言葉の響きが他の伝統すべてに伝播するところで、知覚されることで明証的となるようなフッサール的なものの諸起源にまでさかのぼっていく。つまりハイデガーの問題は、存在論という構想から、この超越論的な開示(ouverture)の意味を理解し、思索しようと試みることにあるのである。

実存論的分析論の本質を一節で概観することは簡単ではない。実存論的分析論がわれわれに示すのは、『存在と時間』において気遣い(Sorge)と名づけられる、統一的構造に属する形式のもとにおける、人間的存在者の存在(それは、われわれがすでに理解したように、存在了解のことである)である。それゆえ気遣いとは、存在了解が人間において、また現存在(Dasein)において、分節化されているところの、その仕方なのである。ハイデガーはそこで、三つの構成契機、もしくは三つの次元を本質的に区別する。〔その三つの構成契機とは、〕被投性(déréliction)または現事実性(facticité[Geworfenheit])、了解(interprétation[Verstehen])や投企(Entwurf)と結びついている実存(Existenz)、語り(discursivité[Rede])と連結している「……のもとでの」存在(l'être-auprès-de[Sein-bei])である。

まずもって、人間や現存在は、自らの存在において、被投性(*Geworfenheit*)と現事実性である。このことが第一に意味するのは、人間とは自らの固有な出生についての経験を、絶対的かつ原理的に禁じられている存在者である、ということである。私はつねに、すでに-現に(déjà-là)存在している。その理由は、私が実際に存在しているからというだけでなく、自らの固有な出生に居合わせている人間という見解は、不可解である(inconcevable)からである。このことが言わんとするのは、われわれはつねにすでに、ある歴史や過去という重荷を背負わされているということなのだが、こうした歴史や過去は一定であって変わらないというわけではなく、また運命としてわれわれに押し付けられているわけでもない。逆に、われわれの存在には、あらゆる獲得物を拒絶し、われわれが存在するということを絶え間なくやり直すということが含まれているのである。ただし、そうはいってもわれわれは、われわれが存在するということを、絶えず——またいかなる時も——無から始めることはできない。すなわち、人間にとって現実に存在するということは、事物であることでも、神であることでもない。他者、事物、世界との交渉を通じて、自己を創造するということは、われわれがすでに為したこと、われわれがすでに存在したこと、あくまでこれらを伴いながら立場を決定することなので在る。人間存在を構成しているのは、まさにこの根源的な取り戻し(rétrospectivité)という次元である。そして、この取り戻しという次元が、われわれの諸々の潜在力に、無力さや遺棄という様相をも与えているのであり、人間が、純粋で素朴な自己自身の把握として、いつの日か定義されうるということを妨げているのである。

人間が、自らの存在において過去の再把握であるならば、存在したことをこのように問い直すことは、取り戻しそのものに、つまりあらゆる特殊化された過去の基礎である、このつねに-すでに-現に-存在することに、たいていは懸かっている、というだけでは不十分である。逆に、あらゆる特殊化された過去が、被投性(Geworfenheit)そのものであるところの取り戻しを、しばし覆い隠す傾向にあるのである。

ハイデガーが、力を込めて明らかにするのは、被投性と、伝統的な言葉においては感情や情動的な状態と名づけられているものから派生する諸経験との本質的な連関である。この連関は、一般的に「諸状態」に帰せられる存在を、完全に変化させる。それは、われわれの生の出来事に内面的な注釈を加えることではまったくない。反対に、気分(Stimmung)——つまりわれわれが諸事物によって、現実的に取り囲まれていることに実際的かつ自律的に反応しうる力——とは、立場をとるひとつの在り方であり、つまりは全体における現実性に対して「振る舞う」ひとつの在り方なのである。例えば、悲しいということ、それは、事物との協調関係の外部に位置づけられていることである。つまり、悲しいということは、私の生の躍動が、諸事物を操作することから切り離され、諸事物によって拒まれていることを実感していることなのである。〔このように〕気分を感じるということは、あくまで全体との関係を通じて自らを位置づけるひとつの在り方なので在る。そうなれば、気分や情動的な諸状態は、いくつかの経験の諸次元が助長している〔主客における〕断片化や分散化への傾向に打撃を与えることになるだろう。「全体的な」関係のこうした回復を通じて、気分や情動的な諸状態が私に明らかにするのは、「私がそれで在るところのもの」であり、つまりは私自身で存在するということ、現実性全体に対して、私はいかにして私を位置づけているのか、ということなのである。今や、被投性とは、存在者全体におけるわれわれの第一次的でありかつ根源的な状況である、とわれわれが述べるところの連関が理解されることだろう。状況は、つねにそこへと投げ返されるところであり、その状況が覆い隠されているばあいには、その状況を再獲得し、かつまたそれを再創造するために引き受けなければならないような、彼岸なき場所のことなのである。以上から主張できるのは、気分はつねに何らかのしかたで――たとえその状況を覆い隠し、忘却させ、無化させるしかたであっても――根源的な状況を露現させるものであるということであり、〔この根源的状況の〕露現は、不安のなかでのみ純粋に与えられるということである。

先述の事柄と照らし合わせてみると、気分、被投的な配置(disposition)、そして過去とのあいだにハイデガーが確立した連関、つまり三つの時間的な脱自態のうちのひとつが理解されるだろう。気分が、存在者全体との関係を通じて、私がそれで在るところのものを私に露わにし、この露現を「構成している」ならば、気分は、自らの本質的な諸契機のなかのひとつにおいて、そこから答えが与えられるものとして、存在者全体が私に自らを告知するということを含意していることになる。取り囲みという契機は、根源的に被投性に属する現事実性に回帰させるのである――そこで示されるのは、かろうじて翻訳可能なハイデガーの表現に従えば、「いかにして、つねにすでに存在していたのか(wie es je schon war)」ということである。[02] このように、取り戻し、被投性、気分、過去は、さまざまな変様態として、ひとつの主題を描写しているのである。

現事実性と被投性であると同時に、現存在は実存で在る。人間的存在者は振る舞う存在であり、諸事物へと向かいつつ自己の外にある存在なのであって、この外化によってこそ自己自身と成るのである。つまり現存在は、超越論的に、他のものへと開示されている。われわれが明確にしたように、ハイデガーは認識についての実在論的概念――それはフッサールによって志向性という名のもとに、すでに意識の定義と見なされたのだが――に、存在論的な企てから、異議を申し立てていた。だが、ハイデガーに従って注目しなければならないことは、まさに人間存在こそが、開示や実存として、超越論的認識や志向的意識という可能性を絶対的に基礎づけているということなのである。

以上が、ハイデガーの有名な主張である、人間存在は実存で在り、人間とは必然的に実存する存在者である、ということの意味である。もちろんこのことは、人間的存在者が、スコラ学派の意味における必然的存在者(ens necessarium)であると主張するのではない。まったく逆である。すなわち、この存在は他のものへと秩序付けられて在り、かつまた自己からの脱出で在るのだから、ハイデガーにとっての人間存在は、有限性そのものである。実存するということがいわんとしているのは、自己自身の外へ、そして自己自身に先立って、自らを投企することによってのみ、現実的に存在することができるということなのである。

このことは、一方にある実存という理念と、他方にある知解作用(intelligibilité)や了解(Verstehen)との結びつきによって、より一層判明となる。

〔人間は〕、自らから離れて諸事物へと向かいつつ自己自身となり、存在了解を存在する。[03] しかし人間は、そこから即座に、そして直接的に存在するものすべてに対して現前するわけではない。私の志向は——それであるところのなんらかの本性に従って——つねに特定の存在者や存在者のなかの誰かについての志向なのであるから、全体性においてではないことは明らかである。〔人間には、〕存在についての暗黙の了解があるのだから、人間はまた、事実的には全体へと開示されつつも、例えば自らの現事実性や被投性に応じたしかたで、諸事物のなかに没頭している現実性でもあるのである。場を描き、周囲を描写し、ひとつの状況を構成するばあいにのみ、われわれの潜在的な全体への開示が現実的に発揮される。あくまで事実的にみれば、世界は私にとって、ひとつの近しい世界である。だとすると、この近しい世界は、人間が自らの出現そのものを通じて、また存在するものすべての闇夜〔＝無文節〕の全体性のなかに分節を持ち込むことを通じて、人間が据える存在者すべての可能的な反‐映であるかぎりで、その世界は単に存在しているだけではない。さらに別の意味では、人間は、分裂した存在であると呼ぶことができる。すなわち、人間の活動、興味、思索、知というものの包括的形態は、全体のなかでの、際立った根本的な差異化を浮かび上がらせているのである。では、以上のことは、いかにして生じうるのだろうか。

ここで理解や了解という実存範疇(*existential*)[04]が介入してくる。

現存在は、存在を把握しつつ、徹頭徹尾、自らの固有の存在をも把握している。このことがいわんとするのは、現存在の存在了解は、諸事物についての存在了解から回帰することでのみ、了解そのものに現われるのはたしかなのだが、諸事物についてのあらゆる志向——その志向は、諸事物の存在了解をも含んでいる——はまた同時に、私のものであるこの存在についての暗黙の了解をも含んでいるということなのである。さらに、こうした自己了解とは、自己の決断でもある。私は、私がなんらかのしかたで表明し、発展させる存在了解なので在る。というのも、結局のところ、私が存在することは、存在了解を存在することだからである。そうなると、人間とは自らの存在を、つねに賭金(enjeu)としてもっている存在者である、といわねばなるまい。だが、この賭金によって、われわれは現実的な行動に没頭しているだけであり、その行動は――われわれが解明したように――どれだけ「あれ」「これ」を理解していようとも、それは「あれ」か「これ」かに関わっているだけなのである。現存在の「実存」によって特徴付けられる「領域」が告知される場所は、哲学の「領域」でもある。つまり、私がそこへと向かう諸存在者や存在の諸次元は、私がすでに発展させた了解の方向に関与するものなのである。そのようにして、諸存在者や存在の諸次元は、それらの経験が含む存在概念に従って決断するよう、わたしをつねに先へと導いている。人間的現実が、存在者や存在者を超えた存在についての光で在り、かつ知解作用で在るということ、このことは、伝統的な神による全時間的な直観とは異なっている。根源的であるのは、こうした人間的現実がそこへと投企することを選択する、先行的な「視」から出現する観点を奪い取ることであり、そしてその結果として、自己自身を選択することなのである。この「先行的な」視とは、まさにひとつの世界を「投企された視」に含まれる諸可能性の包括的な相関項として定義するという、まさにそのことによって、全体性を看取する――正確には、全体性を企てる――ひとつの在り方でしかありえないのである。ここでわれわれは、個人という観点からみて、一見すると、サルトルが実存論的精神分析と名づけたものへと差し向けられているかに見える。しかしハイデガーにとって、問題がこの用語に注がれることはないだろう。というのも、ここで重要であるのは、〔サルトルのような〕人間の心的現象についての存在的な諸性格などではなく、人間が存在へと関わるということ、まさにこのことであるからである。

　ここで、理論的な知や学問についての問いを、少なくともほのめかすことは可能である。われわれが述べたことは、テオリアのあらゆる可能性、つまり古典的な概念を参照すると、そこに暴露的な投企(projet devoilant)という機能が含まれていない真理のあらゆる可能性を排除していないだろうか。いや、ハイデガーによれば、そうした知もやはりあることはあるのだが、その知は、「制度化」(フッサール的な意味での)、しかも特殊な制度化そのものに応じることでのみ、確立されるというだけなのである。つまり、学問とは、主体が自己自身を非実存として選択し、そして事物に純粋に投げかける眼差しとして自己自身を選択するような、そうした了解のひとつの観点なのである。学者とは、根本的に、もはや彼が眼差す諸事物を重要視せず、もはや諸事物に働きかけないとである。

決定したかぎりにおける人間である。だが、こうした制度化は、固有でありかつ基礎的な「投企」として現われてこないだろう。というのも、そうした制度化は、〔ハイデガーによれば〕そのより深部にある実践的な制度化の変様態として確立されることになるからである。

根源的状況への取り戻し、実存における自己の投－企、人間的現実に属するこの二つの次元は、他のものへの現前においてのみ、そのものとして可能である。〔取り戻し・自己の投企・現前という〕この三つの実存範疇のあいだには連関があり、その連関は構造化されていて、分離できない。存在者そのものである人間は、籠に入っている、いくつかのリンゴのなかのそのリンゴというように、いくつかの他の存在者のなかに位置づけられはしない。〔そうしたしかたではなく〕人間は、まさに他の存在者のもとに存在しているのである。いかなる在り方にせよ、馬が自分の引いている荷車ではないとしても、人間とは、なんらかの仕方で、それを制御している連結具であるといえよう。どの麦穂も、他のいかなる麦穂でもない。しかし麦穂ではまったくない私、その私は、風波のもとで揺れる麦畑を見つめる一方で、収穫物と知り、それを収穫物と語ることによって、私は収穫物全体を存在しているのである。

目下のところ、この第一義的な真理の意味に関する問題はそのままにしておこう。では、私を通じて、そして私と共にある、この風景や私自身は、そのどちらとも混同されない現前に巻き込まれているということを理解せねばならないのだろうか。もしくは、風景が創造された後に、人間がその風景を担うのだから、この現前は、人間によって出現するということになるのだろうか。

いずれにせよ、人間は存在するものすべてへと超越論的に開示されているものとして、さらに定義される。被投性、実－存、現存在は、さらにまた開け(apérité)でもある。現存在が開示で在るということは、存在者すべてへの自らの潜在的な現前を意味するのである。どのような本性上の限界も、私の存在とこの開けそのものとの同一性に帰着する。普遍的な現前というこの潜在性は、あれこれの存在者の統握としてではなく、存在了解として私を定義することをもまた可能にする。逆に、人間的な光に包括されている、あらゆる存在者への存在可能性は、存在者全体がただちに世界という統一性のなかに存するという事態をもたらすのである。

事実的に、この光は明暗を与えつづけるのであり、その光は「あれ」を夜の闇に沈めつつ、「これ」を明るみに出しつづける。したがって諸事物へと現前しつつ、現前した諸事物へと赴く人間が、全体性のなかのひとつの形態を素描し、その形態を分節化するということは、まさに事実である。理性や言語の起源を探求しうるのも、まさにこの分節化のなかにおいて、なのである。諸事物のなかに解読可能な意味があったということは、人間性と私自身が、この事物において、なんらかの方向や観点を、互いに確立したことに由来するのである。もしもなんらかのしかたで、全体に関わっているということすべてが真であるとするならば、こうした普遍的な関係は、決してわれわれに獲得されることはなく、表現もされえないということ、これもまた真であろう。この関わりは、可能的な観点をとり、全体に対する限界に位置づけられることでのみ、われわれにとって豊かにされるのである。また、あらゆる存在者の意味の暴露（dévoilement）は、原理的にかつ事実的に、つねに尽きることが無いのである。そして、その暴露が遂行されるのは、すでに確立された諸連関に基づくもろもろの手引きによる投－企によってである。われわれ各人が、各人が発するそれぞれの語られた言葉によって、言語を増大させるばあい、そしてなおこの語られた言葉が、真の語られた言葉であるばあい、構成された言語に支えられ、その言葉によって伝達されることでのみ、暴露は成功することだろう。普遍的で潜在的な現前の真只中で、固有の現実的な現前から別の固有で現実的な現前へと――そして、予期から把持へと――絶え間なく歩むことで、人間的存在者は、ひとつの構造の統一性のなかで同時に、近さ〔＝近接性〕であり、現事実性であり、実－存であるのである。

それによってハイデガーにとっての人間存在が定義されるところの、こうした三つの契機の構造的統一性は、ハイデガー哲学において、気遣い（*Sorge*）という名称が与えられる。人間的存在者は、気遣いで在る。われわれの先述した説明によって――すでに述べたことだが――気遣いとは、存在論的な企てという側面から、志向性というフッサールの概念を踏襲しているということが理解できる。だが、この〔気遣いという〕構造が、存在了解を指示していることもまた、われわれが認めるところである。実際のところ、人間的存在者が存在するかぎり、つまり、その存在者がなんらかのしかたで、その現前へと差し向けられており、人間が「生来」照らしている光のなかに包括されているかぎり、それがいかなる存在者をも把握する能力でないとしたら、実際のところ、何なのだろうか。そうでなければ、現前の真只中で、将来の予測と過去への取り戻しという二重の分離できない動向を通じて、いかにして人間は「照らし出される」ことができるというのか。別の可能的な意味を共に〔＝同時に〕－とらえる〔＝理解する〕（com-prendre）ことができるのだろうか。

だが逆に、現存在が、自己として自らを表明できるのは、現存在がそれに成るところの、この他方の存在と混同されることなく、別様に存在することができるばあいのみである。このもの性を贈与された存在、それは自己に再度定立されるのではなく、また別の自己と同一化することでもなく、他のものを志向するなかで、絶え間なく取り戻され、摑み取られるものなのである。となれば、人間の統一性とは、不断に再把握され、統御される自己の外化となる。〔この意味で〕人間的存在者は、脱－自的（ek-statique）なのである。

そこから確認されることは、人間存在は時間的で在り、正確には時間化であるということである。またさらに、この時間化は、今後は気遣いや存在了解と一致することにもなる。ハイデガーがその主著に冠した題名である存在と時間が表現している事柄は、まさにこのことなのである。

以上が実存論的分析論の成果である。すなわち、存在了解――それは人間的存在者の存在なのだが――は、それ自身で時間化である。存在とは、時間を通じて理解され、また時間は存在を通じて理解されるのである。そして、時間は、それらの不可分の統一性が、我（*ipse*）において私を構成するところの、脱出と回帰、生成と再獲得という、まさにこの運動に他ならないのである。

しかし、実存論的分析論――それを『存在と時間』の刊行された部分に限定するならば――は、ハイデガー哲学の究極目的ではなかったということが思い出される。ハイデガー哲学の究極目的とは、実存論的分析論によって普遍的存在論を準備することを要請していたのであった。

実存論的分析論から分かるのは、〔普遍的存在論の〕大体の概略である。われわれがハイデガーの後の著作において読解できるもろもろの事柄は、『存在と時間』ではほとんど暗示されていないため、そうした事柄が、この『存在と時間』のなかで基礎の役目を務めていたもろもろの主張とつねに必然的に両立するかどうかを知ることが重要である。

人間的存在者は、存在に対して、存在了解を伴って存在する。これが意味するのは、人間的存在者は、存在者全体のように、単に存在するだけでなく、自らの存在において、あらゆる存在（l'Etre）との関わりを持っているということである。これこそが、人間的存在者の特異性（spécificité）である。たしかに馬や木や石も存在者なのであるから、存在はそれらにとって、なんらかの在り方で現われてはいる。だが、こうした存在者の在り方は、〔人間的存在者のように〕あらゆる存在への関わりを含意しているわけではなく、また少なくとも、そこにはこうしたあらゆる存在との関わりは含まれておらず、この関わりそのもののために存在してはいないのである。もっとも、こうした次第であるから、これらの存在者は、その存在者自身に対しては、まったく存在していないということになるのだ。

こうしたことは、おそらく見た目以上に単純ではないし、それを完全に明るみに引き出すために、存在に関して、人間的存在者を特徴づけている特権の解釈が要請されることだろう。だが、実際のところ、この解釈は徹底的なものではありえない。というのも、まさにすべての光が、われわれが存在とともに保持する関係から出現するのであるから、われわれはこの関係の外部に自らを位置づけることで、その関係そのものを照らし、対象として扱うことはできないからである。ここでわれわれは、人間の真理そのものである循環に直面することになる。

それにもかかわらず、このことは明示化(explicitation)を妨げるものではない。『存在と時間』の時期では、あらゆる光が出現するのは、人間が全体へと開示されて在るからであり、まさにそれが人間と同時的であるということが、明白に現われている。だが、あれやこれやの存在者に対して、存在者の暴露――それは真理(アレテイア)を構成するものだが――が、観点を奪い取ることと連動することによってのみ、この全体への開示は、潜在的にのみ存在することができるし、また事実的に与えられうるのである。こうした事態は、人間的存在者そのものの投企と可能性とに根を下ろしている。言い換えれば、諸事物の存在――それは自らの存在の意味と不可分であるが――は、自らの起源を、そうした諸事物が人間に関わることのなかに見出すのである。つまり、諸事物の存在は、人間によって投-企されているのである。

このように表明されたもろもろの主張は、ハイデガーの現在(本書刊行時の一九五六年頃)の思索ともはや一致していない。存在は、諸事物の意味を語りつつ、人間が投企する光であるというだけでは、もはやないのである。あらゆる存在者――第一義的になんらかの固有な在り方における人間――は、存在へと参与しているのである。そして人間だけが、自由であるにもかかわらず、いかなる存在者をも正当な権利をもって参加できないこの現前のなかに、その本性に適ったしかたで受け入れられているのである。

したがって、非人間的存在者から存在へと至る道――存在者が自らの存在を獲得するように至る道――は、人間という媒体を介してのみ為しえるのであって、その媒体は存在の光のなかにすべての存在者を集約することを運命としているのである。そうなると、この媒体とは、もはや、諸事物に存在を付与する人間ではない。人間は、それを通じて諸事物が受け取らされているところのその存在によって、この存在が事物に与えられるというようにするだけなのである。

だが存在は、まずもって、人間と通じ合っている。この根源的な贈与――ここで人間とは、自由であるが、負い目でもあるということ、これを確認することが明らかに重要である――が生じるのは、以下の二つの出来事の弁証法的な一致からである。つまり、存在が人間へと自らを捧げることを許容し、人間をその固有な参与へと呼び出す、存在の人間への動向と、人間が存在によって陶冶されるがままとなり、存在へと自らの「繊細な心(cœur sensible)」――これに関しては、ヘルダーリンは、不死のものどもは、そこで安らうことを好むと述べている――を提供することに同意する、人間の存在への動向である。

だが、この二つの対称的な動向は、たった一度だけもたらされるような、一回限りの出来事というわけではない。逆にその動向は、絶え間なき進歩とその収束という出来事のなかで、歴史にその真の決定的な根源を与えているのである。自然的ではなく、歴史的な「空間」における人間性を構成するのは、まさにこうした動的な関係性である——この関係性は、絶えず自ら自身を成就させたり、逸脱させたりするのだが（この双方は同時的である）。というのも、まさに存在を通じてのみ存在しうる人間の有限性、そして明らかに、人間においてのみ、自己による、そして自己に基づく光になりえる存在の有限性が、この「生き生きとした」参与が同一のものとなることをこれまで妨げているからである。あらゆる贈与の形態は、脱去の形態でもあり、また逆でもある。そういうわけで、ハイデガーは、存在の真理と非真理、存続と不在——彼はそれらを対置させるのだが——を分離することを拒絶するのである。

そうなると、人間と存在における、人間と存在を関係づけ、またそれらを相互に分離する動向は、ヘーゲルのように、自己を必然的に実現させてゆく同一性という目的〔＝終局〕へと密かに方向づけられているというわけではないから、それは自由で、予測不可能で、無根拠にとどまることになる。人間の歴史——これは、人間が存在へと関わる歴史に向けられているが——とは、人間にとっての事実というわけではまったくない。ハイデガーが、ヘーゲル＝マルクス的なヒューマニズムの概念に異議を唱えるのは、まさにこの意味においてである。つまりハイデガーが、歴史や将来という迷宮における、人間の他律と自律〔＝自由〕を同時に再建しようとし、再建することを望んでいたというのは、まさにこの意味においてであるのである。

こうした歴史からは、われわれは二つの本質的な時代しか見つけることができないのだが、三つ目の本質的な時代が、現代世界の崩壊と困窮のなかで出現している。

まずもって、存在は人間において、つまりあらゆる思索と歴史の起源において自らを示していたのだが、それはソクラテス以前の者の経験においてである。そのソクラテス以前の者の経験は、ピュシスという概念——古代ギリシア、中世、現代がもはや耳を傾けない概念——に凝縮されている。というのも、ピュシスは、物理学者の言う自然ではないし、ロマン主義者の言う自然でもないからである。そして、この〔ピュシスの〕現前は、そこであらゆる事物が人間によって、人間のためにそのものとして現われるものであると同時に、諸事物が不可解なものとして、人間に自らを告知するような現前でもあるのである。

プラトン以後、そこで自らの固有な贈与と人間という媒体によって、万物が存在し、また万物が授けられる光は、イデアとなり、それを「理解する」ものの所有物となった。存在と存在者は、もはや区別されない。存在者は光のなかで存在するのではなく、光を通じてわれわれがそれを把握するような「姿かたち」と同一化されたのである。そこから始まるのが――存在者が存在のなかに位置づけられなくなるというわけではないにせよ――存在を忘却した存在者についての経験である。そうはいっても、この経験は、存在の脱去に対応しているのだから、存在が、完全に、そして単純に消滅することではありえない。実際のところ、存在が、単に人間の外部ではないのと同様に、人間はかつて、存在にとっての単なる異邦人ではなかったし、これからもそうなりえないだろう。ただ、人間は存在との関係に突如として出現することであるのだが、その関係は否定的なものでもありうるのである。

存在者や諸事物がそれらの理念に帰属するということに存する、この否定的な性格が構成的となるのは、対象や光景においてである。対象や光景は、もはや知に奉仕する諸手段や材料でしかない。存在におけるわれわれの近さは、「……に基づく知」に転倒する。「知る」ものであるところの人間の尺度には、こうした学問がそれ自身において、つねに最も完全でありかつ最も完璧であるということを打ち立て、証明するという傾向がある。還元(=簡略化)を含むものは、予見されうる光景における「現実性」によって、つねにより一層駆り立てられている。学問は、それが知ったもの――つまり、知だが――による統治と不可分であり、つまりは、すでに知られたものを支配することなのである。こうした変遷は、知が、存在のなかに位置づけられる経験ではなくなることで、存在者-対象、純粋に眼差されたもの自体の「姿かたち」を獲得し、そして、それを「把握する」やいなや、不可避なものとなるのである。

計算可能な「これ」のために、そこで存在や現前が完全に凝りかためられるこの変遷(とはいっても、そこでも経験や知は、依然として存在了解によってのみ、それら自身にとって可能となるのだが)は、プラトンからわれわれの時代にいたるまでの人間の歴史全体を特徴づけている。この変遷は、技術時代に根源的に由来しているのだが、その技術時代は、まずは進歩的な、さらには輝かしい成果でもある。技術は、存在への人間のある関係の問題であるのだが、諸事物が存在することのなかで、そして諸事物の像や対象という「姿かたち」において、存在から光を引き剝がし、そうした姿かたちや像がこれらの諸対象を特徴づけ、われわれにその諸対象を「引き渡す」のである。プラトン的な哲学やそれに準ずる哲学が、理論化であったのは、まさにこの関係の形態に由来するのである。

だが結局のところ、存在忘却はニヒリズムにおいて――たとえば、自らいかなる目的も持たず、作り上げられたものの自壊へと必然的に向けられた支配の、際限のない増大において――復讐してくる。だがこの困窮は、ヘーゲルが意識の不幸と呼んだように、存在への人間の関わりの来たるべき転換をも告知しているのである。この来たるべき転換という点に関して、ニーチェやリルケは預言者だった。しかしながら、彼らは盲目の預言者だった。というのも、彼らが災いに気づいていたとしても、その〔災いの〕起源を暴くことはできなかったのだから。そして、この同じ災いに従属的にとどまっている経験のなかに、救済を探求したのだから。こうしたなか、きわめて明白であるのは、まさにハイデガー哲学は、真の改革のプレリュードであろうということ、このことである。

〔アルフォンス・ド・ヴァーレンス(ルーヴァン大学教授)〕

原註

01 これに関しては、『カントと形而上学の問題』(一九二九年、フランス語への翻訳は一九五三年)が、見事な模範を提供している。しかしながら、『存在と時間』やその他の箇所では、この「破壊」という主要なテーマへの多岐に渡る指示が——特に、とりわけデカルトに関して——見出せる。

02 字義通りに〔直訳すると〕、「いかにして、つねにすでに存在していたのか(Comme toujours déjà cela était)」ということである。

03 他のものへ向かって自己(ipse)となる存在者は、それに絶対的に没入することなく他のものに没頭するような存在者でもある。したがって、それは志向しているものに対して、ある隔たり(distance)を維持する存在者なのである。この隔たり——それは、純粋無であり、否定性であるのだが——とは、存在としての志向されたものの把握を根拠付け、それを可能にするものなのだ。このことは、ハイデガーの述べるところによれば、存在者としての存在者の把握は、存在了解と同一であるということである。また他方で、存在了解は——無から存在としての存在が生まれる Omne ens qua ens ex nihilo fit、と述べられるように——自らの根源を否定性についての経験のなかに持っているのである。

04 ハイデガーは人間存在に関わるすべてのカテゴリーを、実存範疇と名づけている。

補記

一九二七年に刊行された『存在と時間』の議論展開と、その後のハイデガーの思索の方向とのあいだにあるひとつの溝は――彼の「転回（Kehre）」の問題と合わせつつ――ハイデガー哲学の全体像を研究する上で、究明されるべき大きな課題である。ここでの焦点は、人間存在を「実存」「投企」「被投性」の統一態である「気遣い」として解明した、普遍的存在論への導入部としての実存論的分析論が、いかにして「存在」の「贈与」に呼応する、人間の「存在」への参与という、後期ハイデガーの問題圏へ受け継がれてゆくのか――もしくは前者と後者のあいだには断絶があるのか――ということである。ヴァーレンスの立場は、『存在と時間』の詳細な解説を通じて、そこでのハイデガーの姿勢と「存在」の贈与を主張するようになる、『存在と時間』以後のハイデガーの思索方向との不一致を説く。こうしたヴァーレンスのハイデガー理解には、執筆以前にフランスで勃興した実存主義の影響が色濃く残っており、また当時のフッサール哲学の批判的受容も大きく反映されている。

さて、一九七六年にハイデガーが死去し、その前年からヴィットーリオ・クロスターマン社から刊行され始めた全百巻以上に上る膨大なハイデガー全集によって、彼の思索の全体的な道程が徐々にわれわれに見えるようになってきている。一九一九～二〇年代後半にかけての講義録は、『存在と時間』に至る若きハイデガーの思索動向を鮮明に伝えている。特にそこで展開される現象学や学問一般への真摯な問いかけ、後の「解釈学」へ展開される現象学の方法論の考案をめぐる苦心、そしてアリストテレス、プラトンとの批判的対決などは、歴史を重視する彼の立場と呼応して、『存在と時間』への準備的な作業という意味以上の豊穣な問題群をわれわれに提起している。この全集のなかでも特に注目に値するのは、一九八九年のハイデガー生誕百周年に、全集の編集責任者であるフリードリヒ＝ヴィルヘルム・フォン・ヘルマンの編纂で、全集第六十五巻として刊行された『哲学への寄与』であろう。これはハイデガーが一九三六～三八年のあいだに書き留めた、膨大な断章から成っており、公刊は死後まで保留となっていた。ヘルマンがこの手稿を『存在と時間』に続く「第二の主著」と見なすのは、『哲学への寄与』のなかでハイデガーがアナクシマンドロス、ヘラクレイトス、パルメニデスなどの、ソクラテス以前の古代ギリシアの哲学者と、それ以後の形而上学の歴史全体と対決し、それら「最初の原初」とは区別された「別の原初」を思索しようとしている点である。また、そのなかには「現‐存在」「歴史」「性起」「最後の神」等々という重大な問題に関する言及もちりばめられている。こうした点で、

『哲学への寄与』は、今後ハイデガー研究を遂行する上で無視できない文献となるだろう。こうしたことを含め、全集の刊行によって、ハイデガー哲学が終始追い求めていた存在問題、『存在と時間』とその後の思索との連関——もしくは断絶——の問題等々に、今後新たな光が当てられることになると思われる。

加えて、今日のハイデガー研究では、「哲学」と「政治」との連関の問題が、特にフランス哲学の領域できわめてラディカルな課題として提起されている。事の発端は、一九八七年にヴィクトル・ファリアスが『ハイデガーとナチズム』を出版し、一九三三年前後のハイデガーの全面的なナチス加担を膨大な事例や証言によって明るみに出したことによる。ここから、ハイデガー哲学と彼の事実的な政治参与を合致させる立場をとるファリアスやブルデューに対して、政治的イデオロギーに完全に還元されないが、だからといってハイデガーの事実的な政治参与を、彼の思索動向から完全に排除することもできないという立場をとるデリダが反駁を加え、「哲学」と「政治」という問題が大きくクローズアップされ、今日においても議論の的となっている。フィリップ・ラクー＝ラバルト（『政治という虚構』）やジャン＝フランソワ・リオタール（『ハイデガーと「ユダヤ人」』）のハイデガー論もまたこの議論に一石を投じるものであり、「哲学」と「政治」という問題は今後も問いに値する課題として展開されることだろう。

またハイデガーと「共同体」という問題も、ハイデガー哲学の現代的な研究課題として、「政治」の問題と密接にリンクしつつ、議論の俎上に上がっている。ジャン＝リュック・ナンシーは、共産主義の理想の崩壊という歴史的背景のなかで、『存在と時間』における「死」や「共存在」の議論に着目し、バタイユの読解を通じて、『無為の共同体』のなかで独自の共同体論を展開させている。この議論は、ハイデガーの「共存在」「共同体」「民族」といった概念を、ナチズムのそれと同一視する傾向に対して距離をおきつつ、その生産的な意味と今日的な問題点を際立たせている。この問題もまた、ハイデガーが生前に真剣に問わなかった「死」と「共存在」、もしくは「他者」という問題を切り口とし、ハイデガー哲学に内在する問題を発展的に展開させるものとして、きわめて興味深い作業であると言えよう。

最後に、こうした「存在問題」、「哲学」と「政治」、そして「共同体」という問題圏に新たな光を与えるであろう、ハイデガーの哲学的手記が二〇一四年に刊行されたことを付記しておきたい。『黒ノート』と呼ばれるその手記は、全集第九十四～九十六巻として刊行され、現在、研究者のあいだでその内容の解明が進められている。そして、特に注目を集めているのは、手記におけるハイデガーの「反ユダヤ主義的」な文言である。この「反ユダヤ主義」が何を意味するのかは、今後の研究で徐々に明らかにされてゆくだろうが、それがいかなる意味であれ、これまでに挙げた「存在問題」、「哲学」と「政治」、そして「共同体」といった問題に、新たな解釈や展望を与える可能性は極めて高いと思われる。ナチス加担や反ユダヤ主義という言葉に過敏となり、ハイデガー哲学を全面的に退けるのではなく、それらを哲学的に正当に検討し、ハイデガーの思考の歩みなかに位置づけるような今後の研究に期待したい。

主要著作

ハイデガーの著作や膨大な講義録などは、創文社から目下刊行中である『ハイデッガー全集』（辻村公一・茅野良男他訳）に翻訳されている。また、比較的手に入れやすいものとしては、全四巻からなる『存在と時間』（熊野純彦訳・岩波文庫・二〇一三）、『「ヒューマニズム」について』（渡邊二郎訳・ちくま学芸文庫・一九九七）などがある。

参考文献

▼木田元『ハイデガーの思想』、岩波新書、一九九三。
▼リュディガー・ザフランスキー『ハイデガー――ドイツの生んだ巨匠とその時代』、山本尤訳、法政大学出版、一九九六。
▼細川亮一『ハイデガー入門』、ちくま新書、二〇〇一。
▼ギュンター・フィガール『ハイデガー入門』、伊藤徹訳、世界思想社、二〇〇三。
▼『ハイデガー『存在と時間』を学ぶ人のために』、宮原勇編、世界思想社、二〇一二。
▼『ハイデガー読本』、秋富克哉・安部浩・古荘真敬・森一郎他編、法政大学出版局、二〇一四。

［翻訳・補記＝黒岡佳柾］

サルトル、ジャン＝ポール・シャルル・エマール

❖Jean-Paul Charles Aymard SARTRE　1905-1980

サルトルの哲学的著作はさまざまなルーツをもっているが、それらを特定するのはそう難しいことではない。フッサール現象学、ハイデガー思想の影響、ヘーゲルからの恩恵、そして、ある意味で彼の思想の誕生に中心的役割を演じたデカルト主義および合理主義である。

だからといって、サルトルの哲学が折衷主義であるなどという結論には決してならない。たしかに彼の哲学は、われわれがこれから明らかにすることになる根本的な対立に基づいているように見える。だが、その点はひとまずおいて、およそサルトルの学説ほど折衷的でないものはない。それどころか、むしろそれは他に類を見ないほど厳格で一貫したものなのである。

サルトルの思想の出発点、それは現象学――より専門的には現象学的心理学――である。『想像力』についての彼の最初の著作（一九三六）がそのことをはっきりと証明している。彼はこの著作において、イメージの本性についてのさまざまな古典的考え方――経験主義であれ合理主義であれ――に容赦のない批判を加え、それらが「事物主義（chosiste）」★01の存在論に足をとられて、矛盾に陥っていると指摘した。というのも、こうした古典的理論は、実在するがその場にはない、あるいは単に可能なものである事物のリアルな「似姿」がいかにして思考や脳のなかに発生するかを説明しようとするものだった。ところが、まさしくこの発想そのものが問題を一歩も進めない状態にし、その上さらに莫大な困難を上乗せしてしまう。事物の似姿が本当に脳に存在していると認めても、この似姿が似姿そのものとしてではなく、「代理表象」または「イメージ」としてとらえられる（しかも、その際、その対象であることなしに）のはなぜか、ということについては説明がつかないのである。しかし、この困難は「似姿」の理論が乗り越えようとしていた当の困難そのものである。さて、そうなるとこの理論において、意識はそれ自身のうちに実在的な要素を抱えつつ存在しうるものだと理解されねばならなくなる。これは理解に苦しむ命題だ。なぜならいかなるものであれ意識に関する理論は、われわれに対して現われてくるものを意識として説明しようとするならば、それをいかに表現しようとも、この意識が「存在しない」という様相で存在するという結果を認めざるをえないからである。ある意味では、あらゆる認識は、「それがあらぬところのもの」である。たとえば私は、今目の前にあるこの紙ではないし、この鉛筆でもない。しかしながら私は、それらを認識し、それらについて語ることで、や

❖ Jean-Paul Charles Aymard SARTRE

はりあるしかたにおいてその紙や鉛筆である。意識の本質であるこうした否定性が、とりわけ想像する意識を特徴づけるものであることに異論の余地はない。じっさい想像する意識が目の前に存在させるのは、不在のものと見なされる対象である。想像する作用と想像される対象とを説明するこの分析から二つの重要な結論が導きだされる。第一に、意識は内容をもたないということ。なぜならそれは何ものでもないからである。そして第二には、意識の諸作用〔通常の知覚意識と想像的意識〕は、それらが対象を目指しかたのちがいによってのみ区別できる、ということである。それゆえ、ここではフッサールの志向性の観念がどうしても必要となる。しかし、それに加えて——この考えはおそらく先に述べたこととただ形式的に異なっているだけだが——想像する意識は非現実性をその本質的次元とするものとして現われる。想像する意識が、現実のものから現実のものへ、「これ」から「あれ」へと常に向かうのではなく、想像的なものの不在へ向かうために所与の連鎖を断ち切ることができるということ、このことが示しているのは、意識がただ単に事物の回路に組み込まれてしまうものではないということ、意識にとって非‐実在・非‐現実のものもひとつの対象であり、意識が目指すことのできる極であるということである。したがって意識は時間的‐空間的な決定論を免れた自由なものであることになる。意識の本質である自由についてのサルトルの最初の主張が、因果的な決定論を否定するものであり、あるいは自由を非現実についての経験と等しいものと見なすものであったことは、彼の哲学体系の先行きにとってはかり知れないほど重大なことである。この著者にとって、自由の出現としての意識を性格づけるものは、身を引く機能と、あるもののうちにあらぬものを「見る」能力である。わたしがこのカフェの店内で、さまざまな物と今そこにいる客たちを背景として、ピエールが「いない」のを見てとることができるということ、これがサルトルの発見した自由の根本的な現われなのである。

その結果、このように絶対的なものと理解された自由は、あらゆる実在的な内容から解放されて、もっぱら不自由と因果的決定論を否定するものとなる。したがって意識はどうあっても存在しないものとなる。サルトルはあるところで、[★02]デカルトが神に認めた自由を人間に与えるべきだと宣言している。

こうして、否定性の観念は根こそぎにして意識の核心に居座ることになる。たしかに、意識の自由としての志向性が否定性の観念を前提としているということは、この否定性それ自体が意識の根拠であり、意識の存在を構成するものであるということを意味している。意識は、それが自由であり志向性であるがゆえに無である。あるいは、意識は自らを無であろうとする一方で、そこにこそ本質があると言われるこの純粋な非存在と言葉の上では矛盾しながらも、何らかの状態のうちにあるのだから、より正確に表現すれば意識は無化作用であることになろう。それゆえ意識は、無であるというより、存在からの逃亡と脱出の次元として現われるのであって、意識は、存在に絶えず発生しつづけるこのひび割れによって、事物の次元、つまり不透明で厚ぼったい即自の次元から、不在というありかたでこの逃亡と脱出の次元を目指していくのである。サルトルは『哲学研究』誌に掲載されたある論文★03において、意識のこのはかないきらめきを「私(je)」と呼ぶことを拒否している。サルトルによると、意識とは、いつでも全面的に事象を目指すことそのものであり、それが「自我(moi)」となることは決してない。「自我」とはそれ自体が意識によって目指される対象——そして実際には決して現前しないもの——にほかならず、対象に向かう〔意識の〕すべての具体的な作用の彼方に追い求められる。したがって、意識はこのような対象である自我とは混同されないし、そんなことはありえないのである。のちの『存在と無』においては、サルトルはこの点についての彼の態度を和らげている。そこでは彼は、自我についての経験は現実的ではあるが側面的であること、すなわち自我についての経験とは、意識ではない対象としての事物を目指すことに意識が取りこまれてしまうことだ、と認めている。彼の言葉によれば、前反省的な意識における自己についての経験は、映される次元であり、それは前反省的意識において映される次元と一体になり、かつ対立するものなのである。ただし彼は、「私」が直接に意識そのものの対象とされることはない、とつけ加え、「私」を記述するために「エゴ(Ego)」として「私」を凝固させてしまうような反省を不純な反省と呼んでいる。

以上のことから、対自と即自は乗り越えがたく絶対的に対立することとなる。たしかに、サルトルの思想にはこのような断絶を導くことのない別の観点がある。そちらの観点のほうがより興味深いと思われることもあるだろう。しかし、ここで私たちが説明した、サルトルによって何度も確固として主張されている観点を否定することはできないのである。即自、ないしは存在は厚みをもち、それ自体の内部へと閉ざされており、不透明で、完全に充実している。対自は存在の減圧であり、無化作用であり、非在である。しかしながら、否定的なものと肯定的なものとのこの全面的な対立は、ただ双方が互いに正反対のものを根拠とするような関係とはちがった関係を両者の間に打ち立てるのである。対自は、即自の断層でありひび割れである。それは非在というあり方で即自が存在する方法である。しかし、対自の無は、あえて言うなら、即自に向けられているということになるし、サルトルにとって志向性の主要な概念はそのこと以外の意味を持たないのである。サルトルが存在論的証明と呼ぶものについて述べるとき、彼が根拠としているのはまさにこの方向なのである。すなわち、意識の「実存」が事物の実在を絶対的に立証するのは、意識の非在が事物の実在性に従うことでしか「存在する」ことができないからである、ということである。

もっとも、このような意識の概念が何の問題もなく通用するというわけではない。なぜなら、もし志向性が即自と意識が帰着するところのものを照らし合わせることによって実質的に〔両者を〕区別していると認めるなら、意識あるいは対自は自らになにがしかの資格を与えていると考えざるをえないからである。たしかにこの区別は現実的なものであり、サルトルはそれを絶えず強調する。ここでは、われわれは、多様に表現されるひとつの思想にあれやこれやの意味を押しつけることについてはとくに慎重に危惧を示さなければならない。なぜなら、思想を表現するということ〔自体〕が〔つねに〕こうした傾向のもとにあるだろうからである。

なるほど、われわれは意識の全面的な否定性を強く主張することもできる。そうすれば絶対的な自由という説にスポットライトが当たることになろう。だがこのように意識が自分自身から切り離されてしまうと、現実の状況への自由のアンガジュマン[★04]について、また自由が状況に準じていることについて、もはや理解できなくなってしまう。サルトルは、決意と明晰さでこれらの概念についての議論を展開したというのに、である。意識の否定性のほうに話を進めるならば、その先にあるのは、まなざしの、そして見る意識と見られる意識との、瞬間的で幻燈[★05]めいた反転に絶えずさらされる相互主観的な関係についての、ほとんど魔術的な学説である。この説によって、必然的にサルトルの政治哲学にはたいへんに困難な問題が生じてくることになろう。というのも、その場合このようなサルトルの理論とマルクス主義的な思想――つまり人間の成長と人類の歴史を内面と外面の弁証法的関係〔いずれにせよ内面の優位などは問題ともなりえない〕と見なし、現実的な発展を構成する一連の段階や階層の彼方でそれらを一体化することを目指す思想――との何らかの接近を解釈するにはどうすればよいのだろうか。また、このような見方において、個人と階級の、個人と党の関係が、ちょうどマルクス主義がそう望んだように一つの意味の成熟として理解される、などと、いかにして主張することができるのだろうか？

しかし、サルトルが、これらの困難は解決不能だと反論されることに驚くとしても、ただ彼が誤っていたわけではない。なぜなら、われわれはまた――サルトル自身がそうしたように――彼の思想のまったく別の次元を強調することもできるからである。もし意識が絶え間ない超越であるとするなら、意識はまた――つい先ほど示したように――意識がそれを乗り越えるところの、絶え間なく超越されるものを前提としている。この乗り越えられるものとは一般に、即自の全体であって、それは広い意味において対自の過去ないしは身体と見なされうる。それは〔対自の〕事実性として規定されるもの、すなわち超越の運動が始まるときいつもすでにそこにあるものである。しかし根本的な差異化の要因がここで介入してくる。即自の全体性に対する対自の現前は潜在的なものでしかなく、実際に「これ」や「あれ」に対する現前にほかならない。まさに即自の、そしてもろもろの事物の凝集性から「あれ」や「これ」やのさまざまな事物を切り出すのは、意識の無化する働きがもつ、部分的であるという本性にほかならない。以上のことから、もう一つの、そしてきわめて重要な結論が導き出される。それは、もし身体が意識にとって潜在的には即自の全体性として存在しているとしても、それは現実的には対自の無化運動によってすでに乗り越えられた即自の「図」でしかないものにとどまる、ということである。この瞬間からすべてが変わるのだ。無化する否定の「部分性」は、意識をただあらゆるものの非存在であるかわりに、完成の途上にあるにすぎない無化の論証的なプロセスに拘束されているのである。このことが意味するのは、対自が歴史と「独特の」身体をもつということであり、それは対自が実際に乗り越えていたことになるであろうものなのである。また対自が未来を、可能性を、企てをもつということを意味しており、対自が即自——この即時自体のうちには、運動も、分離も、図も形も含まれていない——を可知的な構造化された世界として、組織するということを意味している。意識は、それが権利上それであるところの純粋で絶対的なまなざしとして万物の上に胡坐をかくのをやめて、ひとつの冒険へと姿を変える。この冒険はひとつの成果へと結びつけられた努力と選択であり、変更可能であると同時に乗り越え不可能なものである。したがって、もろもろの意識はそれぞれが（われわれはこのすぐあとでこの意識の複数形について言及しよう）互いを区別し、それぞれは自身との関係において絶えず自らを差異化する。絶対的な対立となる手前のところで、意識と身体の関係は弁証法的なものとなり、不動で純粋なものだったまなざしは、個々の出来事として区切られ時間化されたものとなる。志向性は、現実に関わるためのさまざまな方法を生み出しうるものとなるのである。

　われわれがこれまで見てきたことが教えてくれるのは、意識とは常に可能性であり、可能性として乗り越えがたいという特徴をもつということであった。しかし具体的な状況においては常に結果を避ける可能性が、すなわち自己欺瞞（mauvaise fois）[★06]の可能性が残されている。というのも、われわれはいつでもわれわれにおいて事実性に属するものを超越に結びつけることも、しかしまたその逆に超越を事実性に結びつけることもできるからである。裁判官が被告人に自分が泥棒であることを認めさせようとするとき、彼は自己欺瞞に陥っている。なぜなら彼は、評決を正当化するための支えとして疑う余地のない事実を挙げることによって、事物とその性質の関係と同じように当の犯人とそれらの事実を結びつけ、同一化させようとしているからだ。ところがこうした同一化は、意識が決してなにものにも等しいものでない以上、見せかけのものである。しかしもし被告人がこのことに異議を唱えようとして、犯罪の具体的な証拠があるのに、こっそりと自らの超越の力を借りて泥棒であることを否認するなら、彼もまた同様に自己欺瞞に陥っているのである。というのも、これらの違反を犯したのは他ならぬ彼自身であるのだから。もし被告人が裁判官の罠にはまって、ただうわべだけの自白を重ねてしまうと事態はさらに悪くなるだろう。被告人はこうして二重の自己欺瞞の取引を持ちかけているのである。ブルターニュ人がブレストやカンペールの生まれであることを自認するように、被告人が自分が泥棒であることを認めてしまえば、彼は裁判官に、裁判官の身に課せられたもろもろの責任から解放してやろうと申し出ていることになる。というのも、こうなると懲役の判決はもはや、被告に明白な落ち度があったかどうかを確認するだけのものであろうし、ただそれを突き止めることが裁判官の使命であり職務だからである。裁判官は、肺に癌が現われたことを患者に「告知する」医師と同じように被告に判決を下す。彼はそのことをどうにもできないし、それについて責任があるわけでもないのだ。だが容疑者もいずれにせよ問題から抜け出すことになる。もし彼がモノであり、盗みがその「本性」に刻み込まれているのだとしたら、どうして本当に彼に責任があるということになるのだろうか？

　しかしながら、この例は行きすぎではなかろうか？　自己欺瞞は被告の自白と同じく否認をも貶めるのだから、われわれが述べてきたことに反して、自己欺瞞は宿命であると結論してはならないのではないか。そのとおり、たとえ自己欺瞞を遠ざけるのは難しいとしても、そう結論してはならない。とはいえ、そのための機会が意識に与えられるのは言説の運動においてのみであり、この運動は、ロトの娘よろしく、概念という彫像のうちに固められて、自己欺瞞が決定的なものになってしまう危険につねにさらされているのだ★07。

　このことは、認識についてのサルトルの構想のもつ、それ自身また曖昧な問題である。当然のことながらサルトルは、対象についての創造的認識という観念をまったく拒絶する。意識は反映でありまなざしなのだから、何も生み出すことができない。そのうえ、サルトルの言うところによれば、意識は自らに対して現われるところのもの「ではない」というしかたでしかありえないのだから、認識しているものに魅入られているのだ。しかしながら、意識は、実際には全体性を無化することではないのだから、その現前の「部分性」によって、現実がそれ自身には備えてはいない区別や素描を現実のうちに導き入れる、ということに変わりはない。明確な認識は〔対象が〕「こういうものである」ことに責任を負っている。有名な例に従うなら、木の根についての私の認識から、緑や黒といった色や、ごつごつした質感や、その形が作り出されることはない。しかし私の知覚はそれらを埋もれていた不定形の塊から切り離し、主題として現われさせる。それらの性質が他のすべてのものを背景として「このもの」へとまとめ上げられるかどうか、私がそれらを緑のごつごつしたものと呼ぶか、あるいはごつごつした緑色のものと呼ぶかは、すべて私にかかっている。したがって、サルトルの実在論――ラディカルで、いわゆる第二性質の主観性に強く反対する実在論――はある種の弁証法的な実在論ではあるが、きわめて独特な意味における実在論である、と結論しなくてはならない。意識は、現実の開示ではあるが、すべてを一挙に開示することはできない。このことによって、意識は、可能性に貫かれた、不連続な事実と事物からなる世界を素描するのである。しかしこの素描は――もし意識の存在論というものが文字通りに解釈されるのなら――何ももたらさないし何を変えることもない。このような素描の展開――ある意味で人間の言語活動の展開であるもの――のうちにはいかなる形においても完成の可能性が示されていない以上、それが本当に〔何らかの〕進歩を構成すると考えるのは難しい。実際、全体性は完全な開示においてもそれ自身に自己完結できるようにはならないだろう。なぜなら私がこの全体性についてもつであろう意識は、再度私をその全体性の外部に位置づけ、全体性を解体してしまうだろうからである。全体性と一致し、意識を現実において進展させる即自-対自〔即-且つ-対-自〕という観念は、矛盾している。こうした観念を人間にとっての理想に掲げることやそれが神において「実現されている」と宣言することは、いずれも等しく不可能である。それゆえ、神は意味を奪われた概念であり、人間は「無益な受難」なのだ。

現実や自己自身に対して意識がもつ諸関係についてのこうした分析も、対自についての経験を余すところなく語りつくすには至らない。この対自においては、そうした諸関係の形式とは根本的に異なる次元をもっていることがそこかしこで明らかになってくる。この対自は絶えず自身の姿を分泌し、その姿を修復のきかないものとして発見しつつ、その姿を意識する。すなわち対自は他者に対して存在している。

こうした経験については羞恥のような現象を取り上げてみればよくわかる。ひとが恥ずかしいと感じるのは誰かの前でだけである。私はたびたび大声で独り言をすることがある。あるとき突然私は誰かが私の声を聴いていたことに気づく。私は自分のおかしさと決まりの悪さとを感じる。私は一挙に自分のイメージが出来上がったのを感じる。それは正しいと同時に誤っており、私はそれに対して異議を唱えたいがまた否定できないことも知っている。私は他人に対して自分がこのように現われるのを受け入れることができないが、それでもこのイメージが表わすのは私である。私は、私がそれを存在していない対象となる。私の存在のある次元において、他人は私自身と私自身との「不可欠な媒介者」なのである。このことは単に新たな開示が行なわれたということではない

（サルトルの言うように、ひとはただ一人で下品であることはなく、自分が下品であると「知ら」ねばならないのは他者の面前において、そして他者によってであるだろう）。それは特殊な存在のしかたであり、対象としての私の現実的な存在である。これによって、私が一人称の純粋な態度において引き受けていたあらゆる呼び名（あるいはむしろ呼び名のなさ）は、ここにいたって独特のしかたで再び現われてくる。それは例えば、私が、自分の美食への嗜好について気づいていながらそれを存在していなかった「美食家」であり、いまやテーブルが茶色であったりカラフが透明だったりするのと同じように「美食家」であるのだ。私の存在のこうした次元は私から逃れていく――なぜなら私がその次元を反省するならば、その次元は「私にとって（つまり対自的に）」存在し、乗り越えられるから――が、にもかかわらずそれをなかったことにはできない。私が他者の前で自分を恥じるのは、美食家やおかしな人と見なされるように振る舞ったのがほかならぬ私自身だからである。

　こうしたわたしの存在の次元についての検討によって、まずもって媒介者となる他者の存在がわれわれに指し示される。実際、独我論を覆す可能性について問うのは、現代哲学でよくあることだ。しかし表象としての意識という観念に一切譲歩することのないサルトルは、ただちにこの問いの立て方に異を唱える。実際、われわれがたった今述べたことは――意識とは純粋な内面性などではない――、私は他者たちのすぐそばにいるということを証明しているのである。

　したがって、現象学にとっての他者に関する問題とは、この「〜のそばにあること」と、私が従う他者について正確に記述することである。

　サルトルはとりわけ、「私の」世界においてわれわれが蒙る、他者が原因となるトラブルあるいは抵抗を分析することにうちこんでいる。それは他者を開示するトラブルであり抵抗である。われわれは、（私の世界に）近接するある個人の世界がその人自身に起源をもつ実践的な可能性の体系によって規定されているということ、またその体系においては身体がその源泉であると同時にその媒介であり、かつその実行者であるということを知っている。ところが、この体系のうちにその秩序を解体する中心点が現われてくることがある。つまりそれは競合する世界を組織化していく中心である。その第一段階は、私が洗面台で手を洗おうとするときに起こることに似ている。私は、空の流しを前に、排水口の栓がきちんと閉まっておらず、水が漏れてしまっていたことに気づく。しかしこれはおもちゃを取り上げられたり壊してしまったりした子供が体験するような、抵抗の否定的な側面でしかない。想像してみよう。ある晩私は腹を空かせて旅行から帰って来たが、開いているレストランを一軒だけしか見つからない。やっと空腹を満たせると思って席に着く。ところがいざ私がメニューを吟味し始めた途端、突然ボーイたちは上着を脱ぎ捨て、腰に青いエプロンを結び、椅子を机の上に乗せ、要するに、〔目の前の〕光景に対して疑う余地のないある意味を与え、私が作り上げてきた意味を破壊することでその風景をまったく一変させてしまう。それはすなわち「ここはもはやレストランではない」ということであり、〔私は〕何も口にしないまま立ち去らねばならない、ということだ。私にとっては、私が彼らに割り当てたところの機能〔私に注文された料理と飲み物を運んでくること〕をもち、私の企てる可能性に組み込まれる対象であったボーイたちが、自律的で、私の可能性と相反する組織化の源泉として姿を現わしてくる。彼らはこのレストランをもうじき閉店しようとしているカフェに変え、そこでは私は迷惑な闖入者となってしまう。

私の経験に与えられるいかなるものも、〈他者〉がそこから現われるこの危険性を隠すことはできない。私は、自分の書斎がひとりでに家具倉庫や応接室に変化したり、私の思索を拒んだりするのを未だかつて見たことはない。机は決して、私がそれについて予想したことや予期したことを反映するのをやめることはない。

こうした記述から、他者を発見することはそれ自体においてある相克が開示されることでもあることになる。サルトルによれば、こうした対立は二つの体系のうち一方にとっての利益に帰着するものであり、それはわれわれが複数の主体としてお互いに向き合うことはないことを示している。もし私が、〔大方は〕そうなるであろうように席を立ってレストランを後にするなら、ここで結果的にすべてに勝ったのはカフェのボーイの企てであり、彼のうちで私は予想された要因を演じているにすぎない。つまり私は〔閉店時に〕つきものの、追い出されるべき「のろま」である。もし反対に私が我を通したとすれば、ボーイの企て——営業時間の終わりを「示している」食堂も含め——は覆されるだろうし、彼は〔私にとっての〕対象であり手段であるという役割に甘んじることになるだろう。したがって、相互主観的と呼ばれている諸々の関係は、決して相互主観的ではない。それらの関係は相反する二つの様相の間で絶えず揺れ動いている。すなわち、私は対象〔客体〕を前にしては主体であり、主体を前にしては対象なのである。ここで再び、われわれは弁証法への着目を見出す。

仕事中に他人と出会うこと、現実がわれわれの諸関係の背景と素材となっていること、こうしたことはすべて、サルトルにとっては、このような進展にあらかじめ安定した方向など存在しないということ、そしてこの進展はどこにも向かっておらず、この進展においては何も獲得されることがないということを妨げるものではないのである。個々の人間に、選択にも即座に疑問を呈することができるという、根源的でいわば魔術的でもある可能性を与えることは、歴史についてのあらゆる哲学を不可能にしてしまう。ことにマルクス主義は軽く退けられてしまう。ところで、まなざしの理論はこうした〔主観と対象の〕逆転の「魔術的な」本性を強調する。不届き者が鍵穴に釘づけになってのぞき見している現場を目撃される、という例は良く知られているところである。[★08] 他者のまなざしは、この不届き者から、狙いにおいても手段においてもひとえに収斂していた素朴な目的を奪い取ってしまう。〔いまや〕彼はのぞき魔である。サルトルが問いかけや対話といった次元、さらにはまなざしを交わすときにありうる共犯性をまったく無視していること、彼の言うこのまなざしはむしろ昆虫の群れを観察する自然科学者のそれであるということ。そしてこのまなざしについての経験は、自分の「ご主人様」（友達と言うべきか）のまなざしをひきつけようとそのそばにいて、そこはかとなくもの言いたげにしている犬（または猫）についての経験とは食い違うといった点はつとに指摘されていることである。[★09]

　これらの考察が示しているのは、ひとえに、サルトルにおいてはまなざしとしての意識によるあらゆる干渉は、相も変わらず諸々の問題を乗り越えがたい二元論的対立へと引き戻してしまうこと、そしてこの対立は人間と自然の関わりについての説明と同様に、人間同士の関係についての説明をまったく困難なものにしてしまう、ということである。

　実際、もし主観性が自らに固有の内実をまったく持たない――これはまなざしとしての主観性が純然たる無化作用として規定される場合である――とすれば、それは伝達すべき何ものも、やり取りすべき何ものも、一切持たないということになる。そうすると、いわゆる相互主観的関係というものも、対象としての人物像のあいだでの統合作用の相克にとどまるだろうし、そこには、この相克を乗り越え、お互いによって認められるような、二人の企てに共通の意味に基づくいかなる媒介の可能性も生じないのである。

　こうして、人間同士の関わりの実質的な現実は、サルトルによって、とらえがたい対他存在を取り戻すための果たされることのない多様な試みとして解釈されるだろう。対他は他者のまなざしが私に注がれることで私から生み出されるものであり、私はそれを決して十分に認めることも否認することもできないのである。

　サルトルによれば、このような諸々の試みとは愛や憎しみであり、サディズムやマゾヒズムであるだろうし、ごく一般的に言えば、言語であるだろう。

　誰かの愛を呼び起こすとき、私は私が自分自身を「見て」いるように相手にも自分を見せようとするだろう。そして私は私の対他存在を取り戻そうとすることだろう。というのも、その場合に私は、私の相手にとって私の対他存在について指図を与える者となるだろうからである。同時にこうした対自と対他の一体化は、私自身の実存において私を正当化することだろう。この一体化によって、あらゆる欠落から免れて、私は確かに絶対的に私があるところのものになるだろう。しかし、「愛とは一つの欺瞞である」。というのも、他者もまた一つの自由な主観性なのであって、私の相手が心の底から留保なしに、私が彼に私を押しつける通りに私を見ているかどうかを私は知りえないからである。またあるいは、彼が私自身の眼で私を見ることに心を奪われてしまえば、相手はもはや一人の主体ではないので、私は何一つ取り戻すことができなかったことになる。通俗的な知恵が、愛とは〔相手のことを〕よく見通す素晴らしい力なのか、それともまったくの無分別なのかを判別できないのは、こうした事情によるものである。エロティシズムは、この行き詰まった弁証法を乗り越え、愛撫やエロティックなせめぎあいの身振りを通じて二人のパートナーたちに肉体を、すなわち純粋な事実性を与えて、ジャムや生クリームが固まるように両者がお互いに「結ばれる」ような忘却のうちに沈めてしまおうとするが、〔結局は〕こうした挫折に行き着くことになる。肉体的な愛のなかに凝固されることで、各々の主観性の超越[01]と対他存在は姿を消してしまう。しかし、ひとは自分が誘惑している相手に絶対的な信頼を置くことはできない。このような信頼もまた〔征服すべき主観がもはや存在しないところでは私は何も取り戻すことができないのだから〕価値を失い、〔私は他者が「本当に」騙されているのかを決して知ることができないのだから〕保証を失っている。したがって、サルトルにとって他者との関係とは、『出口なし』の登場人物の言葉に従うならまさしく「地獄のような」脅威を含むものであることがよくわかる。

とはいえ、こうした条件のうちで「われわれ」という代名詞の正当な意味が明らかにされねばならない。繰り返すには及ぶまいが、サルトルには、相互主観性についてのどんな経験のほのめかしも見出すことはできないだろう。もっともこのような相互主観性の拒否は、おのおのがそれぞれに発見や経験をなしうるところの、状況におけるある種の現実的な連帯を排除するものではない。そしてこうした連帯は、対象としての私と同様、主観としての私によっても体験されうる。したがって、「われわれ」がともに闘い、ともに負けたり勝ったりすると主張することには意義がある。サルトルは、「われわれ」についての感情は主観としての「われわれ」の側面、すなわち支配階級であるブルジョアにおいてよりも、対象としての「われわれ」の側面において、すなわち〔こうした経験を最も広く共有する〕労働者階級にとって強く感じられるものであることを大いに強調する。それは、プロレタリアの条件が、いかなる実存の次元もそれを逃れることができないと感じさせるような種類のものであるということによる。自らの労働の産物を搾取され、根本的でいかんともしがたい不安定さを強いられて、労働者〔特に工場労働者〕は、自分が他のすべての人々と区別のつかない、同じようなものであることを実感させられる。労働者は、自分の努力が成功するかしないかはまったく彼の同僚たちの努力次第であることを疑うことができない。そして彼がその真相を知らされるのは、彼の労働の産物と生産力を意のままにできる雇用者のまなざしのもとにおいてである。『共産主義者と平和』においてサルトルが、フランスの労働者階級の歴史的な変遷についての一連の分析から彼の見解に若干の修正を加えたのは確かである。この分析においては、蒸気エネルギーから電気エネルギーへの移行と密接に関連した、熟練したエリート専門労働者の衰退がプロレタリアートの闘争意欲と連帯に深刻な打撃を与えたことが示されているように思われる。こうした経緯はいまや一般工員〔のあり方〕において体現されているが、しかし「専門的価値を持たず、代替可能でかつ常に失業の不安に悩まされる労働者の出現は、ストライキを無力なものにしてしまう恐れがある」。このため、サルトルによれば、労働者の真の意識と意志へ〔の表われ〕として形づくられる、党による媒介の必要性がますます大きくなっていくことになる。〔それに対して〕雇用する側のブルジョアにおいて、主観としてのわれわれに関する経験はより弱く、感じられにくいものである。ブルジョアジーは階級というものを信じていない。なぜなら――好きなように暮らすための余裕と手段とを彼に与える――支配についての経験が、ただ彼の〔他人との〕差異ばかりを享受することを許し、それによって彼の体面に関わることや、彼が経済的な厳しさから逃れることができる証拠といった「高尚な」関心事にのみ専念していられるようにするからである。

人間の主観性は必然的に自由なものである。これこそ、距離・へだたり・意識・自由は〔おのおの〕切り離すことのできない観念であり、それぞれは絶えず別のものを指示する、ということを示すことで、『想像力』と『想像的なもの』〔＝『想像力の問題』〕に関する最初期の研究から一貫してサルトルが表明してきたことである。これらの観念の錯綜は、行為に関するすべての分析の核心においても同じように見てとれる。それがあるべきところの何かを創り出そうとすること――たとえば、革命の計画を立てること――は、何よりもまず現実的なもののうちに非現実的なものが見出されたということである。そしてそれはまた、それがあるところのものから逃れることを想像し、かつそれが可能になるということでもある。しかし、対自そのものであるこの能力はまた絶えざる無化作用でもあるのだから、対自が進める企てにおいてのみ言及され記述されうる。こうした重要な留保を課すなら、確かにこの〔無化する〕能力はつねにその企て以上のものであることになる。というのもこの能力は企てであると同時に企てから離れる可能性でもあるからだ。[02]ここにサルトルの哲学のすべてに影響を及ぼす本質的な矛盾が見出される。一方では対自と自由のもつ根源的な否定性によって、この哲学は――それ以外の拠りどころをもたずに――この自由をその行ないにおいて把握し、自由ともろもろの行ないを同一視し、そしてボードレールの人物描写に現われているように、この自由を一種の運命であるかのように描き出すまでになる。しかし、その代わり自由は、たとえ自らそのように決めたものであろうとも、いかなる「形象」からも影響を受けることはなく、自由自身が認めた厳格な限界にのみ拘束される、と主張されることになる。なぜなら自由とは、私がつねに、そして奪われえぬしかたで、自らの行為との間にとることのできる距離に他ならないからである。このようにサルトルは、根を持たぬまなざしとしての自由から隙のない運命へと、あるいはその逆に運命から自由へと、絶え間なく移行していく。というのも、サルトルにとって、アンガジュマンという観念は自由であることにあるものであり、決して肯定的なものがわれわれの欲求を満たし、それによってわれわれを変えたり、充実させたりするところの現実に組み込まれることだとは見なされていないからである。このような現実のなかでは、何かを選び、われわれがそこに責任を負うところの、本質的な選択の行動は空疎なものとなってしまうだろう。こうした諸問題はサルトルの存在論においては意味を持たない。なぜなら純然たる空虚である対自は、いかなるしかたであっても、満たされることも、何かに与することもできないからである。それゆえ、それ自体が無であるアンガジュマンの行為もまた、全面的な自由と一体化する。そしてこのことによってまたこのアンガジュマンは絶えず自らを存在していなかったかのように扱うことができる。それは常に、そして直ちに自らの否定性のなすがままにされるのである。

　われわれはいっさい情念をもたない、と言うべきであろうか？　サルトルの見解は違う。彼にとって情念とは、どんなものからどんな結果でも得ることのできる魔術的な世界において自らを選択する方法である。例えば危険を前にして失神する臆病者は、ダチョウの策略★10（頭隠して尻隠さず）という選択をしたのである。卑怯者は、現実の世界で実際に行動することに救いの道を求める勇敢な人のように危険に立ち向かうことより、危機についての意識が隠滅されれば危機そのものがなかったことになるような、魔術的な世界に自分がいると想像することを選ぶのだ。しかしこうした情念もまた自由なものである。武器を再び手に取り、あるいはまたは普段の判断力を取り戻すことで、卑怯者はそれぞれの瞬間において現実世界に戻る決心をすることもできる。魔術的なものへ埋没するという現実や、自由による自由の疎外を描き出すことによって、ここで再びサルトルはその思想の反対の極へと旋回する。気絶という生理学的な現象は情動を真剣で偽りのないものにするとともに、われわれの魔術的な世界への信憑を表わしている。しかし、生理現象は、まさしくこうした役割を果たすかぎりにおいては、〔随意に〕繰り返されることも、瞬時に消え去ることもありえない。対自は、それが完全に自らの情動的な企てそのもののうちに囚われているわけではないとしても、ついには汗をかき、顔面は蒼白になる。ここにおいて再び現象学が存在論に叛旗をひるがえすのである。

自由が徹底した刹那主義へと姿を変えるなどという主張は、〔サルトルの〕根源的な投企についての有名な理論によって阻まれることになる。対自による個々の企てはすべてその根源的な投企に依拠しており、根源的投企はそれが個々の企てに与えたものが表現されることでしか実存しえないのである。それゆえこの根源的な投企は、私が世界において存在を選び、実存することを選ぶしかたそのものに関わってくる。この根源的投企自体が——瞬時に——変わってしまうこともある。とはいえこうした変化が起きるのは実際まれなことであろう。なぜなら根源的な投企はわれわれのあらゆる個々の志向の空洞のうちに隠されており、それらの志向に対する反省によって、間接的にしか姿を現わさないからである。こうして、根源的選択は——自由の絶対的な本性を侵害することなく——われわれの性格や振る舞い、われわれが現実を生きるしかたに備わるある種の安定性の起源となるのである。

したがって、あることと為すことはある意味において同義語である。私とは、私の根源的な投企でしかなく、それは、私がすでに実行に移してきた個々の投企に最終的に与えられる意味や方向づけに他ならない。しかしながらこの自由の絶対主義は人間の全能を意味するものではない。至上権をもつ自由が働きかけることができるのは、事実性を備えたある状況に対してだけである。われわれを改めてサルトル思想のもう一つの面へと差し向けるのは、世界の上に描かれる素描のうちに自由を読み解くことである。とはいえ、こうした状況それ自体は投企との関連においてのみ自らを規定するのである。〔アルフォンス・ド・ヴァーレンス（ルーヴァン大学教授）〕

原註

○01　ここで明らかなように、肉体（chair）は、意識の表現であり媒介である身体（corps）から区別されねばならないことが見て取れる。

○02　しかしながらこの力はまた企て以上のものではない。なぜならこの「～以上」とは純然たる非‐存在であるからだ。

訳註

★01　「擬物主義」とも。概念・観念を実在するモノであるかのように扱う、あるいは事物中心に物事をみる考え方。

★02　「……それ自身と自身への忠実さ以外の制限をもたない絶対的自由、結局のところそれがデカルトにとっての神の特権なのである。しかし他方で、この自由には人間の自由以上のものは何もないのであり、彼は自らの神の自由意思を描きつつ、自由〔一般〕の観念に含まれる内容を展開していたにすぎないことに気付いていた」。「……デカルトがコギトそのものによって無限の実在を把握していたところの根源的で構成的な自由を神のうちに実体化させたことはさほど重要ではない。……デカルトが神のうちに据えた……創造的自由を取り戻すためには、危機の二世紀——信仰の危機と科学の危機——を必要とするだろう。人間とは、その出現によって一つの世界を存在させる存在者なのである」(「デカルトの自由」La liberté cartésienne, Situation I, Gallimard, 1947, pp. 333-334)。

★03 サルトルにとって事実上最初の哲学論文である『自我の超越』をさす。この論文のなかでサルトルは、意識の内部にいわばパイロットのように「私(je)」がいると考える通説を批判し、ただ対象のみを目指す意識(=対-自)にとって自我 moi とは反省によってはじめてとらえられる超越的な、つまり意識の外部にある対象(=即-自)の一つにすぎないものであるとした。

★04 l'engagement——一般的には契約・制約といった意味だが、サルトルはこの語を対-自が自分のあり方を自由に選択して、積極的に状況に自分を拘束し、巻き込まれていくこと、として用いた。また、一九六〇年代以降はサルトル自身の活動ともあいまって、(とくに知識人が)政治的な状況に積極的に参加していくこと(「社会参加」)を指して用いられた。

★05 ファンタスマゴリー。十八世紀フランスで発明された、幻灯機を用いた幽霊ショー。複数の幻灯機を使って画像を瞬時に切り替えるなどの演出がなされた。

★06 直訳すれば「悪しき信仰」。自らの無としての不安定さを恐れ、自分の在り方に疑問を持つ可能性である自由そのものから目を背けてあたかも物「である」かのように振る舞い、それを無理に信じ込もうとする態度。

★07 旧約聖書に登場するアブラハムの甥。ソドムの住人で、ソドムとゴモラを神が滅ぼすことを天使に伝えられ、妻と二人の娘を連れて街を逃れる。この時一家は天使に「決して後ろを振り向いてはいけない」と指示されていたが、この言いつけを守れなかった彼の妻は塩の柱に変えられてしまった。

★08 『存在と無』二九八-三〇一頁(文庫版II巻、一〇七-一一四頁)参照。

★09 まなざしを出発点とする他者論において、その共感という側面を見落としている、とするこうした指摘は、サルトルに向けられた批判の一つの定番であるともいえる。しかし彼の没後に『道徳論ノート』(cahiers pour une morale)や『真理と実存』la verité et l'existence をはじめとした多くの未発表テクストが刊行され、その未完のモラル論に関する研究が進められた現在では、彼が人間同士の断絶や暴力性を見据えつつ「相互性(réciprocité)」の回復を模索していたことが明らかになっている。

★10 原語では Politique d'autruche。ダチョウは危険が迫ると砂の中に顔だけを隠してやり過ごそうとする、という俗説から、転じて目の前の問題に見て見ぬふりをすることを指す。アメリカの心理学者E・ワイナーは完全主義のゆえに問題や困難を先延ばしして、それが自然消滅するのを待とうとする、「逃避的防衛」によって問題を避けようとする性格行動パターンを「オーストリッチ・コンプレックス」と名付けている。

＊訳出にあたっては *L'être et le néant, tel*, Gallimard, 1943, 1997〔松浪信三郎訳『存在と無』(I〜III)、ちくま学芸文庫、二〇〇六-二〇〇七〕と *Situation I*, Gallimard, 1947〔「デカルトの自由」、鈴木道彦他訳『哲学・言語論集』所収、人文書院、二〇〇一〕を参照した。

補記

フランスは知識人がヒーローとなる希有な国であるが、第二次大戦後のサルトルはまさにそうしたヒーローの典型であった。哲学のみならず小説・文芸批評・劇作・ジャーナリズム・政治評論と形態を問わず旺盛に展開される彼の執筆活動と発言は、まさに彼の提唱するアンガジュマンの思想と「行動する知識人」像を体現して余りあるものであった。その影響力の大きさは、彼の葬儀に五万人を超す市民が参列したことからもうかがい知れるだろう。

しかし一九六〇年代以降、彼の影響力は急速に低下することとなる。おりしも構造主義・ポストモダン思想が台頭してきた時代であり、人文学の関心の対象は実体から関係へと急速にシフトしていった。そうしたなかで、レヴィ＝ストロースが『野生の思考』(一九六二)のうちで行なった批判を皮切りに、個々の実存を常に出発点におくサルトルは人間中心主義・西欧的近代理性の代表として批判の的となり、(彼自身が前世代の講壇哲学をそう扱ったように)打破されるべきものの象徴と見なされたのであった。

それでもサルトル自身はフランスの植民地政策を批判してアルジェリア独立を支持するなどの積極的な政治行動を続け、また現実の問題に取り組むべくマルクス主義と実存哲学の統合を目指した後期の哲学的主著である『弁証法的理性批判I・II』(一九六〇、一九八五)や文学論の集大成ともいえる長大なフロベール論『家の馬鹿息子』(一九七一、一九七二)の執筆に取り組むなど、歩みを止めることはなかった。しかし失明によって活動の根幹である文筆活動をも放棄せざるをえなくなる。こうしてフランスの思想界においてサルトルは「過去の人」となり、すでに乗り越えられた思想家としてほとんど省みられなくなっていたのであった。しかしながら彼の残した膨大な未発表の原稿・草稿や書簡は養女のアルレット＝エルカイム・サルトルの手によって没後に刊行され、「死んだサルトルは生前よりも多作だ」と評されることとなる。遺稿のなかでも『倫理学ノート』(一九八三)や『真理と実存』(一九八九)、そして一九六〇年にローマのグラムシ研究所で行なった講演「マルクス主義と主体性」の草稿は[★01]、一九四〇年代以降サルトルが長きにわたって取り組んでいたモラル論をめぐる考察の変遷とその軌跡を示すものとして、今でも研究者の関心を集めている。また一九三九年当時に従軍中のサルトルが書き付けていた手記『奇妙な戦争』(一九八三)は一人の哲学者が自己の思想を構築していく過程の克明な記録であると同時に、戦争という時代状況のなかに放り込まれた一人の若者の内面をつづった証言でもあるという多面的な価値をもつ資料である。これらの資料は彼の思想内部の隠れた水脈を明らかにするものであり、今日でもサルトルと同時代を共有しない世代の研究者たちによって「テクストの集合体としてのサルトル」を通しての研究が徐々に行なわれつつある。あるいは植民地問題や暴力論など現代においても未解決のテーマを考えるための典拠として、あるいは想像力論や人間存在の諸問題に関する古典として。

フランス本国とその動向に敏感だった日本においては過去のものと見なされたサルトルではあるが、浩瀚な伝記『サルトル』(一九八五(『サルトル伝(上・下)』石崎晴己訳、藤原書店、二〇一五))をものした作家アニー・コーエン・ソラルは、国内での扱いに比べ中南米をはじめとするそのほかの地域における彼の影響力は依然大きなものであり、おおむねその受容は好意的なものであったと述べている。[★02] 実際上述したような研究も非西欧の研究者の手になるものが少なくない。

その後二十一世紀に入って、人々のサルトルに対する扱いは徐々に変化を見せている。彼の生誕一〇〇年に当たる二〇〇五年には、フランスの国立図書館で彼の足跡を辿る大規模な展示が開催され、また日本も含め世界各地でサルトルに関するさまざまなシンポジウム等が行なわれた。それと前後して新哲学派(ヌーボー・フィロゾーフ)の中心人物でありいわば現役の知識人ヒーローの一人であるベルナール・アンリ=レヴィが『サルトルの世紀』(二〇〇〇(石崎晴己訳、藤原書店、二〇〇五))を刊行したことも反響を呼んだ。九〇〇ページに及ぶ大作のなかで彼はこれまでのサルトル像に疑義を呈し、その根底には近代的自我を否定する反人間中心主義者としての「もう一人のサルトル」がいたことを指摘する。二人のサルトルの緊張関係を通じて彼の多面性を明らかにしつつ、その全体像として一つの世紀を体現する「世紀人」としての姿を描き出してみせたのであった。

ドゥルーズはあるインタビューのなかで「サルトルは私たちの《外》であった。……彼はモデルでもなければ方法でも事例でもなく、少しばかり清澄な空気であり……知識人の状況を単独で変えた知識人だった[★03]」と回想している。サルトルはその思索の成果や作品のみならず、むしろそれ以上に、つねに時代の状況に(たとえそのやり方が若干ズレたものだったとしても)立ち向かい、考え続けるという徹底した実践の姿勢によってこそ、一時代を体現する「世紀人」と呼ばれえたのである。

★01 この講演草稿は一九九三年に「レ・タン・モデルヌ」誌に掲載され、邦訳も刊行された(『主体性とは何か?』澤田直・水野浩二訳、白水社、二〇一五)。
★02 アニー・コーエン=ソラル『サルトル』石崎晴己訳、一六頁、白水社文庫クセジュ、二〇〇六を参照。
★03 ジル・ドゥルーズ+クレール・パルネ『ディアローグ ドゥルーズの思想』江川隆夫・増田靖彦訳、河出文庫、二七頁、二〇一一。

主要著作

サルトルの著作は哲学書のみならず、小説・文学評論・戯曲・政治思想と多岐にわたっている。そのほとんどは人文書院刊行の『サルトル全集』(全38巻)に収められていたが、現在は品切れとなっている。このうち主要なものは改訂・増補・改訳されて新版として同社から刊行されており、また一部の著作は文庫化もされている(以下の著作も特記のない限り人文書院から刊行されている)。

▼『自我の超越　情動論素描』竹内芳郎訳・解説(二〇〇〇)
▼『想像力の問題』(サルトル全集第一二巻)平井啓之訳(一九五五)
▼『存在と無　現象学的存在論の試み(I～III)』松浪信三郎訳　ちくま学芸文庫(二〇〇七～二〇〇八)
▼『弁証法的理性批判(I～III)』竹内芳郎・矢内原伊作・平井啓之・森本和夫・足立和浩訳(一九六二、一九六五、一九七三)
▼『実存主義とは何か』伊吹武彦訳(一九九六)
▼『文学とは何か』加藤周一・白井健三郎・海老坂武訳(一九九八)
▼『ユダヤ人』安堂信也訳、岩波新書(一九五六)
▼『嘔吐』鈴木道彦訳(二〇一〇)

参考文献

▼『新・サルトル講義――未完の思想、実存から倫理へ』澤田直著、平凡社新書(二〇〇二)
▼『サルトル――「人間」の思想の可能性』海老坂武著　岩波新書(二〇〇五)
▼『サルトル　失われた直接性をもとめて(シリーズ・哲学のエッセンス)』梅木達郎著、日本放送協会(二〇〇六)
▼『サルトル読本』澤田直編、法政大学出版局(二〇一五)

〔翻訳・補記＝小松学〕

現象学の方向

ディルタイ、ヴィルヘルム

❖Wilhelm DILTHEY　1833-1911

ディルタイの数多い著作のなかで、フランス語に翻訳されているものは、『精神科学序説』(社会と精神の研究に対する一つの基礎づけの試み)、『精神の世界——世界観の研究』(哲学の哲学に関する試論)である。また、特に、『記述的分析的心理学』(一八九四)、『経験と思考』(一八九二)も挙げねばならない。ディルタイにとって、人間の過去の探求、倫理学、美学、詩学、宗教学の研究は、すべて哲学と歴史学の唯一の目的に立ち返ることになる。それは、人間を理解することと、何にもまして、人間の自己理解を認識することである。それゆえ、ディルタイの著作は、「歴史的理性の批判」という様相を呈する。にもかかわらず、その批判は、それ自体「理性の歴史的批判」へと深化してゆく。その批判は、もはや論理形式ではなく、精神の機能の発見へと至るのである。そのような精神の機能は、科学のなかに表現されるだけでなく、芸術や宗教や生のうちにも表現され、また歴史のうちに表われ、創造的な生成を解明するものである。生は思惟に対して絶対的な優位を保ち、批判は、そのなかで生が自分自身を認識することになるカテゴリーを分析することになる。なぜならば、生とは同時に主観でも客観でもあるような歴史のうちにあるからである。したがって、批判とは生の自己自身に対する反省の意識化となる。つねに歴史的なものとして、生は、自らが適用されることになる生成のなかで発展していく。それぞれの時代、それぞれの文化の総体は、還元しえない〈世界観(Weltanschauung)〉を表明するかぎりは固有の意味を持つ。世界観は、因果関係の指摘ではなく、固有の意味の直接的把握であるような「理解」を発見する。ディルタイはドイツ哲学、また歴史哲学と社会哲学に対してきわめて強い影響力を持ち続けてきた。

ブレンターノ、フランツ

❖Franz BRENTANO　1838-1917

もともとカトリックの聖職者であった彼は、アリストテレス的スコラ哲学的伝統の影響を受け続けた。また、その著作の多くを占めるのはアリストテレスと中世哲学の研究である。主要著作は、『アリストテレスの存在論——アリストテレスに於ける存在者の諸意味』(一八六二)、『コントと実証主義の哲学』(一八六九)、『無神論と科学』(一八七三)、『道徳的認識の源泉について』(一八八九)、『感覚心理学の研究』(一九〇七)、『アリストテレスとその世界の概念』(一九一一)などである。しかし彼が心理学と現代哲学に多大な影響を与えたのはなんといっても『経験的立場からの心理学』(一九二四―二九)であろう。スコラ哲学的用語から認識に付随する志向の概念を借用しつつ、ブレンターノは、すべての心的現象をその「志向性」によって規定した。「心的現象に固有の性質は対象へのその関係性である」。ブレンターノが展開しようとしたのは、ある種の素朴実在論ではない。反対に、彼の考えでは、われわれは自我の外部では現象にしか達しえないのである。心的現象は志向的存在しかもたず、また、心的現象のみが現実の実在性を持っている。しかし、ブレンターノは、心的現象を、古典的心理学のように意識の内容としては定義しなかった。表象とは、表象されるものではなく、表象の作用そのものである。表象作用とは音や色ではなく、音を聴くことであり、色を見ることとなる。フッサールの現象学を紛れもなく予告するものがそこでは問題となっている。

フッサール、エトムント

❖Edmund HUSSERL 1859-1938

ユダヤ系の出身で、モラヴィアのプロスニッツに生まれる。二十七歳のとき、ウィーンのルター派教会で洗礼を受ける。最初の研究と業績は、数学に関するものであった。「変分法論考」(一八八二)は、博士論文であり、未公刊のままである。一八八七年に、ハレ大学の私講師になる(教授資格論文となる『数の概念について』、さらに、初期の重要な著作である『算術の哲学』(一八九一)は、この時期に遡る)。一九〇〇~〇一年には、『論理学研究』を出版する。それ以後、一九〇一年から、ゲッティンゲン大学で教鞭をとる。主著である『イデーン』(一九一三)第一巻と、『厳密な学としての哲学』(一九一一)は、この時期に執筆された。後者(『厳密な学としての哲学』)に関して、フッサールは、覚めきった言い方をしていることが伝えられている。後に、彼は、「厳密な学としての哲学……この夢からは覚めた」と宣言する。しかしながら、『厳密な学としての哲学』は、重要な作品である。ゲッティンゲンには、「ネオ・フリース派」という小さなグループがあった。学派を創設したのはレオナルト・ネルソン〔Lenard Nelson, 1882-1927〕であり、彼の教育活動に熱中する者たちがグループを作っていた。その傍らで、「現象学の父〔フッサール〕」を囲んで、講師たちと若い子弟たちの最初のサークルが作られた。彼らは、同時代の哲学のさまざまな潮流に、新たな衝撃を与えた。講師たちのなかには、マックス・シェーラー、アレクサンドル・コイレ、ディートリッヒ・フォン・ヒルデブラント〔Dietrich von Hildebrand, 1889-1977〕がおり、学生たちのなかでは、ヘートヴィッヒ・コンラート=マルティウス〔Hedwig Conrad-Martius,

1888-1966〕が挙げられる。フッサールの助手を勤めていたアドルフ・ライナッハ〔Adolf Reinach, 1883-1917〕は、新たな加入者の受け入れを担当していた。彼は、エディット・シュタインを受け入れ、彼女をフッサールに紹介した。シュタインは、後に、フッサールの助手になる。一九一六年から、フッサールは、フライブルク大学で教鞭をとるようになり、彼女はフッサールの後を追う。フッサールは、一九二八年にフライブルク大学の名誉教授に昇進する。彼は、アレクサンダー・プフェンダー〔Alexander Pfänder, 1870-1941〕、次いで、マルティン・ハイデガー（彼は、フッサールの後任となる）とともに、『哲学および現象学研究年報』を、一九一二年から一九三〇年まで公刊する。一九三八年に、フッサールは重度の病に陥る。そして、同年の四月二十七日に、安らかに逝去する。

＊『メルロ＝ポンティ哲学者事典』第三巻《肖像》参照。

テンニース〔テニエス〕、フェルディナンド

❖Ferdinand TÖNNIES　1855-1936

オルデンスヴォルトに生まれ、ベルリンで死去。テンニースの著作は豊かで多様な影響をもたらした。しかし、思想史の観点から見ると、結局は「共同社会（ゲマインシャフト）」と「利益社会（ゲゼルシャフト）」の有名な対比に要約されるであろう。その二つの概念によってまとめられるのは、テンニースの著作だけではない。ある意味では、社会学全体そして現代のドイツの知的環境そのものがその二つの概念を中心に整理されうるのである。テンニースは、ホッブズ（ホッブズに関しては著作もある）、自然法、社会主義からその研究を始めた。ホッブズの書いているような万人の万人に対する闘争、個人の平等性に基礎をおいてはいるが所有権をめぐる争いや利益の衝突を生んでしまうような権利、経済的には交易に基づき社会的には階級闘争に基礎を置くような社会。これらのものは、テンニースにとっては、社会的関係や人間の集団に特徴的な現象ではまったくなく、関係性と集団の二つの根本的な形態のひとつ、つまりテンニースが「利益社会」の名で指し示したものである。それはまた、「共同社会」と対比されることになる。「利益社会」の諸関係は、「各人は己のために」という標語に従うものであり、孤立した個人間の緊張状態を表している。外国人つまり潜在的な敵は、交易や協定によってのみ一致しうる。「共同社会」の諸関係はこれとは逆に、自然発生的な連帯にその基盤を置いている。「血のつながりによる共同体」（血縁）、「近隣関係による共同体」（地縁）、「精神的共同体」（精神の絆）。こうした二つの社会類型の対立には、形而上学的ではないにせよ心理学的起源がある。実際、テンニースの根本的原則の一つは、ドイツの社会学に多大な影響を及ぼしてきたもので、それによると「人間の社会的合意は、心理学的にしか理解できない」のである。「社会的合意」の二つの形態の区別は、人間の

意思の二つの根本的形態の区別によって解明される。〈本質意思（Wesenswille）〉は、深層の意思であり、有機的な存在そのものの現われであり、そこでは手段と目的が分かちがたく結びついている。〈選択意思（Kürwillen）〉は、作為的な意思であり、最も有効な手段を技術的に求めるために、抽象的な総体による反省により特徴づけられる。「有機的意思は、その内に共同体の諸条件を持つ」。実際、いずれにせよ有機的総体は部分に先行する。それとは反対に、「熟慮された選択は社会を生み出す」。精神的統一体としての社会的総体は、人為的ではないとしても築き上げられていくものなのである。

意思と社会関係の二つの形態は、二つの生のスタイルに行き着く。一つは、理性と抽象、機械的関係に基づくものであり、もう一つは、本能と感情と有機的関係に基づくものである。そして双方とも独特で、正反対の制度において顕れてくる。それは、たとえば、一方では家族、他方では商業的関係、「国家」、「諸階級」である。また、一方には慣習や宗教があり、他方に商業、工業、科学がある。そこから、テンニースの思想が完全には排除したわけではなかった二つの曖昧さが生じてくる。一方にあるのは、理論的、抽象的、永続的な二つの形態が問題なのか、あるいは、二つの現実的な集団、歴史的変遷における二つの契機が問題なのかという曖昧さである。他方にあるのは、二つの概念間に価値の優劣をつける必要があるのかどうかに関する曖昧さである。最初の問いに対しては、テンニースは、現実の集団ではなく、理論社会学における根本的カテゴリーこそが重要なのであるとだんだんはっきりと主張するようになった。そして彼の類型論は、さまざまな関係、集団、「団体」または、結社の区別（それらに対して「社会的」形態と「共同体的」形態を認めることができるが）によって複雑なものとなったのである。そのような彼の類型論は、ますます形式的かつ体系的な社会学の様相を呈するようになった。しかし、それでもやはり、「共同社会」も「利益社会」も歴史の進展における二つの極点であり続けている。家族や村や町の生活、宗教的なもので結びつけられた生活から、人は大都市での生活へ、政治の優位へ、そして国際的で無政府的な生活へと移行してゆく。そのような生活は、最後の有機的な絆を断ち切り、富の流通を対象化し激化させ社会主義や階級闘争を生み出してゆく。階級は当の階級がそこから生じてきた共同社会それ自体を解体する恐れがある。「共同社会」も「利益社会」も純粋な状態では決して実現されないとしても、テンニースにとっては、一方から他方への必然的な進展があり、その進展は退廃であるように思われていた。少なくとも、彼の著作のなかには「共同社会への帰還」といったスローガンめいたものが散見されることがわかる。また、彼の著作は、機械化や合理化された社会への反抗、同胞愛のロマン主義、血縁によるつながりなどを概念的に表明している。逆説的なことは、彼の研究が、相関社会学と形式社会学の現代的試みの起源であると同時に、社会性の類型論に対する現代的な試みの起源ともなっていることである。『ゲマインシャフトとゲゼルシャフト』が、文化的、政治的、科学的射程において、ドイツの社会学における最も豊穣な著作となったのは、まさにそういった両義性のためであろう。

著作に『ゲマインシャフトとゲゼルシャフト』(一八八七)、『世論の研究』(一九二二)、『社会学入門』(一九三一)。 [P.H.]

ウェーバー〔ヴェーバー〕、マックス

❖Max WEBER 1864-1920

社会学とその可能性の礎を築こうとした社会学者。だがそれにとどまらず、より具体的な研究にも携わり、歴史学者にして理解の哲学者、政治哲学者にして政治家、形而上学者にして形而上学の不可能性と相対立する諸価値間での非合理的決定に思いをめぐらすモラリストでもあった。ウェーバーは自己のうちにまったく正反対の諸規定を併せもっていたように思われる。折衷主義やその代償としての混乱がありあまるほどに見うけられるということは、驚くべきことであるが、彼においては問題とはならない。ウェーバーの人格の目立った特徴は、おそらく何よりも、厳格さへの関心、諸領域の自律への、とりわけ諸領域の二律背反に対する深い認識能力、識別の後での統合を求める努力であろう。そのような努力の主導理念は、解決しえない対立と、自由と合理性の必然的な協同の理念なのである。彼の歴史哲学は、客観性の哲学であると同時に選択の自由の哲学でもあった。それは、理解と因果性を結びつけようとする歴史学者の歩みなのである。検証可能な因果系列から解放されて初めて科学的な客観性は可能になる。しかし、その決定論は、問いかけと、歴史家と相関的な概念——自由な決定に基づいて歴史家自身によって措定され、極端な場合には歴史家の固有な価値観から、初めて見出せるものである。学者や問いを投げかける人に固有の思考法に適合したそうした配慮を、人は社会学の理論の内に認識しうる。そうしたなかで二つの最も有名な概念の一つは、「理解」つまり、行為の内在的意味の把握である。もう一つは、社会学さらに歴史家の主要な道具である「理念型」である。「理念型」とは自由に措定できる抽象的図式であり、「理想的な合理化」から帰結するものなのである。最もよく知られているのは十六世紀の資本家の理念型であり、それによりマックス・ウェーバーは、プロテスタンティズムのうちに、資本主義の精神の起源を見て取ることができたのであった。マックス・ウェーバーが実際展開した社会学、特に彼の主要著作である『経済と社会』を理解するためには次のことが必要であろう。すなわち、われわれの時代の社会を前にしたときの驚き、さらに他の種類の社会とわれわれの社会を対比させながらわれわれの社

会を理解しようという意志、この両者を、その方法論的関心に結びつける必要があるのである。合理化の理念がそのような社会学の中心に置かれることとなる。そのような社会学は、現代の経済、法律、官僚制の特徴的傾向を明らかにし、さらに、宗教や脱「魔術」化を宿命づけられた人間の行為それ自体の特徴的傾向を解明する。社会学者におけるそのような合理化を理解することは、その学者の出自へと遡ることであり、この合理化が、行為や社会のある特殊な型しか特徴づけないということを確認することである。そこから、社会的行為を理解しようという壮大な試みが生まれてくる。行為の型の一つの分類に対して社会的制度の一つの類型論が対応している。理性的、伝統的、感情的行為に対してさまざまな型の正当な政治権力が対応している。合理型(現代社会におけるような)、伝統型(共同体におけるような)、カリスマ型(そこでは、その支配者がふるう影響力は神秘的なもので、これについては現代史もわれわれに明白な実例を与えてくれるはずである)。

しかし、社会学と同様に、ウェーバーが合理化の問題に影響を及ぼしたのは哲学の領域であった。その問題とは、世界の客観的合理化と人間の非合理的な自由を究極まで推し進めてゆくことにあった。政治行為の理論は世俗的な行為の理論へと通じている。政治家は何も知らない状態で危険を冒して選択をしなければならない。なぜならば、政治家は即座に決断せねばならないからである。政治活動は、政治家の置かれた状況や動機に訴えかけるように、不完不偏の科学にも訴えかけようとする。しかし、そのような科学は価値判断を表明することができず、目的を述べることもできず、あらかじめ定められた未来を占うこともできない。それにもかかわらず、科学は、自由な形で引き受けられた諸価値のために、単一の状況のなかで、抵抗する世界のただなかで効果的に対応してゆくような決定を、自らの側では要請するのである。認識と行動の対立は、さまざまな価値や自律した諸領域の間での対立の一面にすぎない。政治家は、山上の垂訓のような霊感に基づく倫理や、「責任倫理」のような実践理性の格率を放棄せねばならない。あらゆる政治的行為は、不道徳な手段の容認を暗に前提とし、それは悪魔的な力と契約を結ぶことを前提とする。それは必要不可欠だが、同時に不安定な契約でもある。衝突は手段と目的の対立や個人的道徳と政治的道徳との対立に帰着するものではない。天上の諸価値はわれわれが直面する現実の世界と同様に分裂している。最終的な価値の複数性は解決しえない。ある一つの事柄は、下劣であるがゆえに神聖であり、(あるいは下劣ではあるが神聖ではなく)、不道徳であるがゆえに美しい。単なる多神教ではなく、神々の対立と鎮められない闘争がある。実存は神々を選択することのうちにある。実存とは、「最終的な決断の連鎖であり、それにより魂はおのが運命を選択する」のである。それゆえ、ウェーバーの著作の最終的な意味は、次のような自由を呼び覚ますことにある。それは、レイモン・アロンの言葉によるならば、「政治生活において官僚制の硬直化に対して、道徳生活においては葛藤を前にしての決定を通じて、そして最高の諸価値への最終的な選択において発揮されねばならなかった」自由なのである。ウェーバーが、形而上学を拒みながら、その現実の政治の領域へ短い間ながらも関与したことが軽率に見えるかもしれない。しかし、今日のわれわれにとって、ウェーバーが存在意義をもち欠くことのできない存在であるのは、おそらくなによりも、形而上学者として、そして政治的学者として、ウェーバーが、深遠さと厳格さをもって、われわれの時代において突如として意識化されるようになった問題を定式化したからであろう。すなわち、その問題とは、合理化されていると同時に分裂している世界においての、政治的行為と瞬間的行為のもつ意味の問題なのである。マックス・ウェーバーの著作は、『宗教社会学論集』(一九二一)、『政治論集』(一九二一)、『社会経済史論集』(一九二二)、『社会学・社会政策論集』(一九二四)、『経済史』(一九二四)、『経済と社会』(一九二五)。

[P.H.]

シェーラー、マックス

❖Max SCHELER 1874-1928

＊『メルロ＝ポンティ哲学者事典』第三巻《肖像》参照。

カッシーラー、エルンスト

❖Ernst CASSIRER 1874-1945

ナチズムの大波へ飲み込まれていくことになる自由主義のドイツにおける最後の知的巨人の一人。ブレスラウで生まれ、文学、数学、哲学を学ぶ。彼は初期においてはマールブルク学派の影響を受ける。マールブルク学派は、物理学や進化論の影響下での実証主義的精神が勝利をおさめた後で、哲学的意識を再興しようとする試みであり、ヘルマン・コーエン(一八四二〜一九一七年)、やナトルプ(一八五四〜一九二四年)らによって率いられていた。カントへの帰還を目指す一八七〇年代の世代は、唯物論的な呪縛を断ち切った。精神は最も厳格な自らの要請の意味を再び見出そうとする。そして、精神は知のすべての特殊領域を統制する純粋論理を夢見るのである。してみると、若きカッシーラーはフッサールよりは少し年下であったが両者とも同じ時代の空気を吸っていたのである。彼は歴史主義の影響を受け、ディルタイの感化も受けた。しかし、彼はコーエンの門下にとどまり続けた。コーエンの下でカッシーラーは、一八九九年に、デカルトの科学批判に関する博士論文を書き上げる。ベルリン大学で講師となり、次に一九一九年からはハンブルグ大学で教えた。ヒトラーの定めた法律によって追放され、まずスウェーデンのヨーテボリに赴くが、一九四〇年以降はアメリカのいくつかの有名大学に迎えられる。一九四五年、コロンビア大学での講演中に急死する。

　カッシーラーの著作を生き生きとしたものにしている中心的思想は、全体としての認識の論理という思想である。しかし、ここで重要なのは概念の単なる分析でもなければ、ヘーゲルのエンチクロペディー的やり方による演繹的、アプリオリな構成でもなく、もちろんフッサールのような抽象的本質に関わる超越論的分析でもない。カッシーラーの認識論は、世界の具体的な表象をその歴史的発展において扱い、認識の主要な構造を再発見しようとする。その構造は、神秘的信仰から厳密な科学という意味で最も仕上げられた形態に至るまでの各年代の知において明確な形で現われている。多様なかたちやイメージのもと、なんらかの意図が再び見出される。その意図は思想と人間の存在の定数を規定している。認識の批判は、さまざまな関数の目録調査となる。その関数のダイナミズムは、伝統的存在論における実体の不動性に取って代わるものとなる。

　そうしたことを考慮に入れると、カッシーラーの主要著作『シンボル形式の哲学』(一九二三―二九)がどのような意図の下で計画されていたかが明らかになる。『シンボル形式の哲学』のうち三巻は、神秘的思考から認識の現象学に至るまでの言語の研究にあてられている。他の著作では、歴史的意識のいくつかの時代の断面図を提示するものがあり、そのなかには例えば大著『個と宇宙――ルネサンス精神史』(一九二七)や『啓蒙主義の哲学』(一九三二)がある。

　カッシーラーの著作は、理解可能性への主知主義的要請に忠実でありつつ、哲学的関心を広げることによって、その要請をより豊かなものとしている。すべての思想は、主要な関数の具現化であり、形而上学は、そのあらゆる資料の主要な精神を形成している象徴の解釈を自らの任務とする。形而上学は、さまざまな時間と空間において現前しようとし、そのようにして、伝統的な合理主義がそこで自足していた概念の悪循環を断ち切るのである。

[G.G.]

ラスク、エミール

❖Emil LASK　1875-1915

　リッケルトとヴィンデルバントの弟子。ハイデルベルク大学で哲学を教え、一九一五年ガリツィアで戦死。主要著作は、『フィヒテの観念論と歴史』(一九〇二)、『法哲学』(一九〇五)、『論理学に「実践理性の優位」なるものありや』『哲学の論理学』(一九一二)、『判断の理論』(一九一三)。ラスクの著作によって、人は新カント派と現象学との対決を目撃することができる。『哲学の論理学』はフッサールの批判に対する回答である。その著のなかで、ラスクは、カテゴリー形式の適用範囲を吟味している。彼は、カントの超越論的なテーゼを理念的対象そのもの、つまり論理形式、カテゴリーにまで拡張し、そのことで、論理学の論理学を構成しようとする。そのように論理学の適用される領域を拡張することによって、合理主義と非合理主義とを統合する見通しをつけることが可能になった。また、アプリオリに多様な層を導入することで、汎論理主義ではないようなロゴスの汎領域を基礎づけることが可能になった（ラスクはヘーゲル流のカテゴリーの弁証法的演繹は拒んだ）。判断の理論は、カントのコペルニクス的転回に忠実に従うとしても、すべての構成的超越論的性格を判断に与えてしまうことは否定する。しかしまた、ラスクは、超越論的領域では主観や意識に道を譲るようなことはしなかった。ラスクにとって、判断とは主観性の表われであり、それは、主観性が客観の超越論的構造を前提とするからこそ可能になっている。否定性と肯定性、真と偽の対立の領域に位置づけられた判断は、対立を超えた存在を仮定し、肯定と否定を超越する純粋な対象を仮定する。それゆえ、ラスクにとって認識とは、観念論的でも実在論的でもない。認識とは、分かちがたく観念的－実在論的なものなのである。

ハルトマン、ニコライ

❖Nicolai HARTMANN 1882-1950

彼がフッサールやシェーラーと同じくらいの名声を獲得したのかどうか、これは考慮すべき問題かもしれないが、公正な問題設定とは言えないだろう。形而上学と批判を同一視することを拒んだため、彼は急速に新カント派から離れた。ハルトマンによると、認識の理論は、存在の形而上学を含んでおり、その理論は本質的には解決できない問題を解決できると主張すべきではないが、一つの問題提起として表われてくる。哲学の仕事とはさまざまな問題を提起することなのである（『認識の形而上学綱要』）。あらゆる探求は、対象の本質的構造を明らかにする記述から出発すべきである。もし、そのことでハルトマンがフッサールに接近するとしても、ハルトマンは、「括弧入れ」や意識を志向的能作に還元することには反対する。意識を超越しそれ自体で存在している対象に、意識は到達する。それを出発点に、ハルトマンは存在論と興味深い倫理学を展開した。『倫理学』、『自然の哲学』など。

[H.D.]

シュパン、オトマール

❖Othmar SPANN 1878-1950

ウィーンの社会学者。社会の形而上学的基礎を分析することを提唱した。彼の観念論的かつ「全体主義的」な見解は、多数の著作で述べられている。主要なものとしては、『真正国家論』（一九二一）、『カテゴリー』（一九二四）、『歴史哲学』（一九三二）をあげることができる。

シェストフ、レフ（レオン）

❖Léon CHESTOV 1866-1938

キエフ生まれ。フランスに移住し、そこで主要著作を発表し死去。ドストエフスキーとニーチェの著作のなかに、『悲劇の哲学』の素描を見出す。それは、人間存在の「不条理さ」を受け入れようとする探求であり、良心の不安を引き受けようとする試みなのである（『生の極限において』『追放の神格化』）。哲学者たちは（フッサールもまた同様に）本質的問題を巧みに避けている。理性は現実を必然的なものに変換し、自由を破壊している。しかし、理性はわれわれのなかの自由へのノスタルジーを押し殺すことはできない。シェストフが目覚めさせ、行動的な意思へと変換しようとしているのは、まさにそのようなノスタルジーなのである。「すべての深遠なる思想は絶望から始められねばならない」。意識は、無知によってのみ逆境を逃れることができる。しかし、その無知こそが哲学的でありたいと望むようにさせるのだ。その哲学は、すぐに英雄的なものになるため、評価するのが難しい。それはあらかじめ批評を挫折させてしまうのだ。いったい誰が卑怯者と思われることをあえて受け入れるだろうか。〔H. D.〕

ベルジャーエフ、ニコライ（ニコラ）

❖Nicolas BERDIAEFF 1879-1948

ロシア生まれ。ロシア革命の数年後パリに移住。彼の思想は、キリスト教の影響が明らかであり、歴史の終末という「ペルソナ」の問題が解決され、人間が自由と精神的再生に到達することになるその時を中心にして整序することができるであろう（『始原と終末、終末論的形而上学の試み』一九四六）。「私は真理に向かっているというより真理から出発している」。そのような歩みは、文明の諸価値に対する根本的な批判と、対象の認識を志向しながらも、まさにそのことによって自らに現実への接近を禁じるような哲学を結果としてもたらしている（『精神と現実』一九四三）。真理とは、それが生きられる場合にのみ価値を持つ。そして反省は主観自身が担うものでなければならない。しかし、主観性は客観化を通じて自己疎外するものであるので超越されなければならない。実存に対して省察することで、人間は「超－主観性」に達するだろう。それは、他者や神と出会う場所なのである（『実存に関する五つの省察』一九三六）。〔H. D.〕

ル・センヌ、ルネ

❖René LE SENNE 1882-1954

エルベウフで生まれパリで死去。最初の著書からアムランの影響を色濃く感じることができる。著作に『哲学入門』（一九二五）。その後、彼は、その影響を脱し、「精神哲学」を発展させる。他に、『義務』（一九三〇）、『障害と価値』（一九三四）、『倫理学概論』（一九四九）、『性格学概論』（一九四九）。

ラヴェル、ルイ

❖Louis LAVELLE　1883-1951

サン・マルタン・ド・ヴィレレアール生まれ。パランキエで亡くなる。主要著作は、『知覚的世界の弁証法』(一九二一)、『存在について』(一九二八)、『ナルシスの誤謬』(一九二九)、『時間と永遠』(一九四五)、『価値論』(一九五一)、『人間の魂について』(一九五一)。

＊一九四一年からコレージュ・ド・フランス教授であり、ル・センヌとも友人で、スピリチュアリスムの系譜に属する。コレージュのメルロ＝ポンティの前任者。にもかかわらずこの程度の扱いであることは、一九五三年に行なわれたメルロ＝ポンティのコレージュ就任講演『哲学を讃えて』(邦訳は『眼と精神』みすず書房に所収)におけるほぼ儀礼的な対応と同様、メルロ＝ポンティの哲学的パースペクティヴの一端を示すものとして見ても興味深くはある。

オルテガ・イ・ガセット、ホセ

❖José ORTEGA Y GESSET　1883-1955

ウナムーノやエウヘニオ・ドルスとともに、ホセ・オルテガ・イ・ガセットは現代スペインの優れた思想家たちの一人である。彼の思想が独断的な理論構成を嫌うという点で、厳密な言い方をするならば、哲学者というよりはむしろエッセイストと言え、彼はその人生において思想と行動を分離したことは一度もなかった。彼は特にドイツのマールブルクで哲学の教育を受けた。カント、ゲーテ、ニーチェ、ディルタイらが彼の精神に深い影響を与えた。ジャーナリストであり政治家として、オルテガは、スペインのさまざまな動乱に積極的に関わった。彼の君主制に対する非難はアルフォンソ十三世の退位の原因の一つとなった。一九三一年スペイン共和国が宣言されると、オルテガは、レオン選出の議員に選ばれる。しかし、まもなく、彼は政権と対立しスペインを離れる。スペインへは内戦後何年かして初めて戻ることになる。彼は人文科学研究所を設立し、雑誌『レヴィスタ・デ・オクシデンテ』は、彼をスペインの若者の指導者の一人とした。それは、フランコ政権によって認められたと言うよりもオルテガの名声のゆえに黙認されたのであった。

オルテガの著作は数多く多様である。彼の思想はなによりも生活世界に関する反省である。「生きること、それは過酷な環境を前にして理性的に考えるざるをえないことである。私とは、私と私の置かれた状況のことである。絶対的とは言えない可能性のある物理的、生理学的法則への人間の本来的信頼によってのみ可能となるようなある種の絶え間ない賭が生なのである」。オルテガの著作はいずれも見事な言葉で書かれているが、私と環境の遭遇の結果としての「状況の」著作以外にはなることを望んではいない。そして、そのことは、なぜその著作が体系的ではないかということの説明にもなっている。著作に『ドン・キホーテをめぐる省察』(一九一四)、『人、仕事、事物』(一九一六)、『無脊椎のスペイン』(一九二一)、『現代の課題』(一九二三)。『大衆の反逆』(一九二八)は、彼の著作のなかでスペインおよび他の国々で最も有名なものとなった。一九二九〜三三年にかけての著作としては、『大学の使命』『内面から見たゲーテ像』があげられる。一九三三〜四一年にかけては『ガリレオをめぐって』『観念と信念』。一九四一〜四七年にかけては『体系としての歴史、付「ローマ帝国史」および索引』。

ヤスパース、カール

❖Karl JASPERS　1883-1969

オルデンブルク生まれ。カール・ヤスパースの著作は、経験のさまざまな水準を深め徐々に越え出て行こうという努力であり、最終的には、きわめて厳密かつ完璧なやりかたで、具体的、歴史的かつ矛盾に満ちた人間の実存を浮き彫りにしようという試みであった。医師として、ヤスパースは、人格の生き生きとした総体のなかで病人個人への関心を持つために、医学に特有の見解を越え出て行く。『精神病理学原論』のなかで、ヤスパースは頻繁にそして効果的にディルタイによる「理解」と「説明」の区別を定式化し使用している。心理学者として、ヤスパースは「世界観」の心理学に「世界観」と並外れた才能を持つ例外的個人の心理学に専心するが、心理主義は拒否する。それは、ストリンドベリ、ヴァン・ゴッホやニーチェ、キルケゴールのような例外者のなかに、実存の形而上学的可能性の最も高度な形での実現と、哲学的反省と個人の行為に対して提示される最も豊かな倫理的な実例を見るためである。ヤスパースの哲学は伝統的な西洋の哲学、特にカント哲学から、厳格さと抽象性を取り入れようとしている。だが、そこにはカント哲学のような客観的絶対的な真理や全体の体系に到達するという幻想はない。そのような幻想は、実存的な選択の自由と「超越的存在」の神秘の前で消え去ってしまう。「哲学すること、それは例外的なものに向けられた視線」であるが、にもかかわらず、それは思惟の厳密さや実存のドラマを犠牲にすることではない。実存範疇の定式化の厳密さは、人間の形而上学的状況に関する抽象的理論に帰着するが、次のような事態を避けることができなければならない。すなわち、心理学では、「可能的実存を特に存在せしめるために経験してゆくこと」だけが重要だ、としたり、宗教では、「超越者の暗号」を通して感じ取ることだけが重要だ、としたりしてはならないのである。挫折と呼びかけは、ヤスパースの哲学を方向づけるテーマである。ヤスパースの大著『哲学』は、古典的形而上学の三つの区分に対応した三つの水準を扱っている。第一巻『哲学的世界定位』は、そのような定位の限界を描いている。すなわち、科学的水準だけでなく経験的水準においても、客観化しうる全体としての世界に到達することができないのである。科学の挫折は、われわれを特異で伝達不可能な実存の限界へと導く、その限界は客観的には説明できず、ただ開明することしかできない。そのような「実存開明」は、第二巻の主題である。そこでは、一つの実存の理論を形作ることよりも、むしろ、各人の心に自由の意味を呼び起こさせつつ、「可能的実存」に訴えかけることのほうが重要なのである。根源的な形で生起してくる実存それ自体を形成しているのは、まさにそのような自由である。相互交渉《コミュニカチオン》のなかで他者の自由と向き合うのは、まさにそのような自由で、それは、死、闘争、罪責などのような歴史性を超えた限界状況に直面して試されることになる。そのような自由こそすべての哲学の起源なのである。根源的に歴史的なものとして、哲学はその著者の実存的選択を表している。そういった理由で、哲学は普遍性を求める意思の挫折を表わしている。しかし、ちょうど科学の挫折や実存や相互交渉の挫折のように、その挫折それ自体が、乗り越え、暗号、呼びかけとなる。その挫折の内に、超越者の神秘的言語が顕れまた隠れる。第三巻『形而上学』は、超越者を前にしたさまざまな実存的態度とその「暗号」を記述している。世界の直接的言葉、神話や宗教の言語、哲学的思惟の言語、それらすべてが、超越者の探求に真剣に関わる実存にとっての暗号となる。あらゆる暗号は最終的には失望を招き、あらゆる探求は挫折することになる。なぜならば、超越者は面と向かっては姿を現わさないからである。しかし、その挫折こそ、正しく経験され了解されるならば、超越者からの真の呼びかけとなるのである。このように、ヤスパースの哲学は、『哲学』の一番最後の語句に完璧な形で規定されているある冒険への招待となるのである。「挫折のなかに、存在を経験すること」。

著作に『精神病理学原論』（一九一三）、『世界観の心理学』（一九一九）、『ストリンドベリとヴァン・ゴッホ』（一九二二）、『現代の精神的状況』（一九三一）、『哲学』（一九三二）、『ニーチェ』（一九三六）、『真理について』（一九五〇）、『哲学入門』（仏訳版一九五一）。 [P.H.]

マルセル、ガブリエル

❖Gabriel MARCEL 1889-1973

パリ生まれ。「キリスト教的実存主義」というのが、マルセルの思想を指すとき最もよく使われる言葉である。おそらく、それは人を欺く呼称であろう。なぜなら、なによりも一つの体系に決して還元されまいとし、そして、その上で、しだいしだいにサルトル的実存主義に反対していったマルセルの思惟の展開こそが重要だからである。むしろ、受肉の哲学、対話の哲学、そして最後になりよりも神秘的なもの哲学をそこに見たほうが、人はマルセルの哲学をより良く理解できるだろう。マルセルは、次のようなものに対して一九一四年の第一次大戦以前から力強く闘ってきた。それは、講壇的観念論、経験的所与から切り離された実存しない無人称的かつ純粋普遍的自我という観念、普遍的で「検証可能な」体系的な知への指向性を持った思惟、言い換えると、客観的に「現実の構造」を定義しその構造について裁断を下す資格があると思いこんでいる」ような思惟である。マルセルはそのような思惟に対抗して経験的所与の非偶然性を立てる。それは、絵の前に立って絵を見つめるのとは違い、それと向き合おうとする哲学が決してその前で立ち止まることができないような現実に拘束された主体という観念である。マルセルにとって実存は受肉によって定義される。受肉とは、私と私の身体とを結びつける本源的関係であり、客観性の用語では説明できないものであり、そこでは、たとえば道具の観念と技術の観念のような主観と客観の対立が乗り越えられてしまうことになる。「受肉しているとは、そこでは、身体、個々にこのようにある身体が自己自身と一体化しているわけでもなく、また、自己と区別されているわけでもない、ということだ。同一化と区別は、相互関係的な作用であるが客体の領域においてしか働かない」。受肉を形而上学的反省の中心的な徴表とし、「私の身体」を、それなくしては世界も実存も私に対して意味を持たなくなるような媒体と見なすような思惟。それは、また同時に、その思惟にとって根底では同一である問題となるものと技術的なものに対して異議を唱える。その思惟にとっての敵は、常につながりを欠き具体的なものへの愛着を欠く抽象的で無人称的な主体である。「ひと」は、認識論的主体であるのと同様に技術を持つ人間として、一般的な思惟に立脚していると見られる。マルセルが、最初の『形而上学日記』のなかで観念論の抽象的思惟に異議を唱えたとき、そしてまた、今日、技術により人間性を失った人間に異議を唱えるとき、まさに具体的なものからの要請と受肉の経験の名においてそうするのである。

そのような受肉の思想は、傍観者としての視点を放棄したのだから、普遍性や検証の要求も断念する。神も他者ももはや客体として表われることはない。『形而上学日記』のなかでは、信仰の行いの可能性についての思索が深まるにつれて、神はますます、「検証不能な絶対者」として表われてくる。しかし、その検証不能性とは、不可知のものと解釈すべきではない。それは客観的思惟がぶつかる限界なのであり、それどころかそれは「超－問題的」なものとして浮かび上がってくる。検証不能な絶対性という否定的概念から、人は「絶対の汝」の概念へと移行する。他者の存在と同様に、神の存在は人格間の対話、交渉においてのみ開示される。そこでは、客観的・技術的思考は、ある臨在を現実に証言し認識するもの、つまり「創造の証し」である肯定へとその座を譲ることになる。自らの哲学的著作と平行するかたちで、マルセルがつねに演劇によって自己表現することで生き生きとした人物を創造したいという欲求を抱いていたのは偶然ではない。なぜならば、演劇とは対話であり、そのことは、その純粋さ、人間関係、登場人物の謎において明らかになるのである。マルセルの好んで引用するE・M・フォースター流の言い回しに従えば、「絶対的なものがそこに映る鏡を与えてくれるのは個人的な生ただそれだけである」、マルセルがつねに考えてきたのはそのような生なのである。もし、神の存在と人間の存在が互いに、「汝とわれわれ」の経験においてのみ知られるとしたら、それは、マルセルが次の二つの大きな関心を決して分離しなかったからであろう。一つは、「存在からの要請」、もう一つは「その特異性においてと同時に、それら諸存在を結びつける神秘的関係においても把握されるような諸存在からの強迫観念」である。マルセルは次のように述べている。「われわれは個体的存在をそのものとして知れば知るほど、ますます存在する限りでの存在の把握に対して方向づけられ向かわせられることになるだろう」。

このようにして、彼の著作のすべての方向性、まさに哲学とはまったく異質であるように見える方向性は、マルセルの言う「存在論的神秘」の認識へと至る。そこで重要になるのは、有名な「問題と神秘」の区別である。「神秘とは、それに固有の所与を浸蝕していくような問題」であり、それゆえ主観と客観の対立を乗り越え、思惟はそれを自らの光景とすることができない。なぜならば、思惟がそれに開かれている現実、思惟の参加している現実、それによって思惟が所有され、構成されている現実が重要であるからだ。理論的客観的であるような「第一の反省」に対して、自己と第一の反省の諸条件とに立ち返る「第二の反省」が対置される。しかし、その第二の反省は、分かちがたく結びついた受容性と能動性、参与と肯定を形成するために、理論的枠組みを超出し、存在と認識の対立を超え出て行く。相互交渉の神秘と認識の神秘、家族の神秘、死の神秘。大地や生と人間との間の神秘的関係があり、それと同様に、存在論的肯定性への承認がある。存在論的肯定性とは、信仰と瞑想においてのみ明らかになるものであり、哲学の次元においては「存在の神秘」の名を名乗っているにせよ、ガブルエル・マルセルその人にはまさしく宗教的な光を示すものなのである。

著作は『形而上学日記』（一九一四－一七）、『存在と所有』（一九一八－三三）、『こわれた世界、付論として「存在論的神秘の定立とそれへの具体的接近」を含む』（一九三三）、『拒絶から祈願へ』（一九四〇）、『旅する人間』（一九四四）、『人間、それ自らに背くもの』（一九五一）、『存在の神秘』（一九五一）。

[P.H.]

ヴァール、ジャン

❖Jean WAHL　1888-1974

マルセイユ生まれ。ソルボンヌで、純粋哲学を教える。主要著作は、『デカルト哲学における瞬間の役割について』『具体的なものへ』（一九三二）、『キルケゴール研究』（一九三八）、『形而上学概論』（一九五五）——この著については「現実存在と弁証法」というそのなかの一つの章のタイトルのほうが表題としてはふさわしいかもしれない。

ハイデガー、マルティン 1889-1976

❖Martin HEIDEGGER

メスキルヒに生まれる。バーデン州で、イエズス会の神父になる勉強を始め、ブライスガウのフライブルク大学でリッケルトのもとで研究を続ける。その後フッサールと親交をもつ。

一九一六年に教授資格論文『ドゥンス・スコトゥスの範疇論と意義論』の口頭試問を受けた後、『哲学および現象学研究年報』の共同編集者となる。一九二三年に、マールブルク大学の教授となる。そこで一九二七年、彼の最も著名な著作である『存在と時間』の前半を発表する。その後すぐに、フライブルク大学に戻り、一九三三年に、フライブルク大学総長となる。一九五二年には、「名誉教授」となる。結婚し家族をもったハイデガーはフライブルクとシュヴァルツバルトのトートナウベルクの山荘を行き来して過ごしている。

＊『メルロ＝ポンティ哲学者事典』第三巻《肖像》参照。

ヘリング、ジャン 1890-1966

❖Jear HERING

アルザス生まれ。ストラスブール、ハイデルベルク、ゲッティンゲン、パリで学ぶ。

一九三六年、神学博士。ストラスブール大学プロテスタント新学部教授。彼の著作のなかでは少なくとも次のものをあげねばなるまい。『現象学と宗教哲学』（一九二六）、『神の王国とその到来』（一九三七）。

カウフマン、フリッツ 1891-1958

❖Fritz KAUFMANN

ブライスガウのフライブルク大学で学ぶ。著作に『ヨルク・フォン・ヴァルテンブルク伯の哲学』（一九一八）、『美的感興の意味』（一九二九、フッサール記念論集）、『創造としての言語』（一九三四）。

レーヴィット、カール 1897-1973

❖Karl LOWITH

ミュンヘン生まれ。一九二八年にマールブルクで研究指導学位を得る。一九五二年以降、ハイデルベルク大学教授。著作に、『共同存在の現象学』（一九二八）、『ウェーバーとマルクス』（一九三二）、『キルケゴールとニーチェ』（一九三三）、『ヤーコプ・ブルクハルト』（一九三六）、『ヘーゲルからニーチェへ』（一九四一、第三版一九五三）、『世界史と救済史』（一九五三）、『ハイデガー――乏しき時代の思索者』（一九五三）、『ニーチェの哲学』（一九五六）。

＊経歴からもわかるように、ハイデガーの弟子であったが、比較的早期に離れていく。一九三六年から一九四一年まで、東北大学でも教鞭を執り、日本とも馴染みが深い。

ファーバー、マーヴィン

❖Marvin FARBER 1901-1980

生まれ故郷であるバッファロー大学教授。著作に『現象学の基礎』（一九四三）。フッサールに関する多くの研究を行ない、国際現象学会を組織する。

フィンク、オイゲン

❖Eugen FINK 1905-1975

コンスタンス生まれ。長期にわたりフッサールの助手および協力者をつとめる。『カント研究』と『国際哲学誌』に、後期フッサール思想を解明する主要諸研究を発表する。第二次大戦後、ブライスガウのフライブルク大学教授。弁証法的哲学へ向かいつつあるように思われる。

サルトル、ジャン＝ポール

❖Jean-Paul SARTRE 1905-1980

パリ生まれ。海軍将校であった父はサルトルが二歳の時に亡くなる。最初の教育をアンリ四世校、次いで一九一七〜一九年まで、ラ・ロシェルのリセで受ける。一九二二年、大学入学資格を得て、一九二四〜二八年まで高等師範学校で学ぶ。一九二九年にアグレガシオン（一級教員資格）を取った後、トゥールで気象観測員として兵役に就く。一九三一〜三六年、ル・アーブルで当地のリセで哲学を教えるが、その間、ベルリンのフランス学院に留学。その時期で特筆すべきは、最初の著作『想像力』である。一九三七年に、当時在住のランから、パリへと呼ばれ、一九四二年までパストゥール校で教鞭をとる。その間の経歴の中断は兵役招集によるもののみであった。一九四二〜一九四四年までは、コンドルセ校の高等師範学校受験準備学級を教える。一九彼の主著『存在と無』が発表されたのはその時期であった。一九四二年四五年に、サルトルは、休暇を願い出て与えられる。一九四二年の『蠅』が、彼の劇作家としてのデビュー作であった。サルトルは、『蠅』（映画の脚本によって有名になったのだが）を、「自己形成しようとしている登場人物を描くことができるような限界状況」として、特徴づけている。『出口なし』が書かれたのは一九四四年であった。『汚れた手』のなかで、サルトルは、「ある若い女性の苦悩を描きたかったのであり、彼女はまったく共産主義的な憤慨を抱いているにもかかわらず、彼女の受けいれてきた自由主義的な文化のせいで共産党に加わることができないでいる」。サルトル自身は共産党には加わっていない。だが、「まったく内容を欠いた自由というものを原理とし、それを擁護することに基づいた反共産主義の愚かさ」を確信していた。彼の考えでは、「労働者階級のイデオロギーはわれわれの時代の人間に対して、彼ら自身と世界についての拒否しようのないヴィジョンを与えている」のであり、「ブルジョア思想が死滅してからは、マルクス主義だけが人間と作品と出来事を理解するのを可能にさせてくれる」のである。『レ・タン・モデルヌ』を創刊し、運営する。

＊『メルロ＝ポンティ哲学者事典』第三巻《肖像》参照。

アロン、レイモン 1905-1983

❖Raymond ARON

フランスにおいて、哲学と歴史の現代的問題を提起。『歴史哲学入門』（一九三八）、『歴史の批判的哲学』（一九三八）を著わす。その後の主要著作は、『大分裂』（一九四八）、『絶え間なき戦争』（一九五一）、『知識人たちの阿片』（一九五五）。

＊サルトルに現象学を紹介した逸話が有名。

ボーフレ、ジャン 1907-1982

❖Jean BEAUFRET

オーザンス生まれ（クルーズ県）。きわめて早くから現象学とハイデガー哲学に関心を抱く。『実存主義について』（一九四五）。『ハイデガーと真理の問題』（一九四七）、『パルメニデスの詩への注釈』（一九五五）。

＊ハイデガーと直接交流していた人物で、ハイデガーの『ヒューマニズムを超えて』執筆の機縁を作った。

ギュスドルフ、ジョルジュ 1912-2000

❖Georges GUSDORF

ボルドー生まれ。ストラスブール大学教授。『自己の発見』『犠牲という人間的経験』（一九四八）、『道徳的存在』（一九四九）、『言葉』（一九五二）、『神話と形而上学』（一九五三）、『形而上学概論』（一九五六）。

リクール、ポール 1913-2005

❖Paul RICOEUR

ストラスブール文学部哲学史教授。『ガブリエル・マルセルとカール・ヤスパース』（M・デュフレンヌとの共著、一九四八）。リクールは、フッサールの『イデーン』をフランス語に翻訳し、注釈を付けている。彼の最も重要な著作は『意志の哲学』（一九四九）であろう。彼は、特に『エスプリ』に掲載された一連の論文を一冊の書にまとめた。それが『歴史と真理』（一九五五）である。

＊『メルロ＝ポンティ哲学者事典』別巻《肖像》も参照のこと。

学派に属さない人々

ゴーティエ、ジュール・ド

❖GAULTIER Jules de　1858-1942

「道徳感情」に関する数々の幻想と価値の問題を哲学から追い払うというニーチェ的な関心が、彼の努力の独創性を形づくっているが、またその限界をしるしづけてもいる(『カントからニーチェへ』一九〇〇)。ゴーティエが哲学を志すようになったのは、かなり後のことであり、当初は文芸雑誌『メルキュール・ド・フランス』に寄稿していた。彼はフロベールから『ボヴァリー主義』(一九〇二)という考えを取ってきた。「ボヴァリー主義」とは、次のような意識の法則そのものである。「存在は必ず実際の姿とは異なる自分を思い浮かべるというのが存在の原理であり」、意識を無に帰してしまう絶対的真理をめざすどんな認識からも逃れるものだ。フロベールがすでに愚かさは結論づけることにあると述べていたが、「形而上学的な感情」は、信じて結論づけることを望むのではなく、道徳的な気遣いから一切解放され、変化の流れに開かれ、劇的な見通しに身を委ねることを望む。この見通しの唯一現実的な活動は、思惟のうちに見出されるのだ。『道徳への依存』(一九〇七)と『形而上学的感情』(一九二八)を挙げておこう。　〔H.D.〕

ブルンナー、コンスタンティン

❖Brunner CONSTANTIN　1862-1936

ハンブルク近郊で生まれ、亡命先のハーグに没する。フランスではまだあまり知られていない彼の仕事には、数多くの批評作品や哲学的な著作が含まれている。これらの著作に共通して、芸術・哲学・神秘学を「精神的生の三つの現われ」と定義しようとする彼の努力が表われている。この三つの現われは、一つの根から発しており、神秘学は哲学と芸術の至高の本質と見なされる(『われわれのキリスト』一九二一)。人間とは、自己本位に自己自身の破滅を追い求めるような動物である。人間が思惟や行動によって自然本性から逃れているつもりになっているのは、人間が真実の姿、すなわち『仮面を剝がされた人間』を恐れているからに他ならない。「われわれが自我や『世界』と呼んでいるつくりあげられた幻想」、「人間のうちなる神という幻」に対する批判のあとで、ブルンナーは人間の起源そのもの、「われわれのうちで人間となるもの」に至ると主張する。こうしたありかたは、ミケランジェロの像にうかがえよう。「眠気のけだるさのなかで、像たちは、自らの本質へと遡るように思われる」(『芸術、哲学、神秘学』)。　〔H.D.〕

アラン（本名エミール＝オーギュスト・シャルティエ） 1868-1951

❖ALAIN (Emile-Auguste Chartier)

アランという通称は、十五世紀以来のブルターニュ地方特有の名前からとられている。彼はモルターニュで生まれ、その地で中等教育までを修めたあと、アランソンとヴァンヴの高校を修了。このヴァンヴの高校で彼は師ジュール・ラニョーに出会うことになる。ラニョーは「自分がかつて出会った人のなかで類を見ない偉大な人物だった」とアランは述べている。後年、アランの聴衆の一人の証言によると、「シャルティエ先生がラニョーを引用するとき、彼の声は異様なほど変化した。彼はいっそうゆっくりと語り、厳かなほど物思いに耽りながら語った。魂の奥底から溢れ出る深い敬意の念から彼の精神がへりくだっているのを感じたものだ」（ブリドゥの証言）。一八八九年、高等師範学校に入学。一八九二年に哲学の教授資格を得ると教師の道を歩み始め、まずはポンティヴィー、次いでロリオン、最終的にはルーアンの中学で教鞭をとる。一九〇二年パリに招聘され、コンドルセの後にヴァンヴのミシュレ高校で教え、一九〇九年から（一九一四年から一九一七年の大戦時の中断を挟んで）、アンリ四世高校の少年たちとセヴィニエ中学の少女たちに教える。第一次大戦勃発時四十六歳であったため動員の対象とはならなかったが、アランは自分で判断できるようにと志願して入隊した。『マルス神あるいは裁かれた戦争』と『戦争の思い出』は彼の従軍経験の証言である。六十五歳で引退してヴェズィネに退いたのち、文学の国家大賞を授与されて数週間後に亡くなった。

＊『メルロ＝ポンティ哲学者事典』第三巻《肖像》参照。

プラディーヌ、モーリス 1874-1958

❖Maurice PRADINE

一九三七〜一九四一年、ソルボンヌ大学教授。著書に『行為の諸条件批判』第一巻『システムの来歴と進化によって産み出された道徳的錯誤』、第二巻『行為の哲学全般の原理』（一九〇八）、『感覚の哲学』（一九二八－三四）、『宗教の精神』（一九四一）、『一般心理学概論』（全三巻、一九四三－四六）。モーリス・プラディーヌの仕事をもっぱら心理学的なものと定義することは二重の意味で誤解を与えることになる。彼が心理学的な問いに関心を注いだのは、道徳的な問題から出発することによってであり、彼が哲学的な主題、精神の建築的な活動という主題を見出すのは、生物の分析から出発することによってであったからだ。「心的活動を定義するにふさわしいと誰もが考える力に対し、それに固有で内在的な知を認めるやいなや、人は哲学に足を踏み入れるのだと思われる。そしてまさにこの意味で哲学的な発想はわれわれの調査全体を支配しているのだ」。アリストテレスの質料形相論の系譜に連なるこの哲学的な発想は、思惟と質料が互いを含みこむという考えであり、その結果、生物学的な事柄は心理学的な事柄の基礎的な形態と見なされる。そこには「かつて感覚のうちになかったものは何も、知性のうちにはない」という感覚主義的な原理にかえて「かつて知性のうちになかったものは何も、感覚のうちにはない」という原理をたてるような視点の逆転があるのだ。こうした逆転には、現象学的分析とゲシュタルト心理学の分析を統合するという利点がある。ある対象や意識が志向的であると同時に構造化されているということは、何ら驚くべきことではない。なぜなら「感覚はある意味で知能である」からだ。ここでは物質と精神という古典的な二元論の二項が同一視され、そしてそれは（プラディーヌ氏がベルクソンのことを深く考えたがゆえに）固定化とはならない同一視なのだが、プラディーヌ氏はこの同一視を、彼の仕事の方針に則って、これまた古典的な二項対立である自然と道徳性に対しても行使した。この対立は、行為においては成り立たない。行為は完全に合理化されないまま、認識手段であると同時に合理性の創出にもなっているからだ。「行動するには動機がある。けれども動機を創り出すのは行動なのだ」。もし動機が「真実の遡行的な運動」によって必ず自分自身に先行するものとして考えられるなら、また、もし人間の合理的な構成が発生的な観点からして、明らかに合理的でないものから生み出されるなら、理性の自然への内在と、自然の道徳性への内在という二重の内在は、ストア派の言う「自然に従え」に近い考えということになる。実際プラディーヌ氏もそうしたストア派の考えに対する共感を隠すことがない。ただしこのようにして見出された自然と道徳の統一性を、分析しつつより明瞭にするという課題が残っている。この統一性はモラリストによって見出され、心理学者によって分析されることになる。確証された静観するところで道を迷わないように願う精神は皆、分析を必要とする。同一なままにとどまりながら、物質と精神という二つの概念へと分化する特権的な概念は、傾向である。傾向という概念はライプニッツやメーヌ・ド・ビランに由来する概念であり、意識の動的な発想を表わすものであった。傾向は、リボーによれば「現象の心理学的側面と生理学的側面を包括するという利点」をもつ語である。ジャネやフロイトやビュルルーがこの語の意味をより正確なものにした。プラディーヌは、傾向という語にほとんど認識論的な意味あいを帯びさせることで、より豊かな意味を与えている。つまり動的でも表象的でもある傾向という概念は、動物性と人間性のあいだに位置づけられる。理念的に考えられた「純粋な」状態で傾向というものの存在が示されるのは、自発的な意識という水準における心理的なものの優位を明らかにすることによってである。例えば感覚という水準においては、傾向が示しているのは思惟することができる知性の出現である。そのとき、潜在性は新たな次元における価値を獲得する。なぜなら「われわれの思惟が感覚から生じるためには、われわれの感覚そのものが思惟であるのでなければならない」からだ。こうした主張は、精神の本質的な異種混交性を肯定する点で古典的な合理主義と対立するが、それと同時に精神を感覚の「所産」と見なす点で心理学的な感覚主義とも対立する。合理主義と感覚主義からのこの二重の断絶は、心理学的な総合理論、精神活動を三つの平面（自動運動、記憶、思惟）にわける一覧表を与える階層理論に至る。これら三つの平面はどれも他の平面から根底的に切り離されているわけではない。三つの平面を特徴づける方法は、発生的な方法でしかありえない。ここで発生ということで考えられているのは、「精神は自らが生み出すもののうちにあると同時に自らが用いるもののうちにある」という事態、精神が「傾向づけられた自律的な運動の条件」であると同時に、「理性的作用による情動作用の恒常的な乗り越え」であるという事態なのだ。

ナベール、ジャン

❖Jean NABERT 1881-1960

カント主義の深い考察（とりわけ『自由の内的経験』一九二四）から出発し、『倫理学要綱』（一九四三）から、具体的な道徳と形而上学に向かった。

＊反省的分析による主観性の究明を課題とする「反省哲学」を代表する思想家であり、リクールらに大きな影響を与えた。『悪についての試論』（一九五五）など。

シュペングラー、オズワルド

❖Oswald SPENGLER 1880-1936

「普遍史の形態学」を展開することを目指した。ただしシュペングラーにおいてこの考えは、やや曖昧な生物学的比喩以上のものではない。著作としてはとりわけ『西洋の没落』（一九二二—二三）、『人間と技術』（一九三一）、『決断の時』（一九三三）がある。

＊ヘラクレイトスについて学位論文を著わし、文芸批評の道に入る。『西洋の没落』出版後は、政治家となる。

カイザーリンク（伯爵）、ヘルマン

❖Hermann KEYSERLING, comte de 1880-1946

一九三三年のドイツが躊躇しつつ棄却した「意味の形而上学」、歴史哲学、叡智などを展開した。著作は『ある哲学者の旅日記』（一九一九—二三）、『ヨーロッパのスペクトル』（一九二八）、『アメリカ』（一九三〇）、『南アメリカ考察』（一九三二）、『起源についての書』（一九四七）。

シュプランガー、エドゥアルト

❖Eduard SPRANGER 1882-1963

ベルリンでディルタイとパウルゼンから学び、ライプツィヒ、ベルリン、チュービンゲンで教鞭をとる。ディルタイ、ルソー、リッケルトに影響を受け、以下の著作を刊行した。『哲学と

世界観』（一九一〇）、『文化と教育』（一九一九）、『生の諸形式』（一九二一）、『文化形態学の諸問題』（一九三六）、『魂の魔術』（一九四七）。

バシュラール、ガストン

❖Gaston BACHELARD 1884-1962

「われわれ自身が客観的であると信じるためには、一つの対象について語るだけで充分である」。『火の精神分析』のこの書き出しは、われわれがバシュラールの仕事をあたかも一つの仕事であるかのように語らねばならないとき、用心を促してくれるありがたい一節である。そのようなときには、バシュラールの仕事がわれわれのうちに知への欲望をかき立てたり、世界を前にした驚嘆を呼び覚ましたりするということが忘れられかねないからだ。世界は思いがけないさまざまな感覚のもとで体験されるが、そうした感覚は、対象とわれわれによる対象の認識とを原初的な価値づけでもって豊かにする。この価値づけの魅力が、一見すると最も単純な作用に喜びを、それも創造するという喜びを抱かせるのだ。もともとガストン・バシュラールは物理学と哲学を同時に学んでいたので、彼の仕事の一部が、同時代の科学の進展によって認識論に提起された諸問題の考察にさかれているのは当然のことである。科学的な哲学に関するバシュラールの意図は、一言でいうなら、「思惟を弁証法的なものにすること、そしてこの思惟の弁証法化によって最終的に、具体的なものは与えられるというよりも構築され、機械論の明晰な概念は単純というよりも恣意的ないし便宜上簡略化されたものであるという事実を理解すること」にある。理論的な合理主義においては主体と対象との超越論的関係が不動なものとされ、まさにそのことによって容易に支配的なものともなっているが、この神話から脱して、経験が教えてくれるものを受け入れることが肝要なのである。ただし経験の教えとは、「現実のありのままの私を見ないようにする」ための実験による教えなのではない。こうした定式化の明白な意味は、バシュラールによる論争に衝撃的な価値を与えている。実際、重要なのは論争であり、この論争は無気力でいい加減になってしまっている精神を目覚めさせ、合理主義の「意味」に変化を与え、デカルト的な認識論から非デカルト的な認識論へと移行させることを目的としているのだ。科学一般ないし何らかの学問の価値を認めないのでは決してなく、要するに「不満」を覚えることを学び、外見上は単純な概念を曖昧なかたちで適用することに満足しないようにするのだ。こうした概念は確かに大雑把な認識、「巨視的な」認識という段階においては有効であるし、有効であり続けるが、量子力学に取り組むときには必然的に手放さねばならなくなる。というのも周知のように量子力学においてはハイゼンベルクの不確定性原理が事物の構成そのもののうちに確率を導入しているからだ。物理学全般の土台である確定性は、同一の瞬間において宇宙全体の正確な状態を知ることができるような無限の知性がもつ可能性という幻想に属している。相対性と非決定論はあらゆる真理の全面的な否定に至るのではない。そんな帰結はそもそも相対性と非決定論の規定に反することになろう。むしろ相対性と非決定論は、それらの必然性を意識する思惟のうちに、生、歴史、危険を導入する。こうした危険をバシュラールは異なる領域、すなわちシュールレアリストたちによって繰り返し読まれていた『マルドロールの歌』の著者ロートレアモンの読解入門においても冒している。またバシュラールが「客観的精神分析」で用いた一連の四元素に関してもそうだ。このような分析を通じて彼は、「開放的な詩的精神と寡黙な科学的精神」の融合が形づくられること、要するに、対象への共感や夢想がもつ魅力をよく知った後で、こうした魅力に抵抗することは哲学者にも禁じられているわけではないということを示した。

バシュラールの著作は、『新しい科学的精神』『適応合理主義』『近似的認識試論』(一九三四)、『否の哲学』(一九四〇)、『大地と休息の夢想』『大地と意志の夢想』『空と夢』『水と夢』。

＊フランスの科学哲学者。『否定の哲学』(白水社)をはじめ数多くの著作が邦訳されている。

スーリオ、エティエンヌ

❖Etienne SOURIAU　1892-1979

ソルボンヌ大学教授。著書に『哲学的創設』、最近では『神の影』(一九五五)があり、加えて美学に関する多くの作品がある。

＊『哲学的創設』では、哲学固有の創造行為に光をあて、「崇高芸術」への考察を行なっている。

フォーレ＝フルミエ、フィリップ

❖Philippe FAURÉ-FREMIET　1889-1954

独特な思想家。著書に『現実の再創造と曖昧さ』(一九四〇)、『無次元的な宇宙と質的生』(一九五二)がある。

＊音楽家ガブリエル・フォーレの息子。

グルニエ、ジャン

❖Jean GRENIER　1898-1971

リール大学教授。アランの教えに影響を受け、独自の道を辿って実存哲学を見出す。著書にはとりわけ『正統性の精神』(一九三八)、『選択』(一九四一)がある。

＊一九三〇〜三八年までアルジェのリセで哲学の教鞭をとり、このときの教え子カミュとの間で『カミュ＝グルニエ往復書簡』(一九三二–六〇、一九八一)が刊行されている。他に『孤島』(一九三三)、『存在の不幸』(一九五七)、『地中海の瞑想』(一九四一)など。

ライル、ギルバート

❖Gilbert RYLE　1900-1976

オックスフォードで学び、教授となる。一九四七年から雑誌『心』の編集長を務め、自らも論文と書評を寄せる。とりわけ『心の概念』(一九四九)と『ジレンマ』(一九五四)という二つの著作によって名声を博した。

＊分析哲学の立場から、厳密な概念分析によって旧来の哲学的ジレンマから脱却すべきことを説いた。

クイントン、アンソニー

❖Anthony QUINTON　1925-2010

ケントに生まれる。ゴールド・コースト大学の講師から出発し、ニューカレッジのフェローとして現在オックスフォードで教鞭をとる。雑誌『心』と『分析』に多くの論文を寄稿。彼の『現代イギリス哲学』が一九五七年に出版予定とされている。

＊政治学にも関わり、『不完全性の政治学』(一九七八)を執筆。ここに予定されていた『現代イギリス哲学』は、その後出版されておらず、結局一九七一年になってから、ブライアン・マギーとの共著で刊行されている。

ジェソップ、トーマス=エドモンド

❖Thomas-Edmund JESSOP　1896-1980

ヨークシャーのハダスフィールドに生まれる。ハル大学教授。スコットランド哲学書誌の決定版を著わし、バークリの作品の校訂版を出版した。

ジャンケレヴィッチ、ウラジミール

❖Vladimir JANKÉLÉVITCH　1903-1985

音楽学者、作家であると同時に哲学者。ベルクソンが称賛した『ベルクソン』(一九三一)の著者。その後、とりわけ『イロニー』(一九三六)、『悪』(一九三七)、『徳論』(一九四九)を著わす。

＊ベルクソンの哲学から出発して、「慈愛」と「正義」の緊張と相補性にもとづく道徳哲学を構想した。戦時中はユダヤ人子弟として公職から追われ、トゥールーズでレジスタンス活動に従事。戦後も放送講座「ラジオ・ソルボンヌ」や社会活動を通じて、市井の人々にも大きな影響を及ぼした。『メルロ=ポンティ哲学者事典』別巻《肖像》参照。

リュイエ〔リュイエール〕、レイモン

❖Raymond RUYER　1902-1987

ナンシー大学教授。著書に『意識と身体』(一九三七)、『心理生物学要綱』(一九四六)、『価値の世界』(一九四八)、『新目的原因説』(一九五二)。

＊一方では、『サイバネティックスと情報の起源』(一九五四)を論じるとともに、他方では、宗教や神についても考察した(『諸宗教の神と科学の神』一九七〇)。

ティボン、ギュスターヴ

❖Gustave THIBON　1904-2001

彼の最もよく知られた作品は、『ヤコブの梯子』(一九四二)と『診断』(一九四六〔正しくは一九四〇〕)である。人里離れたところの農民であったティボンは、シモーヌ・ヴェイユの師の一人であった。

ローゼンバーグ、ハロルド

❖Harold ROSENBERG　1906-1978

アメリカ合衆国で詩集一冊と政治、詩、絵画についての多くの論文を発表。政治哲学に関する彼の論考のうちの幾つかは、雑誌『現代』に仏語で発表され、それにふさわしい反響を呼び起こした。かつて彼ほどに、マルクスの思想を〈時間〉の織り成すドラマの解明であり、真理へ移行する決断とみなした者はいなかった。

フィリオザ、ジャン

❖Jean FILLIOZAT　1906-1982

パリに生まれる。著書に『インドの魔神学研究』『国立図書館サンスクリット文献蔵書目録』『インド研究』(一九四九−五三)がある。医学博士でもあったこの東洋学者は、『魔術と医学』(一九四三)、『医学と魔術に関するクチャの断片』(一九四八)、『インド医学の古典教義。その起源とギリシアにおける対応物』(一九四九)、L・ルヌーとの共著で『古代インド――インド研究便覧』(一九四九)を出版している

カルタンマルク、マックス

❖Max KALTENMARK　1910-2002

ウィーンに生まれる。中国に長らく住み、北京で『波浪の調教師』や『列仙伝』(古代道教の仙人の伝説説話集)を著わした。

＊高等研究院教授。マルセル・グラネの影響を受けて神話学を志し、アンリ・マスペロとともに道教を研究した。

ゴルトシュミット、ヴィクトル

❖Victor GOLDSCHMIDT　1914-1981

レンヌ大学文学部教授。著書に『クラテュロス試論』(一九四〇)、『プラトンの対話篇――構造と対話的方法』(一九四七)、『プラトンの対話術における模範』(一九四七)、『プラトンの宗教』(一九四九)がある。最近の研究書『ストア派の体系と時間の観念』(一九五三)においては、ストア派の哲学に、彼がブリュッセルの第十一回国際会議(一九五三)の研究発表で定義した構造の方法を適用している。

ヴィニョー、ポール 1904-1987

❖Paul VIGNAUX

高等研究院の主任研究員を務めた。著書に『十四世紀における義化と予定説』(一九三四)、『聖書(Livre I, Distinction XVII)の注釈者ルター』(一九三五)、『中世思想』(一九三八)、『十四世紀における唯名論』(一九四八)がある。

*フランス・サンディカリズム(労働組合運動)推進者の一人。

ル・ロワ、ジョルジュ 1904-1968

❖Georges LE ROY

パリに生まれる。ディジョン大学文学部教授。最近コンディヤックの哲学的著作を紹介。デカルトの『精神指導の規則』を一九三三年に、『コンディヤックの心理学』と『メーヌ・ド・ビランにおける努力と恩寵の経験』を一九三七年に出版した。

アルブース=バスティード、ポール 1899-1985

❖Paul ARBOUSSE-BASTIDE

オラス(ガール県)に生まれる。未公刊だったコントからセレスタン・ド・ブリニエールへの手紙を出版(一九三一年)。『オーギュスト・コントの哲学における普遍的教育説』(全二巻)、『ブラジルにおける政治的・宗教的実証主義』を準備中。

*準備中の二作は、その後、彼の博士論文のそれぞれ主論文・副論文となり、前者は一九五七年に出版されるが、後者は未刊のままである。

カヴァイエス、ジャン 1903-1944(銃殺)

❖Jean CAVAILLÈS

初期の著作、『公理的方法と形式主義——数学の基礎づけ試論』『抽象的集合論の形成に関する考察』(一九三七)、『算術の無矛盾性』(一九三八)、『論理学と科学理論について』(獄中で書かれ一九四七年に出版)のうちに、カヴァイエスの充実し、勤勉で、直接的かついかなるものにも依存していない思惟が見出される。こうした思惟によって彼は、類まれな対話者となり、豊かで深遠、具体的な事柄にも合理的な事柄にも注意を払う作品を書くことができたのである。しかし、カヴァイエスは諜報活動を取り締まるドイツの部隊に逮捕されてしまう。その数週間前、彼はある友人に述べていた。選択肢はそのとき、闘う以外になかったのだ、と。

カンギレム、ジョルジュ 1904-1995

❖George CANGUILHEM

アランに教えを受け、(生物学的な意味での)生についての考察にうちこむ。『正常なものと病理的なものをめぐる諸問題についての試論』(一九四三)、『生の認識』(一九五四)、『十七－十八世紀における反射概念の形成について』(一九五五)。

＊ソルボンヌとパリ大学科学史・技術史研究所で教鞭をとり、生物学と医学に関する重厚な認識論的考察を残した。科学の用いる概念の内実がいかに変化したのかを科学理論に内在的な観点から研究するフランスの科学認識論（エピステモロジー）の基盤を築き、ダゴニェ等の生命哲学者のみならず、フーコーなど多くの思想家に影響を及ぼした。

コルバン、アンリ

❖Henry CORBIN　1903-1978

テヘランのフランス＝イラン研究所のイラン学部長を務めた後、高等研究院主任研究員となる。出版物としてはとりわけ、マルティン・ハイデガー『形而上学とは何か』（付『存在と時間』抜粋）の仏訳（パリ、一九三八）、『アヴィセンナと幻視的物語』（全二巻、テヘランおよびパリ、一九五四）があり、また『エラノス年報』（チューリッヒ）に寄せた多数の重要な論考、例えば『ゾロアスター教とイスマイル派における循環的な時間』がある。

＊パリで哲学を学び、エティエンヌ・ジルソンに師事。一九三三年にカール・グスタフ・ユングやルドルフ・オットーらが中心となって組織した宗教・神話・哲学研究のための「エラノス会議」に一九四九年より毎年参加し、ユングらと親しく交わる。一九七四年、イェルサレム聖ヨハネ大学（ユダヤ教、キリスト教、イスラームの専門家が毎年集まる国際比較哲学研究センター）を創設した。

サヴァン、モーリス

❖Maurice SAVIN　1905-1978

グルノーブルに生まれ、一九二三年から一九二七年のあいだアンリ四世高校でアランの教えを受ける。現在、アンリ四世高校とルイ・ル・グラン高校の高等師範学校受験級で哲学を教える。アランと親しかった一人で、休暇時や人を遠ざけるときも行動をともにした。NRF誌の『アラン追悼号』所収の「アランと過ごしたブルターニュ」、プレイアード版の『プロポ』集成を手掛けた。趣味として絵画と作家業をたしなみ、時折NRF誌、『現代』誌、『ターブル・ロンド』誌に寄稿している。『水瓶座』（一九五三）という長大な小説を出している。

ムーニエ、エマニュエル

❖Emmanuel MOUNIER　1905-1950

グルノーブルに生まれ、夭逝。エマニュエル・ムーニエは戦いながら考えようとする人々の一員であった。だが、彼が「エスプリ」運動をたちあげたのは、たんに行動の必要からだけではなかった。彼自身は「観想の絶対的な優位」を主張した。しかし彼は、いかなる矛盾も見出さない純粋な思惟など存在しないと考えた。対決や参加が必要なのだ。なぜならそれらはわれわれを開放的にしてくれるからだ。世界や他人に自らを晒さねばならない。「われわれは、自らを与えることによってのみ自らを保持するのだ」。ここから対話する必要、協働する必要、互いに理解し合おうとする必要が生じる。共同体に溶け込めば溶け込むほど、人はより人格的なものになる。「人格主義」と「共同体主義」が一続きになった哲学という考えは、こうした点に由来するのだ。

自由に燃えたムーニエは、精神の自律を可能にするもの、自我が担うべき性格の類型、自我が現われる世界のありよう、自我が過去から引き継いだ状況に敏感であった。人はさまざまな所与や構造に限界としてぶつかるが、しかしそれを支えに変えていかねばならない。こうした指摘からムーニエは、明敏で魅惑的な楽天主義と、勇気の保証とを引き出す。そこから彼は、労働と苦行との存在論、さらには政治的闘争の存在論を描くのに必要とされるものを取り上げる。こうした闘争は、各々がそれぞれのしかたで古き闘争とともに新たな闘争を呼び起こす。もしムーニエが、われわれと世界との係わりが形づくるこの汲み尽くしえない発生源において、各々の事物の意味が際限なくその事物に先行することを強調していたなら、こうしたことからさらに一般的な意味の存在論を引き出すことができたかもしれない。

大抵の場合、共同体主義的な人格主義は、マルクス主義や実存主義と衝突するものである。ただし、人格主義はマルクス主義が扱う事柄を包含するものでも実存主義のそれを包含するものでもない。ムーニエはマルクス主義の客観主義を忌避するが、実存主義の非合理主義を疑わしいものと見なす。けれどもムーニエは、マルクス主義の弁証法を好み、それによって彼の実証主義的な枠組みを取り外そうとした。同時に実存主義の挑戦を好み、そこに反省の衰退ではなく反省の目覚めを見てとろうとした。

ムーニエは観念体系を創設することよりも文明化の到来に尽力した。いつまでも反省という迂回路を経ることができないものには、出来事の濃密さがとらえられないということを彼は思い出させることができた。生成している歴史を解読するためには、新聞を読むのと同様に、過去の哲学者の注釈をすることも有効なのだと彼は考えていた。それもまた一つの教えであるからだ。

[H.Du.]

ガンディヤック、モーリス・パトロニエ・ド　1906-2006

❖Maurice Patronnier de GANDILLAC

コレア（アルジェリア）に生まれる。十四～十五世紀（ドイツ神秘哲学、唯名論者、ペトラルカ、ニコラス・クザーヌス）の思想史の専門家。新プラトン主義（プロティノス、擬ディオニシウス・アレオパギタ）も研究。ブレンターノやマックス・シェーラーの仏訳者でもある。

ベラヴァル、イヴォン

❖Yvon BELAVAL　1908-1988

セットで生まれ、一般表現理論を打ち立てる。『心理学雑誌』、『形而上学雑誌』、『哲学雑誌』、『クリティック』誌、『新フランス雑誌』などのさまざまな雑誌に掲載された数多くの業績以外に、『真摯さへの気づかい』(一九四四)、『詩の探求』(一九四七)、『ディドロの逆説なき美学』(一九五〇)、『哲学者たちとその言語』(一九五二)、『ライプニッツ』(一九五二)、『挫折する行為』(一九五三)があり、ライプニッツについての二冊の著作を準備中。

＊『デカルトの批判者としてのライプニッツ』は一九六〇年に、『ライプニッツ研究――ライプニッツからヘーゲルへ』は一九七六年に刊行されている。

ロトマン、アルベール

❖Albert LAUTMAN　1908-1944(銃殺)

生前出版されたのは『数学における構造と存在の概念についての試論』『現在進展中の数理科学の統一性についての試論』(一九三七)、『さまざまな数学の弁証法的構造についての新たな探求』(一九三九)であるが、一九四六年に出版されるはずだった『数学と物理学における対称性と非対称性、時間の問題』といった未公刊の研究も残している。哲学者であると同時に科学哲学者でもあった彼もまた、数学を通じ、軽快で鋭く見事なやりかたで、理性論を目指していた。

＊『数学と物理学における対称性と非対称性、時間の問題』は、この記述に反し、カヴァイエスの手によって一九四六年に公刊されている。

ビュルジュラン、ピエール

❖Pierre BURGELIN　1905-1985

ナントに生まれる。著書に『人間と時間』(一九四五)、『ジャン＝ジャック・ルソーの実存哲学』(一九五二)がある。

＊メス、ボーヴェ、パリのリセで教え、パリ大学で哲学史を講じる。フランスにおけるプロテスタント教会の重職を歴任し、教会一致運動にも尽力した。一九六二年にライプニッツに関する論文で国家博士となるが、その後、再びルソー研究に帰る。

ポラン、レイモン

❖Raymond POLIN　1910-2001

ブリアンソンに生まれる。著書に『価値の創造』(一九四五)、『価値の理解』(一九四六)、『トマス・ホッブズにおける哲学と政治』(一九五三)がある。

＊人文・社会科学アカデミーの会員。「自由」をめぐる思索から出発して、一方では「価値」の問題を、そして他方では「社会性」や「倫理」の問題を追究した。

キュザン、フランソワ

❖François CUZIN　1914-1944（銃殺）

キュザンは本を書く時間をもたなかった。もし彼が書いていたなら、彼の名はフランスの大学を越えて知られていたことだろう。「他人の死についての覚書」（『形而上学道徳雑誌』一九五三年十一－十二月号）は友人たちが証言する彼の思索力と表現技法を読者に垣間見させる。カヴァイエス、ロトマン、キュザンが壮年期まで生きていたら何を書いたか、誰も想像することはできない。ただ、彼らがきっと存在と弁証法について熟考し続けただろうということだけは断言できよう。彼らがいなければ、この哲学的な目標はたんなる願望にすぎなかっただろうということも述べておかねばなるまい。

カイヨワ、ロラン

❖Roland CAILLOIS　1918-

メゾン＝アルフォールに生まれる。論考に「生きられた世界と歴史」（『人間、世界、歴史』所収、一九四八）、「属性と範疇」（『形而上学道徳雑誌』一九五三）、「精神とは何か」（『クリティック』一九五四）とスピノザ著作集への序文（プレイアード版、ガリマール社、一九五五）がある。

ドゥルーズ、ジル

❖Gilles DELEUZE　1925-1995

パリに生まれる。一九五三年に『経験論と主体性』を出版。

＊パリ第八大学教授を務める。独自のベルクソン研究・スピノザ研究・ニーチェ研究を経て、『差異と反復』（一九六八）や『意味の論理学』（一九六九）において、弁証法に対抗する「差異」の哲学を構想した。フェリックス・ガタリ（一九三〇～九二年）とともに、資本主義と無意識の関係を大規模な形で論じた『アンチ・オイディプス』（一九七二）、『千のプラトー』（一九八〇）を発表し、哲学の枠を越えて多くの分野に影響を及ぼした。『メルロ＝ポンティ哲学者事典』別巻《肖像》参照。

スタロバンスキー（スタロビンスキー）、ジャン

❖Jean STAROBINSKI　1920-

現在ジョンズ・ホプキンス大学で教鞭をとり、文学についての哲学的作品を著わしはじめているが、彼のもともとの専門であり、彼の作品を方向づけている理論生物学の諸問題との接点も持ち続けている（『彼自身によるモンテスキュー』、一九五三）。

＊スイスのジュネーヴ生まれ。テーマ批評で知られるジュネーヴ学派の旗手として数多くの著作を残す。フランス学士院会員。『ジャン＝ジャック・ルソー　透明と障害』（一九五八）、『活きた眼』（一九六〇）、『モンテーニュは動く』（一九八二）など。

デルボス、ヴィクトル

❖Victor DELBOS 1862-1916

哲学史家であるヴィクトル・デルボスは、とりわけカントとカント以後の思想家の研究に取り組んでいる。このことは彼の二つの博士論文、すなわち『ヘーゲルの学説に対立する限りでの後期シェリングの哲学について』と『カントの実践哲学の形成についての試論』(一九〇二)が示している通りである。彼の『カントの実践哲学』(一九〇五)についての仕事は、『人倫の形而上学の基礎づけ』の校訂と翻訳とともに、古典的なものとなっている。論集『カントからカント以後の思想家たちへ』は一九四〇年に出版された。他方、デルボスは『スピノザ哲学とスピノザ主義における道徳的問題』においてスピノザ主義を研究している。ソルボンヌで行なわれた彼のスピノザ講義は、一九一六年に『スピノザ主義』という表題で出版された。しかし彼の晩年に近づくにつれ、デルボスは愛国的かつ宗教的な次元の考察に突き動かされて(だからといって哲学史家の仕事が示さねばならない科学的かつ実証的な性格を見失うことなく)、フランス哲学に関心を向け変えた。『ドイツの哲学的精神とフランス思想』(一九一五)、『フランス哲学』(一九一九)、『マルブランシュ哲学研究』(一九二四)、『メーヌ・ド・ビランとその仕事』(一九三一)、『哲学者のありようと学説』(一九一九)といった著作は、彼がドイツやイギリスの影響から独立したフランス哲学に特有の伝統を際立たせようとしていたことを明らかにしている。 [P.H.]

ブレイエ、エミール

❖Emile BRÉHIER 1876-1952

哲学史家。とりわけ古代の哲学者研究に従事。『アレクサンドリアのフィロンの哲学的・宗教的観念』(一九〇七)、『初期ストア派における非物体的なものの理論』(一九〇七)、『クリュシッポスと初期ストア派』(一九一〇)、『プロティノスの哲学』(一九二八)、プロティノス『エンネアデス』の校訂と翻訳(一九二四-三八)。彼はまた『シェリング』(一九一二)についての研究、『ドイツ哲学史』(一九二一)、『中世哲学』(一九三七)を著わしている。全七巻からなる彼の長大な『哲学史』は、一九二六年から一九三二年にかけて出版された。さらに以下の著作を挙げておこう。『哲学とその過去』(一九四〇)、『科学と人間主義』(一九四七)、『フランス哲学の変容』(一九五〇)、『哲学の現在の主題』(一九五一)。先人の直観を再び見出し、それを新世代の要請に応じて独自に再考する思想家を考察することで、ブレイエは精神の自発性と、哲学史を紡ぐ再創造の連続性を強調し、それらが再出現して来る独自性を強調するに至る。というのも、この復活はたんなる受容でも継続でもなく、ひとつの直観を把握し直すことであるからだ。ブレイエはつねに、あらゆる政治的・宗教的伝統から、哲学的考察の自律性を守った。彼にとって哲学史は、それ自体が目的なのではない。哲学史は、過去の偉大な作品からの呼びかけに応じるかたちで、さまざまなタイプの精神的均衡や集中を取り出せるのでなければならない。このようにして哲学史は哲学者に、探究のための道具とともに、過去からの解放の手段を与えてくれる。その手段のおかげで哲学者は、歴史的相対主義からも最終的な完成へと至った哲学という幻想からも等しく距離をとることができるのだ。

バリュジ、ジャン

❖Jean BARUZI 1881-1953

当初ライプニッツに関心をもち、未公刊のものを含む数多くのテクストを公刊した(『ライプニッツと大地の宗教的組成』一九一六を参照)。一九三一年からコレージュ・ド・フランスの宗教史講座正教授となり、彼の博士論文『十字架のヨハネと神秘的経験』(一九二四)によって開始された研究に身を捧げる。彼は生涯、宗教や典礼ではなく神秘的経験それ自体の研究に従事せねばならなかった。というのも彼はこの研究が数々の要請に答え、哲学的と見なされるべき諸問題を提起するものであると考えたからだ。彼はパウロ、アンゲルス・シレジウス(『宗教的創造と観想的思惟』一九三一)やとりわけ十字架のヨハネといった特別な事例を検討することでこの研究の意義を見出そうとした。バリュジは、十字架のヨハネが経験とその表現が切り離しえないかたちで結びついている「神秘学の形而上学」をいかに展開したかを明らかにした。

[H.D.]

ラポルト、ジャン

❖Jean LAPORTE 1886-1948

『ポール・ロワイヤルの教義』についての博士論文(一九二三)を提出し、一九二八年からソルボンヌ大学教授として、哲学史の研究に従事する。この研究はやがて『デカルトの合理主義』(一九四五)に結実し、従来のデカルト研究を刷新した。晩年、ラポルトはより個人的なかたちの考察に向かい、『抽象の問題』『必然性の観念』を著わす。体系的な哲学一切とりわけヘーゲル哲学を嫌い、ヒュームの著作のうちに、あらゆる健全な哲学の範例を見てとって、彼を論ずる破壊的な作品を書き上げた。しかし理性を蔑もうとするこうした意志のうちには、また、哲学によっては満たされえない認識の彼方への欲望を生み出そうとするこうした努力のうちには、何らか体系的なものがありはしないか、経験主義的批判のある種の行き過ぎもあるのではないだろうか。〔H. D.〕

ジルソン、エティエンヌ

❖Etienne GILSON 1884-1978

ジルソンがソルボンヌ大学とコレージュ・ド・フランスでの講義の対象にしたのは、中世哲学史であり、浩瀚な『中世哲学史』（一九四四）に至るまでの作品の大半をさいてこれに従事した。こうした努力は、ジルソンによれば、哲学が決して離反しえない道、すなわちトマス主義の実在論に哲学を引き戻そうとする願望からきている。スコラ哲学を現代の言語に従わせようとする、一部のカトリック哲学者による努力は、挫折する運命にある。実在論と観念論は両立しえないし、認識から出発するなら決して存在には到達しないと『トマス主義の実在論と認識批判』（一九三九）は主張する。ルネサンス以来、哲学は本質主義と実存主義のあいだで揺れ動いてきた。『存在と本質』によれば、この対立を解消しうるのはトマス主義だけである。というのもトマス主義においては、具体的な存在のうちで本質と実存は同時に措定されるからだ。〔H. D.〕

ラシェーズ＝レー、ピエール＝アルベール

❖Pierre-Albert LACHIÈZE-REY 1885-1957

リヨン大学文学部の哲学史の教授、アカデミーの通信会員。大著『カントの観念論』（一九三一）の著者。他に『スピノザにおける神のデカルト主義的起源』（一九三一）、『プラトンの道徳的・社会的・政治的観念』（一九三七）、『自我、世界、神』（新版、一九五一）。

ゲルー、マルシャル

❖Martial GUÉROULT 1891-1976

ある哲学の意義は体系の建築構造と切り離せないという説を提唱。ただし、この建築構造を復元するのは、当の哲学者だけがなしうるしかたでであった。著書に『フィヒテにおける知識学の進展と構造』（一九三〇）、『ライプニッツの動力学と形而上学』（一九三四）、『理性の順序によるデカルト』（一九五三）、『マルブランシュ』（一九五四）。

＊ストラスブール大学、パリ大学、コレージュ・ド・フランスなどで教える。デカルト主義以外にも、バークリや哲学史についての研究がある。

コイレ、アレクサンドル

❖Alexandre KOYRÉ 1892-1964

フッサールの教えに従ったのち（フッサールによって出版された『ゼノンのパラドックスに関する小論』）、以下の著作を著わす。『ヤーコブ・ベーメの哲学』（一九二九）、『ガリレオ研究』（一九三九）、

『嘘つきエピメニデス』(一九四七)、『ロシアにおける哲学思想の歴史研究』(一九五〇)。

*ロシア生まれ。ゲッティンゲンでフッサールの指導を受けた後、パリに出てベルクソンやブランシュヴィックに師事。高等研究院で教鞭をとるが、ナチスに追われて一時アメリカに亡命。ニューヨークで自由高等研究院を設立し、ヤコブソンとレヴィ＝ストロースの出会いなどを仲介。科学史への関心も強く、『ガリレオ研究』(一九三九)、『閉じた世界から無限宇宙へ』(一九五七)を執筆。

グイエ、アンリ

❖Henri GOUHIER　1898-1994

著作には次のものが挙げられる。『マルブランシュの哲学とその宗教的経験』(一九二六)、『若きオーギュスト・コントと実証主義の形成』(一九三三-四一)、『デカルト試論』(一九三七)、『演劇の本質』(一九四三)、『哲学とその歴史』(一九四四)、『メーヌ・ド・ビランの回心』(一九四八)。

*リール大学、ボルドー大学、ソルボンヌ大学で教鞭をとり、一九七九年にはアカデミー・フランセーズの会員に選出された。

ギトン、ジャン

❖Jean GUITTON　1901-1999

『プロティノスとアウグスティヌスにおける時間と永遠性』、『ニューマンの哲学』、『プージェ氏の肖像』などの著作がある。

*ソルボンヌ大学教授。一九六一年にアカデミー・フランセーズ会員に選出。カトリック哲学者であり、ヴァチカン公会議の監査役も務める。

コジェーヴ、アレクサンドル

❖Alexandre KOJÈVE　1902-1968

高等研究院での講義は大きな影響を及ぼした。彼の講義録はレイモン・クノーによって『ヘーゲル読解入門』という題名で一九四七年に出版された。

*ロシア生まれ。コイレの後を継ぎ高等研究院で教える。コジェーヴの講義によって、フランスのヘーゲル研究が一新された。彼の講義には、バタイユ、カイヨワ、イポリット、クロソウスキー、ラカン、ヴァール、アロン、メルロ＝ポンティらがこぞって出席している。

アルキエ、フェルディナン

❖Ferdinand ALQUIÉ　1906-1985

カルカソンヌで生まれ。『デカルトにおける人間の形而上学的発見』(一九五〇)、次いで『デカルト、人と作品』(一九五六)という作品において、デカルト哲学全体の分析を行なった。その他にもカントの道徳を研究し、『『実践理性批判』読解入門』(一九四三)を著わし、最近ではシュルレアリスムを研究(『シュルレアリスムの哲学』一九五六)。彼個人の哲学的な考えは『永遠への欲望』(一九四三)や『存在への郷愁』(一九五〇)で披露されている。

＊ソルボンヌ大学教授。一九七五年に人文・社会科学アカデミー会員となる。

イポリット、ジャン

❖Jean HYPPOLITE　1907-1968

ジョンザックで生まれ、高等師範学校の校長を務める。『精神現象学』の仏訳および註解の他に、『精神現象学の生成と構造』（一九四六）、『論理と実存』（一九四九）、『マルクスおよびヘーゲル研究』（一九五五）を著わす。

＊高等師範学校校長の後、コレージュ・ド・フランス教授となる。

ヴァーレンス〔ヴェーレンス〕、アルフォンス・ド

❖Alphonse DE WAELHENS　1911-1981

アントウェルペン生まれ。ルーヴァン大学教授を務める。特筆すべき著作は『マルティン・ハイデガーの哲学』（一九四二）、『両義性の哲学――モーリス・メルロ＝ポンティの実存主義』（一九五一）、『ハイデガー存在論の道程と袋小路について――ハイデガーの『杣道』について』（一九五三）。ヴァルター・ビーメルと協力してハイデガーの著作を仏訳した（『真理と本質』（仏訳版一九四八）、『カントと形而上学の問題』（仏訳版一九五三）。

VIII

「外部」の哲学者たち

アインシュタイン

401

［アインシュタインと物理学］

ソシュール

408

［ソシュールと言語学］

モース

409

［モースと人類学］

フロイト

422

［フロイトと精神分析］

この章でわれわれは、本来の意味での「哲学者」ではないが、二十世紀の哲学史に一役買うことになった著者たちを簡潔に示し、あわせて彼らをめぐる先駆者と同時代人の幾人かを紹介した。

モーリス・メルロ＝ポンティ

アインシュタインと物理学

アインシュタイン、アルベルト

❖Albert EINSTEIN　1879-1955

相対論の研究者の確信を形作っている予測と理性の領域に近づくことは、私たちのどんな空間経験をもってしても、また私たちのうちを流れる時間についてのどんな省察をもってしても不可能である。このことの哲学的意味をただしく掘り起こすためには、長きにわたる科学文化の流れを追跡しなければならないだろう。とするならば、アインシュタインの理論とともに、私たちは思想史のあるパラドックスの前に立つことになる。そのパラドックスは次の問いで表現されよう。つまり、これほどまでに数学的に練り上げられた思想が、いかにして私たちの世界観にたいしてかくも革命的な影響力をもつようになり、また、どのようにして物質や力の法則にかんする私たちの知識にかくも有効に作用するようになったのか。そして、この問いへの答えはただ一文で足りる。アインシュタインの学説の革命的性格は、基礎的な幾つかの概念をその学説が揺さぶった、という事実から来ているのである。この学説は、ニーチェが「概念の振動」と呼んだものを引き起こしたのだ。

たとえば、アインシュタイン以前に存在していた空間概念と時間概念の間の区別を見てみよう。哲学者は明快に定式化することでそれらを区別していた。たとえばライプニッツにとって、空間は同時に存在するものの秩序であり、時間は継起する現象の秩序であった。カントは空間を外的感覚のアプリオリな形式にし、時間を内的感覚のアプリオリな形式にした。ベルクソンもなお、外的現象を研究する幾何学の知性と、哲学者の直観——哲学者は己の持続の直観によって自身の内密な存在を認識する——とを対立させたままである。そしてニュートン科学そのものはといえば、絶対空間と絶対時間という二つの峻別された概念に依拠しているのである。

しかし十九世紀終わりに、きわめて精妙な実験（マイケルソン・モーリーの実験）の失敗を受けて、ローレンツが時間と空間をエレガントに相関させた式を提案した。そしてこの相関関係を完成させたのがアインシュタインなのである。彼はこのことによってまた時－空の学説も基礎づけた。確かにそこでは時間と空間の結びつきはごく薄いものだが、それでも、両者の絶対的特徴を破壊するのには十分であった。すでに一九〇五年には相対性理論は基礎を得ていた。そしてそれは光学、力学、電磁気学の土台に置かれるのである。かくして、時間、空間、同時性、速度、質量、力といった日常的な概念は、もはや相対性理論を第一次近似した科学のうちでしか通用しない、ということを哲学者は認めざるをえなくなった。現象を細かく記述するためには、繊細の精神が幾何学の精神に付け加えられねばならないのである。

一九一七年にアインシュタインの天才は新たな大胆さを見せた。一般相対性理論を創り出したのである。特殊相対性理論の時-空は四次元ユークリッド空間に従っていた。これに対して、一般相対性理論の時-空はリーマン幾何学を必要とするのである。この条件を一つ導入するだけで、重力の現象をすべて幾何学化することができる。また、ニュートン天文学が含んでいた不規則性も説明されるのである。この新たな天文学の創造によって、大科学者は思考の真なる孤独のうちに入り込んだ、と言えよう。そして、「孤独」が哲学領域への最初の扉であるということが正しいのだとしたら、アインシュタインはその発見の厳粛なる瞬間においてはあらゆる時代を通じて最も孤独な哲学者であった、と言わねばなるまい。彼は身近な実在的なものによる支えを放棄した。その上で、不自然とも見えかねないような合理的組織化をなしとげたのである。歴史的な観点からすると、彼の体系はそれ以前にはまったく準備されてこなかった。とすると、古典科学の確実性を放棄することで、彼は自責の念のようなものを感じたのではないか。自身の知的遍歴を振り返って、彼はまるで孤独のなかで叫ぶかのようにしてこう述べている。「ニュートンよ、許してくれたまえ。その時代において、最も高い思考をもち、また創造力に恵まれた人間にとってのみ唯一可能であった道を、汝は発見していたのだから」。このようにアインシュタインは、彼が歴史を正そうとするまさに瞬間においてさえ、歴史の真理を尊重していたのである。

では、創造者のこの偉大な孤独のなかでアインシュタインは何を主張したのか。この問いに対する答えは、彼の自伝のもう一つのくだりに見出されるかもしれない。原子の領域に量子力学を導入したボーアの仕事を説明する際(アインシュタイン自身この学問を豊かにすることに貢献している)、彼は次のように書いている。「これは思考のなかで最も高い音楽性をそなえた形式である」。アインシュタインのこの判断を、彼自身に当てはめることができる。非常に高度な数学で培われると同時に、きわめて正確な実験へと差し向けられた彼の合理主義は、精神に充足感を与えてくれるが、それを表現するためには、この言葉を引用するにしくはない。このような体系は思考の音楽性を私たちに真に知らしめてくれるのである。

〔G. B.〔ガストン・バシュラール(学士院会員)〕〕

ド・ブロイ、ルイ

❖Louis DE BROGLIE　1892-1987

波動力学の発展は、相対性理論と並んで、二十世紀における物理学思想のもう一つの大きな出来事である。その理論的方向は、アインシュタインの仕事と反対を向いているように、ある時期思われていた。アインシュタインはその根本的着想においては古典的な人であった一方で、波動力学は決定論の枠組みを超えて確率論的解釈を要求するように見えたのだ。しかし、ルイ・ド・ブロイは、現在においても次のように[波動力学の]状況を評価している。「波動力学の誕生以降、私はしばらくの間、一九二三年から一九二七年まで、因果性の考えに適したこの学問の解釈を得ようとしていた。しかも物理学者の伝統に従って、空間と時間の枠内にある正確な像をもちいて物理的現実を表わそうとしていたのである。しかしこの企てを進めていくと私は困難にぶつかってしまい[…]、一九二八年には企てそのものを放棄することになった。そして二十年近くの間ボルン、ボーア、ハイゼンベルク各氏の仕事に由来する確率論的解釈に賛同していたのだった[…]。しかし一九五一－五二年度において[…]、私はかつての企てを取り上げ直すようになり、そして、これこそが、波動と粒子の二重性の真の理解に到達するために従うべき正しい道を指し示しているのではないか、と思うようになった[…]。私が十二分に可能だと今日みなしているのは次のような考えである。すなわち、通常考えられている連続波の代わりに、特殊な領域を伴う「実在する」波を用いることで得られる波動力学の再解釈が、量子物理学を完全に刷新するに至りうる、という考えである。この再解釈によって、量子物理学が多様な種類の粒子の構造を記述しうるようになるだけでなく、こういった粒子の特性も予見できるようになり、さらにはアインシュタインの手法では場の一般理論と見なされた相対論的物理学との必要不可欠な接合をも、果たすことができるであろう」（『微視物理学における新たな視座』一九五六、序文）。ここに見られるのは、理論的解釈の往復運動という偉大な教えである。哲学においても物理学においても、言明の直接的意味はその最終的な意味への問いを開いたままにしておく。実際、この学問では、ルイ・ド・ブロイが確率論的解釈を取り消す一方で、フォン・ノイマンや彼の解説者は彼ら自身の方向で研究を推し進めている。[M. M.-P.]

エディントン（サー）、アーサー・スタンレー

❖Sir Arthur Stanley EDDINGTON　1882-1944

ケンブリッジ天文台長を務めた天文学者。エディントンはアインシュタインの仕事のうちに、自然認識へと向かう努力よりも思考の要求を満たそうとする努力を見出し、物理学のごく最近の理論に対して考察を加えた。彼は著作においては、哲学者の顔をではないにしても、少なくとも専門知識の普及家という顔を

見せ、その才を発揮した(『物理学的世界の自然』一九二九)。この物理学者は今挙げた本のなかで、波動力学の意味や、統計力学における確率計算の役割について問うている。たとえば、量子力学における不連続的関係の発見からすれば、決定論を私たちに認めるよう強いるようなものは実は何ものもなく、決定論はしたがって仮説としての価値しかもたない、ということになるのではないか、と。しかし、エディントンが力学と決定論の危機によって引き起こされた問題を実際に深めようとしたようには見えず、むしろ性急にも彼はこうした問題に対し、口当たりの良いスピリチュアリスムを置き換えようとしていたのではなかろうか。[H.D.]

ウィーナー、ノーバート

❖Norbert WIENER 1894-1964

彼は一九四七年に、「古代ギリシアにおける」「サイバネティクス」の語を研究の必要から創り直した(『サイバネティクス——動物と機械における制御とコミュニケーション』)。コミュニケーション理論はメッセージの伝達を対象とする。そのメッセージの本性が何であれ、また用いられている支持体が何であれ、かまわないのである。加えて、この理論は情報量を測定して、メッセージの数学的な翻訳を提供しようとする。かくしてこの理論は熱力学と結びつき、情報は「負のエントロピー」として定義される。しかしウィーナーの目的は非常に野心的だと言えるかもしれない。というのも、きわめて巧妙な「サーボ機構」の配された機械を開発しうる理論の確立に満足せず、彼は人間科学に数学的道具や物理学的モデルを提供しようと企てているのだから。しかもそれらは、生物学や心理学に至るきわめて多様な領域で用いられるに足る十分な精妙さをそなえた道具やモデルとして考えられているのである。[H.D.]

フォン・ノイマン、ジョン

❖Johann VON NEUMANN 1903-1957

オーストリア生まれの数学者で、現在プリンストン大学で教鞭をとる。『量子力学の数学的基礎』において、彼は量子理論の哲学的解釈を与えることを目指した。しかし彼の名声は、一九四四年に経済学者モルゲンシュテルン(モルゲンシュタイン)と出版した著書『ゲーム理論と経済行動』から生じている。フォン・ノイマンはそこで、進展するにつれ通常の計算や確率計算を免れてしまうような状況を、新たな数学的言語で表わすことを実際に試みた。こうした状況に対しては、ある種のゲームがそのモデルを提供し、このモデル下では状況が偶然によってすべて支配されているのではなく、むしろプレイヤーが積極的かつ合理的な役割を演じるものとされる。経済行動の問題をわけても研究する「戦略ゲーム理論」は、社会科学の領域で使用されている伝統的な推論様態に対する批判的価値を特に有している。[H.D.]

*彼の出生地は正しくはハンガリーである。

ゴールドシュタインと生物学

ゴールドシュタイン、クルト

❖Kurt GOLDSTEIN　1878-1965

ゴールドシュタインの研究の重要性は、この研究自体においても、それが後世に残した成果からみてもあきらかだが、心理学思想史のなかにひとつの「立場」をはっきりしめしたということもまた重要である。それはフッサール現象学、ゲシュタルト理論、そして「意味づけ」という精神分析学から拡張された概念の三つを総合する立場である。ゴールドシュタインは、超越論的主体を前提とする哲学と、経験的主体を前提とする心理学との間にある古典的な対立を解消した。フッサール的に言うならば、「志向的な心理学は、すでに自身のうちに超越論的なものを含んでいる」というわけである。心理学者でなくとも、ある種の哲学的な人間主義を援用しようとするもの、つまり人間についての考察をつうじて形而上学と科学とが結びつく次元を明らかにしようとするものならばゴールドシュタインの思想を無視することはできない。有機体の構造化概念の概観をつかむ前は、ゴールドシュタインは「証拠」として優っている一連の調査報告や観察をつかって、ひとりで、あるいはゲルプといっしょに考えを練りあげた。病理生理学や神経生理学や精神生理学の水準で、「行動のダイナミックス」を再構築したり、その構造や意味づけを把握したりしなければならなかったのだ。そうでなければ因果的な思考（客観的だと思うために、偽の対象を作りだす思考）の枠組みにそって行なう必要があった。失語症の臨床研究は、古典的には個々別々の言語機能の欠如に関連づけられるところだが（それぞれが個別の欠陥に対応している。たとえば、聞き取れない、読めない、書けない、話せないなど）、この研究は、失語症の原因がカテゴリーのトラブルにあるだけではなく、思考全体の混乱にも由来することをあきらかにした。

発話とは伝達のためのたんなる道具ではない。そのメカニズムは、個別的に調子がおかしくなるようなものではないのだ。すなわち「言語はもはや単なる手段ではない。それはひとつの表出であり、内的なものと、私たちを世界や同胞に結びつける心的な絆をあきらかにする」のだ。言語をめぐるトラブルは、ある根本的な「態度」を表現している。その態度とは自分自身も「周囲世界」も巻き込む態度である。だから言語をめぐるトラブルは、言語の本質も、私たちが世界のなかに組み込まれている構造もあきらかにする。ゴールドシュタインの初期の諸研究は、生物学的思考と心理学的思考の新しい概念のための土台となっている。因果的な図式は、「ネットワーク」による説明のおかげで乗り越えられ、また客観性という概念は、「前－客観的なもの」(生活世界)をかたちづくる根源的な関係という新しい意味を獲得した。『生体の機能』の認識論上の意義は、現象学と「ゲシュタルト理論」とに依拠しつつ、生物学的認識の水準で、機械論か生気論かをめぐってこれまで行なわれてきた、徒労で不毛な二者択一をわきにのけることができることである。「生物学的認識とは、つねにくり返される創造的な行為である。この行為によって、有機体の理念は、私たちにとってしだいに具体的なできごとになっていく。生物学的認識は、ゲーテが言った意味でのある種の直観であるが、この直観はきわめて具体的なことがらとの結びつきをけっして失わない直観なのだ」(『生体の機能』三一三頁)。だから生物学的認識に、認識論上の地位を与えることが重要なのだ。その対象がなんであれ、線引きされた枠のなかに、生物学的認識を閉じこめないようなものである必要がある。すでにカントは『判断力批判』第二部の目的論的判断力批判のなかで、有機体と機械とを区別し、固有なしかたで有機体を認識するよう求めていた。問題は解決されていない。しかしそれでもやはり、前よりはっきりと提示され、定義されることで、中心にある問題を考えて方法を検討することができるのだ。いったいどのような条件のもとでならば、生命を認識することができるだろうか。いずれにしても、理解しようとして説明することに執着することは止めるべきだ。つまり「この世界の可視性を説明するために、現に目に見えているまさにこの世界のなかで、死んだ目のことを考える」(サルトル)バカバカしさから脱しなければならない。ライプニッツの言葉をくり返して、知性の他にはなにひとつ生得的なものが人間にはないとするなら、身体にはこの生得的な知性が通っているのだと理解することであり、結局のところ、身体の知性は世界のなかで構造化された身体の知性であるということなのである。クルト・ゴールドシュタインの主要な著作はつぎのとおりである。『脳の病理学的症例の心理分析』(一九二〇)、「失語症と言語の本質の分析」『心理学ジャーナル』(一九三三)、『生体の機能』(一九三四、仏訳版一九五一)、『言語と言語障害』(一九四八)。

ドリーシュ、ハンス

❖Hans DRIESCH　1867-1941

ドリーシュは発生学の分野で行なったさまざまな研究の成果を土台として、生物学の哲学を練りあげ、それはやがて形而上学に結実することになる。ゴールドシュタインが強調した通り、ドリーシュもまた生物学を「生命科学」と定義し、アリストテレスに由来する生気論を主張した(『有機体の哲学――唯物論の克服』など参照)。

ドリーシュによれば、有機体とはひとつの全体と見なされるべきものであり、生命力そのものによって、あるいはエンテレキーによって、自己生成したり、自己組織化したりする。生命現象は、合目性によって決まるというよりは、個体性によって決まる。物理＝科学的な化合物に還元できない生命は、その本質的な特徴を、自己調節や自己増殖のプロセスの可能性のなかに見出す。そのプロセスを介して、有機体はバランスをとり、自分の欠点を修正したり、命が脅かされる危機に対処したりするのである。〔H.D.〕

ムールグ、ラウル

❖Raoul MOURGUE　1886-1950

ムールグ博士は、生物学の哲学と歴史学との研究を生涯かけて行なった。彼の研究には——ベルクソンからの影響は本人も認めるところだが——機械論や分析的方法から脱するために二十世紀初めの心理学者たちが払った努力の成果が反映されている。彼は一九二八年にフォン・モナコフと共に、『神経学と精神病理学の生物学的研究序説』を著わしたが、副題である「機能の統合と崩壊」がこの著作の内容を端的にあらわしている。ムールグは、フォン・モナコフのやり方を自分のものにした。それは心的現象を意識されないプロセスの結果と見なすやり方である。重要なのは「時間のなかで」心的現象を考察すること、心的現象の発生を再構成すること、有機体をひとつの全体としてとらえ、その活動を構造化と見なすことである。ムールグは、比較的早くからゴールドシュタインを評価したひとりである。しかし新生気論の擁護者であるムールグは、ゴールドシュタインが本能の役割を無視している点を非難した。彼にとって本能とは、心的なものと生命との結びつきを意味するのである。〔H.D.〕

ソシュールと言語学

ソシュール、フェルディナン・ド

❖Ferdinand de SAUSSURE 1857～1913

『一般言語学講義』は、ソシュールが一九〇六年から一九一一年のあいだ、ジュネーブ大学で講義したものであり、彼の死後に公刊された。それは言語学を根本的に刷新し、今日、その影響力は社会学や哲学にも及んでいる。ソシュールは、言語学の目標を「ラング」の研究と定める。ラングとは「言語能力の社会的産物にして必要不可欠な慣習の総体であり、個人の言語能力の行使を可能にする社会的集団によって採択されたもの」である。ラングは、「パロールを除いた言語」と定義され、一つの「体系」をなしており、以下の二重の観点から入念に研究されねばならない。つまり、ラングの静的側面――ある一定の時点でのラングの状態――にかかわる「共時言語学」と、ラングの進展段階にかかわる「通時言語学」である。ソシュールは、より一般的な学問分野としての言語学を構想していた。それは「記号学」であり、その目標は「社会的生活の奥深くにある記号の生活」の研究である。諸々の慣習やしきたり等々は、記号として考察されねばならず、またそれらは、他の諸記号における記号の体系としてのラングなのである。以上のことから、今日われわれの関心をひくのは、『一般言語学講義』で展開された記号の「示差性」という考え方である。記号は、記号全体との関係によってのみ、意味をもつ。「ラングのなかでは、すべてが虚定的《ネガティヴ》である」。すなわち、それぞれの記号の「価値」は、他の記号の意味をもたないという事実によって定義される。ラングとは、単なる用語目録ではなく、分節化された体系であって、記号とシニフィエとのあいだにある伝統的な区別を、機能上超えている。ラングは、思考が自らを表現するために用いる単なる質料的な手段ではなく、思考と音のあいだにある媒介領域なのであり、それは分節化された思考を顕在化させるという機能をもつのである。ラングは常に相対的に平衡を保ちながら、つねに体系を構成し、パロールを可能にしている。反対に、通時的な観点は、われわれをパロールへ差し向ける。そこに「あらゆる変化の萌芽」が見出される。ソシュールは、共時態を通時態に、理性と偶然が対立するのと同じように対置させている。しかし、その推進力によってラングの平衡を確実なものとする諸力は、行為が再構造化の過程を必然化する諸力と同じ本性をもつのではなかろうか。ソシュールの考えを延長しつつ、同時にそれにまったき意味を与えることができるのは、まさにパロールとラングのあいだにある対置構造を乗り越えて、絶えず自己生成し、自己批判し、自己変様するような運動しつつある体系として、ラングおよびあらゆる象徴体系を理解しようとすることによってなのである。言語とは、語る主体に対する外的現実性ではなく、まさに語る主体の遭遇や歴史の場そのものなのである。〔H. D.〕

＊『一般言語学講義』がジュネーヴ大学で講じられたのは、正確には一九〇六年からではなく一九〇七年からである。ソシュールのその後の言語学への影響は、トゥルベツコイらのプラハ学派、イェルムスレウらのコペンハーゲン学派、また米国におけるヤコブソンの学派などに及び、思想的にはこのヤコブソンを介して、構造主義全体の始祖と目されるまでになっている。ソシュール研究に関しては、一九五七年にロベール・ゴデルの『ソシュール「一般言語学講義」の原資料』が、一九六七年にはルドルフ・エングラーの『一般言語学講義　テクスト・クリティック版』が公刊されて新時代を迎え、二〇〇二年には新たに発見された資料が『一般言語学文書』としてまとめられた。現在では、ミシェル・ブーケらにより『一般言語学著作集』が刊行され、日本語訳（岩波書店）も順次進められている。『メルロ＝ポンティ哲学者事典』別巻《肖像》参照。

モースと人類学

モース、マルセル

❖Marcel MAUSS　1872-1950

マルセル・モースは、その著作活動と多大な影響力によって、二十世紀のフランス社会学のなかでも、大変重要な人物のひとりであることは確かである。しかし、モースを問題にするとき重要なのは、民族学と不可分な彼の探究を、社会学を通じて理解することである。モースは長らくデュルケムの近くにあって、レヴィ＝ブリュルやポール・リヴェと共に、パリ〔ソルボンヌ〕大学の民族学研究所の指導者であった。モースの思索が、あまりにも「活発で」ありつづけたので、その著作活動が、デュルケムと共同で書かれた論文「分類の未開形態」のなかで、一九〇一年から予告されていたということは、忘れられている。さらにモースは、「供犠〔の本質と機能〕についての試論」「呪術の一般理論の素描」〔一九五〇年にPUF社より「社会学と人間学」において再版〕を、ユベールとともに公刊している。そうして、三つの論文「エスキモー社会の季節的変異」〔一九〇四―〇五〕、「贈与論――交換の古代形態」〔一九二三―二四〕、「人間精神の一カテゴリー　人格の観念　自己の観念」〔一九三八〕が発表される。これらは「社会全体の現象」を問題にしようとする意図によっても、その内容によっても、見事な試みである。モースは、諸現象のあいだにある相関関係に甘んじることはなく、こうした相関関係を超えて、類型的で有機的な集合態の「本質的な」統一性たる社会全体の現象を探求したのである。そうした社会全体の現象に属するもろもろの要素は、原因ではなく、「機能」や「要因」との関係から考察され、吟味されねばならない。こうした本質的な統一は、「恣意的に決定され、方法論的に不完全なカテゴリー」として信用されなかったものであるが、実際は分析的で完璧な方法によって慎重に検討された目標である。この方法は、「所与の具体的な複合体を還元してより単純な構造を得ようとする」ものであって、ひとたびこの分析が達成されたならば、あとはその現象であるところのものを解明すればよい。すなわち、「残余」を扱う方法は、もっぱらデュルケム的な共変法に付け加わるものなのである。「人類学」という概念が明確になるのは、まさに「社会全体の現象」の機能においてである。クロード・レヴィ＝ストロースは、人類学を定義し、「振る舞いすべてについての、物理的、生理学的、心理的、社会学的な観点を同時に考慮しつつ行なう解釈の体系」とする。人類学は、社会が現実性で「ある」という要請に立脚しているのであって、そのことによって、心理学的なものが社会へと従属しているという関係性を導入するのである〔ルース・ベネディクトやマーガレット・ミードの「文化の型」がそれに当たるだろう〕。人類学が検討するのは、身体の技術であり、生理学的および精神分析学的な所与を利用する。というのも、あらゆる事物は象徴関係における構成契機となって、現実的で社会的かつすぐれて意味的な世界を構成しているのだからである。そして生理学的なものそのものは言語つまり集合的現象であって、理解することを学ばねばならない意味を担うものなのである。さらに同じ理由から、経済的なもの、美学的なもの等々も扱われる。モースを援用し、モースに影響を受け、モースから摂取した、彼の読者であり、かつては生徒であった人々は、世界をその全体性において見抜く彼の思考を前にして、驚きを隠せなかったのである。

タルド、ガブリエル

❖Gabriel TARDE　1843～1904

ガブリエル・タルドは判事を務め、『比較犯罪学』〔一八八六〕や『刑法哲学』〔一八九〇〕についての研究から始めた。そして、当時支配的であった有機体論者やダーウィニズムに対抗しようと社会学へと導かれた。タルドによれば、社会学は生物学から何も期待してはならず、相互－精神的、相互－脳的な心理学、つまり「相互心理学」でなければならない。タルドが『模倣の法則』（一八九〇）『社会の論理』（一八九三）、『普遍的抗争』（一八九七）、『世論と群集』（一九〇一）等々のなかで展開したのは、まさにこの着想である。社会の根本現象は、タルドにとって「模倣」である。二人の人間の関係――それは社会的生活の独特で必然的な構成要素だ――は、お互いに模倣しあうことで成り立っており、この模倣はつねに完全に無意識的で自動的なものである。模倣は、二種類の法則に従っている。論理的な法則と超－論理的な法則である。論理的な原因が働くのは、有用であるという理由から革新的なものが選ばれる場合である。たいていの場合には、一方から他方への模倣と順応という二つの波の間で対立がある。超－論理的な影響力は、多くの場合、二つの法則に従っている。すなわち、❶――模倣が、人間の内部から外部へと進行するということ、❷――つねにあるのは、下位のものによる上位のものの模倣であるということ、である。そうなると模倣は、社会的領域にあるすべてのもの――意見、慣習と流行、言語の変容過程、権力と権威の変容過程、経済的な生活の変容過程、道徳と芸術の変容過程といったもの――を解明することになろう。

エスピナス、アルフレッド

❖Alfred ESPINAS　1844-1922

社会をひとつの広大な有機体に還元する「有機体論的」社会学のフランスでの主唱者。エスピナスは、『動物的社会』（一八七七）において、生命体そのものが、組織化された相互の構成員の集合体として、すでにひとつの社会であるということを証明しようと試みたのである。彼は動物界において見出されるさまざまな形態の協調関係を分析し、「寄生」や「片利共生」から、もろもろの意識が表象の同一性によって、結びつくような「相利共生」を経て、そこで諸々の構成員が独立した個体であるような社会にまで及んでいる。後年になって、「存在ないし非存在問題、あるいは社会学の要請」（一九〇一年に『哲学雑誌』で公にされた）のなかで、自らの初期の著作のなかで行なったような、あらゆる社会の類型として、着生生活形態や「胚盤葉」、多細胞の個体の集合体を立てることを断念し、社会学に不可欠の要請として、社会とは、自然のなかのひとつの対象であり、他の自然のものと同様、法則に従属しているという考えを打ち立てることになる。これ以前に、エスピナスは、集合的意識という考えを認めていた（フランスにおける社会学研究」、一八八一年の『哲学雑誌』所収）のであり、『技術の起源』（一八九六）においては、われわれの諸々の所作を、先行的に規定されている型に流し込んでいる伝統の重要性を示していたのである。

デュルケム、エミール　1858-1917

❖Emile DURKHEIM

デュルケムの本質的な狙いは、実証的社会学を創設することにあった。この社会学は、人間性の進歩のための普遍的法則を見出すというコントが抱いていた野心を捨て去り、観察と推論という客観的方法によって、社会的な諸現象を相互に結びつけている諸々の法則を発見しようと試みるものである。そういうわけでデュルケムは、「集合的意識」——個的な心理現象とは区別された心的な個体性——という存在となって現われる、「社会的特性」を明らかにすることへ向かうことになった。当初、「社会的分業」についての論文のなかで、彼が企てたのは、社会の進歩を完全に機械論的に解明することであった。社会全体の基盤である社会的な基体を形づくっているのは、まさに形態学の諸現象である。機械論的観点は、「自殺」についての研究のなかでも支配的であり、そこでは集合的傾向が、「宇宙的な支配力と同等の現実的な支配力」として提示されている。後年、次第に社会的生活のなかにおける霊的要素を強調するようになり、社会的な基体についての自らの考えと、下部構造についてのマルクス的な考えとの混同に対抗した。社会学者であることと同時にデュルケムが求めたのは、モラリストでもあり哲学者でもあることであって、そうすることで彼は、自らの社会学の実践的かつ革新的な射程を強く主張したのである。すなわち、これがまさに、「社会学主義」と呼ばれうるところのものである。

デュルケムの周囲では、その名の通りの「流派」が設立され、そこでの主要な機関紙が、「社会学年報」であった。デュルケム以降、社会学は、彼が示した道とは別の道を辿ったにしても、デュルケム派がもたらしたものは、われわれの時代にとってもなお重要である。以下がデュルケムの主要な研究業績である。『社会問題の研究という分野について』(一八九三)、『社会学的な方法についての諸規定』(一八九五)、『自殺論』(一八九七)、『宗教的生活の根本諸形態』(一九一二)、『社会学と哲学』(一九二四)、『道徳教育について』(一九二五)。

レヴィ＝ブリュル、リュシアン　1857-1939

❖Lucien LÉVY-BRUHL

レヴィ＝ブリュルは、デュルケムによって創設されたフランス社会学派の主要な代表者のひとりである。『道徳と習俗の科学』(一九〇三)は、道徳論の歴史における一つの画期的な出来事である。そこでレヴィ＝ブリュルは、道徳論を形而上学のもとに基礎づけようとするものと、その道徳論を別の科学——特に生物学——へ還元するものの双方を退ける。つまり、思弁的な道徳は存在せず、また存在しえないのである。重要なのは、習俗についての社会学的な科学を構築することであって、この科学は、道徳論に属している諸事実を実証的なしかたで研究する。

といって、これによって本質的に規範的である道徳的な諸事実の、特殊的な性格を否定することにはならない。レヴィ＝ブリュルの他の著作の大部分は、原始心性についての研究にささげられている。『下級社会における心的機能』(一九一〇〔邦題『未開社会の思惟』〕)、『原始心性』(一九二二)、『原始的霊魂』(一九二七)、『原始心性における超自然的なものと自然』(一九三一)、『原始神話学』(一九三五)、『未開人における神秘体験と象徴』(一九三五)。レヴィ＝ブリュルは、論理的で、実験的な厳密さによって特徴づけられ、因果的説明という規範に服しているわれわれの思考と突き合わせることなく、原始心性そのものを把握しようと企てた。彼は、時代と場所を貫く人間精神の同一性という仮説を退け、未開人には神秘的、前論理的と性格づけられる思考が存在することを明らかにした。この思考は、矛盾律の原理によって規定されてはおらず、因果関係によって分節されているわけでもない。逆に、その思考は、「融即」によって遂行されており、ひとつの神秘体験、つまり自然と超自然的なものの絶えざる相互浸透という神秘体験に立脚しているのである。未開人にとって、自然的な事実とは、そこで神秘的な作用が現われるひとつの「機会」なのである。これこそがまさに、レヴィ＝ブリュルが「神秘的機会原因論」と呼ばれるゆえんである。したがって、経験の世界から神話の世界への絶え間のない往還運動があることになる。最晩年になると、レヴィ＝ブリュルはいくつかの自らの立場についての見解を翻し、それを『手帖』(一九四七年に出版)で証言している。特に、彼は、古代的思考を文明的思考から完全に区別することを放棄し、誰にも神秘的心性があることを認めるようになったのである。

シミアン、フランソワ

❖François SIMIAND　1873-1935

フランソワ・シミアンは、経済学に実証的方法を導入するために尽力し、社会変革における根本的な役割を、貨幣の現象に帰着させた(『統計学と経験』一九二二、『賃金、社会変革と貨幣』一九三二)。

ブーグレ、セレスタン

❖Célestin BOUGLÉ　1870-1940

セレスタン・ブーグレは、サン・ブリューで生まれ、パリで亡くなった。一九〇一年にソルボンヌで社会学の教授となり、一九三五年にエコール・ノルマルの学長となった。彼の著作は、『科学を前にしての民主主義』(一九〇四)、『価値の進化についての社会学講義』(一九二二)、『フランスの社会主義』(一九三三)である。

ラロ、シャルル

❖Charles LALO　1877-1953

シャルル・ラロは、ペリグーで生まれ、パリで亡くなった。

著作としては、『科学的音楽学についての試論』（学位論文、一九〇八）、『感情の美学』（一九一〇）、『生活から離れた芸術』（一九四二）、『偉大なる美学的な気晴らし』（一九四七）がある。

＊ソルボンヌの美学芸術学講座教授、フランス美学会の初代会長を務めた。

アルヴァックス、モーリス

❖Maurice HALBWACHS　1877-1945

モーリス・アルヴァックスは、デュルケムの弟子にあたり、「社会学年報」の協力者である。彼は、より一層順応性に富み、より一層具体的な方法をとるという点で、師デュルケムとは一線を画している。博士論文『労働者階級と生活水準』（一九一三）では、彼はわれわれの時代の産業文明における欲求について研究している。彼が明らかにしたのは、心的行動――もろもろの欲求や嗜好――と、生産物における個人の位置のあいだにある関係なのである。社会における個人の位置がわかれば、消費の体系を予測できるようになるだろう、というわけだ。『労働者階級における需要の進展』（一九三三）では、精緻な調査と統計を活用することで、自分の博士論文での結論を確証し、アルヴァックスは、「諸欲求とは、社会的生活から生じ、また社会的生活によって進展する諸傾向である」と書くことができた。『自殺の原因』（一九三〇）では、デュルケムの議論を先へ推し進め、深化させている。カトリックの宗教的なまとまりの背後に潜む、ひとつの社会的基体を発見するが、それは農村文明に見られる社会的基体なのである。したがって必要なことは、研究対象となっている宗教を、生活状況や、その宗教が成育してきた社会的で心的な土壌に、再び置き戻すことである。『記憶の社会的枠組み』（一九二五）は、集合的記憶の存在を立証している。われわれが所属する諸々の集団は、それらの集団にとって固有である「社会的枠組み」の内部に、自らの記憶を保存している。『聖地における福音書の伝説の地誌試論』（一九四一）は、希有な事例に関する集合的記憶についての研究である。最晩年には、アルヴァックスは、特に社会的な形態学や人口統計学に属する諸問題に没頭した。人口調査に適用された統計学は、生殖力や出生における性的関係に関する諸事実を、社会学的に解釈することを提起するものである（『フランス百科事典』第七巻）。『社会形態学』（一九三八）は、デュルケムの抽象的な社会形態学を発展させたものである。形態学的諸事実の背後にアルヴァックスが見出したのは、経済構造と「社会階級」の影響力とである（『社会生活において個人的な活動を方向づけている支配的動機』一九三八を参照）。モーリス・アルヴァックスの死後――彼はブッヒェンヴァルド収容所で亡くなった――に残された二つの著作、『集合的記憶』（一九五〇）と『社会的階級についての心理学草稿』（一九五五）は、ともに出版されている。

レーナルト、モーリス 1878-1954

❖Maurice LEENHARDT

モーリス・レーナルトは、プロテスタントの宣教師であったが、メラニシア人の言語、習慣、社会および宗教的組織についての観察記録を収集しつつ、ニューカレドニアの住民研究に尽力した。だが彼の本質的な狙いは、「真の具体的な人間」を未開社会において暴き出し、その思惟の運動を分析可能にするために、ニューカレドニアの奥深い生を、共感をもって感受することにあった。そのようにして、彼はリュシアン・レヴィ＝ブリュルの研究成果を批判し、かつ仕上げるに至ったのである。前－論理的な、もしくは神秘的なものとしての原始心性という概念は、彼にとっては不十分に思われた。『ド・カモ』において、レーナルトが明らかにしようとしているのは、いかにしてメラニシア人は世界を理解しているのか、いかにして彼らは自ら自身を把握しているのか、またいかにして社会を構成し、原始性から解放されているのか、ということである。「ニューカレドニア人は、その存在の心根を、自らの集団へと完全に結びつけている。ニューカレドニア人は、集団や住んでいる場所によってのみ、価値づけられる」。カモにおいて、命あるもの、現実的なものが実際に、とはいえ神話的な把握のしかたで、把握される。そして神話が説明するのは、世界についてのさまざまなヴィジョン、さらにカモとカモを包み込む世界との区別のなさ、二つの次元にある間隙、出来事の序列のつけ方、そして社会の独特の構成である。そして、ニューカレドニア人に統一性という考えがもたらされるのは、まさにキリスト教の神話によってなのである。モーリス・レーナルトにとって、キリスト教の神話によって、カモは世界から解放され、第三の次元を勝ちとることができるのであり、このようにしてド・カモに、つまり「自らの真正さにおける人間」に、なることができるのである。ここでモーリス・レーナルトの主要な著作を挙げておこう。『民族学についての覚書』（一九三〇）、『ニューカレドニアの記録』（一九三二）、『ウアイルー語の基本語辞典』（一九三五）、『アウストロ――メラニシア人の言語と方言』（一九四五）、『オセアニアの芸術』（一九四七）、『ド・カモ』（一九四八）。またL・レヴィ＝ブリュルの『手帖』（一九四八）の序文や、『非キリスト教的世界』（一九四八）に所収の論文「カペア」がある。

フェーヴル、リュシアン 1878-1956

❖Lucien FEBVRE

リュシアン・フェーヴルは、フランスの歴史家である。その主要な仕事には、『フェリペ二世とフランシュ・コンテ』『フランシュ・コンテにおける宗教改革と宗教裁判についての覚書と記録』（一九一二）、『土地と人間の進化』（一九二二）、『一つの運命ルター』（一九二八）、『文明化――言葉と思想』（一九三〇）がある。

また、アルバート・デュマンジョンとの共著として、『ライン川——歴史学と経済学の問題』(一九三五)、『十六世紀における無信仰の問題 ラブレーの宗教』(一九四二)がある。さらに著書としては、『七つの苦しみ』(一九四四)、『歴史学のための闘争』(一九五三)がある。さらに、リュシアン・フェーヴルは、数多くの歴史学的な著作の序文を書いている。また(マルク・ブロックとともに)『社会経済誌年報《アナール》』誌の創設者にして指導者でもある彼は、『フランス百科事典』の出版を指揮した。

リュシアン・フェーヴルの全生涯は、「歴史学のための闘争」であり、その影響力は、今日の歴史学的研究の方向性にとっても、重要である。セニョボスのような、「事件を叙述する」歴史家や「事実」の擁護者に対して、フェーヴルは、「構造」の重要性を最も根本的なものとした。歴史的な事実は、そのものとしては価値をもたず、その事実が属している全体との連関においてのみ、価値をもつのである。そうした理由から、多様な社会の枠組のなかで把握された、かつての人間のさまざまな活動や創造に関する学問的研究によって、「事件の記述に終始する」歴史学を、「全体的な」歴史学に置き換えることが重要なのである。もし世界がひとつの構造ではないならば、世界は歴史ではないことになろうから、歴史的な事実は、歴史的な構造へと送り返されることになる。したがって、全体的な歴史は、その時代における人間についての学問となろう。こうした歴史に関する構想は、いわゆる歴史と、観念、諸学問、技術、政治経済学、自然地理学、人文地理学、経済地理学等々の歴史、この両者のあいだにあるもろもろの枠組みと伝統的な区分とを打破させるものである。こうした学問すべては、「全体的な」歴史へと貢献しているのであり、フェーヴルによれば、その「全体的な」歴史とは、研究される各々の時代にとって、思考を介することで、当該の時代の人間の心的素材を、また物理的、知的、道徳的な人間の世界全体を、時代錯誤に陥ることなく再組織化することなのである。それゆえ歴史は、過去へと目を転じるにもかかわらず、必ずや、人間の生と緊密に結びついていなければならないのである。「生が死を問いただすのは、まさに生との連関においてなのである」。

ダヴィ、ジョルジュ

❖Georges DAVY 1883-1976

ジョルジュ・ダヴィの著書には、『公然たる信仰』『権利、観念論と経験』(一九二二)、『党派から帝国へ』(一九二三)、『社会学の根本諸原理』(一九二四)、『昨日と今日の社会学』(一九三一)がある。

＊デュルケムの弟子で社会学者。ソルボンヌの社会学講座教授を務めた。

ギュルヴィッチ、ジョルジュ

❖Georges GURVITCH 1894-1965

ジョルジュ・ギュルヴィッチは、ノヴォロシースク（ロシア）で生まれた。著作としては、『社会的な権利という理念』（一九三五）、『法社会学の根本諸原理』『社会学の今日的な使命』（一九五〇）、『社会決定論と人間的自由』（一九五五）がある。

＊法社会学で知られる。パリ大学教授を務めた。

グリオール、マルセル

❖Marcel GRIAULE 1898-1956

マルセル・グリオールの著書には、『アビシニアの輪郭図と掻き絵』（一九三三）、『アビシニアの遊戯と娯楽』（一九三五）、『白熊の皮膚』（一九三六）、『水の神々』（一九五一）がある。

＊アビシニア（エチオピア高原）とドゴン族の研究で知られる人類学者。

ソヴィ、アルフレッド

❖Alfred SAUVY 1898-1990

アルフレッド・ソヴィは、フランス南部ラングドック地方ラオのヴィルヌーヴで生まれた。権威ある人口統計学者で、著わしたものとしては特に、『経済学的な情勢と予測に関する試論』（一九三八）や『人口に関する一般理論』（一九五二）がある。

フリードマン、ジョルジュ

❖Georges FRIEDMANN 1902-1977

パリに生まれる。著作には『進歩という危機』（一九三六）、『産業機械化における人間的問題』（一九四六）、『人間の労働はどこへ向かうのか』（一九五〇）がある。

＊労働社会学で知られる。

レヴィ＝ストロース、クロード

❖Claude LÉVI-STRAUSS 1908-2009

ブリュッセルに生まれる。著作には『親族の基本構造』（一九四九）、『人種と歴史』『モースの著作入門』（一九五二）、『悲しき熱帯』（一九五五）がある。

＊詳細は『メルロ＝ポンティ哲学者事典』別巻《肖像》を参照。

ヴィーゼ、レオポルド・フォン

❖Léopold von WIESE 1876-1969

ケルン大学教授、社会学者。著書に、『人間と共同体についての諸学問の観点における倫理』（一九四七）がある。

シュッツ、アルフレッド

❖Alfred SCHÜTZ 1899-1959

ウィーンに生まれる。シュッツは、フッサールの個人的な弟子にあたり、フッサールの遺稿を編集した。シュッツは、ドイツ、オーストリア、英米圏、メキシコでの現象学および社会学の雑誌に発表された三〇篇もの論文に加え、『社会的世界の意味構成』(一九三二)を著わした。

＊現象学的社会学の創始者。一九三九年、アメリカに亡命、以後亡くなるまでニューヨークに留まり、アメリカ社会学に大きな影響を与える。

ミード、ジョージ・ハーバート

❖George Herbert MEAD　1863-1931

このアメリカの心理学者の主著『精神・自我・社会』は、弟子のモリスによって、彼の死後に出版された(一九三四年)。死後刊行された他の著作として、『行為の哲学』(一九三八)がある。

「精神についての社会理論」によって、ミードは、行動の原初形態のなかにおける「自我」と「精神」の発生を分析しようとした。精神は社会的に構成されるということ、つまり、精神は、行為と社会的な相互行為との働きを通じて存在するようになるということ、これが彼の主張である。ごく幼い頃からすでに、幼児の生物学的な衝動は、社会生活による抑圧、他者の身振りや意見によって形成される。そのようにして、ひとつの行為の「意義」という考えが現われてくるのであり、それが意識的で、制御された他者との関係を可能にするのである。したがって、「自我意識」や「精神」は、ひとつの全体と、すなわち相互行為の総体と見なされる社会的な過程において生じてくる。しかし、ミードはとりわけ、こうした個人のあいだにおける相互行為と、「遊戯」を区別している。「自我」は遊戯のなかで形づくられるのであり、そこで幼児は他の遊戯者全員のさまざまな態度を自分のものとしなければならない。それによって、「一般化された他者」の振る舞い、つまり組織化された共同体の振る舞いが、築き上げられるのである。要するに、ミードにとっては、社会のなかに、一方には動物界においてのみ存在する社会生理学の極があり、他方には、人間集団に固有な制度的極が存するのである。だが、制度は組織化された態度の体系に他ならず、それは取り入れによってわれわれに組み込まれ身体化されるのである。したがって、組織化された人間の社会はどれも、結局のところ、根本となる社会生理学的な関係の単なる拡張と分岐なのだと主張する点で、ミードに冠せられた「生物学主義」という批判は、もっともなことだろう。

クローバー、アルフレッド＝ルイス

❖Alfred-Louis KROEBER　1876-1960

彼の著作では、少なくとも『文化と未開の北アメリカの自然領域』(一九三九)、『文化の本質』(一九五二)を挙げねばならない。

＊アメリカの文化人類学者。作家アーシュラ・K・ル・グィンの父親。

ソローキン、ピティリム・アレクサンドロヴィッチ

❖Pitirim Alexandrovitch SOROKIN　1889-1968

ロシア出身の社会学者であり、ハーバード大学教授。彼はなによりもまず行動主義者であり、その立場から社会－文化的現象を独特なものとしてみなしており、社会的現実に関する構造的かつ動態的な研究形態のもとで、自らの構想を体系化した。そうすることで、真の「知識社会学」を練り上げたのである。計量的方法を認識形而上学的問題に応用しているのだから、この体系が支配的な諸文化と並行して変化することは明らかである。独立変数——文化的諸前提——が表わしているのは、世界における直近の現実性によって与えられたひとつの時代の社会を作り上げている概念である。そこで考えられうるのは、「理想主義的」「観念的」「感覚的」という三つの概念である。独立変数、すなわち、哲学や科学の理論と同様に、因果性、空間、時間、数といった、人間精神の根本的カテゴリーは、文化的諸前提を特徴づけている三つの心性と結びつけられている。現実性や真理の本質に属する三つの概念は、共存しているわけではなく、内在的変化や互いの排斥関係の原理によって、変動し、交代し合うのである。したがって、認識形而上学的な理論や体系は、律動的な過程によって生じる周期的な変動に従っているのである。ソローキンの「知識社会学」は、社会－文化的な複合体によって与えられた問いそのもの、「永遠の問題」への応答にかかっている点で、「観念論」と規定されるようなものであった。

ここでソローキンの主要な著作を挙げておくと、『社会学的体系』（一九二〇－二二）、『進化についての社会学』（一九二五）、『同時代の社会学の理論』（一九三八）、『社会的文化的な力学』（一九三七－四一）、『社会文化的な因果性—時間と空間—』（一九四三）、『社会、文化、人格』（一九四七）がある。

＊当初（現在の）サンクトペテルブルク大学で教鞭を執るが、一九二三年に国外追放されアメリカに亡命、ハーバード大学の初代社会学主任教授となる。

ベネディクト、ルース

❖Ruth BENEDICT　1887-1948

マーガレット・ミードと同じく、アメリカ文化人類学派と関係がある。心理社会学での彼女の研究は、「文化の型」という概念を明らかにしている。これは、どの文化も特徴的な行動と結びついた特徴的な局面をもつ、という考えである。ベネディクトは、たとえば、節度、慎ましさ、平和の精神によって特徴づけられる、インディアンのズニ族の「アポロン的」な文化と、個人主義、闘争、荒々しい感情が支配するインディアンのクワキウトゥル族やドブ島民の「ディオニソス的」で「ファウスト的」な文化とを、対立させている。ここから結論づけられるのは、心的な乱れは、前者においてはきわめて稀であり、そこでは自殺はほとんどない、ということである。「ズニ族を相手に自殺の

仕方を説明すればするほど、丁寧で和やかながら彼らの信頼を失うことになる」。したがって、ルース・ベネディクトにとっては、可能性の基盤のようなものがあるのであって、それは発展すればすぐに、可能的な人間の振る舞いをまるごと与えるようなものである。文化の諸事実は、こうした諸可能性に限定された一つの集団を特権化し、社会的行為にその「型」を押し付けるのである。まさにこの「文化の型」こそが、ひとつの社会に統一を与え、社会的な変遷を通じても、一定の連続性を保つようにさせるものである。したがって、個人の心理に形を与え構造化するのもまた、この「文化の型」なのである。他との比較をしない状態で精神の病について語ることは可能なのだろうか。というのも、社会こそが、どのような場合であれ、心の健康の規範を与えるのだし、病的な振る舞いとは、とある社会の行為の「型」にはまらないような行動のことなのだから。かくて、クワキウトゥル族の文化のなかでは、この社会の「パラノイア的」な規範に従わないものが、病と見なされることになるのである。

ここで、ルース・ベネディクトの主要な著作を挙げておくと、『文化の型』(一九三四)、『文化を条件付けている連続性と非連続性』(一九三八)、『菊と刀』(一九四六)がある。

カーディナー、エイブラム

❖Abram KARDINER 1891-1981

カーディナーと彼の協力者たちがアメリカ・コロンビア大学の文化セミナーで行なった研究は、「文化人類学」に属するものである。彼らの「文化人類学」とは、とある社会に固有の文化を研究する学問であるが、そのとき、その文化によって形態化され、その文化を体現している社会の成員の行動を調査することによって、研究を行なう。カーディナーは、心的なものと社会がその上に構築される「中立的」な下部構造についての理論を概略的に描いた。インドネシアのアロア島に関するコーラ・デュ・ボアの研究をよりどころとしつつ、カーディナーは、その文化的環境における幼児の経験全体とこの環境の制度とのあいだにある相関関係を際立たせた。カーディナーにとって制度とは、社会に特有の影響力が、個人に影響を及ぼす際の手段のことである。「原初的」制度は、幼児期におけるしつけである。これは根本的な順応という問題を生じさせるものである。「基盤的」人格について、カーディナーは、リントンの考えを踏襲し、これが、原初的制度の総体に対する個人の順応反応を構成する、とした。宗教や民間伝承のような二次的な制度は、「基盤的人格」という構造に基づく原初的制度の影響の結果なのである。リントンらとの共著『社会についての心理学の最前線』(一九四五)において、カーディナーは幼児の原初的経験を、「統合体系」と呼び、二次的な制度に「投影体系」という名を与えている。この著作では、同時に伝記や精神分析、ロールシャッハテストを用いる方法を、強く勧めている。リントン、コーラ、ヴゥア等々の協力者と共に、カーディナーはこの方法を、アメリカ・インディアンのいくつかの小部族に適用し、「基盤的人格」という理論に照らしてみると、文化が総じていかにして病理学的なものと見なされうるのかを明らかにしている。カーディナーが著わしたものとして、『個人とその社会』(一九三九)、『戦争ストレスと神経症』(一九四一)、『社会についての心理学の最前線』『基盤的人格の概念』(一九四五)がある。

*カーディナーは、一九二一年にフロイトの教育分析を受けている。現在ではむしろ、『戦争ストレスと神経症』で示された戦争神経症の記述がPTSD概念の先駆となっていることのほうで著名かもしれない。

リントン、ラルフ

❖Ralph LINTON　1895-1953

リントンの著書には、『人間の研究』(一九三六)、『アメリカ・インディアンの七部族における文化変容』(一九四〇)、『人格の社会学的背景』(一九四五)がある。

ミード、マーガレット

❖Margaret MEAD　1901-1978

マーガレット・ミードは、心理学者のG・H・ミードの娘である。彼女の主要な著作に、『サモアの思春期』(一九二八)、『ニューギニアにおける成長』(一九三〇)、『三つの未開社会における性と気質』(一九三五)、『文化と人格』(一九三六)、『未開人における協調と競合』(一九三七)、『児童心理学の手引き』(一九四六)、『男性と女性』(一九四九)がある。

マーガレット・ミードの研究は、アメリカ文化人類学派の諸研究と関わっており、特に「人格の精神力学的分析」に尽力した。ミードは、さまざまなタイプの文明化、特に未開社会における文明化における教育による人格の形成について研究し、異なる文明が、隣接しているにもかかわらず、幼児に異なる人格を付与するのはいかにしてかを明らかにした。ミードにとって、最も根本的な人間の傾向は、まさに社会的なパターン化に従っているのである。彼女の著作『三つの未開社会における性と気性』において、ミードは三つの部族を研究し、そのうちの二つが、両性において同じ行動を示していた。しかし、山々に囲まれた、貧しい地域で生活している一方の部族では、男性も女性も幼児に対して温和で優しいのだが、全員が狩人である他方の部族では、男性と同じく女性も、闘争的かつ暴力的であり、幼児に充てる時間がほとんどない。最後に三つ目の部族では、両性の行動は異なっていて、制度が父系制度であるにもかかわらず、女性は逞しく、実利的で、思慮深く、仕事にもついて、自分で結婚を選択するのに対し、男性は臆病で、媚を売り、繊細なのである。このように両性についての差異心理でさえ、教育しだいなのであり、同じ幼児が、きわめて小さいうちに連れて来られていれば、どの社会の型にでも、完全に参与することができるのである。「永遠の女性的なもの」など存在しない。「われわれとは、われわれの文化なのである」。

フック、シドニー

❖Sidney HOOK　1902-1989

フックの著作には、『プラグマティズムの形而上学』(一九三七)、『マルクス理解に向けて』(一九三三)、『ヘーゲルからマルクスへ』(一九三六)、『理性、社会の神話と民主主義』(一九四〇)がある。

＊デューイの流れを汲むプラグマティストで、当初マルクス主義者だったが、スターリンによる大粛清等以後、立場を転じた。

フロイトと精神分析

フロイト、ジークムント

❖Sigmund FREUD　1856-1939

無意識――フロイトの発見をこの一言で表わすことに異存はないだろう。しかしこの概念は哲学者たちにあまり評判が良くない。では、無意識はどのように理解されているのだろうか。

フロイトによれば、無意識には三つの意味合いがある。まず無意識は、言い間違いのような錯誤行為や、夢のように、意識されずに起こる現象を指す場合がある。ここでは、精神分析家は非現実的な人生を扱う専門家ということになる。また、精神分析とは特別な学問ではなく、心理学の一部門ということになる。次に無意識は「心的カテゴリー」を指す場合がある。この場合には、自分について知覚しているものと他人について知覚しているものとを、その背後に隠された最も重要な点で比べてみなければならない。この時、精神分析とは「深層心理学」であり、精神分析家とは人のうわべに惑わされずに奥深くへと分け入っていく、いわば探検家のようなものである。残った三番目は、フロイトが取り上げる最も新しい無意識の意味である。この三番目の意味にかんして、フロイト自身、客観的な法則に従って働く「無意識の思考」を援用していた頃には、満足のいくかたちで定義できていなかったと述べている。いまやこれは次のように定義される。無意識はひとつのシステムであり、それは、言語(langage)のように構造化されていると。精神分析家=言語学者は、患者の症状から生み出される独特な表現を手がかりにして、無意識のシステムの働きとその範囲を把握するのである。こうしてみると精神分析は、フロイトの研究範囲が示しているように、心理学を(その学が生み出したものも含めて)大きく超え出ているのがわかるだろう。精神分析は、個人をくまなく眺め、掘り下げて調べつくすというより、その働きの内に組み込まれた構造をもとに個人を推し量るのである。

フロイトによって、無意識の範囲を、私たちの望みどおりに決める方法が与えられた。ただし狭い意味でとるなら、この概念には彼の頭から離れなかった過激な考え方が含まれている。なぜなら無意識という概念は、人間は根本的に自己に幻想抱いた存在であること、つまり脱中心化された存在であることを表わしているからである。だからそんな無意識をもたらすフロイトの考えは、哲学者に受け入れがたい。意識は主観性を汲み尽くさないと認めても、哲学者たちにとって、意識は相変わらず絶対のものなのだ。だが、問題をはぐらかすことで何が得られるのだろうか。それは、あらゆる真理の死である。無意識が自己を惑わす悪しき霊《マラン・ジェニー》ならば、情念であろうと、判断であろうと、精神分析でさえ、どんなものであっても幻想を免れない。この新しい脅威に哲学者がコギトで対応しようとするのも、ゆえなきことではない。これが、両者の話が嚙み合わない理由である。

この問題を解決するのは一体どんな方法なのか。確かにフロイトは、ありとあらゆる直接的な経験(内的経験にせよ、外的経験にせよ)の力を縮小させている。フロイトは、宿命の意味同様、感情の要因となっているものの意味を把握するために、たとえばエディプスコンプレックスに代表されるように、経験がもっていない隠れた力をその形式や想像作用のなかに介入させなければならなかった。しかしだからといって、彼は、背後世界――しかもその世界の入口には専門家しかたどり着けない――を引き合いに出して、目に見えている世界を否定しているわけではない。おそらくこの矛盾は、フロイトの学説の本質をなしている。そこに彼の学説の起源と土台がある。フロイトは、抑圧の現象に出会い、真実が隠されている場合には、分析的な転移のなかで観察でき、修正できるような、真実を隠す運動そのものによっても、真実は表に出てくることを発見した。たとえ人間が、何とか平静を装いながら真理から逃れることができたとしても、この真理へのアクセスという問題を避けることはできない。あらゆる欠陥が表われるのである。フロイトが何度も強調した抑圧は、告白と同時に否認でもある。というのも、一方で、抑圧された意味が「差し戻されている」ことが認められているが、他方で、この差し戻しが判じ物のような夢、つまり寸断された身体（「身体的易換性」）のなかで作動すること、あるいは、執拗な脅迫現象のなかで繰り返されることは拒否されるからである。フロイトは、意味がないと見捨てられてきたあらゆる生の現象を解読しようとした。彼は「馬鹿げた」ノイズのなかに、また往々にして高揚する精神のなかに、検討に値するメッセージとメッセージの受け手があるとわかっていたのである。

とはいえ、フロイトは非理性的なものの誘惑に屈してしまったわけではない。むしろ彼の考え方は、新たな合理主義の扉を開くものである。私たちはまだ、その哲学を厳密に練りあげてはいなかった。それでもなお、これが人文科学の現代的な動向のなか、意味表現的なもののカテゴリーの傾向のなか、また、意味の働きをその到来や中断や迂回といった観点から把握しようとする関心のなかに、次第に姿を現わすのをかいま見ていたのだった。フロイトは、病気の症状とシンボルとが対であることを示し、自我のなかに病状の構造そのものを再発見することによって、主体の中心にシンボリズムがあることを明らかにした。フロイトは言語の手前にあるものを明らかにし、解読したのだが――これこそ決定的な功績である――、その際、彼は言語の手前にあるものを規則が支配する領域に結びつけるという方法、つまり言語の向こう側に結びつけるという方法のみを用いた。制度化のモデルとされるエディプスコンプレックスは、生の主題とその幻想に至るまでをも組織する。今日ではいささか忘れられているが、フロイトが性的な生に与えた重要性は、次のようなかたちで説明されている。セクシュアリティは、もともとは性的倒錯であり、あらゆる文化的な規則、そして本能的な規則さえも意図的に触れなかったものであるが、実際には、権利と義務からなる厳密な組織網の至るところに見出されるという特性がある――社会学がこれを作り出した。セクシュアリティとは、際限のない欲望を法の秩序に結びつける架け橋である。別の言い方をすれば、ナルシシスムとコミュニケーションの欲求とに引き裂かれた人間の葛藤の最も近くに、私たちを導く糸なのである。

[J.-B. P.]

ラカン、ジャック

❖Jacques LACAN　1901-1981

ラカンは『パーソナリティとの関係からみたパラノイア』（一九三二）を著わした。多くの研究が著作としてまとめられてはいないが、そのなかでもとりわけ、幼児が他者のなかに自分の視覚的な姿を獲得する段階についての研究は重要である。ラカン博士は『精神分析』の年鑑の責任者である。

*『メルロ＝ポンティ哲学者事典』別巻《肖像》の詳細な記述を参照。

ポリツェル、ジョルジュ

❖Georges POLITZER　1903-1942〔銃殺〕

ポリツェルはさまざまな雑誌——たとえば『哲学』、『エスプリ』、『マルクス主義雑誌』、『具体的心理学雑誌』（彼が刊行していた）——に寄稿を重ね、哲学の道に入った。フランソワ・アルエ（François Arouet）というペンネームで出版した『ベルクソニスム、あるいは哲学的ペテン』は、ベルクソンの哲学に対する辛辣な批判書である。『心理学の根本的批判』（一九二九）で、ポリツェルは「具体的心理学」の土台を作ることを提案し、精神分析の批判が展開された第一巻だけが出版された。その著作のなかで、ポリツェルは精神分析学の成果を、無意識という「抽象的な」仮説から分離し、心理学に対して、行動の現実的で、生きられた意味を探求することを求めた。続いて、彼は共産党に入党し、政治経済学の研究に集中し、雑誌『ユマニテ』に寄稿して、「労働大学（Université Ouvrière）」でマルクス主義哲学の講義を行なう（この講義は一九四六年に『哲学の基本原理』という題名で出版される）。ポリツェルは、マルクス主義という名のもと、同時代の哲学の内部にある「理想主義的」で「蒙昧」な傾向を、雑誌『パンセ』に掲載された諸論考のなかで、激しく告発し続けた（「哲学と神話——合理主義とはなにか」「盲人の地下室のなかで——精神分析の終焉」）。その他の著作は、『現代心理学の危機　二十世紀の革命と反革命——ローゼンベルグ氏の『金と血』への応答』（一九四七年に出版された）。一九四二年五月二十三日に、ジョルジュ・ポリツェルはドイツ軍に逮捕され、ヴァレリアンの丘で銃殺された。

ラガーシュ、ダニエル

❖Daniel LAGACHE　1903-1972

ソルボンヌ大学教授。著作は、『幻聴とパロール』（一九三四）、『愛の嫉妬』（一九四七）、『心理学の統一』（一九四九）。

ホーナイ、カレン

❖Karen HORNEY　1885-1952

ハンブルグ生まれ。著作は、『現代の神経症的なパーソナリティ』（一九三六）、『精神分析の新たな道』（一九三九）、『私たちの内的葛藤』（一九四五）。

＊一九三八年に合衆国の市民権をとる。当初アメリカ精神分析学会に所属するが、やがてフロイトへの批判が芽生え、アメリカ精神分析進歩協会をニューヨークに創設した。

モレーノ、ヤコブ・レヴィ

❖Jacob Levy MORENO　1892-1974〔1889-1974〕

ブカレスト生まれ。著作は、『生き残るべきは誰か——人間関係の問題に対する新しいアプローチ』（一九三四）、『サイコドラマ』（一九四六）。

＊原著では一八九二年生まれとなっているが、正しくは一八八九年。一九二五年には合衆国に移住する。サイコドラマによる心理療法の推進者。

フロム、エーリッヒ

❖Erich FROMM　1900-1980

著作に『忘れられたことば——夢、説話、神話の認識序説』（一九五三）。

＊フランクフルト生まれ。一九三三年に合衆国に移住し、米国籍を取得。ウィリアム・アランソン・ホワイト精神病学研究所の所員となり、コロンビア大学、イェール大学等で教鞭をとる。フロイト理論の改革者の一人であり、文化・社会的要因を重視した。主著は『自由からの逃走』『正気の社会』など。

コフカと心理学

コフカ、クルト

❖Kurt KOFFKA　1886-1941

コフカの主要な著作は次の通りである。『幼児の精神発達』（一九二一）、「知覚——ゲシュタルト理論序説」（『心理学紀要』所収、一九二二）、「心理学」（M・デソワール編集『哲学の教科書』所収、一九二五）、「空間知覚の諸問題」（マーチソン編集『一九三〇年の心理学』所収、一九三〇）、『ゲシュタルト心理学の原理』（一九三五）。

一九三三年以降、アメリカに居を構えたベルリン出身のコフカは、ゲシュタルト理論、あるいは「形態の理論」を代表する人物のひとりである。コフカは「形態」の概念と結びつけることで、行動の概念を取りあげなおし、明確にした。彼にとって重要なのは、直接与えられる知覚環境を、間接的に構築される「地理学的な」環境と区別することだった。行動の環境（Umwelt）は、いつも「すでにそこにある」。それは客観的なものであるが、絶対的ではない。なぜなら、世界と私たちとの関係を基礎づけている本源的なレベルでは、行動の環境に客観性を与えているのは私たちだからである。コフカは知覚の恒常性を説明するために、生理学的な「形態」、つまり私たちの神経組織の構造について研究した。その結果として、彼は知覚研究が明らかにする「形態」と、神経インパルスの配分を司る制御構造、つまり生理学的な構造との間に「心理物理同形説」の原理を立てた。こうした構造は物理学的な制御モデル(たとえば力の場)で理解することができるのだ。こういうわけで、コフカは構造主義的行動主義に接近し、さらにそこから用語を借用して、後期の著作のなかで使用したのである。

ヴェルトハイマー、マックス

❖Max WERTHEIMER　1880-1943

プラハ生まれ。著作は次のとおりである。『ゲシュタルト理論の研究』(一九一二)、『ゲシュタルト理論にかんする三つの試論』(一九二五)。

実験的であろうとする心理学のなかで、心の反応の複雑さを問題にする場合、それをひとつの名称によって切り離すことはできないだろう。この問題は、状況や行動や行為という「モル的(全体的)な」心理学を求めているのであり、ヴェルトハイマーがもたらした「形態の理論」(ゲシュタルト理論)という貴重な道具を求めているのである。ゲシュタルト学説の始まりは心理学にあるが、やがてそれは生物学的事実、生理学的事実、社会的事実を包括する哲学的な概念へと変貌した。この学説を手短にまとめるならば、「全体は部分の総和ではない」ということになるだろう。この定義は、逆説的ではあるが以下のことを明らかにしてくれる。すなわち、科学の目的とは分析ではなく、抽象することでもなく、「自律的な統一性を構築するまとまり、内的な連帯性を示すまとまり、固有の法則を持つまとまり」についての考察であるということ。また「それぞれの要素のあり方は、全体の構造や、全体を規定している法則に依存しており、要素は全体に先立っては、心理学的にも、生理学的にも存在せず……全体とその法則についての知識は、全体のなかにある分割された部分の知識から推論することはできないだろう」ということを示している。こうした考え方は、心理学的な説明のやり方も記述の仕方も変える。要素という見方を止めることで、分析的な心理学がいつも突き当たっていたさまざまな難問を乗り越え、それを「擬似問題」に変えるのだ。だが、もしもヴェルトハイマーが一九一二年頃から「心理物理同形説の原理」を頭の片隅におき、それで古めかしい心身並行論をリニューアルすることがなかったら、こうした考え方は十分な意味に達しなかっただろう。その時までバラバラだと思われていた秩序のなかには、共通した構造がある。もしも形式のない質料などないというなら、質料に形を与える形式もないのであって、あるのはふたつの組織化の様式の間の隠された関係である。問題は消し去られたのではなく、乗り越えられたのだ。反省、知覚、そしてありとあらゆる古い例が再活性化され、生理学的図式と心的図式の間の古典的なアンチテーゼは削除される。しかし、「諸構造」という概念が、そしてまた心理物理同形説の原理が、ふたつの秩序の総合を容認するのであれば、「構造」は「諸構造の把握」を含んでいるということに変わりはないのだ。客観的であることを目指す心理学のなかに、構造から意味へと達する内在性の方法が再び導入されているのである。

＊『ゲシュタルト理論の研究』の刊行年度は、正しくは第一巻が一九二二年、第二巻が一九二三年。

ルビン、エドガー

❖Edgar RUBIN　1886-1951

コペンハーゲン大学で講義と研究とに力を注いだ。ルビンはひたすら知覚の心理学に関心をもち、有名な『視知覚の図』(一九二一)において、ゲシュタルト理論の土台を築いた。

ケーラー、ヴォルフガング

❖Wolfgang KÖHLER　1887-1967

エストニアのレヴァル生まれ。ヴェルトハイマー、コフカ、レヴィンと同じく、ドイツのベルリン学派に属した。彼らは、学説においても実験的な研究においても、こぞって全体の心理学、構造の心理学、形態の心理学を目指している。この学派特有の関心は、ゲシュタルト理論と実験とを緊密に総合することにある。ケーラーにとって実験とは、特に動物の行動を扱う研究を指す。ケーラーの研究は、やや単純化して言うならば、ふたつのレベルからなっている。ひとつは、単純な反射学や分子行動学についての論争的‐批判的なレベルである。批判対象とされているのは、ワトソンやパブロフの学説である。もうひとつは、ケーラーが「ゲシュタルト」という語の意味を徹底的に深め、知性の問題にかんするゲシュタルト的な解釈を明確にした建設的なレベルである。もしもチンパンジーが「形態」を知覚するということが証明されるなら、異なる構造が異なる進化の段階に対応する。だから、幾何学的な形態とある種の肉体的な構造が、限られた動物だけが到達する高いレベルを示しているのである。さらにケーラーは、ゲシュタルトは「歴史を持たない」とする学説を緩和した。すでにヴェルトハイマーが、ストロボ運動についての研究(一九一〇)によって、時間的に先行する形態が、一時的にひとつの態度(Einstellung)を生じさせ、それが後続するものを理解する際に影響することを示していた。ケーラーは、知覚において、また当面の問題解決において、過去が影響を与えるものだということを実験によって明らかにした。最終的に彼は、知性とは「回り道」をすることだ、あるいは、包括的な行為をすることだということによって特徴づけた。この包括的な行為の要素は、それぞれ個々にみれば何の意味もないのだが、再組織化された領野のなかで、突如あるひとつの意味を得るのである。

ケーラーの著作は次の通りである。『気づかれない感覚と判断ミス』(一九一三)、『高等な類人猿の知性』(一九二七)、『ゲシュタルト心理学』(一九二九)、『心理学におけるダイナミックス』(一九四〇)。

カッツ、ダーヴィット

❖David KATZ　1884-1953

ゲシュタルト理論に共感しつつ、視覚世界と触覚世界を独自に追究し、色彩世界の構造や、触覚世界の構造についての卓越した記述を残した。カッツの研究は表象能力、つまり、最も具体的な感覚の構造をもった知覚領域のなかで、質が果たす役割について明らかにする。カッツの研究以後、私たちは「色」という粗雑な言葉では色について考えられない。色－表面、色－触覚、色－照明、あるいは色－反射によって考えなければならないのだ。一九三三年以降、カッツはストックホルムで講義を行なった。

レヴィン、クルト

❖Kurt LEWIN　1890-1947

モギルノ(旧ポーランド)に生まれ、ニュートン(マサチューセッツ州、アメリカ合衆国)で永眠。著作は『パーソナリティについてのダイナミック理論』(一九三五)、『(人間関係における)グループダイナミックスの境界』(一九四七)、『社会的葛藤の解決』(一九四八)。

クルト・コフカやヴェルトハイマーと並んで、「グループダイナミックス研究センター」の創設者のひとりであるレヴィンは、「ゲシュタルト的な」タイプの心理学や、オリジナルな概念と厳密にレヴィン的な実験的方法とを導入した総合的な社会学理論を残した。ゲシュタルト主義者としての立場から、レヴィンは個人と社会との関係を、構造という語を使って再考した。「状況はひとつのダイナミックな全体として、あらゆる社会的、文化的な意味合いを含めて考えなければならない。ある社会的な状況は、心理学的な状況と同じく、ひとつのダイナミックな全体なので、分析するにはゲシュタルト的でなければならないのだ」。この考えからすれば、状況の部分的な変化は、「全体」をも変化させることを意味している。「状況」と「パーソナリティ」とが根本的な相互関係を結んでいるならば、個人とは、さまざまなグループダイナミックスの重なり合う中心のことである。もっとも、グループの内部に「ある種の自由の空間」が基礎づけられてはいるのだが。ここには、非常に新しいふたつのテーマがある。レヴィンの社会学は「態度」と「状況」の社会学である。つまり、相互依存関係そのものによって決められた、相互に依存している要素についての社会学である。また、レヴィンはアクションリサーチの理論を社会学のなかで明らかにした。この理論は、行動、変化、試験、そして発見を結びつける理論であり、社会的行動に通じるタイプの研究である。社会的行動には、状況の変化に応じたさまざまな要素が把握されていること、そして集団行動のなかでの「段取り」が明らかになっていることが含意されている。第三に、レヴィンは実験的な方法と、数学的な方法を結びつけた「計量可能な」社会心理学を構想していた。レヴィンは、社会の物事の重要なところを幾何学的に表現できると思っていたし、記号的に表現できるとも、またその表現を代数学的に操作できるとも思っていた。レヴィンの研究は抽象的にみえるかもしれないが、非常に多くの具体的な資料を元にしている。具体的なものの意味は、社会空間の説明のなかで印象的である。社会空間は、実在空間の本質的な特性すべてをもっている。ただしその空間には、物理的な実在性はなく（アルブヴァクスの「社会的な時間」が思い出されるだろう）、あるとすれば、それはレヴィンがパーソナリティや主観性、そして人それぞれがもつ固有の態度が現われてくると考えた「知覚」の実在性のなかなのだ。

スターン、ウィリアム〔シュテルン、ヴィルヘルム〕

❖William STERN 1871-1938

スターンは心理学者であり哲学者でもある。『幼児の心理学』（一九二一）は——現代から見ればやや古びたところがあるのだが——幼児の言語獲得、心的発達と技術的発達における模倣の役割、記憶のメカニズム等々についての興味深い多くの観察をしるしている。ウィリアム・スターンは、パーソナリティが作り上げられる過程に特に関心を寄せていた（『人格性について』一九一八、『人と事実』一九二四）。主体（人格）が自分自身を把握するのは、さまざまな価値の配置を介してである。だからスターンは、「私は評価する、ゆえに私はある」と述べて、コギトを新しく定義している。つまり自己実現は、「内受容」によって自分を乗り越えること、自分の外側にあるさまざまな価値を受け入れることによって、可能になるのである。〔H.D.〕

クラーゲス、ルートヴィッヒ

❖Ludwig KLAGES 1872-1956

性格学と筆跡学に関するクラーゲスの研究（『性格学の基礎、筆跡と性格』）は、狭い意味での心理学を超えている。だから、それぞれの研究は『心情の敵対者としての精神』全三巻のなかで述べられた、形而上学的諸概念と関連づける必要がある。クラーゲスは、魂と身体とを区別することはできないと強調する。彼によれば、概念が語の意味であるように、魂は身体の意味であり、語が概念の表示であるように、身体は魂の表示なのだ（『意識の本質について』）。クラーゲスは世界を徹頭徹尾生気あるものとして描いているが、人間はその世界のなかに「感性界を超えた」力、つまり精神を導入した。精神は、魂と身体とを区別しようとしたり、生命を否定したりする。この意味では、精神は悪である——もともとの調和した世界のなかに、いったいどのようにして悪が生まれるか、これが次なる問題となる。

[H. D.]

ビューラー、カール

❖Karl BÜHLER　1879-1963

思考を実験的な内観の方法によって研究することで知られたヴュルツブルク学派に属している。この研究のおかげでビューラーは、思考は媒介なしに生じると考えるようになり(「あらゆる対象は、イメージの力を借りなくても、十全に思考される」『思考プロセスの心理学の事実と問題点』)、また、幼児の知能発達過程における、言語の役割の研究を行なうようになった(『幼児の精神発達』)。最も興味深い研究は、言語の哲学にかんする研究である。ビューラーによれば、この哲学は、言語のもつ二重の機能を説明しなければならない。それは主観的な機能と間主観的な機能、別の言い方をすれば、表現の機能とコミュニケーションの機能である。言語の公理論には、言語の経験的な多様性を超えて、すべての言語に共通なものを規定する仕事、そして言語の構造を理解する仕事があるのだ(『言語理論』)。

[H. D.]

リボー、テオデュル

❖Théodule RIBOT　1839-1916

ソルボンヌ大学の実験心理学教授(一八八五年)、コレージュ・ド・フランス教授(一八八八年)。ブルターニュ出身のリボーは、心理学を自立的な科学にするために、実験心理学の基礎を築いた。リボーの書は次のとおりである。『現代イギリス心理学』(一八七〇)、『現代ドイツ心理学』(一八七九)、『心理学的遺伝』(一八七三)、『記憶障害』(一八八一)、『意志障害』(一八八三)、『パーソナリティ障害』(一八八五)、『注意の心理学』(一八八八)、『感情の心理学』(一八九六)、『一般観念の展開』(一八九七)、『感情心理学の諸問題』(一九〇九)。

ジャネ、ピエール

❖Pierre JANET　1859-1947

催眠状態やヒステリー状態に関する数々の研究を通じて、ジャネは人格解離の理論を作ろうとした。彼はこの理論を使って、自動記述や暗示のような現象を考察しようとしていたのだ。こうした現象に共通する原因としては、精神的な生を統御したり統括したりすることのできない意識の無力さが考えられるだろう。以上のことから、自動性が出てきたり、無意識的な記憶が発せられたり、また意識の領域が非常に狭くなったりすることが生じる(『心的自動性』一八九三など)。ジャネの研究は、今日もなお人々の関心をひいている。ジャネは、支配的な機械論と、心的現象の意味を考察することの間で悩んだが、しばしば、後者の方向へとかなり大きく進展した。こうしてジャネは、感情を逃避行為として定義し、またさまざまな分析を通じて、「実在の機能」や「心理学的緊張」といった概念に、きわめて実存的な意味を与えたのである（『不安からエクスタシーへ』）。 〔H. D.〕

デュマ、ジョルジュ

❖Georges DUMAS 1866-1946

デュマは、コントとリボーの影響を受け、実証的で経験的な方向性をとる心理学の典型的な継承者である。彼は『心理学概論』、続いて『新心理学概論』を編集した。著作には『病理学的心理学――精神病による超自然と神々』（一九四六）がある。

ドラクロワ、アンリ

❖Henri DELACROIX 1873-1937

ドラクロワの研究は心理学的でもあり、哲学的でもある。ドラクロワは、社会学主義や要素還元的な説明から心理学を守ろうとした。研究は目下進行中だが、そこには、了解の（合理主義的な）方法が素描されている。それは、精神を統一的にとらえようとする方法であり、また精神活動の条件、また社会的生活の条件も決定しようとする方法である。この考え方によれば、宗教的現象はある種の感情的で、精神的な必要性から生じる現象ということになる（『神秘主義の心理学』一九〇八）。また同様に、心理学は新しい観点から言語の問題と、その起源の問題を扱うことができる。「幼児は完全な言語力を有しているが、個別の言語としてはまだ不完全な状態にある」（『幼児と言語』一九三四）。思考は象徴活動である。それは芸術作品と同じように、表現活動のなかで入念に練り上げていくものであり、物事を瞑想した結果ではなく、作業の成果なのである（『芸術の心理学』一九二七）。 〔H. D.〕

ブロンデル、シャルル

❖Charles BLONDEL 1876-1939

ブロンデルは、二十世紀初頭のフランスの心理学者を代表するひとりである。ブロンデルには、一貫して、心理学と社会学の領域の境界を定めるという関心がある。この関心から、『集団心理学』（一九二七）では心理学の核心を明らかにしている。そこから、「あらゆる精神活動のなかにあるものは、集団の行動から自立していて、種の特徴、あるいは個々人の特徴に起源がある」ということが規定される。ブロンデル博士は、フロイトの考えに反対し、「社会的な機会」へ応答する意志から生み出される健常な無意識と、病理学的な無意識とを区別して、健常な意識と病的な意識の還元不可能性を強く主張した。病理学のいう無意識は、もともと精神的な生とは無関係な自動性が、その生に侵入してくることから生まれるものである。この精神的な生は、社会的関係によって決定されるか、また理性の働きによって決定される（『病的な意識』一九一四）。

〔H.D.〕

ギョーム、ポール

❖Paul GUILLAUME　1878-1962

代表的な研究は、『幼児における模倣』（一九二五）、『習慣の形成』（一九三六）、『ゲシュタルト心理学』（一九三七）、『心理学序説』（一九四二）である。

＊パストゥール、ルイ・ル・グランなどのリセで教えた後、パリ大学の教授となる。ゲシュタルト心理学をフランスに移入する。

ワロン〔ヴァロン〕、アンリ

❖Henri WALLON　1879-1962

心理学研究、とりわけ幼児にかんする研究を行なうなかで、アンリ・ワロンは還元主義的な説明をしないこと、学問をバラバラに分けて扱わないことに注意を払った。ワロンが明らかにしたこと、それは行動のさまざまな計画や手順は、相互に依存しあっているということである。彼は、生物学と社会学とは分けて扱うことはできないと考えていた。両者は、人間が誕生して以来、お互いに補い合う学問である。たとえば、情動を研究する場合には、ワロンは情動の意味を過去の出来事や、系統発生のなかにではなく、進化や、幼児の未来そのもののなかでとらえようとした。情動は、環境からの絶え間ない刺激に従って自動的に反応することと、知的な生活との間に橋渡しする役割を担っている。情動は他者に対する態度であり、いわば一番初めの言語である。情動は、混乱をもたらすと同時に組織化を行ない、幼児の性格と知性との下準備をする。情動は、その運動性の構成要素によって、生理学的なものと見なされているが、実は、他者との共同世界をつくり上げた古い要素のなかにある社会的な事柄なのだ。

ワロンとスイスの心理学者ピアジェとの間には、幼児の社会性をめぐる有名な論争がある。ピアジェにとって、社会性とはなによりも知性の向上のことであり、当然、社会化は知性化を伴う。しかしワロンは、ピアジェとは反対に、世界と子どもの関係は、人間環境が媒介となることによって、初めから作られていると考える。社会的なことは、外部からの強制ではなく、内側から必然的に生じるものである。社会的なことは、個人的なものでもなく、個人相互間のものでもなく、人間に本質的なものなのである。

アンリ・ワロン博士の主要著作は次の通りである。『幼児における心理＝運動的および精神的発達の段階と問題』（一九二三）、同書は『騒がしい子ども』（一九二五）という題名でも出版される。『精神病理学的心理』（一九二六）、『幼児の性格の起源』（一九三四）、『幼児の心理学的発達』（一九四一）。『行為から思考へ』（一九四二）、『幼児の思考の起源』（一九四五）、『応用心理学の諸原理』（一九五〇）。

ピエロン、アンリ

❖Henri PIERON 1881-1964

コレージュ・ド・フランス教授。フランスにおける実験心理学の発展に大きく寄与した。主な著作は、『記憶の進化』、『脳と思考』、『眠りの心理学的問題』、『実験心理学』、『感覚、生の指針』。

ビュルルー、アルベール

❖Albert BURLOUD 1888-1954

著作に『概念的思考』(一九二七)、『ワット、メッサー、ビューラーの実験による思考』(一九二七)、『傾向性の心理学の原理』(一九三六)、『心理学』(一九四八)、『心理学から哲学へ』(一九五一)。

＊レンヌ大学教授。メーヌ・ド・ビラン、ベルクソンの影響下から出発し、ゲシュタルト心理学にも接近。一九五四年出版の『感受性の心理学』にはバシュラールが序文を書いている。

ダルビエッツ、ロラン

❖Roland DALBIEZ 1893-1976

『精神分析の方法とフロイトの学説』(一九三六)の著者。

＊レンヌ大学教授。ジャック・マリタンに師事し、ポール・リクールを指導する。

ピアジェ、ジャン

❖Jean PIAGET 1896-1980

ヌーシャテル(スイス)生まれの心理学者、論理学者。主に、幼児の心的現象の発達研究と、認識発生の心理学研究を行なった。ピアジェは、実験的な方法を用いて、明確な問題設定のもとで幼児の発達段階を明らかにした。この研究は、次の著作で扱われている。『幼児における言語と思考』(一九二三)、『幼児における判断と推論』(一九二四)、『幼児における世界の表象』(一九二六)、『幼児における道徳的判断』(一九三二)、『幼児における実在の構成』(一九三七)、『幼児における運動の概念と速さの概念』(一九四六)、『幼児における空間の表象』(一九四八)、そして『幼児における偶然の観念の発生』(一九五一)(最後のふたつの著作は、B・インヘルダーとの共著である)。ピアジェはまた、『知能についての心理学』(一九四七)の研究を行ない、『論理学概論——操作的記号論理学についての小論、論理操作の変形についての試論』(一九五二)、『発生的認識論序説』(一九四九-五〇)を著わした。知能の心理学と論理学はピアジェにとって分けることができない。論理学は理性の公理系であり、知能の心理学はその実験科学である。知性は一貫性をもった構造を組み立てることができるが、心理学はこの構造形成のメカニズムを考察する。幼児の心理学は、知能の発生についての研究でもあるのだ。ところで、ピアジェによれば、ある考え方の枠組みが別の枠組みへと発達する場合、変化する諸要素と、変化しない諸要素を取り出すことができる。恒常性は、思考の重要な機能のなかにある。この機能は、組織化や適応といった生物学的な機能以外のなにものでもない。変化は、さまざまな構造の持続的な構成に由来するのであり、こうしたことを精神発生学はたどっている。幼児において、反省、感覚運動的な反応や体勢的な反応、行動の図式といったものは、同化によって組織化される。これはすでに知能の素材である。ピアジェは、生理学的な意味での成熟が必要不可欠であることを認めている。しかしピアジェにとって、この成熟は、活動と実践に必要な、さまざまな図式の連携を説明するものではない。ピアジェによれば、幼児の発達は段階的であって、幼児は形式的操作ができる年齢になるまで、運動性や可逆性という語で定義されるような均衡を段々と取りながら成長する。だからピアジェにとって、知能の発生的心理学は、心理学のある種の論理主義へと至るのである。

オンブルダーヌ、アンドレ

❖André OMBREDANE 1898-1958

著作に『失語症と明瞭な思考の形成』(一九五一)、『労働の分析』(ファヴェルジュ博士と共著、一九五五)。

＊パリ大学、ブリュッセル自由大学教授。医師。

哲学と文学

フォンダーヌ、バンジャマン

❖Benjamin FONDANE 1898-1944

彼の遺作である『ボードレールと深淵の体験』(一九九四)において「嘆き苦しみつつ探し求められる」詩への——そして哲学への——権利を主張した。シェストフの作品への賛美を隠すことのなかったフォンダーヌは、実存するものを「存在」や概念へと変えてしまう実存哲学の「思い違い」を暴きだしてみせた。「実存に関心を向ける哲学はどれもみなあらかじめ自らを否定的なものに関わる肯定的なものと見なすことで、実存するもの自身の視点を発見も理解もしないようにしてきた」。ニーチェ、キルケゴール、フッサールらについての一連の研究が収められた『不幸な意識』（一九三六）はシェストフのやり方同様の慎重さを備えており、このなかで哲学は「実存するものが自分自身の実存を打ち立てる行為そのものであり、生きているものの行為そのものであり、ある時には明証性によって、またある時にはそれに反して、自らの内外に生きることの諸可能性そのものを探す行為である」と定義づけられている。

〔H.D.〕

＊レフ・シェストフ（1866-1938）はロシアのユダヤ系哲学者。理性の全能性に抗してあらゆる合理性を否定する「不安の哲学」を展開し、第一次大戦後のヨーロッパにおいて広く影響を及ぼした。著作に『ドストエフスキーとニーチェ（悲劇の哲学）』（一九〇三）、『虚無からの創造』（一九〇八）など。

ポーラン、ジャン

❖Jean PAULHAN　1884-1968

おそらくジャン・ポーランは自身について、ヴァイラティについてそうだったのと同様に〔多くを〕語らないだろう。いわく「彼は形而上学を築き上げることも、道徳を打ち立てることも望んではいなかった。むしろ奥ゆかしくも、われわれが常日頃ものを考える際に用いている様々な道具立を再認し、それを明確にし、磨き上げ、そのための物差しを精査するための哲学を思い描いていたのだ。私は彼の方法を哲学というより測量法と呼びたい」。そしてこの測量法こそ、ジャン・ポーランが絵画や、三面記事や、裁判での誤審や、病の苦痛などなど、あるものとその背景とが区別されるところならどこにでも、つまりはあらゆる表現の問題に適用した方法であった。この問題のための素材は文学のなかにより明確に、大きく誇張されて現われてくる。このように、表現の法則を探求すること、ありふれた技巧を検証すること、〔それらを〕判断するための方法を引き出すこと――つまりはレトリックを鍛え上げること。ここにこそジャン・ポーランの企てがあるのだ。さらなる詳細については『詩の鍵』（一九四五）および『タルブの花』（現在のところ第一巻のみ刊行）（一九三六、一九四一）を参照のこと。

〔Y.B.〕

＊ジョヴァンニ・ヴァイラティ（1863 - 1909）はイタリアの哲学者・数学者・歴史家。科学哲学における方法とその道具立ての検討を行なった。

ブランショ、モーリス

❖Maurice BLANCHOT　1907-2003

もし文学というものが可能であるのなら、人間の「芸術とはいったい何であるのか？」

モーリス・ブランショの――きわめて意識的な――作品は、まさにこうした問いかけの核心に関わるものである。物語と批評的研究を通じて自らのテーマを絶えず取り上げなおすことによって、彼の探求は芸術――言葉そのもの――がそこに起源をもつ本質的な矛盾の場へと向かって進められていく。そして彼はこの場について解明することをこそ使命としているのだ。「作品は芸術を気にかけ……自分自身の起源についての不安の種となる」という彼の言葉は、〔芸術に関わるものが〕駆け出しのころに抱く幸福な確信と、「たえず無の形相のもとにあり続ける」荒れ果てた不毛の境地がすぐそこに迫っていることを同時に言い表わすものである。芸術において、人間は世界や真理、死に対する自らの権利を危険にさらす。それは歴史と時代の課題、そして作品そのものとも矛盾する根源的な経験であり、それによって人間は反復と死へと結びつけられているのである。作品に『謎の男トマ』（一九四一－五〇）、『死の宣告』（一九四八）、『踏み外し』（一九四三）、『焔の部分』（一九四九）、『文学空間』（一九五五）など。

［H.D.］

カール・バルトと神学

バルト、カール

❖Karl BARTH　1886-1968

現代において最も著名な改革派の神学者であるカール・バルトは、エネルギーとユーモアに溢れた、田舎然とした様子のドイツ語圏スイスの人であり、パイプを愛用するヘビースモーカーで、学者ぶった尊大さとはおよそ無縁の人物である。彼はバーゼルで生まれ、一九一一年に牧師の職に就くまでは神学の研究をしていた。当時の改革の思想は近代主義に基づく自由主義神学[★01]に色濃く染めあげられており、テクストに対する「科学的な」批判によって教会の教えへの信頼は揺さぶられ、多くのプロテスタント達は〔布教活動よりも〕もっぱら人道的な活動にのみ関わっていようとする傾向にあった。若手の牧師であったバルトはキリスト教社会主義を支持しており、のちのちまでもこの最初の方向性を忘れることはなかった。さて、彼は第一次大戦の重圧のもとで聖書についての個人的な瞑想に取りかかるのだが、これが数年ののちキリスト教世界においてカール・バルトの名を一躍有名にした『ローマ書講解』（一九一八）を生み出すこととなる。こうして彼は一九二一年からゲッティンゲン、ミュンスター、ボンといったドイツの諸大学から教授として招かれることとなった。彼は『神の言葉と人の言葉[★02]』（一九二八）をはじめとした数多くの作品を出版し、また壮大な『教会教義学』〔一九三二－六八、未完〕の練り上げに取りかかる。しかし彼はヒトラー体制と衝突し、「異教的であり、ニヒリスムを根底としている」としてこれを厳しく非難したことで一九三五年にはドイツからの国外退去の憂き目を見ることとなった。その後、後までずっと教鞭をとることとなるバーゼル大学へと復帰し、そこでヨーロッパのクリスチャン達に向けてナチズムの圧政に対する抵抗を説き勧めた――彼に社会正義への関心を取り戻させるきっかけとなったロシア共産主義に対して微妙な態度を保ちながら。

　バルトの取り組みの主な特徴は、神と人との対面において純粋な状態にある宗教的な要素を再発見するところにあるといえるだろう。しかし、神と人とのこの関係は不釣り合いなものである。バルトの「師」の一人であるキルケゴールの言葉を借りれば、〔いかにそれが積み重なっても〕時間と永遠とのあいだには「無限の質的差異」があるのだ。

　人間の運命は原罪によって根本から歪められてしまっており、彼らがいかに節度や敬虔さや禁欲といった努力を積み重ねようとも本来のバランスを取り戻すことはできない。信者に救いをもたらすのは、神から与えられる恩寵[★03]とその比類なき力だけなのである。啓示とは、堕落し、迷っているものを救うための神の全能の結果として起きる出来事である。この啓示を真摯に受け止めること、それはつまり自分の力では決して苦悩から抜け出すことのできない「迷える仔羊」だけが救われるのだと認めることである。これが弁証法神学の出発点となる。この思想は〔人間からの努力の〕肯定から否定へと方向を転換することで、人間にとってどうにもならない矛盾を取り除くために働きかけられる神の恩寵を実現させようとする。救済は絶望の先にしか訪れないのだ。つまりはルターの言うところの「信頼[★04]に満ちた絶望」である。

　カルヴァン派の伝統を忠実に受け継ぐこの反－人間中心主義は、〔人と神の断絶に対する〕いかなる妥協の試みをもあらかじめ無効にしてしまう。それまでのキリスト教信仰はいわば情緒的な敬虔さであって、それは神の教えを守る態度を堕落させてしまう罠なのである。そもそも、キリスト教哲学という観念は言葉の上からして矛盾している。神学はそれ自体が〔人間による〕神についての言説であるかぎり、たいていの場合は神と理性の役割を逆転させたいという誘惑に屈してしまっている。福音についての証言、唯一なる神の福音についての証言としての神学が無益だからではない。神学は必要であり、かつ不可能なものなのである。教義学は、キリストの至高権に従って教会が発する証言をただ批評し修正することだけを仕事としている。道徳主義[★05]・静寂主義[★06]・正統主義[★07]・自由主義神学、これらはどれもキリスト教の真理が人間の都合で歪められたものにすぎない。真理はその本質からして、隠れている神が誠実な信仰心〔を持つもの〕

を救済するために姿を現わすこと、すなわち啓示が今もなお有効であるということ自体のうちにしかないのだ。この瞬間、いま・ここで、すべてのものが失われるがゆえに救済されるという限界状況のなかで終末論は現実のものとなる。こうしたバルトの主張は、キリスト教精神主義の本流の延長上に位置づけられるものである。彼の能動的なペシミスムはパウロの、アウグスティヌスの、ルターの、カルヴァンの、パスカルの、キルケゴールのそれと同じものであり、彼ら全員とともに宗教改革の主要なフレーズの一つである「神にのみ栄光」★08に合意するものなのである。〔G.G.〕

★01 十八世紀にあらわれたプロテスタントの立場の一つ。聖書や教会の教えを歴史的な事実としてではなく一種の物語としてとらえ、分析される資料のひとつとして扱う。また近代科学の成果も許容するなど信仰と理性を折衷する「合理主義」を特徴とする。バルトが神学を志した十九世紀当時には、聖書に書かれたキリストの福音に基づく信仰を重視する福音派との対立が激化していた。

★02 "Das Wort Gottes und die Theologie" は一九二四年に刊行。

★03 Intervenir ——「介入」。神学用語で世界の創造後に神が自然界に操作を及ぼすこと。

★04 ルター神学において、「信頼fiducia」とは神の恩寵に対する絶対的な帰依を示す。

★05 人為的な行ないの結果としての救済を否定するバルトの立場からすれば、「善い行ないをすれば救われる」という典型的な教会の教えは受け入れがたいものである。

★06 積極的な活動を控え、神にすべてを委ねて心の安静を得ようとする思想。十七世紀のスペインの神学者モリノスによって唱えられ、ヨーロッパにおけるキリスト教神秘主義に広く影響を及ぼした。

★07 聖書の権威を重視する十七世紀のプロテスタントの正統神学を指す。これを批判し、人の書いたものである聖書はあくまで神との出会いの契機においてのみ神の言葉を示しうるとするバルトの立場は新正統主義（neo-orthodoxie）と呼ばれる。

★08 宗教改革において、基本的な信仰の在り方を示すスローガン「五つの「のみ」」（他は「聖書のみ」「信仰のみ」「恩寵のみ」「キリスト（を通じて）のみ」）のうち一つ。

テイヤール・ド・シャルダン、ピエール

❖Pierre TEILHARD DE CHARDIN　1881-1955

オルシーヌ〔オーベルニュ地域圏〕に生まれ、ニューヨークで死去したテイヤール・ド・シャルダン神父は、一連の小冊子と論文（その多くはいまだ未刊のままである）を通じて、科学への関心と神学としての斬新さという点でめざましい業績を残した。著書としては『現象としての人間』（一九五五）、『進化による人間の新展開とその帰結』（一九四八）、『人間集団の系統発生的構造』（一九五一）、『物質の核心』（一九七六）が挙げられ、そして〔そのほかにも〕

科学雑誌にも数多くのエッセイが発表されている。T・ド・シャルダンにとって、進化論とはひとつの仮説などではない。世界の歴史がもつ意味を明らかにすることのできる唯一の見通しをもたらすものだ。彼の著作はどれもこの歴史の意味を引き出し、それに従って構築された宇宙の秩序についての哲学のなかで「現象としての人間」がどう位置づけられ、いかなる目的をもつものかを明らかにするために書かれたものである。彼によれば、宇宙の進化の意味と方向性は二つの法則によって説明される。それは第一には複雑性／意識の法則であって、すなわち一種類の元素でできた単体やウィルスといったものから高度で意識をもった生物へと、分子が次第に大きく、より高度なものへと組織化されていくという自然の傾向であり、第二にはこの進化がどのように行なわれたかを正確に規定することを可能にする頭形成（頭化）の法則である。進化の道筋は物質から生命へ、そして生命から意識へといった段階をたどって示される。そして人間は［この進化のなかで］偶然に生まれたものなどではなく、むしろその頂点に位置するものなのである。しかしながら実証科学はこのことを確認するにとどまらず、推測に基づいてその先を知ることをさえ可能にしてしまう。第一、進化論という観念はまだ完結してはいないのだ。人間の出現は進化の終着点どころか、なにより特別な「新たな局面」の始まりにほかならないのだ。

人間は、自らについての意識をもち、その方向性を自分で定めて進む能力を獲得する、という新たな進化の道筋を、それについて十分反省しつつもひたすら切り開いていく。テイヤールの眼に人間はこのように宇宙の発生と進化とを継続し達成する使命を負って、その最先端に位置づけられたものと映っている。もし世界が理不尽にも破綻してしまう可能性を受け入れないのなら、霊長類がヒト化し個性化していくこと、これが進化のめざす二大目標であることになる。ここで問題となっているのは個別の人間ではなく、その全体としての人類であり、テイヤールの考える進化とは、人間たちがそれぞれの個性を開花させつつも意見の一致へと至る、という完璧な調和の状態に他ならないのである。この終着点を神父はオメガ点とも呼ぶ。それは宇宙全体がたどるプロセスの絶頂を示している。この点においてキリスト教の信仰と実証科学の示すところは一つになり、テイヤール・ド・シャルダンの思想は少しずつ真の意味での終末論へと開かれていく。進化のさまざまな力がそこへと収束されていくこのオメガ点は、その引力の中心極という役割を果たす以上、世界から独立した超越的なものである。そしてテイヤールはこう書くことだろう。「キリストはいまこの場で、われわれのために、その位置においても機能においても、オメガ点の役割を果たしている」。まとめると、テイヤール神父の思想は大きく分けて次の二点を特徴としている。第一には、彼が一貫してキリスト教的な意味での世界の解明と最も新しく実証的な科学とを結び付けようとしていること。そして第二には、この世を魂の墓場や至高の絶対者の失墜などと見なすのではなく、そこに進化のプロセスが次第にその姿と意味を明らかにし、意識あるものたちの完全な調和を実現していこうとする一つの巨大な作品を見出す、その反‐プラトン主義である。〔M.C.〕

*「頭化」は、進化の過程で動物の感覚器や神経系の支配中枢が体の前方に集中し、頭部を形成していく現象。

監訳者略歴

❖翻訳分担箇所

加賀野井秀一

かがのい・しゅういち

❖肖像——ベルクソン

1950年生まれ。中央大学文学部仏文科卒業後、同大学院、パリ第8大学大学院に学ぶ。現在、中央大学理工学部教授。専攻は哲学、言語学、文学、メディア論。著書に『メルロ＝ポンティ 触発する思想』『猟奇博物館へようこそ』(白水社)、『メルロ＝ポンティと言語』(世界書院)、『20世紀言語学入門』『日本語の復権』『ソシュール』(講談社)、『日本語は進化する』(NHKブックス)、『日本語を叱る』(筑摩書房)など。

伊藤泰雄

いとう・やすお

❖総論——歴史の発見｜実存と弁証法｜「外部」の哲学者たち

1950年生まれ。学習院大学大学院(博士課程)満期退学。大学非常勤講師。著書に『神と魂の闇 マルブランシュにおける認識と存在』(高文堂出版社)、『哲学入門 第二版 身体・表現・世界』(学研メディカル秀潤社)。共著に『真理の探究 17世紀合理主義の射程』(知泉書房)など。共訳にメルロ＝ポンティ『見えるものと見えざるもの』(法政大学出版)など。

本郷均

ほんごう・ひとし

❖肖像——マルクス

1959年生まれ。早稲田大学大学院文学研究科哲学専攻後期課程満期退学。現在、東京電機大学教授。主要著書に『概説　現代の哲学・思想』(共編著、ミネルヴァ書房)、『現代フランス哲学に学ぶ』(共編著、放送大学教育振興会)、主要訳書に、ディディエ・フランク『現象学を超えて』(共訳、萌書房)、メルロ＝ポンティ『フッサール「幾何学の起源」講義』(共訳、法政大学出版局)など。

加国尚志

かくに・たかし

❖肖像——シェリング

1963年生まれ。立命館大学大学院文学研究科西洋哲学専攻博士後期課程修了(文学博士)。現在、立命館大学文学部教授。著書に『自然の現象学』(晃洋書房)。

訳者略歴

❖翻訳分担箇所

亀井大輔

かめい・だいすけ

❖哲学史要覧――ヴィーコ〜ベンサム

❖肖像――ヘーゲル

1973年生まれ。立命館大学大学院文学研究科西洋哲学専攻博士後期課程修了。哲学専攻。現在、立命館大学文学部准教授。主要著書に『終わりなきデリダ』(共著、法政大学出版局)、『間文化性の哲学』(共著、文理閣)。主要訳書にジャック・デリダ『獣と主権者 I・II』(共訳、白水社)、エティエンヌ・バリバール『ヨーロッパ市民とは誰か 境界・国家・民衆』(共訳、平凡社)他。

佐藤勇一

さとう・ゆういち

❖哲学史要覧――マルサス〜カーライル|ノヴァーリス〜シュテフェンス|ヘーゲル〜プルードン

❖肖像――コント

1974年生まれ。立命館大学大学院文学研究科西洋哲学専攻博士後期課程修了。博士(文学)。現在、福井工業高等専門学校一般科目教室(人文社会科学系)准教授。論文に"The Way of the Reduction via Anthropology: Husserl and Lévy-Bruhl, Merleau- Ponty and Lévi-Strauss," *Bulletin d'analyse phénoménologique* XI, PoPuPS Université de Liège, 2014.など。

澤田哲生

さわだ・てつお

❖哲学史要覧――ブランキ〜ベロ|ニーチェ〜モーガン

❖肖像――フッサール

1979年生まれ。パリ東大学人文社会科学研究科博士課程(哲学および認識論)修了。現在、富山大学准教授。主要著書に『メルロ=ポンティと病理の現象学』(人文書院)、論文に"Pseudo-idéalisme et sublime négatif. Sur le rationalisme morbide de la psychose", *Annales de phénoménologie*, n° 15, Association pour la promotion de la phénoménologie, 2016など。

増田靖彦

ますだ・やすひこ

❖哲学史要覧――フェヒナー〜ライヘンバッハ|ベルクソン〜ル・ロワ

❖肖像――ニーチェ

1967年生まれ。早稲田大学大学院文学研究科博士後期課程修了。博士(文学)。現在、龍谷大学経営学部准教授。著書に『21世紀の哲学をひらく 現代思想の最前線への招待』(共編著、ミネルヴァ書房)、『ドゥルーズ/ガタリの現在』(共著、平凡社)、訳書にアンリ・ベルクソン『笑い』(光文社古典新訳文庫)、ジル・ドゥルーズ+クレール・パルネ『ディアローグ ドゥルーズの思想』(共訳、河出文庫)、ヴェルナー・ハーマッハー『他自律 多文化主義批判のために』(月曜社)など。

小菊裕之

こぎく・ひろゆき

❖哲学史要覧――ロー〜デュメリ｜ブラッドリー〜ヴュイユマン

1983年生まれ。立命館大学大学院文学研究科博士後期課程単位取得退学。専門は現代フランス思想。現在、民間企業勤務。主な論文に「共通感覚の射程　リオタールの『判断力批判』解釈から」(『美學』60号所収)。

飯盛元章

いいもり・もとあき

❖哲学史要覧――ホジソン〜ラコンブ｜ボルツァーノ〜エイヤー

❖肖像――ラッセル

1981年生まれ。現在、中央大学大学院文学研究科哲学専攻博士後期課程所属。主要論文に「断絶の形而上学　グレアム・ハーマンのオブジェクト指向哲学における『断絶』と『魅惑』の概念について」(『中央大学大学院研究年報』第46号、2016年)、「他性と実在―レヴィナス、ハーマン、ホワイトヘッドをとおして―」(『プロセス思想』第17号、日本ホワイトヘッド・プロセス学会)など。

大滝結

おおたき・むすぶ

❖哲学史要覧――ディルタイ〜リクール

❖肖像――ブロンデル

1960年生まれ。早稲田大学大学院文学研究科哲学専攻博士課程満期退学。博士(文学)。現在、東京芸術大学非常勤講師。専門はフランス現代哲学。著書に、『仏蘭西の知慧と藝術』(共著、行人社)、『仏蘭西の思想と倫理』(共著、行人社)。論文、“Psychoanalysis and ontology”, in *Analecta Husserliana*, Volume LVIII, Kluwer Academic Publishers, Dordrecht, The Netherlands, 1998.

小手川正二郎

こてがわ・しょうじろう

❖哲学史要覧――ゴーティエ〜ヴァーレンス

❖肖像――シェーラー

1983年生まれ。慶應義塾大学大学院文学研究科修了。現在、國學院大學文学部哲学科准教授。現象学・フランス哲学専攻。著書に『甦るレヴィナス　『全体性と無限』読解』(水声社)、訳書にマルカ『評伝レヴィナス　生と痕跡』(共訳、慶應義塾大学出版会)、共著に『続・ハイデガー読本』(法政大学出版局)、『終わりなきデリダ』(法政大学出版局)ほか。

中村大介
なかむら・だいすけ

❖哲学史要覧——アインシュタイン〜フォン・ノイマン

❖肖像——アラン

1976年生まれ。パリ西大学博士（哲学）。現在、豊橋技術科学大学講師。著書に『エピステモロジー　20世紀のフランス科学思想史』（共著、慶應義塾大学出版会）、『カタストロフからの哲学　ジャン＝ピエール・デュピュイをめぐって』（共著、以文社）。論文に「カヴァイエスにおける学問論と論理学」（『哲學』、第64号）など。

中澤瞳
なかざわ・ひとみ

❖哲学史要覧——ゴールドシュタイン〜ムールグ｜フロイト〜オンブルダーヌ

❖肖像——クローチェ

1976年生まれ。日本大学大学院文学研究科博士後期課程（哲学専攻）修了。博士（文学）。現在、日本大学通信教育部助教。主要著書に『ケアの始まる場所　哲学・倫理学・社会学・教育学をつないで』（共著、ナカニシヤ出版）、論文に「フェミニスト現象学から考える男女共同参画」（『理想』第695号、理想社）、訳書にジョナサン・コール『スティル・ライヴズ　脊髄損傷と共に生きる人々の物語』（共訳、法政大学出版局）など。

黒岡佳柾
くろおか・よしまさ

❖哲学史要覧——ソシュール〜フック

❖肖像——ハイデガー

1982年生まれ。立命館大学大学院文学研究科人文学専攻博士後期課程満期退学。現在、中国福建省福州大学外国語学院教員。主な論文に「「確実性」を巡る対決　前期ハイデガーのデカルト批判」（『哲學』67号、日本哲学会）、「哲学と共同性　ハイデガーの本来的共存在解釈への一視座」（『文明と哲学』第6号、日独文化研究所）、"Where is Death ? : A Paper to Consider Death and Community through Heidegger and Lingis ", *Journal of Ritsumeikan Social Sciences and Humanities*, vol. 3, Institute of Humanities, Human and Social Sciences, Ritsumeikan University, 2011など。

小松学
こまつ・まなぶ

❖哲学史要覧——フォンダーヌ〜テイヤール・ド・シャルダン

❖肖像——サルトル

1978年生まれ。立命館大学大学院人文学研究科博士課程単位取得退学。主な論文に「他者との関係としての言語」（石崎晴己・澤田直編『サルトル　21世紀の思想家』思潮社所収）「サルトルとレヴィナスにおける言語と主体の問題：呼びかける／応答する主体」（立命館大学人文科学研究所紀要第94号）など。

メルロ=ポンティ哲学者事典［第三巻］

索引

さ

し

す

せ

そ

た

ち

て

と

な

に

ね

へ

ほ

ま

み

む

め

も

や

ゆ

よ

ら

り

る

れ

「列伝項目」執筆

メルロ＝ポンティ哲学者事典　第三巻
歴史の発見・実存と弁証法・「外部」の哲学者たち

二〇一七年二月二〇日　印刷
二〇一七年三月一〇日　発行

編著者　モーリス・メルロ＝ポンティ
監訳者 ©　加賀野井秀一
伊藤泰雄
本郷均
加國尚志
発行者　及川直志
印刷所　株式会社三秀舎
発行所　株式会社白水社
東京都千代田区神田小川町三の二四
電話　営業部〇三（三二九一）七八一一
編集部〇三（三二九一）七八二一
振替　〇〇一九〇-五-三三二二八
郵便番号　一〇一-〇〇五二
http://www.hakusuisha.co.jp
乱丁・落丁本は、送料小社負担にてお取り替えいたします。

株式会社 松岳社

ISBN978-4-560-09313-9

Printed in Japan

メルロ＝ポンティ哲学者事典　全3巻・別巻1

モーリス・メルロ＝ポンティ　編著
加賀野井秀一、伊藤泰雄、本郷均、加國尚志　監訳

第一巻　東洋と哲学　哲学の創始者たち　キリスト教と哲学　【第3回配本】
第二巻　大いなる合理主義　主観性の発見　【第2回配本】
第三巻　歴史の発見　実存と弁証法　「外部」の哲学者たち　【第1回配本】
別　巻　現代の哲学　年表・総索引　【第4回配本】